日本気象行政史の研究

天気予報における官僚制と社会

若林 悠──［著］

東京大学出版会

Building Expertise and Reputation:
A History of the Japan Meteorological Agency
Yu Wakabayashi
University of Tokyo Press, 2019
ISBN978-4-13-036272-6

はしがき

　科学技術と行政の交錯領域で生じる様々な課題は，現代社会のなかで高い関心を集めている．例えば，医療，原子力，食品，土木などの対象を列挙するだけでも，それらはひとたび事故が生じれば人々の生活に大きな影響を及ぼすゆえに，リスク管理が強く要請されており，まさに市民生活の安心安全と緊密な関係を持つものであることが分かる．では，そうした対象のなかに天気予報を加えると，人々はどのような印象を抱くだろうか．恐らく天気予報を行政活動として意識することに躊躇いを覚える人は，少なくないと考える．逆に行政活動として直ちに理解する人は，日々の天気予報というよりむしろ近年の異常気象で増えつつある，台風や集中豪雨などの防災関係でテレビに映し出される気象庁職員の姿を思い描いているかもしれない．

　実際，これまでの行政学・政治学は，科学技術と行政の交錯領域に関心を寄せてきたが，天気予報をその対象として取り上げることはほとんどなかった．この主たる理由は，天気予報に関する政治的争点化の機会が乏しいことにある．だが，実のところ天気予報は，古くから国家の統治行為と関係し，また科学技術をめぐる行政と社会の適切な相互関係をいかに構築するのかという現代的課題と直面している点において，科学技術と行政の交錯領域における重要な研究対象なのである．

　第一に，国家統治と天気予報という両者の結びつきは，決して緩やかなものではなく，歴史的には緊密な関係性を帯びていた．古来より明日の，さらに明後日の天気を知りたいという人々の欲求は，生活上の切実な願いだった．だからこそ，近代的な気象学が確立する遥か以前には，暦を把握する天文学の知識が，農業を中枢とした国家の統治術として重用されてきた．また，交易に携わる人々にとって天気の動向は，海路の安全確保に直結する関心事でもある．近代イギリスにおける気象行政組織の設立が船乗りに対するサービスを出発点としていたのは，貿易が国力の要であることに加えて，人々の安全な航海への関心の高さを裏付けるものである．さらに，国家にとって将来の天気を知ることは，人々の生活にとどまらない，戦争における戦局を有利に導く重要な軍事情報でもあった．近代アメリカの気象行政組織の設立目的が軍事拠点の気象観測

にあったことに鑑みるとき，将来の天気を知ることは，国家に要請される統治の技法であったことを意味する．ここに日本をはじめ国家による天気予報が必要とされてきた理由がある．

　第二に，現代の科学技術の高度化による天気予報の技術的発達は，利便性を高めるだけではなく，その情報によって鉄道や飛行機の運休など社会インフラに大きな影響を与えるために，正確かつ適切なタイミングでの提供がますます求められている．換言すれば，天気予報を担う行政組織は，市民の期待に応えるうえで予報技術の向上だけではなく，どのタイミングでどのように気象情報を提供するのかも含めて高度な政治的判断が要請されているのである．

　わが国における今日の天気予報は，相次ぐ集中豪雨や大型台風による被害の甚大さにより，重要な防災情報としての需要がますます高まっている．台風の到来が予想されるときにテレビで天気予報を見れば，豪雨による水害対策として土嚢を用意する人や農作物の収穫を早める農家，船を陸に揚げる漁業関係者など，天気予報を基に様々な災害対策を行う人達の姿が映し出される．また豪雨や雪の時，気象庁による注意報や警報の情報と併せてインターネット等で大都市圏の交通状況を確認する通勤者や通学者からすれば，気象情報はリアルタイムに近いほど利便性の高い不可欠なサービスとなっていく．天気予報が当たるようになることに加えて，こうした地域や時間ごとの気象情報の細分化（さらにその分かりやすさ）を求める市民の期待（本書でいう天気予報に対する「評判」）は，決して弱まることはない．天気予報に体現される気象庁の科学技術に立脚した高度な「専門性」は，市民の期待と直接的に向き合うことを求められているのである．

　したがって，天気予報とその課業を所管している「気象行政」を分析する意義は，科学技術と行政の交錯領域にある様々な分野が直面せざるを得ない，科学技術をめぐる行政と社会の適切な相互関係をいかに構築するのかという現代的課題の解明に資する点にある．

　では，国家の予報を担う気象庁は，市民の期待に対してどのように向き合おうとしてきたのか．本書は，気象庁の組織内対応に着目しつつ，天気予報をめぐる行政と社会の関係を歴史的に解き明かすことで，日本の「気象行政」の構造を明らかにしようとするものである．長らく天気予報に関する研究は，主と

して気象学や技術史の分野で蓄積されてきた．本書は天気予報の技術史的な側面に言及しつつも，むしろ主たる目的は気象庁が新しい科学技術の知見を通じて何を組織内外に向けて実現しようとしていたのか，またその結果として社会にどのような影響を与えたのかということである．この天気予報の行政史という新たな試みは，従来の天気予報に関する研究が等閑視してきた，行政と社会との相互作用を照射する一つの行政学研究に位置付けられるのである．

　他方，「気象行政」の構造の解明を目指す本書は，天気予報の行政史を通じて気象庁という組織全体を貫く行動様式の歴史的な変容を示すことも目的としている．この点については，反論もあるだろう．なぜなら気象庁には，気象業務の他にも大きな中核業務の一つとして地震火山業務が存在し，この業務に関する仔細な分析を抜きにして，気象庁全体を語ることができるのかという疑問があり得るからである．確かに本書は，地震火山業務に関しては断片的にしか言及していないという点で一定の限界を抱えており，その体系的な行政史研究は今後の課題である．しかしながら，観測から警報に至るまで業務遂行を支える精神は気象業務と地震火山業務との間で共通しており，また本書で提示した気象庁の行動様式は，結語で分析したように地震火山業務にも十分に該当するものと考える．この点は本書を読み進めて，読者の目で判断してもらえたなら幸甚である．

目　　次

はしがき
凡例

序章 …………………………………………………………………………… 1

第一章　本書の課題と視角 …………………………………………… 13

　第一節　行政学・政治学における「専門性」 14
　　　　（1）行政におけるプロフェッション／（2）技官集団の研究
　　　　（3）権力資源における「専門性」／（4）「専門性」と「評判」
　第二節　行政学研究への科学社会学の視角の導入 40
　　　　（1）内部構造論・制度化論・相互作用論／（2）「エキスパート・
　　　　ジャッジメント」と「機械的客観性」
　第三節　本書の視角の設定 53
　　　　（1）「客観性」志向の行政活動／（2）「制度化」の視角
　第四節　対象の性格 66
　　　　（1）気象行政組織と社会／（2）先行研究における気象行政の位置
　　　　付け／（3）気象行政の歴史分析に向けた本書の資料について

第二章　近代日本の気象行政 ………………………………………… 81
　　　　──「エキスパート・ジャッジメント」の制度化

　第一節　天気予報の開始と「研究機関」路線の定着 82
　　　　（1）天気予報に対する人々の「評判」形成／（2）中央気象台
　　　　による「研究機関」路線の形成／（3）「測候精神」と予報官の心得

第二節　戦時体制下の気象行政と「危機」の顕在化　108

　　　（1）　軍用気象を契機とした中央気象台と軍部の協調／（2）　気象官署官制による「統制」と軍部との対立／（3）　気象報道管制と行政機構改革の帰結

小括　141

第三章　戦後日本の気象行政の形成　…………………………………145
　　　――「エキスパート・ジャッジメント」から「機械的客観性」へ

第一節　平時への復帰と「現業官庁」路線の定着　146

　　　（1）　平時への復帰に伴う中央気象台の組織的変容／（2）　天気予報の復活／（3）　気象業務法の制定／（4）　中央気象台から気象庁へ

第二節　「客観的」な「予報」へのパラダイム転換　182

　　　（1）　数値予報への期待／（2）　電子計算機の導入と「予報」のパラダイム形成

小括　192

第四章　戦後日本の気象行政の確立　……………………………………195
　　　――「機械的客観性」の制度化

第一節　気象庁における「企画」の役割の増大　196

　　　（1）　「気象業務の改善方針大綱」の策定／（2）　世界気象監視計画への対応／（3）　気象衛星事業における「企画」の活性化

第二節　「防災官庁」への社会的期待の表出　213

　　　（1）　天気予報に対する社会的な接点の多様化／（2）　台風と災害対策／（3）　機械的な「観測」の具体化

第三節　国内気象監視計画の策定　236

　　　（1）　気象業務の「機械化」及び「自動化」／（2）　「客観的」な予報がもたらしたもの

小括　249

第五章　現代日本の気象行政の動揺 ……………………………… 253
　　　　──「エキスパート・ジャッジメント」の再生

第一節　「天気予報の自由化」の背景　254
　　　⑴　多様化する天気予報／⑵　「天気予報の自由化」に向けた答申の作成

第二節　気象業務法の改正　272
　　　⑴　答申の反響／⑵　改正案の提出まで／⑶　改正案の国会審議

第三節　「天気予報の自由化」がもたらしたもの　286
　　　⑴　「防災官庁」路線の定着／⑵　「指導」をめぐる「エキスパート・ジャッジメント」の対立

小括　311

結語 ……………………………………………………………………… 315

参考文献　337
インタビューリスト　359
あとがき　361
索　　引　365

凡　　例

1. 資料及び先行研究を引用する際，引用文は原則として旧字体を新字体に改めた．資料名及び研究文献名も，同様に旧字体を新字体に改めた．
2. 引用文の省略部分は（中略）で記した．
3. 引用文への註記は〔　〕で記した．
4. 国立公文書館アジア歴史資料センターで閲覧した資料は，引用の際にレファレンスコードに続いてJACARを記した．

序章

　第二次世界大戦後の日本が復興から高度成長へ移行した時代に，各種の政府審議会の委員を歴任した行政学者である蠟山政道は，気象審議会の会長職を辞する際に次のように述べている[1]．

　　私といたしましては長い間，資源調査会におきまして，災害対策というものに関心をもちまして，具体的には，こうした気象業務というものが重要であるというようなことから，この審議会に関係いたしましてたいへん得るところがあつたわけであります．特に科学技術というものが中心になつて行政が行なわれる場合にどういう問題があるのであろうかということが，私の専門としております行政研究にとつて非常に貴重な知識を与えていただきましたような気がいたしている次第であります．

　蠟山に対してこの気象審議会の会長への就任を懇請した当時の気象庁長官である和達清夫は，他の審議会の席上で蠟山と一緒となることが多かったため，「教育や文化に関する会合はもとより，資源調査会，国土総合開発審議会，気象審議会，水質審議会など私の専門と関係深い，どちらかというと自然科学的の会合に，先生は好んで出席されたようにお見受けした」という印象を残している（蠟山政道追想集刊行会編 1982：316）．
　確かに蠟山政道にとって科学技術と官僚制をめぐる関係への関心は，彼が自らの行政学を形成していく初期の段階から胚胎していた[2]．この関係に対する彼の接近方法の原型は，1923年に書かれた論文「行政の概念構成に於ける『技術』の意義に就て」から早くも見出すことが可能である．「技術」の概念から

---

1) 「気象審議会議事録（第12回総会）」（気象庁情報公開，気総第84号），3頁．
2) 蠟山政道の行政学ないし政治学を検討した研究は数多く存在するが，戦前期における蠟山行政学の特徴に関しては，田口（1983）や今村（2009）を参照．

「行政」の概念を検討するこの論文の主たる関心は,「行政行為が技術行為なりや否やの問題すなはち行政行為それ自体の本質」を明らかにすることであった（蠟山 1923：396）. とはいえ行政活動が「技術行為」であるのかどうかに関する仔細な検討より, むしろ蠟山の議論は, 概して行政活動が「技術」の作用として働くことを阻害する要因（経済的勢力や政治的顧慮）に重点を向けていた. 換言すれば, この時期の蠟山による「技術」の概念から「行政」の概念を検討する試みは,「行政行為」を「技術」の作用として把握する視角の重要性を提示するにとどまっていたといえるであろう.

しかしながら, 蠟山による最初の教科書である『行政学総論』（1928年）では,「技術」が行政学の中心的な研究対象として積極的に位置付けられるに至った. すなわち蠟山は,「行政学の任務は, 統治秩序と行政組織との関係, その関係の下に於ける行政技術の採択せられる過程, 及び斯くして採用せられたる技術の社会的作用を研究するに在る」と,「技術」を中核とした行政学の体系化を構想しているのである（蠟山 1928：29）. この「技術」への着目を通じた行政の技術的合理性の強調こそ, 蠟山が行政学を政治学から自立した学問として主張するための主要素であったことは周知のとおりである（辻 1976）.

加えてここで着目すべきなのは, 行政組織が「技術」を採択する過程について言及しているように, 蠟山が「技術」の行政にあたえる影響を視角として提示している点である. この視角を精緻化するためには,「技術」の構成内容たる科学技術の発達に対する把握とその発達が行政にあたえる影響という, 二つの歴史的把握が不可欠となる[3]. それゆえ蠟山の『行政組織論』（1930年）は, 科学技術の文明史的考察と行政方法及び行政組織の「技術化」の展開過程を明らかにした点において, 前述の視角を具体的に展開したものに他ならなかった.

では, 文明史的考察に基づく科学技術の発達とそれに伴う行政の変化は, 蠟山によってどのように認識されていたのだろうか. 蠟山は, 次のように述べている（蠟山 1930：49-50）.

[3) 蠟山の言及する「技術」は, 必ずしも自然科学の知識やその知識に基づく技術に限定されるものではなく, 政治や教育等における実践的な技術まで幅広く含まれていたことに注意する必要がある. 第一次世界大戦以降の日本における「技術」概念の拡張は, 藤田（2012）を参照.

右の如く世界大戦の広き地域に亘つて支配関係を保つことに依つて多数の人口を包含し，その人口の内部構成を微妙なる黄金の線によつて結びつけることに依つて安定と連絡を保つ分業に細分化された社会が，崩壊し解体することなく，均衡を保つてその存在を維持し，進歩をなし得るであろうか，それを肯定する為には，経営が機械的技術と同じく微妙となり複雑とならねばならぬ道理である．技術によつて発達した社会は，新たな技術によつて維持されねばならぬ．それは剣によつて建てられた軍国社会が，剣によつて保たれねばならぬと同じである．この新たな技術こそ行政そのものに他ならぬ．
　換言すれば，機械的技術は，その発達の結果として自らを滅ぼす機運を生み出したが為め，人類の叡智はここにその危険を克服し，その将来の発展を確保する為めの工夫を為すに至つたのである．行政は技術の発達によつて直接に自己を技術化すると共に，その技術化せる方法と組織とを以て，遂に社会そのものに働きかけること、なったのである．ここに行政の機能に大なる変化が生じたのである．

　蠟山にとって「機械的技術」の発達による行政の「技術化」とは，具体的には行政の手段すなわち行政方法と行政組織が「技術化」していくことを指している．行政方法の「技術化」とは，「行政方法に機械を応用し，技術的方法を採用すること」を意味し，四つの萌芽的な動向が例示されている（蠟山 1930：51-52）．第一は，電話や海底電線による通信手段の発達である．第二は，タイプライターや印刷機による書記手段の発達である．第三は，簿記の原理の発達に伴う財務会計上の計算や記述といった会計方法の発達である．最後は，統計学の原理と計算機による分類統計方法の発達である．蠟山は，これらの動向と科学的管理法を念頭に置きつつ，「人事，財務，物質の如き行政的技術を始めとして公共衛生，交通行政，水道経営の如く，大々特殊技術的操作を必要とする行政的技術を発達せしめた．そこには純然たる自然的現象も存するが，多くは人間の心理的現象の介入せるものであるが，それらの要素を技術的智識によつて統制する時にそれらの行政過程そのものが技術化するに至る」と述べている（蠟山 1930：52-53）．
　だが，行政方法に比べて行政組織の「技術化」は，行政組織が統治組織の一機関であるがゆえの政治的性質と，その機能が実行的建設的であるがゆえの技

術的性質という二重的性質を帯びるために,「技術化」の過程は複雑化する.蠟山は,行政組織がどちらの性質をより多く有しているかは各国の社会状態と文明様相に規定されるとしている(蠟山 1930：220).それゆえ蠟山は,行政組織の統一性を支える指導原理として「能率」を提示し,行政方法の「技術化」を経た行政組織の「技術化」の過程を組織の管理及び経営部門に見出したのであった.

かくして蠟山は,「行政の技術化過程は,先ず行政手段に始まり,部門的な経営方法に及び,やがて行政組織の全体に及ぶのであるが,その最後の段階に入る場合には,同時に人間の生活営為の全体が技術的基礎に支配せられている場合である」と,行政の「技術化」に対する段階論的な視角を提示したのである(蠟山 1936：205).加えて重要なのは,蠟山のこの視角が社会の「技術化」にまで拡張している点であろう.同様の段階論的な視角から行政の「技術化」過程を検討した「技術と行政」(1938 年)でも,「技術化」の過程が国家の全体にまで及んでいくという,「技術の全体性」にまで視角の対象は拡張されていた(蠟山 1938：19-21).

とはいえ,蠟山の「技術化」の視角の拡張は,技術の万能主義を強調することにあったのではない.むしろ蠟山の含意は,社会や国家に対する技術の「全体性」にまで対象を拡げることにより,中立とされてきた科学者や技術者も機能的責任を帯びつつあること,また政治的権力に技術的能力を提供する行政もその結果責任を負わなければならないという,基礎的条件の変化を主張することにあったといえる(蠟山 1936：207-208).

以上のような行政の「技術化」に対する段階論的な視角は,戦後に加筆した教科書『行政学講義序論』(1950 年)の新章「近代行政の発達」において,行政手段における技術の発達から管理技術の発達という近年の動向を整理した,その史観にも貫かれている(蠟山 1950：205-216).したがって,行政手段(ないし行政方法)から行政組織,行政全体へと発展する「技術化」過程を捉える視角こそ,蠟山の科学技術と官僚制をめぐる関係の基本的な視角に他ならなかったのである.

ここまで蠟山の視角を検討してきたのは,科学技術と官僚制のテーマが彼にとどまらず,行政学の古典的課題として共有されてきたことに起因する[4].蠟

山の次の世代である辻清明は,「20世紀における行政の新しい傾向は,権力と技術の両面における著しい変革を契機として生れたもの」と認識しつつ,「最近の行政機関が準立法ならびに準司法的機能を併有しつつある現象はこれを物語るものであろう.もし行政が合理化された技術的方法を大規模に採用することによって,このようにかぎりなく重大な使命を担当する運命をもたねばならぬとしたならば,この問題は,ひとり行政における権力と技術の接触のみ係わるものではなく,おしなべて現代国家における政治と行政との相互関係を規定するほどの重要な課題というべきもの」と,行政の権力的性格と技術的性格の関係を明らかにする重要性を指摘している(辻 1950：187).辻は行政の技術的性格よりむしろ権力的性格に関心を寄せたが,これは行政過程における管理技術の高度な発達という現代行政への理解を前提としていたためであった.それゆえ,権力的性格から行政の本質に接近するにせよ,科学技術と官僚制のテーマは避けて通ることができない.かくてこのテーマは,辻が述べたように行政学の「アルファでありオメガである」といえる(辻 1950：187).

しかしながら,蠟山の「技術化」に対する視角は,自らその適用範囲を狭めることで一定の制約を抱えることとなった.なぜなら,蠟山は前述のように行政手段の「技術化」を具体的かつ多様な科学技術の発達により明らかにしたのに対し,行政組織の「技術化」は主として管理技術に限定したからである.この結果,彼の視角は行政組織の管理及び経営部門に傾斜することとなったのである.

蠟山の「都市行政と科学技術」(1968年)は,彼の視角の具体的な適用を端的に示している.蠟山は,住宅不足,交通問題,ごみ問題といった都市問題を科学技術の発達によるものと捉える.その上で対処方法は,行政に科学技術を導入することにより,科学技術がもたらした社会環境の変化を逆にコントロールすることを説く.この科学技術の導入の例として,彼は電子計算機を取り上げている.電子計算機の導入により,計算機能の増大や大量のデータ処理が可能となり,計画策定や意思決定のための様々な情報を生み出すことが可能にな

---

4) この他の古典的課題の一つとして行政の価値をめぐる問題があり,田村徳治が行政を「人類全般の生々発達を遂げるための直接の行為」としたように,行政の機能的把握を理念の観点から接近する方法があげられる(田村 1971：151-179,長浜 1959：50-68).

ったとする．しかしそれだけでは不十分であり，蠟山は「電子計算機の利用という技術のほかに，情報の処理と判断評価という行政管理そのものの科学技術化」の必要性を主張するのである（蠟山 1968：8）．ここでの彼は，行政管理の科学技術化の例について，アメリカにおける EDP（Electronic Data Processing）の適用状況や，PPBS（Planning Programming Budgeting System）の日本での適用可能性を言及するにとどまっている．換言すれば，以上の蠟山の議論には，行政手段の「技術化」（電子計算機の導入）を通じた行政組織の管理機能の「技術化」（EDP や PPBS の利用）という段階論的な視角の適用を看取することができるのである．

　蠟山が示した行政組織の「技術化」における管理技術への関心は，科学技術と官僚制をめぐる関係をあつかう際の一つの接近方法として定着するに至った．前述した辻は，行政の権力的性格を考察する際に行政の管理技術の発達を念頭に置いていた．また辻と世代を同じくする吉富重夫も，官僚制と技術革新との関係について，技術革新が管理技術全般に影響を及ぼすにとどまらず，官僚制という装置自体の合理化をもたらすことを指摘している（吉富 1974：28-32）．かくて管理技術との関連を通じて，行政手段と科学技術の発達との関係も把握されることとなる．この結果として，管理技術以外による行政手段の「技術化」やそれに伴う行政組織の変容といった課題は，第一章で検討する技官集団の研究が登場するまでのあいだ，長らく日本の行政学の中心的課題としては十分に取り扱われることがなかったのである．

　さらにいえば，技官集団の研究は，政治家や省庁内の事務官に対する組織的自律性の確保に関心を寄せてきたため，行政活動の作用対象である社会との関係への考察が乏しかった[5]．それゆえ，従来の技官集団の研究は，社会に対する「評判」概念を分析の中心に据えてこなかったのである．

　とはいえ蠟山の行政の「技術化」過程に対する視角の対象範囲は，元来，行政組織の管理及び経営部門に限定されるわけではない．確かに管理技術に限定すれば，組織に共通する管理及び経営部門に焦点をあて，行政組織一般に適用

---

5) この技官集団の研究における傾向は，社会との関係を結ぶ技官集団の「政策コミュニティ」が都道府県の担当部局や業界団体には開かれているものの，市民社会に対しては半ば閉ざされた状態にあることも関係している（西尾 2018：47）．

可能な「技術化」の過程を分析することは可能であろう．だが，科学技術の発達により具体的な行政手段の「技術化」が進行することは，その科学技術の性質に応じて行政組織内部の人員，財源，権限，情報という各種資源（Hood and Margetts 2007）の配分に変更を生じさせ，行政組織の「技術化」を通じた組織的性格にまで影響を及ぼすと考えられる．それゆえ，より重要なのは，行政手段の技術的選択が行政組織の組織的性格にいかなる影響をあたえているのかを明らかにすることである．なぜなら具体的な「技術化」の過程は，各行政組織に一様ではなく，政治的・社会的状況に応じて変容せざるを得ないからである．このため行政手段と科学技術の交錯関係を明らかにするにあたり，特定の行政を対象とした綿密な歴史的把握が要請される．

また蠟山のこの視角を現在再び取り上げるのは，蠟山の時代以上に科学技術の高度化が行政や社会にもたらす影響が一層顕著なものとなっているからである．地球温暖化問題や食品安全問題，原子力問題等の人々の生活を脅かす社会的な問題は，かつて蠟山が述べたように一方で科学技術の高度化がもたらしたものであり，他方で科学技術の成果を活用して行政が対応しなければならない性質のものである．科学技術がもたらすリスクの大きさから，科学技術を無条件に礼賛することができない現代において，このような問題に直面した行政は，いかなる科学技術の成果を採用するのだろうか．あるいは行政による技術的選択が，いかなる社会的影響をあたえるのだろうか．ここに管理技術に限定されない，行政手段の具体的な「技術化」の過程を検討する必要性が生じる．そうであるならば，たとえ管理技術への関心と最終的に接合していたとしても，冒頭で述べた蠟山の自然科学分野の審議会に対する積極的な参加は，むしろ個々の科学技術の発達による行政手段の「技術化」への高い関心を裏付けるものではないだろうか．つまり蠟山の「技術化」過程に対する視角の意義は，行政手段と科学技術との相互関係を改めて問い直すところにある．

以上の観点から議論を整理すれば，科学技術と官僚制に関して改めて問われるべき課題は，具体的な「技術化」の過程すなわち科学技術の発達による行政手段の技術的な選択過程を明らかにし，この選択を通じた行政組織の組織的性格の変容を明らかにすることである．さらにその組織的性格が，行政の「専門性」の行使という「価値」と緊密に結びついているがゆえに，この価値に関す

る分析視角に基づいた組織的性格の理論的検討を行うことで，対象とした行政の構造を析出することが可能となる．

したがって本書は，前述の課題への具体的な接近方法として，中央気象台の時代を含めた気象庁の歴史分析を行い，「気象行政」の構造を析出することを目的としている．ここでの「気象行政」とは，「予報」「観測」「警報」という気象業務とこれらに関連した施設整備・人材育成及び技術開発等を含めた総称と概括的な定義付けをしておこう．技官集団により担われる「気象行政」は，自然科学分野である気象学の知識に立脚しており，科学技術と緊密な関係を持つ特徴を有している．この意味で「気象行政」は，今日の行政学の主たる関心となりつつある，科学技術と官僚制をめぐる関係を検討するにあたり恰好の素材を提供している[6]．かくて蠟山も次のように「気象行政」の重要性を述べているのである[7]．

　　私が専門にやつている行政の中に，科学技術を基礎としたいわゆる技術行政が漸次発展してきていることは御承知のとおりです．しかし，この科学技術がそのまま行政制度の中にまた行政措置の中に取り入れられるまでには，いろいろの媒介すべき要因がたくさんあると思う．技術がそのまま行政になるのではない．その結びつきを研究してみたいという念願を長い間もっていたが，その科学行政の中でも，気象の業務およびそれに関連する行政は，その点においていちばん典型的なものではないかと考えているのであります．

また「気象行政」の構造は，気象庁が組織内部にいかなる価値を「制度化」していったのかを考察することで明らかになると考える．なぜなら，「気象行政」の中心である天気予報の変遷は，気象業務のうち組織の価値を最も象徴す

---

6) 近年の行政学や政治学は，医療，原子力，食品，宇宙開発などの科学技術と行政の交錯領域におけるリスク規制や技術ガバナンスの動態の実証的な解明を進めている．この分野の研究対象や理論を包括的に検討したものとして城山（2018）があげられる．

7) 「気象審議会議事録（第9回総会）」（気象庁情報公開，気総第84号），4頁．さらに蠟山は，「気象業務が如何に広汎な範囲にわたっているか，如何にそれが国土資源や交通運輸や各種産業や社会生活や災害防止や秩序安全等人生のあらゆる部面に関連あることをいまさら知らされたのである．しかも，その業務の技術的内容に至っては全く近代の科学技術の進歩そのものに密接に依存しているのである」と，「気象行政」の社会的重要性にも言及している（蠟山 1957：3）．

る「予報」の変遷に他ならないからである．また，組織内部に制度化された価値が組織外部にまで正当性を拡げるためには，組織外部にもその価値が受容されていく必要がある．それゆえ，人々の天気予報に対する「評判」を考察することで，気象庁の価値がどのように評価されていたのかを確認する．天気予報に対する「評判」とは，天気予報の内容に対してであり，また天気予報という制度自体に対しての「評判」を含む．つまり，分析の中心的な対象は，社会側の天気予報に対する「評判」の変遷と気象庁内外での価値の制度化との相互的な関係にある．

分析の中心的な対象を天気予報に対する「評判」と組織内外での価値の制度化との相互的な関係とするのは，行政組織は「評判」を最大化するために「専門性」を行使すると考えるためである．なぜ行政組織は「評判」の最大化を図るのか．行政組織にとって「評判」の最大化を目指すことは，組織存続の正当性と組織的自律性の確保，すなわち他の行政組織や社会に対する自らの地位向上と結び付いているためである．行政学では組織の存続と組織的自律性の確保は，しばしば行政組織の最大の行動原理として念頭に置かれてきた（Wilson 1978）[8]．さらに D. カーペンターらが指摘するように，その観点から行政学が「評判」概念に早くから着目していたことに鑑みれば（Simon, Smithburg and Thompson 1991, Wilson 2000），「評判」の最大化を図るという目的は，組織の存続と組織的自律性の確保の前提となる，行政組織における基本的な行動原理といってよい（Carpenter and Krause 2012）．

以上の目的の下に，本書の構成は五章から成る．第一章は，行政学・政治学における「専門性」の諸研究，科学社会学の課題認識や視角の検討を通じて分析視角の設定を行い，本書の視角が「専門性」に基づく行動様式とこれを支える価値（「エキスパート・ジャッジメント」ないし「機械的客観性」）の「制度化」にあることを示す．さらに気象行政組織と社会の関係を概観し，「気象行政」が身近な行政活動でありながら，行政学の研究対象として断片的にしか取り上げられてこなかったことを明らかにする．

第二章は，近代日本の「気象行政」を対象とし，中央気象台が「エキスパー

---

[8] 官僚制の目的における組織存続を中心的にあつかった研究の一例として，上川（2005）があげられる．

ト・ジャッジメント」を制度化していく過程を明らかにする．明治期に創設された中央気象台は，組織外部からの「評判」を獲得するために天気予報を開始した．ところが気象技術者の抑制的な天気予報の評価に対し，人々の天気予報への期待は高かった．特に軍部の天気予報への期待は，独自の気象組織の創設を試みるに至る．このあいだ，中央気象台は独自の価値を注入することにより，「研究機関」路線を敷きプロフェッションの組織的性格を強めていった．本章は，戦時体制への移行期における軍部との協調と対立を経て，プロフェッションたる中央気象台が「危機」に対し組織的自律性を保持し得たのかどうかを考察する．

第三章は，戦後の中央気象台がかつての「エキスパート・ジャッジメント」の制度化を進めるうちに，次第に「機械的客観性」の制度化へと価値の再選択が行われつつあったことを明らかにする．中央気象台の平時への復帰は，気象業務法の制定や気象庁への外局昇格を経て，「現業官庁」としての組織的性格を強めるに至った．特に気象業務法は，「自然科学的方法」を強調する「観測」や「予報」という価値を新たに明示したのであった．かくてこれらの価値を象徴する「客観的」な予報として数値予報の実用化が目指されることとなる．

第四章は，気象庁が組織内外の「評判」を獲得するために「機械的客観性」の制度化を進めていく過程を明らかにする．気象庁による「長期計画」の策定や世界気象機関による観測網整備の国際的要因は，気象レーダー，アメダス，気象衛星という技術開発に結実しただけではなく，気象技術者による「企画」の活性化をもたらした．これらの技術開発が進行する中で，人々の天気予報の入手の仕方はテレビが中心となっていくとともに，技術開発の成果により天気予報の表現方法も多様化する．人々の高まり続ける天気予報への期待と組織内部の気象技術者の世代交代を背景として，企画課主導による気象業務の「機械化」及び「自動化」が実現する．この構想の実現が皮肉にも民間気象事業者の活性化を促したことを示す．

第五章は，「機械的客観性」を制度化した気象庁が，活発化した民間気象事業者の天気予報への対応のために「天気予報の自由化」を進めていった過程を明らかにする．気象庁にとって「天気予報の自由化」の制度趣旨は，民間気象事業者の裁量をむしろ抑制することにあった．ところが民間気象事業者による

独自のサービスは，制度が想定していない事態を続発させた．特に「防災官庁」の方向性を強めた気象庁は，防災情報の「シングルボイス」としての立場を重要視しており，民間気象事業者による独自の防災情報の存在は容認できないものであった．「機械化」及び「自動化」を制度化した気象庁は，「指導」をめぐる民間気象事業者との対立という予期せぬ事態を迎えたのである．これは，気象庁の組織外部に対する「機械的客観性」の制度化が浸透したことにより，皮肉にも気象庁と民間気象事業者の双方に「エキスパート・ジャッジメント」の価値が社会的に要請されたことに他ならなかった．かくてここに「機械的客観性」の制度化を通じて「エキスパート・ジャッジメント」の再生が図られたのである．

　これらの章を踏まえて結語は，本書が明らかにしたことやその意義を整理し，残された課題について述べる．

第一章　本書の課題と視角

　本章は，行政学や政治学における「専門性」を対象とした研究と科学社会学の検討を通じて，歴史分析のための分析視角の設定を行うことが目的である．またこの章は，対象の性格を明らかにすることにより，行政学の研究対象として「気象行政」を取り上げる意義を説明する．

　第一節は，社会学を中心としたプロフェッション論の成果を踏まえつつ，行政学と政治学における「専門性」を対象とした諸研究を検討する．この検討を通じて，今日の「専門性」に関する研究の課題認識が，行政組織の「評判」獲得や「専門性」の戦略的な行使に関心を寄せつつあることを明らかにする．

　第二節は，技官集団による「専門性」の蓄積・更新，活用の内実に接近するために，科学技術（者）と社会との関係を対象とする科学社会学の議論を検討する．科学社会学の課題認識と基本的な視角の確認を通じて，本節は，プロフェッションの行動様式を支える，「エキスパート・ジャッジメント」と「機械的客観性」という価値を提示する．提示したこれらの価値が，科学知識の生産と活用を担う技官集団の行動様式を支える価値として重要な視角となることを述べる．

　第三節は，前節までの検討を踏まえて本書の分析視角の設定を明らかにする．まずは現代社会の行政活動における現状認識として，行政が「専門性」を行使するにあたり，「客観性」が要請されていることを指摘する．この意味で本書は，行政活動にみられる「客観性」志向に関心を寄せる．次いで，前節で検討した「エキスパート・ジャッジメント」と「機械的客観性」という「専門性」の行使を支える価値について，本書上の定義を示す．以上を踏まえて本節は，これらの価値をどのように組織内外に定着させていったのかを明らかにするために，「制度化」の視角を提示する．

　最後に第四節は，天気予報と社会との接点から「気象行政」という対象の性格を明らかにする．さらに先行研究が「気象行政」を中心的にあつかってこな

かったことを指摘し，科学技術の態様が行政活動と社会との関係にあたえる影響を明らかにする上で，「気象行政」は恰好の研究対象であることを述べる．

第一節　行政学・政治学における「専門性」

(1) 行政におけるプロフェッション

　本節は，行政学と政治学における「専門性」を対象とした諸研究を検討する．行政学にとって行政の「専門性」とは何かという問いは，アメリカ行政学の建学以来，行政官がプロフェッションであるか否かという問いと緊密に結びついていた．したがって，行政学における「専門性」の諸研究を検討するにあたり，この古典的課題に対して行政学がどのように接近してきたのかが議論の出発点となる．このため (1) は，社会学を中心とするプロフェッション論の影響を踏まえつつ，「政治・行政分断論」以来のアメリカ行政学での「専門性」の位置付けを検討する．

　さらに日本の場合では1970年代後半以降，行政の「専門性」を対象とした研究は多様化した．この多様化の特徴は，三つに大別して整理することが可能である．第一に，事務官を念頭に置いていた「専門性」に対して，技術官の「専門性」に焦点があてられるようになった．第二に，人事制度に着目することにより，行政がどのように「専門性」を蓄積・更新しているのかに関心が寄せられた．加えて政官関係における権力資源の観点から知識ないし「専門性」を取り上げ，政策過程での行政の「専門性」が果たす役割を明らかにしていく研究が行政学・政治学を中心に蓄積された．第三に，行政が何を目的として，どのように「専門性」を行使するのかという課題に対して，その理由を組織内外の「評判」獲得に求める研究が蓄積されつつある．それゆえ本節の (2) 以降は，三つの整理に沿って，技官集団，権力資源における「専門性」「評判」に関する諸研究を順に検討する．

　以上の観点から本節は，「専門性」を対象とする行政学・政治学の諸研究の検討を始めることとする．

　序章で言及した行政学の古典的課題である「行政における技術と権力」というテーマは，アメリカ行政学の建学以来の関心でもあった．建学の記念碑的著

作であるW. ウィルソンの「行政の研究」(1887年) とF. J. グッドナウの『政治と行政』(1900年) は，行政を政治との対比で論じるという論法を用いていた (Goodnow 1900, Wilson 1887). 世紀転換期のアメリカが直面した公務員制度改革，市政改革，軍政改革という各種の政治的課題への諸方策の提言とそれを支える基礎理論の構築を目指して出発したアメリカ行政学は，政治の機能や領域の他に，それに劣らず重要な行政の機能や領域を確立する必要があると主張したのである[1]．すなわち「行政」の専門的性格を肯定し，能率的な官僚制を創出することによって「行政」を「技術」の領域として設定することが，ウィルソンやグッドナウに代表される「政治・行政分断論」の基本的な性格であったといえる (水口 1995, 西尾 1990).

このような性格を持つ「政治・行政分断論」は，官僚制を専門家集団として捉え，行政官を専門職 (プロフェッション) と見做す途を拓いた．加えて公務の実践的改革を掲げていたアメリカ行政学は，F. テイラーの「科学的管理法」に代表される企業組織の能率増進運動の成果を摂取しつつ，行政調査運動の展開や人事管理や財務管理等の新たな管理手法を受容していったのである．

さらに経営の関心が労働者の作業管理から管理機構の確立に向けられたことを背景とした，「古典的組織理論」の登場は，アメリカ行政学に組織編成原理の知見を提供した．すなわちテイラー・システムに基づく機能別職長制度 (工場労働者を監督する職長を複数にし，職長の監督機能を分担する方式) を批判し，新たに主張した「命令系統の一元化」の原理や「スタッフとラインの分化」といった原則は，「行政管理論」と一体化することで，部省編成原理及び管理機能に関するPOSDCoRB理論の確立を促したのである．この時期の代表的著作であるL. F. アーウィックとL. H. ギューリックらによる『管理科学論集』(1937年) は，POSDCoRB理論の提示に加えて，行政の指導原理を「能率」に見出した点において，行政の技術的性格を強調した「政治・行政分断論」の衣鉢を継ぐものといってよい (Gulick and Urwick eds. 1937, 足立 1970).

---

1) 当時の時代状況として，行政能力の拡大と国家建設の関係に着目したS. スコウロネクは，公務員制度改革，陸軍軍制改革，鉄道規制改革を事例に，アメリカにおける19世紀的な「裁判所と政党の国家」から「行政国家」への変貌という国家の再形成を明らかにしている (Skowronek 1982).

しかしながら，1930年代以降の「行政国家」への急速な進展は，立法府と行政府との権力関係を変動させ，行政府は政策立案機能をも担い，立法府に対して指導性を帯びるに至った．特に『政策と行政』(1949年) を著したP. H. アップルビーのように，ニューディール行政に関与し現実の政治・行政関係を経験した論者たちは，政治と行政の関係を連続的であり循環的なものとして捉えることで，その関係の結合性を主張したのである (Appleby 1949)．「政治・行政分断論」を批判する形で登場したこの「政治・行政融合論」は，政策形成機能を担うまでになった官僚制の役割強化という事実認識に支えられていた．

さらに「政治・行政融合論」の時期になると，管理技術の概念は組織編成から政策立案の段階にまで拡大することとなった．ここでの管理技術とは，政策立案技術や計画立案技術，予算編成技術や立法考査技術まで対象範囲に含まれ，組織の構造よりむしろ組織の過程に関するものとなっていったのである (西尾1990)．それゆえ，「政治・行政分断論」にせよ，「政治・行政融合論」にせよ，行政を合理化するために管理技術に関心を寄せるという点では，大きな違いはなかったといえる．「政治・行政融合論」も，行政官をプロフェッションと見做していたのである．

「政治・行政融合論」における行政の専門的性格の肯定と政策形成における官僚制の役割強化に対する認識は，行政の「専門性」と民主的統制の緊張関係という課題を惹起せしめた．ここに「行政責任論」が立ち現れることとなる．行政責任の概念は，「「行政的」というよりも「政治的」な概念である．すなわち，責任の問題は技術的というよりも党派性をはらみ，価値中立的というよりも目的性を帯び」ることに特徴がある (西尾 1995 : 271)．換言すれば，行政責任は政治的な争点となりやすく，また民主的な統制の下に行政が置かれることが望ましいという点で規範性を有しているといえる．「行政責任論」は，行政の技術的性格と権力的性格が交錯する領域を課題として設定したのである．

「行政責任論」の基本的な性格は，1930年代から1940年代にかけて行われたC. J. フリードリッヒとH. ファイナーによる著名な行政責任論争によって端的に示されている (Finer 1941, Friedrich 1940)．フリードリッヒは，行政の外在的機関への服従を強調する伝統的な行政責任論に対して，「機能的責任」と「市民感情に対する直接責任」を提示する．「機能的責任」とは，「客観的に確

立された技術的・科学的な〈標準〉にしたがって判断・行動する責任である．それ故に，「機能的責任」がとられているか否かを判断できるのは，同じ専門技術ないし科学的知識を共有している同僚をおいてほかにはいない」とされる（西尾 1990：319）．この「機能的責任」は，プロフェッションの責任として読み替えることが可能であろう．

　しかしながら，「機能的責任」に基づく判断が必ずしも政治的中立である保証や市民への説得力のある「客観性」を保証しているとは限らず，「機能的責任」は「市民感情に対する直接責任」と補完し合うことが要請される．換言すれば，「機能的責任」に基づく判断は，人々の判断根拠に対する「信頼」や判断の是非への審査の経路が開かれていることが重要となるのである．ファイナーがフリードリッヒを批判し，「民主的統制」として問責者の外在性と制度的な統制手段の存在を要件とする「法的責任」を説くのは，この「機能的責任」の尊重が専門家支配と容易に結びついてしまうことを危惧したために他ならない．以上のフリードリッヒとファイナーの論争からも明らかなように，「行政責任論」は行政をプロフェッションとして見做すことを前提として展開されているのである．

　かくて「政治・行政分断論」から「政治・行政融合論」を経て，「行政責任論」まで発展したアメリカ行政学の課題認識は，「行政における技術と権力」というテーマに関して，現代行政学に共通する素地を提供するに至った．この課題認識を要約すれば，官僚制を専門家集団として見做すこと，この官僚制を合理化するために管理技術を導入すること，専門化した官僚制に対する効果的な統制を確保することがあげられる．これらの要素が行政学を自立した学問として確立するという今一つの学問的関心と連関していたがゆえに，戦後日本の行政学はアメリカ行政学を引照基準として積極的に摂取していったのである（辻 1966, 長浜 1959, 吉富 1955）．

　だが，行政国家現象がその一面において科学技術の発達により成立している事実に鑑みるとき，看過できないのは，専門分化が行政にだけ限定されていたわけではないことである．確かに行政国家現象は，経済政策や福祉政策，教育政策や交通政策等の行政サービスの範囲や規模を拡大させ，各々の分野での専門化が進み，科学技術の知見が適用されることとなった．ところがこの現象と

同様に，聖職者，医師，弁護士，建築家等のごく限定してあつかわれていたプロフェッションの範囲も拡大したのである．職業の専門分化が進むにつれ，プロフェッション論は，軍組織や会計士，科学者集団や教師のように高度な「専門性」を有した集団をプロフェッションとして捉えるようになったのである．

プロフェッション論では，プロフェッションの性質を整理したアメリカの教育家 A. フレクスナーによる先駆的な研究が存在する．フレクスナーのプロフェッションの特質は，六つに整理される（Flexner 1915，山田 1998：27）．第一に，プロフェッションは知的な職業であり，当該職業に従事する者が適切な選択を実施し，その判断に重大な責任を負うこと．第二に，特定分野に関する高度な体系的知識を有し，長期間の教育訓練を受けていること．第三に，所持する体系的知識が現場で応用可能な実践的性格を持つこと．第四に，知識だけでは対処できない事態に対し，獲得した技能により物事が対処できること．第五に，専門職業団体が組織化されており，この団体が専門教育の内容や職業への参入資格を規制していること．最後に，職業に従事する者が公共利益への奉仕志向を持つことがあげられている．これらの特質は，Millerson（1964）や竹内（1971）に代表される，その後のプロフェッション論が定義したプロフェッションの諸要素をほぼ満たすものといってよい．

とはいえ，本格的なプロフェッション論の体系化の試みは，1930 年代に社会学を中心に展開されていったといえよう．この嚆矢ともいうべき A. M. カール・サンダースと P. A. ウィルソンらの研究は，まずプロフェッションを「特定のサービスを供給することを可能とする，長期的かつ専門的な知的訓練に基づく職業」と定義し，法律家，医師，看護婦から建築士，秘書，ジャーナリストまで 26 職種を事例として取り上げ，それらの歴史的発展過程や特徴，問題点の調査を通じてプロフェッションとは何かを考察するものであった（Carr-Saunders and Wilson 1933）．この調査を通じて彼らは，プロフェッションの団体形成の機能に着目する．すなわち，団体形成の目的は能力のテストと倫理綱領の維持にあり，彼らは，こうした目的を達成するための団体の権限が職業従事者の技能から行動に至るまで様々な統制を可能にしていることを見出したのである．それゆえ，自己規制的集団としてのプロフェッションという側面が強調されることとなった（吉村 1992）．

カール・サンダースとウィルソンのプロフェッション論の展開は，プロフェッションの社会的役割の増大を基本的認識としている．彼らは，会計士やエンジニアといった多くのプロフェッショナルが，被雇用者として企業組織内に参入しつつあることを指摘した．この企業組織へのプロフェッションの進出が，一方において企業組織の効率化を促し，他方でビジネスの世界に非利己的動機付けをもたらすことを彼らは期待したのであった．換言すれば，初期のプロフェッション論は，社会的地位の高さを念頭に置きつつ，資本家との対比でプロフェッションを論じ，個人の利益を追求する代表的存在である資本家とは異なる，公共の利益を代表する存在としてプロフェッションを見做しているのである（長尾 1995, 吉村 1992）．

このようなプロフェッションの利他主義的な側面を強調する議論に対し，T. パーソンズは，機能主義の立場からプロフェッションを論じた．パーソンズによれば，合理性によって特徴付けられる近代社会においてプロフェッションが重要視されるのは，合理性という基準により遂行される機能に起因するという（Parsons 1939）．したがってプロフェッションが権威を持つのは，機能遂行のための「技術的能力」に基づくためとされるのである．

さらにパーソンズは，『社会体系論』（1951年）において医療行為の例を引きつつ，医師と患者とのあいだにある「制度化された役割関係」を提示する．医療行為において，医師は専門的技術を有し，専門的知識を持たない患者は「無力な状態」に置かれる．この際，医師が患者との対面状況において自己利益的に振る舞うならば，患者は医師の判断を「権威に基づいて」受け入れることはできず，治療の成功は困難となる．したがって，両者の役割関係を成立させるために医師の側にインフォーマルな統制が働くとする．このとき，プロフェッションである医師は，規範的パターンに従うことで「成功」という自己の目標と社会的な期待を両立させ得るのである．パーソンズは，プロフェッションが従う規範的パターンを普遍主義，業績性，感情中立性，機能的限定性，集合体志向によって定式化されると主張する（Parsons 1951）．それゆえ，パーソンズは，機能主義の立場から技能の習得に加えて，その適用場面での役割関係のパターン化を可能とする，社会的な責任ある形で能力の使用を向けさせる制度的な手段の確保をプロフェッションの重要な要素と位置付けたのであった（吉村

1992).

　以上のようなパーソンズの技能習得への関心は，アメリカにおけるプロフェッションの発展が大学の主導により進行してきたという基本的認識に基づいている．さらに第二次世界大戦前後から1970年代までの高等教育と技術革新の普及は，J. ベン・デヴィットや H. M. ボルマーと D. L. ミルズらのように，プロフェッションの発展とその高等教育及び技術革新の普及との関係を論じるに至った（Ben-David 1963, Vollmer and Mills ed. 1966）．かくて1950年代から1960年代の時期のプロフェッション論は，機能主義的な立場からプロフェッションの社会的機能や社会的利益を積極的に主張したのである（長尾 1995）．

　このようなプロフェッション従業者の増加を背景としたプロフェッション論の興隆は，社会学が必ずしも十分に対象としてこなかった分野にまで及んだ．カール・サンダースとウィルソンの議論に触発された政治学者 S. P. ハンチントンは，『軍人と国家』(1957年) において「プロフェッショナリズムは，それが医者や弁護士にみられるのと同じ意味において，近代的将校に特徴的なものである」(Huntington 1957：7) と，将校団をプロフェッションとして政軍関係を論じたのである．ハンチントンは，プロフェッションの成立要件として，専門技術（expertise）と責任（responsibility），団体性（corporateness）を提示する．これらの要件から将校を捉えた場合，将校の専門技術とは「暴力の管理」であり，責任とは顧客に対する軍事的安全保障であり，団体性とは将校任命辞令や教育・訓練，制服や階級章を通じて限定された成員による自律的な将校団の形成に該当するという．ハンチントンは，政軍関係を論じる準備作業として，以上の要素を備えていく将校団の歴史的発展過程を叙述したのであった．

　ここまで検討してきたプロフェッション論の発展は，結果的に行政官をプロフェッションと見做す前提を相対化する途を拓いたといえる．「政治・行政分断論」を源流とする行政学は，「政治」に「行政」を対置させることで，行政をプロフェッションと見做した．ところが行政サービスの範囲と規模の拡大は，サービス供給をめぐり，行政の領域とプロフェッションとなった各職種の領域との境界を融解させたのである．プロフェッション論がプロフェッションの対象範囲を拡大したことで，行政と各職種との対置が可能となり，改めて行政官がプロフェッションに該当するのかどうかが問われることとなったのである．

折しも「政治・行政融合論」後の行政学は，「政治・行政分断論」の伝統を継ぐ正統派行政学への批判を展開する過程にあった．1940年代後半にH. A. サイモンは，正統派行政学が提示する「行政の原理」の非原理性を批判し，D. ワルドーも，その指導原理とされてきた「能率」について，「能率」それ自体が価値になり得るわけではなく，問うべきなのは「何のための価値か」であると批判したのであった（Simon 1946, Waldo 1984）．さらに同時期の行政学者による政治学への回帰，研究方法や対象の学際的拡散は，正統派行政学への批判と相まって，アメリカ行政学の学問的「一体性の危機」をもたらしたことは周知のとおりである（今里 2000）．

この「危機」を打開すべくワルドーが提示したのは，行政を一種のプロフェッションと見做して学問の一体性の確立を目指す「プロフェッショナル・アプローチ」であった．ワルドーは，このアプローチを「現実にプロフェッションにはならず，そして多分いかなる厳密な意味におけるプロフェッションにもなろうとする希望も意図も持つことさえなく，あたかもプロフェッションであるかのごとく振る舞おうと努めることである」と説明する（Waldo 1968：10）．ワルドーの含意は，説明に医学のアナロジーを用いたように，行政学を現実の行政課題に直面する職業的行政官への専門知識を提供する学問として捉えることにあった．それゆえに行政学が対象とするべき課題も，対外的安全，国内的安全，教育，都市問題，開発，科学とテクノロジー等とその対象を拡大することが求められ，またワルドーも1966年から編集長を務めた*Public Administration Review*において精力的にプロフェッションとしての行政（行政学）の企画を展開したのであった（大森 1973）．

ここで着目すべきなのは，行政学の側から改めて行政官をプロフェッションと強調する議論が展開され始めたことである．この時期の議論の特徴は，行政を一枚岩のプロフェッションと見做すのではなく，また管理技術に傾斜するのではなく，むしろ個々の行政領域に応じたプロフェッションの存在を検討している点に求められる．この議論の背景に，社会におけるプロフェッションの発展という現状認識を見出すことは可能であろう．例えば，*Public Administration Review*は，1977，78年に「政府におけるプロフェッション」の特集を組んでおり，最初の特集が軍事，外交，教育行政，都市計画，警察等の政府

固有の専門職を対象としたのに対し，翌年は法律，経済，会計，科学技術等の官民共通のプロフェッションを対象としているのである（Mosher and Stillman Jr. eds. 1977, 1978）．ここに官民のプロフェッションをめぐる両者の境界の融解を確認することができる．

　また社会学を中心とするプロフェッション論も，行政を中心的対象として包摂するようになる．M. S. ラーソンは，プロフェッション論の観点から行政組織の中で興隆したプロフェッションを二つの類型に整理した（Larson 1977）．まずは，公共サービスの拡大の結果として生じた，教師やソーシャルワーカー，住宅の管理者などの教育・福祉分野を中心としたストリートレベル・ビューロクラットである．この類型は，学問的体系化などプロフェッションの特徴に関して不十分な点があることから，セミ・プロフェッションとしてあつかわれる場合が多い．もう一つは，これらの公共サービス従事者を雇用する組織において彼らを管理・統制する必要性から生じる管理者職（マネージャー）である．この類型は，プロフェッションに関する「専門性」を行政管理技術としてあつかっているといえる（藤田 2008）．

　以上のような 1970 年代以降の行政学とプロフェッション論との接近は，プロフェッションの成立要件や社会的機能を検討してきたプロフェッション論の知見を行政に適用する可能性を拓いた．ここまで検討してきたように，プロフェッション論の基本的な課題認識や視角は，行政学と共通する部分が多い[2]．プロフェッションと他の職種との違いは，高度な専門知識や資格の必要性に加えて，プロフェッションには自らの就業を規律する権利，自律的な職業統制があたえられていることにある（Laffin 1986）．このプロフェッションの「自律性」は，行政の「自律性」を課題として出発した行政学にとって魅力的だったのである．

　とはいえ，プロフェッション論の議論が行政全般にそのまま適用可能なわけではない．プロフェッション論の前提は，学問と職業との緊密な関係にある．そうだとすれば，日本のように概してジェネラリストと称されることの多い行

---

[2]　特にプロフェッション論における倫理面に着目した日本の公務員制の具体的な検討は，西尾（1998b）を参照．また林（2013）は，自治体職員における「専門性」のうち倫理面の重要性を強調している．

政官の場合，高度な「専門性」よりも職務や職場に応じた適用能力が要請されるため，この条件を満たす例は決して多いとはいえない．むしろ問われるべきは，プロフェッション論的な意味でプロフェッションの特質を満たす行政領域は何であるのかといえる．かくて技官集団が，行政におけるプロフェッションの具体的な研究対象として立ち現れるのである．

(2) 技官集団の研究

技官集団とは，公務員制度の中でも事務官とは異なる採用や昇進の経路を辿り，公務において自然科学に関連する特定分野での高度な「専門性」の発揮が期待される技術系行政官を指す．技官集団の研究は，ジェネラリストの事務官を中心とした官僚制への理解を相対化する観点から出発したといえる．

日本の官僚制への理解は，キャリア官僚の特徴を中心に構成されている．第一に資格任用制の存在が，採用試験の区分を通じてキャリアとノンキャリアを区別することを可能にする．すなわち国家Ⅰ種（現総合職）で採用された者をキャリア官僚とし，彼らは様々なポストを経験し，幅広く職務分野を経験することでジェネラリストとして育成されていく．これに対し，国家Ⅰ種以外のノンキャリアは，比較的狭い同一職務内で経験を重ね，職務に精通しスペシャリストとなる．第二に閉鎖型任用制の存在が，ジェネラリストの役割を官僚に期待する．終身雇用制を前提とした閉鎖型任用制は，採用を新卒採用に限定し，中途採用は例外的とされる．したがって，新規採用者は，年功序列の昇進過程の下で職務・職責をこなし，いかなる職位に配属されても職務・職責をこなすジェネラリストとしての役割を期待されることとなる（大河内 1994, 西尾 2001）．

これらの議論を前提に村松岐夫は，日本の行政組織が個人より組織で課業業務をこなすことに着目し，行政内部の少ないリソース（公務員数，予算，法的権限等）で目的を能率良く達成しようとする「最大動員システム」を日本の行政と特徴付けている（村松 1994）．「最大動員システム」の観点からすれば，日本の官僚制に対する一般的理解とされてきた，割拠性による各省間での権限争議の弊害というセクショナリズムの病理的側面（辻 1969）も，政府活動の活力をもたらした省庁中心システムの逆機能現象と評価されることとなる．さらにキャリアに比較して不遇なノンキャリアに対しては，忠誠心を引き出す内的意欲

としてリソース利用の事実上の裁量からくる自由度の大きさを指摘する．また技官集団も，「力がありながら報われていない分を別の形で補償されている」と解釈され，人事権や公共事業予算といった「自治権」の存在が彼らの利益を保障するという（村松 1994：59）．

　かくてキャリア官僚を中心とした日本の官僚制の議論は，ノンキャリアや技官集団を周縁部に置いてきたのであった．しかしながら，技官集団がなぜ事務官に比べて「報われていない」のか，あるいはなぜ事務官とは異なる独自の「自治権」を獲得できたのだろうか．技官集団の研究は，彼らの所持する「専門性」に着目し，これらの問いを明らかにする試みに他ならなかったのである．

　日本の技官集団に関する体系的な研究は，1970年代後半から順次公表した土木技官の歴史的発展過程をあつかった教育社会学者の大淀昇一に求められる．この成果を下敷きにした『宮本武之輔と科学技術行政』(1989年) は，土木技官であった宮本武之輔の生涯と彼が結成に尽力した工政会の役割，この工政会による技術者の地位向上を目指した技術者運動を中心的な分析対象とした．大淀は，宮本を「東京帝国大学工科大学土木工科を卒業して内務技師になった技術者であるが，土木技術での独創的な仕事においてはかならずしも多産であったとはいえない．それよりも，技術者のヘゲモニーによる国家的見地からの技術政策，技術行政ということを考え，このことの実現のために苦闘した人物」と，「政治的志向を持つ技術者」として叙述する（大淀 1989：6）．そして工政会とは，内務省土木技師や東京帝国大学工科大学校出身者によって構成された，技術者の地位向上を目指す運動団体である．この団体が主として目指したのは，技官集団の冷遇の根幹と見做された，法科出身者の事務官を高級官僚の担い手とする「文官任用令体制」を打破することであった．

　このような地位向上運動は，大正期から昭和初期にかけて活発化した．工政会の他に農商務省で同様に形成された林政会，農政会による「三政会」がこの運動を主導していった．さらに昭和に入ると技術者を中心とした組織の簇生が顕著となり，戦時体制へと移行する中で技術者の各組織は，全日本科学技術団体連合会へと収斂し大組織化するに至る．1941年に設立された科学技術行政機関としての技術院は，「技術の独立」を目指した宮本武之輔の一連の政治的活動にとっても，また科学技術行政が社会的に確立する「技術の制度化」にお

いても一つの到達点であったとされるのである（大淀 1989）．

　以上のような大淀の研究方法は，技官集団の研究を行う際の課題認識の一つの原型を示しているといえる．第一の特徴は，技官集団は高度な「専門性」を有しながら，その待遇が低かったことを問題視することである．ここには，日本の官僚制が技官集団の「専門性」を十分に活用できなかったのであり，少なくとも技術官を事務官と同等に処遇するべきであったという課題認識を看取することが可能である．それゆえ技術官の人事制度を別枠とし，事務官優位を制度的に決定付けた文官任用令は，議論の出発点となる．第二の特徴は，地位向上運動に代表されるように，技官集団の政治的活性化に着目することである．大淀は，戦時期に科学技術行政が独自の行政対象として確立したことを以て，「技術の制度化」の定着を明らかにした．また戦後の技術官が事務官と同様に試験任用となったことや，1956 年の科学技術の振興を目指した科学技術庁の新設は，戦前からの地位向上運動の連続線上に位置付けているといえる（大淀 1997）．したがって，技官集団の政治的活性化は，一定の成功を収めたと評価される．

　だが，行政学者である藤田由紀子の研究が明らかにしているように，戦後の技官運動は，高度成長期である 1960 年代以降，次第に沈静化していく．戦後の技官運動の中心を担ったのが，1952 年に官庁技術者の交流，資質向上，地位待遇の改善を目的に結成された官庁技術者懇談会であり，1956 年に科学技術庁の設置に伴い発展的改組を行った全国官公庁技術懇談会（全技懇）であった．全技懇も技官集団の地位改善を引き続き掲げた．ところが，1960 年代後半になると全技懇内部で戦中から戦後直後にかけて技官運動を担ってきた人々が退官を迎え，世代交代していった結果，新旧世代の意識の違いが顕在化するようになる．この頃になると，全技懇の活動は，省庁内の事務官との待遇改善より，各省庁間の技官の待遇格差に関心を寄せるようになっていった．さらに全技懇や各省技術懇談会での職員の多くが，国家Ⅰ種に相当する六級職ないし上級職に相当する「キャリア」技官により構成されていたことも看過できないであろう．全技懇の活動が「キャリア」技官と国家Ⅰ種の事務官との待遇格差に向けられ，ノンキャリアの待遇改善への関心が乏しくなっていったからである．換言すれば，全技懇の活動における二つの方向性の違いが，全技懇の活動

の受益者を限定させ，内向き志向にしていったといえる（藤田 2008）．

　以上のような戦後の技官運動の限界に鑑みれば，技官集団の政治的活性化は，戦後において必ずしも成功したと評することはできない．このことは，戦後に省庁内での事務官と技官のポストの「棲み分け」が相次いで定着していったことからも窺えよう（藤田 2008）．そうであるならば，技官集団の機能を解明するためには，公務員制度に対象を当て，事務官と比較した技官集団の「不満」の制度的要因の把握とは異なるアプローチが必要となる．すなわち，「専門性」に立脚した技官集団の「自律性」や権力的性格の要因を明らかにすることが求められる．

　技官集団の「専門性」と組織的自律性との関係を体系的にあつかったのは，近代日本の山林局と森林政策の歴史的発展過程を分析した行政学者の西尾隆である．森林政策の特徴は，森林の管理に高度な「専門性」を要し，他の政策領域と比較して政治の介入や支持も弱く，技官集団の支配が続いてきた点にある．近代日本の森林政策は，国有林の創設と技術としてのドイツ型森林経営の確立を軸に展開された．すなわちドイツ林学の掲げた「保続」（持続可能性）の理念は，国有林経営の指導原理となり，農商務省山林局の林業技術者に組織の哲学として浸透することで，組織の一体化に貢献したとされる（西尾 1988）．

　このような西尾の研究方法は，政策と組織の相互関係に焦点を当てることにより，政策転換が組織的性格にあたえる影響を明らかにする．入会の利用が多く，「保続」の理念が適用しにくい公有林への積極的な事業拡大は，山林局のリーダーシップに事務官僚が大きな役割を果たすようになり，「保続」以外の社会的価値が組織に注入されていく過程と並行していた．また，昭和初期の「天然更新」の汎行という国有林施業技術への転換は，業務内容に高度な林学的専門知識がさほど必要とされなくなった技術官側の抑圧意識に支えられ，結果的に指導原理としての「保続」を棄てる途を拓いていくこととなった（西尾 1988）．換言すれば，政策転換のもたらす「専門性」の行使を支える価値の変容が，組織的性格を規定していったといえる．この政策転換は，技官集団の制度的資源や政治・社会環境の変動により促される．それゆえ，前述した技官集団の研究における課題認識の原型に，組織的自律性を支える「専門性」の制度的条件の把握を加えることは可能といえよう．

以上のような初期の技官集団の研究は，彼らの政治的性格の活性化を事務官と比較した待遇の「不満」や技術的要因に求め，むしろその発生を不可避的なものとして見做していたといえる．しかしながら，1990 年代以降の公共事業の見直しや薬害エイズ事件の発生は，冷遇されてきたとされる技官集団がむしろ自らの「専門性」を駆使して「技官の王国」を形成しているという，彼らの権力的性格を問題視していく契機となった（新藤 2002, 西川 2002）．

　1990 年代以降の技官集団の研究の特徴は，医系技官と土木技官を検討した新藤宗幸の研究により端的に示すことができよう．まず新藤は，近代化には大量のプロフェッションを必要とした上で，戦前の技官集団の「冷遇」観に対し，省内で幹部となった古市公威や後藤新平の存在，三政会による地位向上運動に加わらなかった逓信官僚と彼らの事業の重要性，満州国開発に参加した内務省の技術官の活躍をあげつつ，必要とされる技術分野によっては必ずしも一貫して「冷遇」されてきたわけではないとする[3]．次いで，その前提に立った上で技官集団の資源を，独自の人事慣行や自らの「専門性」だけではなく，省庁外部の専門家集団とのあいだで形成される「技術者コミュニティ」に求める．さらに公共事業のように事業拡大を図る事務官が，具体的な事業計画形成の際，技官集団の「専門性」に依拠せざるを得ないという相互依存関係の存在が，技官集団の自律的な「技官の王国」形成を可能にしているという（新藤 2002）．それゆえ，技官集団の制度的配置が事務官，技術官双方の責任意識を曖昧にしてきたことが問題視されることとなる．以上のような新藤の研究方法は，技官集団の権力的性格を強調するものとなる．

　1980 年代以降に展開されてきた技官集団の研究は，技官集団の政治性をどのような立場から評価するのかにせよ，彼らを高度な「専門性」を持つプロフェッションと見做してきたといってよい．したがって，技官集団の研究は，行政におけるプロフェッションの具体的な蓄積という側面を持つ．この観点からすれば，2000 年代前半以降に公表された藤田由紀子による技官集団の一連の研究は，社会学を中心としたプロフェッション論の視角を摂取し，プロフェッ

---

[3] 逓信省の現業員の待遇改善については，若月（2014）を参照．若月によれば，逓信省は，科学的管理法を思想的背景として組織の合理化を進め，新規事業を抑制し大蔵省が求める経費節減に応じることと引き換えに，現業員の待遇改善費の拡充を獲得していったとされる．

ションの諸要素を検討しつつも，政策出力や制度改革と組織的自律性の関係に着目する点において，前述してきた研究潮流に立脚した総合的な試みといえる．

一連の研究成果をまとめた藤田の『公務員制度と専門性――技術系行政官の日英比較』(2008年)は，プロフェッションである技官集団の「自律性」を「行政組織内における自律」と「行政組織外圧力からの自律」に大別する．「行政組織外圧力からの自律」は，政治家や業界等の政治的環境との関係が自律の態様に左右されるとする．これに対し，「行政組織内における自律」のための資源は，人事システムを中心とした「組織環境」と「専門性」を通じて得られる．「組織環境」とは，組織内部の下位集団の人数，人事に関する権限を持つポストや政策決定に関わる権限を持つポストの占有状況，組織内で形成されるライン，キャリア・パターンにより決定され，これらを通じて「自律性」が得られる程度は変わるという．

他方で「専門性」は，「プロフェッショナル・アカウント」と「プロフェッショナル・ネットワーク」に分けられる．前者は，プロフェッションが特定の能力を主張し，自らの仕事を望ましいものとして正当化するための言明の集合とされる．「プロフェッショナル・アカウント」は，認識に関する能力と規範に関する能力により基礎付けられる．認識に関する能力とは，業務に関連し，一般的に受け入れられると同時に排他的である知識を所有し，適用できる能力である．規範に関する能力とは，業務において正しい行動を識別して執行することのできる能力である．つまり，プロフェッションは，知識を保有するだけではなく専門的な判断力を持つことで「自律性」を獲得するのである（藤田 2008）．かくて藤田は，その判断が社会的な信頼を得るために倫理綱領の成文化の必要性に言及している．

次いで「プロフェッショナル・ネットワーク」は，「プロフェッショナル・サービスの統制とプロフェッションの利益擁護の機能の分担を通じて形成されるネットワーク」（藤田 2008：23）と定義される．プロフェッションの制度化に必要である団体やその諸機能に対して，技術官が「専門性」を媒介にしてどのような形で属しているのかといったネットワークの様態は，彼らの立場に影響をあたえる資源として働くのである．換言すれば，技官集団が外部の専門家集団とどのようなネットワークを形成しているのかにより，自律の程度が変化

するということである.

　土木技官と医系技官を比較した際，土木技官は，省内における数的な優位性に加え，人事慣行による上級ポストの占有，現場を通じた専門技術の強化の機会，強固なネットワークとしての土木学会に代表されるように，「組織環境」と「専門性」において強い「自律性」を有しているとされる．さらに1990年代の公共事業の見直しや道路公団民営化の事例では，公共事業のように族議員や建設業界とともに形成する政策コミュニティは，選好が一致した条件下において非常に強い「自律性」を発揮したという．これに対し，医系技官は，プロフェッションとしてのキャリア・アップが要請されておらず，ネットワークにおいても日本医師会のように対立の場合も多く，「自律性」が脆弱とされる．それゆえ，薬害エイズ事件の対応において，外部の専門家との適切な関係が築けず，医系技官は組織外圧力に晒されることになったという（藤田 2008）．換言すれば，プロフェッションとしての制度的条件と政治環境の違いが，組織的自律性の態様に影響をあたえ，政策対応の違いをもたらしたのであった．

　藤田による技官集団の研究は，「専門性」の内実の解明の必要性を提起し，行政外部の専門家集団との協調的関係の重要性を指摘した．初期の技官集団の研究は，むしろ技官集団が科学技術の成果や応用を主導してきたことが前提とされていた．この意味では，行政組織内部での「自律性」をいかに獲得していくのかに関心が寄せられたといえる．ところが，専門分化と高度化が進行する科学技術分野の性質に鑑みれば，もはや行政のみが科学技術の産出を主導することは困難であり，行政が政策対応を行うためには，行政の外部から高度な「専門性」を調達する必要性が求められる．また，仮に「専門性」の調達に成功したとしても，科学技術には不確実性が存在するゆえに，行政はその行使の際に「正当性」への関心を払わなければならない．このように技官集団の「専門性」の正当性や組織的自律性は，外部の専門家集団とどのように向き合うのかにかかっている．したがって，技官集団の研究が早くから有していた外部の環境との関係という視角は，今日においてより重要性が増しているといえる．

(3)　権力資源における「専門性」

　行政におけるプロフェッションというテーマ設定は，一方において対象とし

ての技官集団に関心を寄せ，他方において権力資源としての「専門性」に着目するに至った．前者は，事務官との比較を念頭に，自然科学に基づく高度な「専門性」を保持する技術官の役割を明らかにすることを目的としていた．後者は，事務官にせよ技術官にせよ，官僚制が「専門性」をどのように蓄積し，どのように政策の形成や実施に用いているのかについて関心を持つ．この意味で両者の課題認識は，人事制度や政策過程の研究において接近する．とはいえ，事務官の「専門性」という課題は，キャリアとノンキャリアの「専門性」形成の違い，キャリア間の昇進構造と「専門性」蓄積の違いに加えて，政党・政治家に対する優位性を示すいわば権力資源としての「専門性」を強調しているといえる．技官集団の研究が蓄積され始めるのと同時期に新制度論や「アイディアの政治」が興隆していくのは，政策過程における専門家の参加現象もさることながら，専門家集団としての官僚制の政治的役割に改めて関心が集中したことに他ならない[4]．したがって，ここでは技官集団の研究と課題認識や視角を共有する，主として日本の官僚制を対象とした1980年代以降の人事制度や政策過程の研究を整理することで，権力資源としての「専門性」がどのようにあつかわれてきたのかを概観する．

「専門性」を権力資源と見做す場合，具体的な「専門性」の内実が重要となる．なぜなら M. ウェーバーが官僚制の特質を合理性や永続性，中立性や専門性にあるとあげているように，官僚制は少なくとも何かしらの「専門性」を蓄積した組織形態であることが前提にあるからである（ウェーバー 1960, 1962）．それゆえウェーバーは，官僚制の「専門性」を「専門知識」と「執務知識」に区分したのであった[5]．ウェーバー自身によれば，官僚制の支配を専門知識による支配と呼ぶとき，その知識とは，「執務知識」のことを指し，行政の「専門性」の源泉とされる（ウェーバー 1970）．この「執務知識」は，実務経験を通じて習得される複雑な行政対象の制度についての知識や行政・業界内部で通用している文化的慣行，行政の過程で蓄積される「勘」などであり，同じ業務を継続的に実施することで獲得されるものである．科学技術の知見のように開かれた「専門知識」と比較した場合，「執務知識」は共有しにくい知識といえる．

---

4) 新制度論や「アイディアの政治」の背景や動向は，秋吉・伊藤・北山（2015）を参照．

このウェーバーの区分からすれば人事制度の研究は，昇進・異動に伴う新たな職場の実務で習得する知識や技能を重視する点において，「執務知識」の重要性を念頭に置いてきたと考えられる．第一に，日本の人事制度の特徴が，キャリア・ノンキャリアともに新卒採用者を一定レベルまで同時昇進させる「遅い昇進」管理であったために，職員が組織固有の「執務知識」を形成しやすい環境にあったことが理由にあげられる（稲継 1996）．人事選抜の競争が長期化する結果，組織内部での人的資本の蓄積は進み，職員個人の「執務知識」が向上する（田邊 1993）．

　第二に，職場の執務風景や組織内部での人事評価の方法が，職場で獲得される知識や経験を重要なものとしていることである．大森彌が指摘する執務風景である「大部屋主義」は，職務を局，課といった単位組織にあたえ，その職務を単位組織に配属された職員全員で分担させる．このため複数の職員が一室ないし一画に机を同居して仕事を行う．職員同士の仕事は相互に依存するため，個々の職員の仕事の実績を評価しにくく，性格や人柄要素といった職場での人間関係や勤務態度が重視されることとなる（大森 1985, 2006）[6]．

　また水谷三公も，官僚制に必要とされる能力を「専門能力」「職務能力」「職場能力」の三類型に整理した．「専門能力」とは，「習得に一定の時間と才能・努力が必要とされる特殊体系化された知識・技能であり，個別の職場や職域の特徴にかかわらず，共通に応用可能な性質が濃いもの」（水谷 2013：386）と定

---

[5] 「専門性」を知識に基づいて区分に関する研究は，多く存在する．河野（2009）は，「一般知識」と「専門的知識」を区分した上で，さらに「専門的知識」を「専門知」と「現場知」に整理する．「専門知」とは，「専門的状況の中で見出される個別の事象を，その外部効果まで含めて総体的にとらえることのできる知識」（河野 2009：20）と定義され，「科学的」な知とされる．これに対し「現場知」とは，現場の経験により獲得される知である．上川（2015）は，「専門知」と一般社会の通念としての「世間知」を区分した後，「専門知」を「学問知」と「経験知（現場知）」に整理する．「経験知（現場知）」は，過去の経験や他国の教訓に加えて，日常的な業務経験を通して習得された知識や技能が含まれるとしている．
　　また小田（2012）は，従来の先行研究が公務員の能力を「知識」と捉えてきたのに対し，経営学や労働経済学の観点から知識と技能を明確に区分する．すなわち知識とは内容を知ること（knowing what）であり，技能とは方法を知ること（knowing how）とされる．小田は，公務員に必要な専門性を「専門知識」「汎用技能」「職種専用技能」「業界専用技能」「企業専用技能」に区分する．これらの区分をもとに小田（2016）は，ポジションシステムにおける公務員の任用制度の運用の類型化を行っている．

[6] このようなインフォーマルな人間関係は，先輩・後輩関係におけるキャリア同士の統制や昇進構造において優位にあるキャリアがノンキャリアを統制する上で重要である（築島 2006）．

義される.「職務能力」とは,この「専門能力」を職場・職域の必要に応じて修正・発展させた能力とする.「職場能力」とは,「特定の職場に一定期間以上所属した「インサイダー」でないと獲得しにくいのみならず,その知識・技能が一身専属的なものも特徴で,何より個別の職場と人的編成を離れた効用や応用可能性のない」(水谷 2013：389) ことが特徴とされる.水谷は,官庁人事において「専門能力」や「職務能力」で大きな差がつきにくいため,この「職場能力」の相対的な重要性が増すことを指摘している.

以上のような人事制度の研究の特徴は,より具体的な官庁人事と政策選好・形成との関係においても同様にみられる[7].真渕 (1989) は,大蔵省の主計局長と主税局長の歴代課長ポストの分析を通じて,両局間の人事交流は意図的に遮断されており,その結果として省内で異なる「機関哲学」が形成されていると主張した.牧原 (2003) は,1950年代から1960年代にかけて,主計局長から事務次官に至るキャリアパスに二つのグループが存在したことを主張する.一つは,主計局でキャリアを蓄積し,熟練技術的性格の強い予算編成・査定業務に精通した典型的な主計局官僚である「原局型官僚」のグループである.もう一つは,大蔵省大臣官房調査部をはじめとする企画調整部門や内閣官房・内閣調査機関などへの出向を通じてキャリアを形成することで,政治や経済情勢を調査分析しマクロな財政・経済政策の構想を有した「官房型官僚」のグループである.1950年代前半の大蔵省による一兆円予算を主導したのは,「官房型官僚」のグループによるものであったとした.

---

7) B. S. シルバーマンは,各国比較を通じて官僚制組織の人的資源管理の構造の違いを整理している.シルバーマンによれば,「組織志向型」(organizational orientation) の官僚制は,有資格性と採用に関する厳しい制限を設け,採用された職員は早い段階から組織にコミットメントしていく.このコミットメントは,他の職業への可能性を閉ざす代わりとして,キャリアの予測可能性ないし将来の不確実性の減少というインセンティブを用意する.こうしたインセンティブが組織構造にあたえる影響は,上級ポストへの昇進の保障が予測可能性の維持のために省庁ごとの人事異動となること,その結果として省庁ごとの専門化が進むことによって現れる.これに対し「専門志向型」(professional orientation) の官僚制は,組織の役割や規範よりも個人による一連の知識や技能の習得を強調する.個人が専門的役割を担うことに対して,給与や大きな裁量権といった社会的・経済的インセンティブを活用するため,「組織志向型」にみられる早い段階からのコミットメントに対するインセンティブをあたえる必要がない.このため,キャリア構造の体系性や予測可能は低くなる.組織の開放性は高まり,専門的訓練の強調は官民間の相互交流を可能とする.なぜなら,このような組織環境での専門的訓練は,プロフェッションと同様に同業者団体が規定する一連の知識や技能の獲得が目標とされるからである (Silberman 1993).

また外務省幹部のキャリアパスを分析した竹本（2011）は，地域局（北米局やアジア大洋州局など）と機能局（経済局や国際法局など）はともに局独自の人材育成環境が形成されており，局内に同質の外交観が養成されやすいことを推論している．さらに驛（2013）は，大蔵省の各局長の課長・課長補佐経験まで対象範囲を広げてキャリアパスの分析を行い，大蔵省の組織・人事運営は様々な部署を経験して幅広い知識を持つジェネラリストというより，予算や税制，国内金融といった特定の政策分野の範囲内で異動と昇進を繰り返し，専門性を蓄積するスペシャリストの養成にあると主張する．大蔵省の組織・人事運営の分析結果から驛は，各政策ユニットとそれに対応した複数の人事ユニットの結合による「省内カンパニー制度」として運営されていると指摘する．

したがって，総じて人事制度の研究は，「専門性」を職場や職務を通じて習得していく知識や技能として重要視してきたといえる．では，このような官僚制の内部で蓄積されていく「専門性」が，政策過程において実際どのような役割を果たしているのだろうか．

確かに行政固有の「執務知識」が持つ権力的性格は，現場の「裁量」に着目する行政裁量論によって早くから指摘されていた（伊藤 1980）．行政法学における伝統的な「裁量」の概念は，自由な行政活動の領域を拡大し，それを正当化する根拠とされてきたのに対し，行政学における行政裁量論は，裁量行使に対する「責任」に焦点をあててきた（西尾 1990, 森田 1994, 1995, 原島・筑紫 2011）．なぜなら，警察やソーシャルワーカー，学校教育といった現場の業務に知悉する第一線職員の「裁量」が，自らの職場環境や価値体系といった諸制約に基づくことで活動の偏向をもたらすことが指摘されてきたからである（Lipsky 1980, 畠山 1989, 田尾 1994）．それゆえ，政策実施における現場の担当官の「裁量」の大きさが，行政統制の確保のための課題とされたのであった．

とはいえ，現場の担当官が業務に知悉するためには，現場の情報を的確に把握していなければならない．担当官が判断を下すためには，利害関係者との日常的な協議や彼らからの情報提供が必要となる．このため政策実施の研究を行った森田（1988）は，自動車運送事業の許認可行政における業界団体からの情報提供の重要性を指摘したのであった[8]．この情報提供が，「執務知識」の形成を可能にするのである．

行政裁量論が主として政策実施段階での官僚制の「専門性」に着目したのに対し，政策過程の実証研究は，むしろ政策形成段階における官僚制の「専門性」の果たす役割を解明してきたといえる．この研究の多くは，政策決定における優越的影響力を持っているのは官僚制なのか政党なのかという問いに対するメルクマールとして政策知識や情報独占を指摘した，1980 年代以降の日本政治研究の課題認識を背景としている（加藤 1995, 宮本 2006）[9]．

　官僚制が政策知識や情報独占の度合いにおいて相対的優越性をもつのは，業界団体との日常的な接触によるネットワークの形成もさることながら，官庁自身が資源動員や行政需要を把握するために政策情報を創り出すことにある．大西裕は，明治期の日本や 1960 年代の韓国において住民把握行政の確立が可能であった要因を，国家建設・維持のための資源を住民の提供する税や労働力に依存せざるを得ない「重い国家」であったことに求めている（大西 1993, 1994）．また，城山英明も，住民情報の把握に加えて各種の統計調査を通じた行政の情報資源調達活動の重要性を指摘している（城山 1998）．それゆえ，政官関係における官僚制は政党・政治家に比べて政策知識や情報を蓄積していると見做される（曽我 2016）．

　その上で加藤淳子は，「官僚の政策への影響力の行使は，政策知識の独占により，政治家を実質的に決定から遠ざけることによってではなく，政治家へ積極的に政策知識や情報を供与し，共通の政策観を持つ集団を与党政治家の中に確保し，この集団に与党内の政策に関する合意の形成や官僚の提案する政策の支持のために，自発的協力を求めることによって行われる」（加藤 1997：300-

---

8) 村上（2016b）も，木造建築規制や自動車安全規制，電気用品安全・障害規制において業界団体や研究機関からの技術情報が技術基準の策定に必要な行政資源となっていることを明らかにしている．さらに村上は，「行政には，科学的な根拠に基づいて導かれた，国民の安全が守られる（と推定される）数値の範囲で，社会へのインパクトも考慮に入れて判断を下す余地が与えられ，様々な方法で公益を実現していくというミッションがある」とした上で，入手した「情報のうち何を用いて，何を根拠として，何を考慮に含めて，どこに線引きをするのか，さらには，それをいつから施行するのかというのが「自在幅」となる」とする（村上 2016a：1392）．換言すれば，技術情報は常に不確実な領域を残すため，行政はそれを解釈し判断するための「自在幅」を必要とするということである．

9) 村松岐夫が整理しているように，政官関係において誰が優越的影響力を持っているのかという議論は，辻（1969）や山口（1987）に代表される官僚制を重視する官僚優位論と，村松（1981）に代表される政治家と政党を重視する政党優位論に大別される（村松 2001：113-117, 132-133）．

301）とし，税制改革における与党政治家との政策知識の共有による自発的協力の獲得に努める，大蔵官僚の影響力を明らかにしている．内山（1998）では1970年代の石油危機後の産業政策における競争制限型介入から競争促進型介入への政策転換の過程に関して，また秋吉（2007）では航空輸送産業の規制改革における「自由競争」の政策アイディアの導入について，それぞれ通産官僚や運輸官僚によるアイディアを通じた影響力の行使が明らかにされている[10]．

また，木寺（2012）は，官僚制において蓄積される，アイディアを政策化し，政府部内での支持調達をするために必要な制度への理解や職務遂行管理に関する知識を「専門的執務知識」とした上で，自治制度官庁が「主導アクター」としてこの知識を駆使して地方制度改革を実現した事例を明らかにしている．

以上の政策過程における官僚制の役割を対象とした先行研究は，政策過程における官僚制の「強さ」に着目し，その要因を権力資源である「専門性」とりわけ「執務知識」を通じて形成されるアイディアによるものとしている．しかしながら，加藤が指摘しているように，専門家集団のアイディアの存在が，官僚制の「専門性」における相対的優位性に影響をあたえることも重要である（加藤 1995）．行政外部にいる専門家集団のアイディアの源泉の多くは，現場から得られる「執務知識」や学問的・理論的な「専門知識」に該当する．つまり技官集団の研究と同様，行政外部に存在する「専門性」とどのように向き合うのかが，官僚制の「専門性」の行使の正当性や組織的自律性を考える重要な視角となるのである．官僚制がプロフェッションであり続けるために組織内外から「評判」を勝ち得る必要があるのは，競合関係にある対抗集団に対して「専門性」の優位性を確立するために他ならないのである．

(4) 「専門性」と「評判」

科学技術の専門分化や社会の専門家集団の発達という現代社会にあって，行政官がプロフェッションとして「専門性」を行使する際，その正当化のために

---

10) もっとも通産省が情報化社会に対する先駆的なビジョンを打ち出しながら，IT革命への対応に遅れをとったように，産業政策や科学技術政策では，ビジョンやアイディアを打ち出すタイミングに加えて，政策対象である科学技術の性質や発展状況も，官僚制の影響力の行使を考える上での重要な要素である（髙橋 2009）．

人々の支持や「信頼」の調達が必要とされる．それゆえ今日の「専門性」を対象とする行政学の研究は，行政が「専門性」を行使する理由として「評判」(reputation) の獲得を提示する[11]．「専門性」を対象とする行政学の先行研究に関する検討の最後としてこの項は，「専門性」と「評判」をめぐる諸研究を概観する．

行政組織の組織的自律性を高めるために「評判」を獲得する必要性があることは，1950 年代にサイモンらが言及しているように，これまでも断片的に論じられてきた (Simon, Smithburg and Thompson 1991, Wilson 2000)．とはいえ，最も早く体系的に論じたのは，1960 年の H. カウフマンの研究であろう．カウフマンは，1950 年代までのアメリカの森林監督官の行動様式を分析し，彼らが「専門性」の蓄積を通じて倫理的一体性と組織的自律性を確保し，「評判」を獲得していったことを明らかにした．カウフマンは，「森林局に関する結論のうち最も印象的であったものの一つは，組織内における人々の同質性の高さ——野外生活への愛，森林局への誇り，事物に対する長期的視野，忍耐力」等々にみられる組織的自律性にあったと記している (Kaufman 2006：206)．

しかしながら，「専門性」と「評判」の関係に対する分析を精緻化したのは，D. カーペンターによる 2000 年代の一連の研究である．カーペンターは，19 世紀後半から 20 世紀前半のアメリカにおける行政組織の発展を分析し，郵政省と農務省が政策の形成と執行能力を高め「専門性」を蓄積していくことで，政府内外の関係者からの「評判」を獲得し，組織の正当性を高める多元的なネットワークの構築に成功した結果，組織的自律性を獲得したことを明らかにし

---

11) 類似の概念として「信頼」(trust) があげられる．近年の政治学や行政学では，有権者の政治制度や関係アクターに対する信頼を分析した研究が蓄積されている（大山 2010, 善教 2013）．社会心理学者の山岸俊男は，信頼を「相手の意図に対する期待としての信頼」と「相手の能力に対する期待としての信頼」と定義する（山岸 1998：34-37）．「相手の意図に対する期待としての信頼」とは，相手が信託された責務や責任を果たすこと，場合によって自分の利益より他者の利益を尊重しなくてはならない義務を果たすことに対する期待である．「相手の能力に対する期待としての信頼」とは，相手が役割を遂行する能力に対する期待である．この信頼の概念に対し，山岸は「評判」には「統制的役割」と「情報提供的役割」があるという（山岸 1998：98-103）．すなわち評判は，評判を立てられた人の行動をコントロールする側面（「統制的役割」）があり，また評判を聞いた人が評判を立てられた人の人間性を判断するための情報を提供する側面（「情報提供的役割」）があるとされる．したがって，信頼と評判の違いは，対象者の行動の変化に働きかけるかどうかにある．本書は「専門性」の行使に着目することから，行動に変化をあたえようとする「評判」を対象とした方が望ましいと考える．

た（Carpenter 2001）．さらにカーペンターは，アメリカ食品医薬品局（FDA）が新薬承認にあたり薬害防止を最優先とし，製薬業界や政治家からの影響を受けずに専門的な判断を行っているという「評判」を勝ち得ることで，組織的自律性と権限強化を確保していったことを明らかにしている（Carpenter 2010）．

カーペンターによれば，「評判」とは，「能力，目的，歴史及び使命といった組織についての象徴的信念であり，それぞれのイメージが様々なオーディエンスのネットワークに埋め込まれた」ものと定義される（Carpenter 2010：33）．行政組織が「評判」を獲得することができれば，その効用は政治部門からの権限委譲や裁量の範囲が拡大するだけではなく，政治部門からの攻撃の防御，人々からの支持，有用な人材の採用及び保持にまで幅広く及ぶという（Carpenter 2002）．

このように組織の成員の行動やオーディエンスの反応に影響をあたえる「評判」は，四つの側面がある（Carpenter and Krause 2012：27）．第一は，「業績に関する評判」（performative reputation）であり，業務遂行における能力や能率，応答性に対する評価が関係している．第二は，組織内外の関係者への対応における思いやりや柔軟性，正直さといった「モラルに関する評判」（moral reputation）である．第三は，規則や規範が遵守されているかどうかという「手続に関する評判」（procedural reputation）である．第四は，複雑な環境に対応するために組織が能力や技能を保有しているかどうかという「技術に関する評判」（technical reputation）である．カーペンターらによれば，四つの「評判」を全て高めることは困難なため，組織は「評判」の選択を行っているという．したがって，「評判」の選択は，一方で組織的自律性を高めるものの，他方で組織の行動様式を規定していくのである．

しかしながら，ある時期に「評判」を勝ち得た行政組織が，「評判」を維持していくことは容易ではない．なぜなら，カウフマンが指摘しているように，組織が外部環境への適合に成功したあまり，逆に外部環境の変化に適合できなくなっていくことも考えられるからである（Kaufman 1994）．カウフマンは後年に自身の研究対象を振り返り，アメリカの森林監督官を取り巻く状況の変化を指摘する．彼によれば，森林監督官の「専門性」を支えてきた「林学」が「環境科学」の一分野として位置付けられ，種の保存やレクリエーションなど

の新たな機能が森林行政に期待されるようになった．この変化の中で伝統的な森林行政のあり方は，環境保護団体などからの批判に直面するようになったものの，森林監督官の「外圧」に対する組織的対応は緩慢であったという (Kaufman 2006：263-267)．つまり，カウフマンの指摘は，人々の行政組織に対する「評判」の内実も変化することを示している．

　「評判」を獲得するだけではなくそれを維持していく必要性があることは，行政組織にとって「評判」が積極的な管理の対象となることを意味する (Power 2009, Wæraas and Maor eds. 2014)．換言すれば，「評判」の獲得・維持のために，行政組織は戦略的な「専門性」の行使を要請されるのである．金井利之は，会計検査院が検査活動の具体的な局面での基本方針，各省庁政策評価，有効性検査に対する一定の「離隔距離」を確保することで，組織の独立性を保っていることを明らかにした（金井 2002）．アメリカの労働安全衛生行政を分析した G. ヒューバーは，検査官の検査活動が，重大な規制違反を行う可能性が高い大規模事業者を重点的な検査対象とし，中小事業者への検査を最小限にとどめることで社会的・政治的批判を限定化し，組織的自律性の保持を試みるという戦略的な「専門性」の行使を明らかにしている (Huber 2007)．また原田久は，人事院の固有の機能たる人事院勧告の精密さと調査の柔軟性が組織の「評判」を形成し，繰り返される人事院の廃止構想に対して組織の「延命」をもたらしていることを明らかにしている（原田 2013）．

　さらに伊藤正次が対象とした金融検査行政における「専門性」は，検査活動の効率化に向けた検査対象との視野の共有と，検査活動固有の「専門性」の蓄積の更新という二つの課題の狭間で揺れ動いてきたという．そして，2000 年代の不良債権処理の加速は，検査官の政治的地位向上をもたらした．現在は，多様な外部人材の専門性を組み合わせながら検査対象との意思疎通を図ることで，金融検査行政は「開かれた専門性」を確保するようになっていったとされる（伊藤 2012）．かくて伊藤は，組織的な「専門性」の蓄積・更新，「専門性」の政治的機能，「専門性」に基づく活動に対する社会的・政治的評価の三つの側面からの分析の重要性を提示している．

　とはいえ，「専門性」を戦略的に行使していくにしても，「評判」の管理の難しさは，行政組織が「専門性」の蓄積・更新をしていくだけでは解決されない

ときに，より顕著となる．教育行政学者の青木栄一は，いじめ自死事案が起きるたびに専門職の力量向上や学校外の相談体制の整備，スクールカウンセラーの活用といった専門性を強化することで対応してきた教育行政が，教育行政組織の不祥事ともいえる「隠蔽」事案が露見するようになったことで社会からの「評判」の低下に直面したことを指摘する．「専門性強化」という対応策が社会的に批判されるにつれ，教育委員会制度の制度改革が選択肢として検討されるようになり，教育に関心を寄せる安倍政権の下で教育委員会制度の独立性を弱める制度改革が行われるに至ったとしている（青木 2015）．換言すれば，青木の研究は，「専門性」の向上という選択が「評判」の低下を招く場合があることを明らかにしているのである．

　ここまでは，行政におけるプロフェッションというテーマ設定を出発点に，技官集団の研究，人事制度の研究や政策過程の研究，「専門性」と「評判」の研究という一連の「専門性」を対象とした行政学や政治学における諸研究の検討を行った．最後にこの検討を通じて，行政の「専門性」の特徴を次のように整理することが可能である．第一に，行政組織は組織的自律性を確立するために，組織内外からの「評判」の獲得を目指すことである．換言すれば，本書における行政組織の目的は，「評判」を最大化することにある．第二に，「評判」を獲得するために行政組織は，「専門性」を戦略的に行使することである．この「専門性」は「専門知識」と「執務知識」により構成され，行政固有の「専門性」は主として「執務知識」を通じて蓄積・更新される．先端的な「専門知識」の多くは行政外部に存在するために，行政組織は組織外部から「専門性」を調達する必要に迫られる場合がある．それゆえ，技術官と事務官を比較した場合，事務官の「専門性」は「執務知識」に依拠するところが大きい．

　もっとも「専門性」の行使の仕方を誤れば，行政組織は逆に「評判」を失うこととなる．さらに「専門性」をめぐり外部の専門家集団と競合した場合，「専門性」の戦略的な行使はより重要なものとなる．したがって，第三に「専門性」の戦略的な行使に最も大きな影響をあたえるのは，組織に根付いた価値であり，この価値がどれだけ社会的支持を得られるのかが組織内外の「評判」の形成を左右する．このことは，「専門知識」の相対的優位性をめぐり専門家集団と競合関係になりやすい技官集団の場合，より顕著となる．特にプロフェ

ッションの仕事と共通性を持つ公務は，互いに現場を持つゆえに，「専門知識」のみならず「執務知識」においても競合する可能性を持つ．そうであるならば，技官集団による行政固有の「専門性」の優位性は，どこにあるのか．換言すれば，今日の「専門性」を対象とした行政学の研究において重要な課題は，「専門性」をめぐる行政組織と社会との関係に集中しているのである．かくて本書は，この課題に対して特に三つ目にあげた観点から接近を試みるものとなる．

第二節　行政学研究への科学社会学の視角の導入

(1) 内部構造論・制度化論・相互作用論

技官集団の「専門性」のように科学技術がその蓄積と緊密に結びついている場合，「専門性」の蓄積や行使を具体的に明らかにしていくにあたり，科学技術の生産や活用の態様を把握しておく必要がある．なぜなら自然科学分野に精通した技術官は行政官であり，知識を活用するプロフェッションの側面を持つだけではなく，知識生産という科学技術者としての側面も持つからである．確かに今日の科学技術の専門分化と高度化は，技術官の科学技術の生産者としての側面を後退させ，専門領域の内容が理解できる「専門的リテラシー」を要請している（藤田 2008）．だが，土木工学のように技術官が知識生産を主導してきた時代があったことや，とりわけ林学や気象学のように科学知識がローカル性を持つ場合，観測データの現場を持つ技術官の知識生産者としての役割は，より重要なものとなる[12]．専門家集団との競合関係の可能性を検討するのであれば，リテラシー能力の検討だけでは不十分であり，技官集団による専門的な知識の形成や活用の仕方に対するより具体的な視角を設定しておくことが必要となる．

したがって，この視角を設定していくにあたり，本節は科学社会学の諸研究を検討する[13]．科学社会学の課題認識は，科学技術者の社会的役割や対外的自律性，科学技術と社会との関係にある．これらの課題に対する視角は，自然科

---

12) 知識の生産や行使における場所の影響力の重要性は，Geertz（1983）を参照．

学分野を「専門性」に持つ技官集団に援用することが可能である．まずは本項で科学社会学の課題認識と基本的な視角を概観したい．次いで次項は，科学社会学の課題認識に基づき提示されたプロフェッションの行動様式に関する研究の検討を通じて，この行動様式を析出するための価値を提示する．

科学社会学の視角は，内部構造論，制度化論，相互作用論に大別される[14]．内部構造論は，科学者集団の特徴に関心を寄せる．この嚆矢である R. K. マートンは，科学知識の自由な公開とその知識を科学者集団による共有物とする「公有性」(communality)，真理要求の判断基準たる「普遍主義」(universality)，「利害の超越」(disinterestedness)，知識に対して批判的・客観的に評価する「系統的懐疑主義」(organized skepticism) の四つの規範が，知識生産の単位として他の社会集団と区別された科学者集団を生み出すとした (Merton 1957)．かくてマートンは，科学者集団の特徴を規範に積極的に応答するメカニズムである「報酬系」の存在に見出した．

マートン以降の内部構造論は，「報酬系」の性質を明らかにするために，科学者集団の業績と報酬の対応関係を軸に検討を重ねていった．W. O. ハグストロムは，科学者集団に対する社会的統制を可能とする「報酬系」を，科学論文と評価との相互贈与関係として提示した (Hagstrom 1965)．N. W. ストラーは，科学者個人の動機に着目し，「報酬系」を個人の創造性とそれに対する応答という財をめぐる競争関係と見做した (Storer 1966)．このストラーによる科学者集団の閉じた構造は，科学者集団の対外的な自律性を前提としていた．換言すれば，内部構造論は，科学者集団の対外的な自律性がいかに保たれているのかに焦点を合わせてきたといってよい．

それゆえ，1970 年代以降の内部構造論は，自律性があることを前提とした科学者集団の構造解明に傾注していくこととなる (Ashmore 1989, Woolgar 1988)．では，何が科学者集団の対外的な自律性を支えているのか．藤垣裕子は，知識生産の単位である「ジャーナル共同体」(専門誌の編集・投稿・査読活動を行

---

13) 科学技術と社会をめぐる基本的な課題認識や学説史の検討の多くは，科学社会学のみにとどまらず，隣接学問分野の科学技術社会論や科学史等と互いに重複している．このため本書は，便宜上，科学社会学として統一して表記する．
14) この学説的整理は，基本的に松本 (2009, 2016) を参照した．

うコミュニティ）の存在と共同体の正当性を支える「レフェリーシステム（査読システム）」の存在が，社会に対する科学の自律性と科学者の専門主義の源泉と捉える（藤垣 2003：13-28）[15]．

　とはいえ，内部構造論は，なぜ自律性を獲得することが可能になったのかという点に必ずしも解答をあたえていない．さらに着目すべきは，理念型である科学者集団像が自然科学分野，特に物理学を念頭に置いていることである．物理学の中でも数理的な分析・表現形式が高い地位を占め，その数理主義が科学的であることの典型例として示されている（Whitley 1977）．そうであるならば，自然科学分野には科学者集団の対外的な自律性を獲得することに貢献し得た要因が存在することになる．

　早くから制度化論は，どのような過程を経て科学者集団が科学組織・科学制度へと制度化したのかに着目し，科学の自律性を促した社会的背景に関心を寄せてきた．初期の J. D. バナールの『科学の社会的機能』（1939 年）は，社会制度の変革と科学制度の変革との関係に焦点をあて，産業社会に対する組織化・計画化された科学の役割の重要性を指摘した（Bernal 1939）．またマートンも，『17 世紀イングランドにおける科学・技術・社会』（1938 年）において，近代科学の成立と科学者の正統性の確立を科学の精神と宗教倫理との相互作用による意図せざる結果として提示した（Merton 1970）．マートンの関心は，近代科学の価値の定着に向けられていたといえる．

　主に科学史が対象としてきた近代科学の成立は，16 世紀半ばから 17 世紀末にかけての「科学革命」と 19 世紀に起こった「第二次科学革命」の二つの局面の重要性を指摘することができる．コペルニクスやガリレオに始まり，ニュートンの一連の科学的業績により至った最初の「科学革命」は，古代ギリシア哲学を底流とする「質的秩序」から自然学の対象に数学（幾何学）の方法論を適用する「数学的秩序」への移行という，数学的言語による認識の変革を強調するものとされる（野家 2008：41-54）．それゆえ，ガリレオによる運動論は自然対象を数量的な測定を以て認識する契機となり，物理学の方法が「客観的」な方法論として他の科学分野に波及していく歴史として叙述される（Gillispie

---

15）　他にも藤垣と同様に，学会やレフェリーシステムの存在を科学者集団の対外的な自律性との関係で指摘したものとして，村上（1994）があげられる．

1960).

　しかしながら，マートン以降の制度化論の展開は，むしろ「第二次科学革命」の影響を中心に検討していった．「第二次科学革命」の特徴は，科学の専門分化とともにこれに対応した「学会」の結成や大学の整備が職能集団としての科学者集団を成立させたことにある．ベン・デヴィットの『科学の社会学』(1971年) は，近代科学の成立から発展までのダイナミズムを，先駆的な「学会」の結成から科学行政機構及び大学の整備を通じた科学者集団の専門職業化に至る発展論的な視角を示した（Ben-David 1971）．また明治以降の日本における科学の制度化を分析した廣重徹も，世界的な科学の制度化が同時期に起きていたことに着目し，科学教育の普及，研究機関の増大，職業団体の結成といった科学者の専門職業化の視角を日本にも適用している（廣重 1973）．それゆえ制度化論は，初期の「学会」であるイギリスの王立協会（自然科学を愛好する人々の自発的な団体）から専門学会や協会の設立が各国（フランスの科学アカデミーなど）でも増大し，大学改革運動や科学技術教育の促進を通じて社会に対する「科学の制度化」が進行する過程に着目してきたのである（成定 1994, 松本 2016）．

　なお，ここまでの制度化論における「制度化」とは，対象を科学技術に限定した上で，科学技術に関する複数の制度配置と対外的自律性との関係といういわばマクロな「制度化」をあつかう点に特徴がある．それゆえ，後述する本書の歴史分析の視角に用いる価値の「制度化」は，単一の組織に焦点をあてた，いわばミクロな「制度化」であり，分析レベルが異なるものである．

　1960年代後半頃から内部構造論や制度化論に対して，科学技術と社会との関係を捉えるにあたって科学者中心であり，科学知識や技術の内容についての言及が乏しいことが批判されていく．科学技術がどのように社会的に構成されているのか，どのような社会的影響をあたえているのかという，科学技術と社会との相互作用に関心が寄せられるようになる．科学と技術の相互作用を検討した B. バーンズたちや，D. ブロアといったエジンバラ学派による「科学知識の社会学」が，初期の相互作用論を主導していったのである（Barnes and Dolby 1970, Bloor 1976）[16]．初期の相互作用論の主たる主張は，科学技術知識の内容が社会的に決定される面を持つということである[17]．

例えば，D. A. マッケンジーは，19世紀末から20世紀初頭にかけてのイギリスにおける統計学と優生思想の関係を検討し，記述統計学研究の興隆の背景として優生学思想と，新興の専門職集団の利害関係の存在を指摘した（MacKenzie 1981）．またT. ピンチらの「技術の社会構成的アプローチ」は，自転車の型の開発においてユーザー側の意向や文化的価値が大きな影響をあたえたことを明らかにしている（Bijker, Hughes and Pinch eds. 1987）．このように相互作用論の関心は，内部構造論や制度化論が科学者の対外的な自律性を強調していたのと比較した場合，むしろ社会的に拘束されている面を強調している．この意味で相互作用論も，内部構造論や制度化論と同様に科学者集団の対外的な自律性に関心を向けていた．

　だが，その後の相互作用論の課題認識は，科学技術が自律的であるかどうか以上に，社会問題における科学技術（者）の役割に傾注していった．S. ジャソノフの諸問機関の研究のように，相互作用論は，社会問題に対して専門家が果たす役割を分析対象とするようになる（Jasanoff 1994）．また専門家だけで行われていた科学技術の問題に関する意思決定を，いかに公衆に開かれたものにするのかという民主主義的な観点から，意思決定における「専門性」と政治的権利との関係が分析対象となった（Collins and Evans 2002）．さらに行政の保有する科学的知見に対して社会運動側が異なる科学的知見を動員することで「批判的科学ネットワーク」を形成する科学の政治性が分析され，また専門家と市民のあいだの対話を通じて市民の専門的知見への理解を深める「科学技術コミュニケーション」や「コンセンサス会議」の重要性を説くことで，市民側の科学への信頼や民主的なプロセスを確保する試みも検討されている（小林 2007, 立石 2011, 中島 2008）[18]．このような研究は，科学技術者集団を政治アクターと見

---

16) 相互作用論のもう一つの系譜として，M. カロンらやB. ラトゥールによるアクター・ネットワーク理論（Actor Network theory）の提唱がある（Callon, Rip and Law eds. 1986, Latour 1987）．この理論は，人や組織以外の研究に必要な資源（実験機器，研究費，法制度など）を全てアクターとして捉えることで，科学の研究活動のプロセスを多様なアクターによるネットワークと見做すことに特徴がある．

17) この他にもエジンバラ学派をはじめとする「科学知識の社会学」や「科学的知識の社会構成主義」の特徴は，科学知識の偶然性，経路依存性，曖昧性，多義性，不確実性を強調している（金森 2014：251-253）．

18) 行政学でも牧原（2013）が，専門家集団の周囲に存在するアマチュアの行動様式や組織原理から蓄積された知識が，専門家の活動に影響をあたえることを指摘している．

做し，政治過程における「専門性」の重要性の高まりを背景としていたといえる[19]．

　以上の内部構造論，制度化論，相互作用論の三つの基本的な課題認識と視角を踏まえれば，専門的な知識の形成や活用の仕方に関して，次のような視角の整理が可能である．第一に，プロフェッションとしての科学者集団の制度化は，学会の結成や大学の整備，専門教育が必要となる．これらの生産構造に関する視角は，前述した他のプロフェッションの成立要件と同様である．第二に，科学者が生産する科学知識は，数理主義に依拠して行われることが「客観的」な方法とされる．この知識の「客観性」が，科学者の正当性を担保する価値となる．第三に，それにもかかわらず，科学知識や技術の内容が大なり小なりの社会的な利害関係を受けて生成されることもあり，科学者の保有する知識や技術に対する「客観性」の正当性は揺らぐこととなる．この場合，科学者の判断に対し，人々は利害関係を見出し信用しない場合が生じる．したがって，科学技術と「客観性」が緊密に結びついている以上，信用回復のために科学者は，何かしらの形で「客観性」という正当性の補塡を行わなければならないのである．かくて科学知識の内容ではなく，むしろ手続の「客観性」が重要な要素となる．

　これらの視角は，技官集団を分析する際にも重要なものである．確かに技官集団の下す判断が，高度な「専門性」に裏打ちされているという「評判」が確立しているのであれば，その根拠となる知識や技術が社会的な利害関係の影響を受けていたとしても，人々は「客観的」な判断として受容すると考えられる．この場合，プロフェッションの判断の正当性の一つである公平性が，より重要なものとなる．ところが技官集団は，自ら科学知識も生産する以上，保持する科学知識に対する「客観性」に敏感にならざるを得ない．外部から「専門性」を調達しなければ，この知識が技官集団の判断と結びつくためである．外部の専門家集団と競合関係にあるならば，「客観的」であるだけではなく，その知識の優位性も示す必要がある．さらに人々からの「評判」を失えば，技官集団の判断の根拠は，科学的な行政活動を行っていると説明するために，ますます

---

19) 今日では科学技術の問題は，科学者や技術者の役割から分析するに加えて，政府や国際機関，事業者団体・事業者，公衆・メディアを含めた多様なアクターの利害調整に関心を寄せる「科学技術ガバナンス」の観点から分析が進められている（城山 2007）．

「客観的」な科学知識に依存せざるを得ないのである.

それゆえ，具体的な科学技術の活用局面において技官集団はいかなる対応をとるのかという課題に接近するべく，彼らの行動様式を明らかにするための視角を設定していく必要がある．次項は，科学社会学でのプロフェッションの行動様式に関する研究を検討し，この行動様式を支える価値を中心的な分析視角として提示したい.

(2) 「エキスパート・ジャッジメント」と「機械的客観性」

科学知識の内容が「客観的」であるためには，知識生産における手続への「客観性」が求められる．この手続の「客観性」に関する議論は，方法論の厳密性を対象とする．科学哲学者の K. R. ポパーは，研究上の手続が明示されさらに理論が反証可能性を持つとき，科学知識は「客観的」な知識であるとしている（Popper 1968). その際，科学知識の内容が数値で表現されていた方が，検証可能性が高くなると想定されよう．この意味で前述した数理主義が「客観的」な方法として優位性を持つ．さらにウェーバーの社会科学における「価値自由」のテーゼは，経験的事実と価値判断の峻別の重要性を主張する．すなわちウェーバーによれば，社会科学における認識の「客観性」の確保は，法則の定立や因果連関の解明という科学的方法の厳密性により担保されることとなる（ウェーバー 1998）．したがって，ウェーバーに倣い，本書における科学知識の「客観性」とは，「価値自由」を可能とする手続や方法の厳密性を指すこととしたい.

このように手続や方法を軸として「客観性」を捉える立場は，社会科学以上に自然科学においてみられる[20]．手続や方法が「客観的」であるならば，科学知識の内容も「客観性」を持つということが，人々の知識への信用の根拠となっている．その際，むしろ着目すべきは，自然科学のように可能な限り数値化し定量的方法を用いることで，科学知識はより「客観性」があると見做されることにある（竹内 2013）．最も象徴的な数値化された科学知識は，その結果が確率により示される場合である．科学史家 I. ハッキングが指摘するように，19 世紀から 20 世紀にかけての統計学における数学の発達と社会の統計化は，「決定論」への懐疑と確率の概念を発展させた．この過程の中で医学統計や犯

罪統計などの各種の統計情報が，不確実性の下での社会管理のために活用されるようになる．かくて「危機」の可能性を数値的に表現する確率の試みは，科学的な確実さや精確性を達成する鍵として他の学問分野に波及していった（Hacking 1990, Porter 1986）．例えば，天気予報は，大気がカオス性により将来の状況を断定的には予測できないという性質を持ち，観測の規模や現象の開始点の範囲の制約から予報を始める初期の状態に不確実性が残るため，確率による表現が適しているといえよう（Kaplan and Kaplan 2006）．

とはいえ，科学知識が「客観性」を有していたとしても，プロフェッションの持つ裁量は，「専門知識」と「執務知識」に基づきながら判断基準の適用を様々な状況に応じて柔軟に対応できることが強みとされてきた．それゆえ，プロフェッションによる判断の「主観的」な要素が重要な意味を持つ．判断基準の公平，公正な適用が，プロフェッションの倫理や責任と結びつくからである．換言すれば，プロフェッションの専門的な判断が人々の「評判」を勝ち得ているのならば，科学知識の内容や方法も人々から同様に承認されている状態といってよい．

逆に，プロフェッションの制度や彼らの判断が人々の「評判」を獲得・維持できていない場合，科学知識をどのように活用するのかが問われる．第一は，科学知識の蓄積・更新をより「客観的」にすることで，プロフェッションの判断の根拠となる「専門性」を「科学的」に向上させることである．第二は，統計やシミュレーションといった数値化された科学知識をそのまま「機械的」に適用することで，判断に伴う潜在的な「主観的」要素を縮小することである．

---

20) 科学の「客観性」とは何かをめぐる争いは，自然科学と社会科学との間でも対立する争点であった．自然科学とそれ以外の学問分野とのあいだにある対立点に言及する際，相互の理解を困難とする基本的な「文化」の違いが言及される（Snow 1993）．こうした文化論に対し，早くから自然科学の精神というよりむしろそのアプローチを社会科学へ盲目的に適用することに警鐘を鳴らしたのは，F. A. ハイエクであった．1952年に出版された『科学による反革命』において，ハイエクが「社会科学はある意味で物理科学を「基礎」としなければならない．そして，物理科学が十分に進歩して，社会的現象を物理的なことば，つまり「物理言語」で論じることが可能になるまでは，それは成功を見込めないという考え方」を否定するとき，自然科学の代表例として物理学が想定されている（ハイエク 2011：51-52）．かくてハイエクは，社会的現象の研究に対し自然科学のアプローチがもたらす計量可能な側面への集中と，そうした方法が真正な科学の手続であるとする考え方の方法論的特徴を「科学主義的アプローチの客観主義」として，安易な適用を問題視する．

なぜなら，数値化された科学知識は結果の比較を可能とし，プロフェッションが判断の際に生じやすい偏見やバイアスを排する効用を持つからである．すなわち数値化された科学知識の結果をそのまま適用することが，「客観的」な判断として見做されることを意味する (Gaukroger 2012：72-75)．

以上のようなプロフェッションの行動様式に関する検討を体系的に行ったのは，科学史家の T. M. ポーターである．ここではポーターの議論を中心に考察することで，行動様式を支える価値に関する視角を提示したい．

ポーターは，博士論文を下敷きにした『統計学と社会認識——統計思想の発展 1820—1900 年』(1986 年) において，L. A. ケトレーによる近代統計学の成立からフィッシャー理論が登場する時期までを対象に，統計理論の背景にある統計思想と当時の社会認識の相互関係を明らかにした．ポーターによれば，近代の統計的概念や方法を発展させてきたのは，数学者ではなく，むしろ集団的現象の把握を必要とした社会科学者や生物学者，あるいは物理学者たちによる定量化，数学的確率への関心にあったという (Porter 1986)．このようにポーターの学問的出発点は，統計学を中心的対象とした科学の方法や社会認識に対する定量化への関心にあった．

やがてポーターの関心は，科学や社会における定量化の優越性を支えている要因に向かい，彼の主たる分析対象は，定量化の効用，定量化と科学知識が持つ「客観性」との関係をあつかうことになっていく (Porter 1994)．特にポーターは，会計における「客観性」を取り上げることで，早くも定量化への志向が不信を克服する戦略であることを明らかにしている (Porter 1992)．会計での非人格性や標準性を求める「客観性」の志向は，会計プロフェッションによる外部からの批判に対する脆弱性への対応と見做された．この観点からすれば，定量化とは，単純な科学性の追求ではなく，むしろ組織防衛の意味合いから「客観性」を確保するための政治的な対応に他ならなかった．かくてポーターは，定量化の政治性を見出し，数量化を通して「客観性」を確保する動きを，専門家集団に対する社会や人々の「信頼」との関係から論じるのである．

以上の蓄積に基づきポーターは，定量化の社会的・経済的圧力について，フランスの土木局の技術官僚とアメリカ陸軍工兵隊の技術者集団，19 世紀半ばのイギリスの保険数理士と 20 世紀前半のアメリカの会計士というそれぞれの

専門家集団への「信頼」に対する文化的状況を対比することにより，彼らの対応の違いを描き出した．第一に，フランスの土木局の技術官僚とアメリカ陸軍工兵隊の技術者集団（軍技術団）との違いは，後に「費用便益分析」と称される費用と便益に関する経済計算の受容において顕在化した．土木局の技術官僚は，エコール・ポリテクニークを中心とする高度な教育を受けたエリート技術者であり，彼らにとって公的効用の量的表示という方法は，公共事業決定における政治的介入を遮蔽し，責任ある技術者の専門的な判断を支えるものとして受け取られた．したがって，土木局の制度的権威とエリート的立場の条件が，定量的な費用便益分析を確立させながらも，第二次世界大戦後に至るまで没個人的な規則の作成や決定過程の数量化に対する消極性を維持させたという．これに対し，フランス土木局をモデルに創設された軍技術団は，政治的圧力に弱く，治水事業において費用便益分析を積極的に活用していく．ところが治水をめぐる農務省や内務省との省間対立は，むしろ分析方法をめぐり費用便益分析が政治性を帯びることへとつながった．このために，費用便益分析における定量化基準の努力は一層進み，計算結果によって政治的判断を制御する「客観性」への志向は顕著なものとなった．かくて公衆の不信に根差した判断における没個人性を求める社会的圧力が，普遍的標準としての費用便益分析の様々な分野に対する普及を促進したとされる (Porter 1995：Ch. 6-7)．

　第二に，イギリスの保険数理士とアメリカの会計士との対応の違いも，彼らの専門的な判断に対する人々の「信頼」にその要因を見る．イギリスの保険数理士の例は，政府が保険契約する人々が自力で計算可能とするために「標準化」した数表の公刊を目指そうとする試みに対し，「保険数理士たちは紳士として専門家としての自分たちの判断を信頼するように要請し」抵抗したという (Porter 1995：106-111)．これは，人々の「信頼」が定量化よりも人格に重きを置く当時のイギリス社会において，プロフェッションの組織的自律性を維持するために主張したのであり，この主張は彼らによる「専門性」の戦略的な対応を意味していたといえよう．1930年代におけるアメリカの会計士の例は，イギリスと同様に政府の規制当局の介入を前にして，自ら計算規則の「標準化」を通じて会計の「客観性」の確保を目指したことを明らかにしている．これは，「会計士が多くの場面で個人的な自由裁量の実践を認めたがらないことは，彼

らが公に対して身をさらしていることの証拠であり，この意味で彼らは弱い」ことの表れだとしている（Porter 1995：90-98）．つまり，彼らの判断よりも定量的手順が社会的に「信頼」されていたがゆえに，会計士は組織防衛の観点から数値化を選択せざるを得なかったことを意味している．

　以上のようにイギリスとアメリカのプロフェッションが選択した行動様式は，専門家の判断か定量的手順かという，社会が「専門性」のどこに「信頼」を置いたのかの違いを反映していた．この「信頼」への対象の違いをポーターは，「エキスパート・ジャッジメント」（expert judgement）と「機械的客観性」（mechanical objectivity）という二つの価値に基づく行動様式を提示したのである[21]．

　ポーターによれば，「エキスパート・ジャッジメント」の成立には，「専門分野の客観性」（disciplinary objectivity）と専門家集団外部の「信頼」が必要とされる．「専門分野の客観性」とは，専門家集団内で合意された知識や判断基準である．この知識や判断基準が「客観性」を持つことを主張するためには，「専門家は，彼らの専門技能の証拠を提示しなくてはならない．彼らは適切にふるまわなくてはならない．彼らは適度に私欲のないように見えなくてはならない」ことが求められる（Porter 1995：4）．換言すれば，「エキスパート・ジャッジメント」とは，専門家の知識や経験，自由裁量に基づく主観的な判断のことを指し，彼らの判断が，公平無私で「客観的」であるという社会の「信頼」を獲得している状態を示している．

　「機械的客観性」とは，「規則に従うこと」（following the rules）であり，規則や方法，手続を「機械的」に適用することで，「意思決定しているようには見えないようにして意思決定する方法」をもたらすことにある（Porter 1995：4, 8）[22]．このために専門的な知識も「自動的かつ機械的な標準」（automatic and mechanical standards）が理想的な状態とされ，判断の余地を縮小する知識であることが望まれる（Porter 2003：242）．それゆえ，専門家集団が社会からの不

21）　ポーターの定量的手順に対する「信頼」を示す価値概念は，「機械的客観性」の他に，「定量的客観性」（quantitative objectivity）として同様に表現されている（Porter 1995：6）．しかしながら，索引に存在しないこと，ポーターの含意が計算の結果がそのまま判断に取って代わろうとすることを強調している点において「機械的」という表現の方が望ましいと考える．したがって，本書は「機械的客観性」を用語として統一的に用いることとする．

信に晒されるとき，定量的方法に基づく数値化が，機械的で客観化された専門的な知識の適用として専門家集団に歓迎される．つまり，「機械的客観性」とは，定量的方法に基づく計算をそのまま判断に適用し，この計算が代替的に担う非人格的な判断が，公平無私で「客観的」であるという社会の「信頼」を獲得している状態を示している．

　伝統的なプロフェッション論の文脈に鑑みれば，望ましいプロフェッションの行動様式は，「エキスパート・ジャッジメント」ということになる．学会，教育，職業団体といったプロフェッションの成立要件に関心を寄せてきたのは，「エキスパート・ジャッジメント」を可能とする国家や社会に対する能動的な自律性に他ならなかったからである（Burrage and Torstendahl eds. 1990）．だが，ポーターの関心は，むしろ「機械的客観性」の適用にあり，これを促す定量化信仰の力強さである．それゆえに，ポーターは同様の視角から「客観的」であろうとする経済学の定量化を明らかにしたのであった（Porter 2004b, 2008）．彼は，社会科学が「客観的」であろうとする要因の一つに「正確さ」（precision）の確保をあげている（Porter 2006）．したがって，統計を対象に社会認識における定量化をあつかった初期の研究以来，ポーターの関心は，対象を拡げつつ，「エキスパート・ジャッジメント」と「機械的客観性」との対比関係を軸に深化していったといえよう[23]．医療統計における定量化が「客観性」を担保するわけではなく，その対象範囲や作成方法が持つ政治性を明らかにしているように，ポーターの議論の特徴は，「客観性」の持つ政治性を含むことにある（Porter 2012）．

　このようにポーターの議論は，社会側の「信頼」に着目し，「専門性」の行使に関係した価値をどのように選択していったのかを明らかにしている．なおポーターの提示する「信頼」の役割は，社会側がプロフェッションの行動の変

22）　科学における客観性の歴史をあつかった L. ダストンと P. ガリソンは，客観性を「認識論的徳」（epistemic virtues）と見做し，19 世紀中頃に生まれた新たな「認識論的徳」を「機械的客観性」と区分している．この立場は，対象の描写において，図版を描く際には作者の恣意的介入を極力排除し，いつでも一定の手続に基づいて機械的にそのまま描画することが求められる（Daston and Galison 2010）．彼らの用法は歴史区分として用いられているが，手続の厳守や非人格性といった特徴は，ポーターの用語法と共通している．

23）　ポーターには，同様の視角から統計学者 K. ピアソンをあつかった評伝もある（Porter 2004a）．

化を促す意味において「評判」の役割と軌を一にする．なぜなら社会心理学者の山岸俊男が「評判」の役割を「統制的役割」としたように，「評判」は，報酬あるいは罰として「評判」を立てられた人をコントロールする側面があるからである（山岸 1998：98）．ポーターの議論では，プロフェッションに対する「信頼」の有無が彼らの行動様式に大きな影響をあたえることになった．それゆえ，ポーターの議論における「信頼」の役割に鑑みれば，彼のいう「信頼」を「評判」と読み替えても差し支えあるまい．

　加えて「エキスパート・ジャッジメント」と「機械的客観性」の対比は，ポーターにとって二つの異なるレベルの「客観性」のあり方を示す側面もあった．だが本書においてそのまま二つの「客観性」という形で適用することは，却って「エキスパート・ジャッジメント」の持つ焦点の意味がぼやけてしまい，議論が複雑化することになる．ポーターの提示する「エキスパート・ジャッジメント」の本質的な意味は，専門家による「主観的」な判断への高い「信頼」にあった．そうだとすれば，先の「信頼」を「評判」と読み替える点を加味した上で，ポーターによる「エキスパート・ジャッジメント」の定義の範囲を本書の課題認識に即して限定化しておく必要がある．

　したがって，本書における「エキスパート・ジャッジメント」とは，専門家の知識や経験，自由裁量に基づく「主観的」な判断のことを指し，専門家が判断を行うことに対して社会からの「評判」を獲得している状態である．また本書における「機械的客観性」とは，定量的方法に基づく計算をそのまま判断に適用することを指し，この計算が代替的に担う非人格的な判断に対して社会からの「評判」を獲得している状態である．以上の定義を用いることで「主観的」な判断と「客観的」な計算という行動様式の対比が明確になる．また「信頼」を「評判」に統一することで，第一節で検討した「評判」に関する行政学の諸研究との接合が可能となる．

　「評判」に関する行政学の諸研究との関係からポーターの議論を検討した場合，彼の議論は，組織による価値の選択が社会側の「評判」（ポーターのいう「信頼」）の文化的な受容に還元されすぎているように考えられる．能動的にせよ受動的にせよ，組織が価値を選択したのであれば，この選択に対する「評判」は組織内外に影響をあたえるはずである．「評判」を下す基準が変化する

のであれば，組織はそのまま価値を定着させるのか，あるいは別の価値を選び直すのかという選択に直面するはずである．また，行政組織と専門家集団とが「専門性」をめぐり競合関係にある場合，価値の選択は「専門性」の優位性や社会的支持に影響をあたえると考えられる．換言すれば，「専門性」に対する「評判」をめぐる行政と社会との相互作用が，価値の戦略的な選択の決定に大きな影響をあたえていると考えられるのである．それゆえ本書は，ポーターの視角に依拠しつつ，分析視角として「エキスパート・ジャッジメント」と「機械的客観性」という価値が，どのように行政組織に定着していったのかに着目するのである．

第三節　本書の視角の設定

(1) 「客観性」志向の行政活動

ポーターの議論は，プロフェッションや行政組織に対する人々の不信が高まるとき，戦略的な対応として「エキスパート・ジャッジメント」あるいは「機械的客観性」の価値に基づいて彼らは行動することを指摘した．前述したようにポーターの関心は，組織的自律性を保持するために規則，方法，手続の数値化を進める，組織の「機械的客観性」への志向にある．本書の課題認識も，ポーターの関心と同様，むしろ科学知識を活用した行政組織の「機械的客観性」への志向にある．この現象を「客観性」志向と称したとき，なぜ現代の行政活動は「客観性」を追求するのだろうか．分析視角を詳述する前に，「客観性」に関心を寄せる本書の課題認識の背景を述べておく必要がある．

ウェーバーによる官僚制の理念型が提示されて以来，「客観的」な職務の遂行が念頭に置かれており，官僚制は「精密機械」のイメージをあてはめられてきた．それゆえ，官僚制の特質について合理性や永続性，中立性や専門性があげられることが多い（西尾 2001）．例えば，合理性の場合，H. A. サイモンは人間の合理性の限界に着目し，その限界を克服する意図から意思決定の分業とその調整を通じて合理性を高度化する制度を「組織」と捉える（Simon 1997, 橋本 2005）．この意味で官僚制は，合理的な組織形態とされる．

また行政の指導原理とされてきた「能率」も，「客観的」な職務の遂行が念

頭に置かれ，民主性や有効性との対比概念として論じられてきた．今日における「能率」とは，有効性と対比する観点を含めて「経費量・作業量・事業量・効果量の相互関係であり，投入と産出との比率」として定義されている（西尾 1990：259）．とはいえ投入と産出との比率を以て能率とすることに対して，これを「機械的能率」（mechanical efficiency）と批判し，組織の職員の満足感や財・サービスに対する消費者の満足感を能率の判定基準とするべきとして「社会的能率」（social efficiency）が提起された．D. ワルドーによる「客観的能率」（objective efficiency）と「規範的能率」（normative efficiency）は，この二つの「能率」観に対応する形で整理されたものである．行政活動の目的に対し「機械的な判定基準が容易な場合には，いわゆる客観的な意味における能率観が成立」するのであり，この場合の「能率」は「客観性」と一体的に捉えられている（Waldo 1984, 辻 1966：50-57）．さらに自由民主主義体制下の行政活動が人々の信頼（public trust）を安定的に深く根付いたものとするためには，「客観的」であり「民主的」な方法を確保する必要があるという．この際に行政活動のプロセスにおける透明性や開かれたアクセス（open access），その検証可能性の確保が重要とされたのである（Hildebrand 2008：225-226）．以上のように，規則や手続をもとに官僚制の特質を論じる際，特に「客観的」な職務の遂行を念頭に置いてきたことが窺えよう．

　とはいえ，科学技術の発達に伴う数量化社会の進展は，現代の行政活動に対する「客観性」を志向する重要性を飛躍的に高めつつある．数量化社会の特徴は，社会現象を数量の単位で認識するため，質的な差異も可能な限り数量的な差に還元することで測定を可能にし，社会問題に対する明確な「証拠」を提供することにある．国勢調査をはじめとする各種の政府統計の拡大は，事実認識や政策提言のみならず，政治の成果を示すための説得の道具として積極的に活用されてきたことを示している（西尾 1971）．このような社会認識に対する数量化の進展は，数量的方法による把握こそが「客観性」な認識であるとする一種の「量の信仰」を生み出すに至る（竹内 2013）．この信仰が成立するためには，数量化を実現する科学技術が「客観性」の確保を可能にすると捉えられる必要があった．すなわち，数量化社会の進展とは，社会認識にせよその実現方法にせよ「客観性」に高い価値を置くことに他ならなかったのである．

かくて現代の行政活動は，「客観性」を意識せざるを得ない状況に置かれている．第一には，行政活動の成果を評価する「政策評価」との関係があげられる．日本では，2001 年から全省庁を対象とする政策評価制度が導入された．「政策評価」とは，行政活動の出力たる政策が期待した効果を実現したかどうかを判断することにある．その定着のためには，「科学的方法に基づいて収集されたデータと，可能な限り価値中立的な論証方法によって導き出された結論が，評価結果を妥当で客観的なものである」と認めさせる必要があり，「政策評価」は「客観性」を高い価値として掲げたのであった（山谷 1997：32-33）．加えて，総務省行政評価局が行う客観性担保評価は，各省庁が行う「評価の評価」（メタ評価）としての役割を期待されたものであり，さらなる評価の「客観性」を志向するものとなっている（山谷 2014）．行政活動のパフォーマンスを測定し比較を可能とする評価の潮流は，何を目的とした数量化なのか，あるいは何を「数値」によって表現しているのかがパフォーマンスの高低を測定するうえで重要となるため，改めてこの「数値」の役割の重要性に着目しつつある（Hood 2012）．このように現代の行政活動は，組織内外からの「客観的」な評価に晒されている．

　第二には，「証拠に基づく政策形成」（evidence-based policy making）との関係があげられる．「証拠に基づく政策形成」は，政策形成に際し最も有益な情報や「証拠」を活用するべきであるとして，医療政策や教育政策，科学技術政策や社会福祉政策などの様々な政策分野で適用されつつある考え方である（Nutley, Walter and Davies 2007, Shillabeer, Buss and Rousseau eds. 2011, 砂原 2017）．また IT 技術の発達に伴う「ビッグデータ」（big data）のような膨大なデータ群の存在が，政府職員の情報へのアクセス機会を増大させ，職員の分析能力の向上が市民の需要に沿った公共サービスを提供する可能性を高めるとしている（Dunleavy 2016）．

　「証拠に基づく政策形成」における「証拠」とは，科学的見地に基づく知見や事実とされる．この場合，社会科学的な知見の積極的な活用を主張する研究（Stoker and Evans 2016）があるものの，多くの場合において科学的な知見の適用例は環境問題や原子力問題といった自然科学分野が中心であった（有本・佐藤・松尾・吉川 2016）．これは，「証拠」が定性的であるよりも定量的であるこ

とが望ましいとされるためである．つまり，現代の行政活動に対する「証拠に基づく政策形成」への要請は，科学技術が表象する「客観性」を積極的に獲得することを反映したものといえるだろう．

　この第二の点と関連して，第三には，現代の行政活動は科学技術に基づく「証拠」を必要とする局面が増大している点にある．現代における科学技術の高度化は，行政サービスの供給方法あるいはガバナンスの構造を変容させている．例えば，ガバナンスの構造について IT 環境の発達は，情報の電子化や共有化を進め，行政組織の内部課業の単純化や組織間の相互の可視化を進めるとされる（Dunleavy, Margetts, Bastow and Tinkler 2008）．しかし，行政サービスの供給方法に関し医療分野では，医療技術の発達がプライマリ・ケアのような地域の医療の質的充実を可能とする一方で，医療技術の高度化は小規模な病院で高度な医療設備や専門的な人員を維持する費用を高める結果，大規模な病院への設備や人員の集約化の進行がみられる（Pollitt 2012）．それゆえ科学技術の高度化は，行政組織の能力を高めるものとして捉えられつつも，効率化の進行が却って人々の需要に合致しなくなることをもたらす場合（病院の集約化によって高度な医療設備を持つ病院が居住地域から遠くなり，地域住民の利便性が低下する）があるように，両義的な効用を持っている．

　さらに遺伝子組み換え食品や化学物質の安全性，あるいは気候変動対策や地震予知といった科学技術の役割が社会的に期待される問題の多くは，科学的根拠や「証拠」に不確実性が存在し，科学の妥当性に基づく「科学的合理性」をそのまま適用することができないのである（藤垣 2003）．それゆえ，厳密な科学的知識に依拠しようとすればするほど，行政活動の安定的な遂行は困難となり，科学的知識の厳密性に固執することで対処すべき事態を前にしてその対応が遅れることとなる[24]．あるいは科学的証拠が不十分でありながら，行政が社会問題へ積極的に対応した結果，予防接種における副作用のように社会的な被害が拡大する場合もある．科学的証拠の不確実性が，行政自らの責任問題を含

---

[24] このような事態を防ぐため，発生し得る被害の甚大さに鑑み，科学的証拠が不十分だとしても対処を延期すべきではないとして「予防原則」（precautionary principle）が提唱されてきた（藤垣 2003）．また「通常科学」と「規制科学」（regulatory science）を区別し，科学的証拠が不十分でも限られた時間内での意思決定が求められる「規制科学」は，意思決定のプロセスにおける合意形成が重要になるとしている（Jasanoff 1994）．

めたリスクを管理する行政運営を困難にさせるのである．こうした状況を手塚洋輔は，予防接種行政を素材に「作為過誤」（するべきでなかったのにした過誤）と「不作為過誤」（するべきだったのにしなかった過誤）の選択に直面する行政の「過誤回避のディレンマ状況」として析出している（手塚 2010）．

とはいえ，科学的証拠の不確実性の存在は，直面するリスクを管理対象として再構成することで，むしろ現代の行政活動におけるリスク管理やリスク評価を拡大させるに至った（Power 2009）．換言すれば，行政が直面するリスクは，科学的証拠や数量的指標に適合する管理可能な対象としてあつかわれるようになったのである．何より BSE 問題や食品安全委員会の役割への関心の高まりは，行政の意思決定に対して科学知識が十分に活用されていないことを問題視し，「客観的」で中立的な科学的判断を導入していくべき関心を含んでいたといえよう（秋吉 2014, 神里 2005, 2008, 藤田 2008）．

以上のように現代の行政活動は，科学技術の高度化に伴い，組織内外からの「客観性」志向の圧力に晒されている．だが，科学技術の「客観性」の積極的な活用は，社会の望ましい価値とされている以上，むしろ行政にとって組織的自律性や「評判」を獲得するための価値となり得るだろう．したがって，「客観性」志向を選択した行政が，果たして組織的自律性や「評判」を獲得・維持できたのかどうかが問われなければならない．ここに「専門性」を対象とする行政学の現代的課題として「客観性」志向の行政活動を取り上げる意義がある．

(2)　「制度化」の視角

本書は，行政組織が「評判」を獲得・維持していくにあたり，「エキスパート・ジャッジメント」または「機械的客観性」という価値をどのように定着させていったのかを明らかにするため，「制度化」の視角を採用する．前述したように，先に検討した科学社会学の制度化論における科学技術の「制度化」が，複数の科学技術に関する制度配置と対外的な自律性の関係というマクロな体制の構造に関心を寄せたのに比較すれば，本項で検討していく社会学的制度論や組織社会学における「制度化」は，単一の組織に焦点を当て組織と外部環境，組織内部の構造を中心とする点で異なる．したがって，「気象行政」を担う行政組織を対象とする以上，本書の視角は後者の「制度化」を基軸にしておく必

要がある.

　ひとたび選択された価値が組織に定着するためには，その価値が「制度化」されなければならない．P. セルズニックは，概念上区別される「組織」と「制度」を媒介する過程として「制度化」を捉える．ここでの「組織」とは，特定の目標に向けて人々や資源を動員する技術的な器械であり，「使い捨て可能な道具」である．これに対し「制度」とは，社会の必要や圧力から生まれた自然的産物であり，自ら反応し順応する有機体である（Selznick 1957：5-6）．だが，これは概念上の区分であり，現実における制度及び組織は，道具的存在と有機的存在のあいだで移動する．セルズニックにとっての「制度化」とは，「道具的役割を期待された組織が環境との相互作用を繰り返しながら，次第に有機体としての性格を強めてゆく過程」に他ならない（Selznick 1957：16-17, 西尾 1987：43）．

　価値を注入された組織の「制度化」は，内部環境の価値を体現しつつ自らの同一性を深め有機体に成長していく「内部への制度化」と，外部環境と価値を交換しつつ相互の関係を深めていく「外部への制度化」に区別できる（西尾 1988：12）．「外部への制度化」は，セルズニック自身のTVA研究に示されていた．セルズニックによれば，地域の政治参加を実現させるという革新的な目標を持ったTVAが，組織の安定や存続への脅威を回避するために地元の保守層と連携し，さらに「参加」も実質的な決定に関わらない形で地元任意団体への業務委託を行うという，「包摂」(cooptation)を進めていった結果，様々な政治的利害が反映され，当初の組織の使命や政策からは大きく偏向していったとされる（Selznick 1949）．このことは，「内部への制度化」と「外部への制度化」が両立する場合もあれば，矛盾する場合もあり，矛盾の表出が組織に意図せざる帰結をもたらすことを示すものといえる．

　とはいえ，組織が存続していくためには「内部への制度化」と「外部への制度化」の両立を試みることが必要となる．特に組織が従来の経験では対応できない「臨界的決定」(critical decision)の状況の場合，「制度的リーダーシップ」が要請される．セルズニックにとって，組織におけるリーダーシップとは，組織に価値を注入し，あるいは注入された価値を強化し，成員に満足感をあたえて，成員のエネルギーを引き出して「制度化」を行うことにある（Selznick

1957, 森田 2007). つまり，組織内部において価値を注入する推進者がいることを意味する．

このような「制度化」という動的な過程に着目するユニークなアプローチは，社会学的制度論や組織社会学に摂取され発展していった（Powell and Dimaggio eds. 1991, Scott and Davis 2007, 河野 2002, 渡辺 2007）．合理的選択制度論や歴史的制度論とともに新制度論の一つとしてあつかわれる社会学的制度論は，アクターが特定の行動を選択する「認識」に影響をあたえる「制度」の機能を分析対象とする．この観点から着目されるのが，組織や社会の文化や規範，慣習といった非公式の制度である（秋吉・伊藤・北山 2015）．従来のコンティンジェンシー理論では，組織がその競争的環境に対応した効率的な構造を選択すると説明されてきた（Thompson 2003, 桑田・田尾 2010：82-88）．

だが，社会学的制度論は，この理論では異なる環境下にある組織が同様の構造を選択することを十分に説明できないとし，組織が社会での規則や信念といった制度的環境に対応していった結果とする「制度的同型化」（institutional isomorphism）の概念を提示した（Powell and Dimaggio 1983）[25]．行政学における社会学的制度論の摂取は，「制度的同型化」のメカニズムを行政組織の構造に適用することに向けられてきたといえる（伊藤 2003, 稲垣 2015, 牧原 1999）．

かくて社会学的制度論の下での組織は，制度的環境が提供する「神話」を取り込むことで，正当性を獲得し，存続の可能性を高めると想定する（Meyer and Rowan 1977）．だが，制度的環境に同調した組織構造が「合理化された神話」（rationalized myths）という象徴的な存在としてあつかわれるため，主として公式の組織構造や手続に焦点があてられる．その結果，組織内部の価値との軋轢や課業による組織外部の価値を変容させる試みといった視角が等閑視される．換言すれば，制度的環境それ自体が政治的な産物であることを踏まえる必要があるということである（河野 2002）．

また，組織を有機体としての成長という動的な過程に着目すると，組織の目

---

[25] 「制度的同型化」のメカニズムは，当該組織が依存している組織や社会から行使される同調圧力により生じる「強制的同型化」，不確実性を回避するために他の組織を模倣する「模倣的同型化」，社会の専門家によって生じる「規範的同型化」に整理される（秋吉・伊藤・北山 2015）．特に「規範的同型化」は，専門家の共通規範が同一の制度選択を導くことに着目しており，プロフェッションの共通性を析出してきたプロフェッション論の視角と共通するものといえる．

的も柔軟性を帯びる．A. エツィオーニが「組織の目的の研究においては，進行中の組織プロセス（中略）を吟味探求することが必要である」と指摘したように，価値の注入は組織の目的を創り上げる過程に他ならないからである（Etzioni 1961：72）．そして K. E. ワイクは，組織を「組織化」（organizing）という一種の過程と捉えることで，組織の目的が組織内部の成員や組織外部のオーディエンスとのコミュニケーション・プロセスを通じて創り上げられていくことを指摘する（Weick 1979, 1995, 竹中 2013）．

　ワイクの関心は，組織成員に向けられる．ワイクは「組織化」を「イナクトメント」（enactment），「淘汰」（selection），「保持」（retention）の三段階に分ける．すなわち組織成員は，外部環境を選択的に知覚し「解釈」を行うことで外部環境への働きかけを行う．この「解釈」により創造された環境が「イナクトメント」された環境となる．「イナクトメント」された環境への「解釈」の有用性をめぐり「淘汰」が進み，ある「解釈」が組織全体の認識として共有される．この「解釈」の選択が組織の存続に有効であれば，規則やルーティンという形で「解釈」は「保持」されるとする（Weick 1979, 田尾 2012：99-101, 渡辺 2007：82-86）．このワイクの独特な組織観は，組織内部における価値の注入が行われる過程を明らかにするだけではなく，外部環境を静態的に捉えがちな社会学的制度論の課題を克服する可能性を持つ．

　このようなワイクの「組織化」の視角は，組織成員同士に加えて，組織成員と外部オーディエンスとの「解釈」の相互作用にまで及ぶ（竹中 2013）．それゆえ，組織内外において望ましい「解釈」を創り出すための組織イメージやアイデンティティといった「感情的でシンボリックな表出性」が重要な要素となる（Schultz, Hatch and Larsen 2000：1）．M. シュッツらの議論は大規模な営利企業を想定したものではあるが，外部オーディエンスの「解釈」に働きかけることが可能となっている点がとりわけ重要である．なぜなら組織が組織成員や外部オーディエンスの望ましい「解釈」を得ようとする，つまり組織が「評判」を獲得するために働きかけを行うという視角と通底するからである．

　組織と外部環境が相互作用する視角は，セルズニックの「制度化」論の基本的な視角であった．そのことに鑑みれば，「制度化」論を契機に発展していった社会学的制度論と組織社会学の動向は，外部環境や内部環境の各々の「制度

化」への傾注を進めた結果であり，その結果として相互作用の観点が不十分なものとなっていったが，再び両方の視角は接近していったといえよう．加えて，規範や慣習，文化といった非公式の制度を固定的なものではなく「解釈」の結果として捉え直すことは，組織にとって「制度化」の過程は，一回限りの現象ではないことを意味する．「制度化」の定着は，「評判」の変化やそれに伴う組織内外への緊張関係を生み出し，新たな「制度化」の契機となり得るからである．この動態の把握は，対象期間を一定程度の長さを有する歴史分析を選択することで可能となるのである．

　歴史分析というアプローチは，歴史的制度論に代表されるように，制度の形成過程や定着の要因を明らかにする問題関心と親和的である（Pierson 2004）[26]．だが，歴史的制度論の視角は，ひとたび制度が定着すれば，制度から利益を享受する人々を生み出し，容易に変更できなくなるとする「経路依存性」（path dependency）の概念や，制度の変更を生み出す分岐点となる「区切られた均衡」（punctuated equilibrium）の概念に着目するものの，制度それ自体は「点」として静態的に捉えられていることが多い（伊藤 2006：6-8）．

　これに対し，「制度化」論は組織と外部環境，これらを媒介する政策の相互作用という動的な過程に着目するため，いわば「点」と「点」をつなぐ「線」として組織を叙述することを重視する．この「線」を叙述する重要性は，森林行政を対象に「制度化」の長期的な過程を分析した西尾隆が，「制度化とはひと言で，一定の使命に仕えるべく生み出された組織が，内外の環境と価値を交換しながらそれ自身意思をもつ一つの有機体に成長していき，その内的変容がひるがえって組織の欲求や理念（政策）を変化させる過程」として要約していることからも窺える（西尾 1988：ⅰ-ⅱ）．

　かくて本書もセルズニック以降の一連の「制度化」の視角に立脚しつつ，「気象行政」に対する歴史分析を行う．その際に課業に対する「評判」をめぐる組織内外の相互作用が，組織に注入される価値の選択や定着をどのように規定しているのかという点に着目する．特に注入される価値に基づく「専門性」の行使によって，社会の「評判」がどのように変化しているのかという点を重

---

[26]　歴史的制度論の視角による行政学・政治学研究は，数多く蓄積されている．ここでは，近年のものとして北山（2011）や前田（2014）を例示するにとどめる．

視する.

　しかしながら,セルズニックによる「制度化」の視角に問題がないわけではない.第一に彼の視角の問題点は,組織が有機体へと成長していく一回限りの「制度化」に関心がとどまっていることにある.確かに西尾（1988）では,戦時林政から戦後改革に至る「制度化」以降に直面した山林局の「危機」への対応にまで分析期間を拡張していたが,その関心も既に定着した「制度化」の動向を追跡する点ではセルズニックの議論と大きく異なるわけではない.セルズニックの「制度化」論の批判の一つに,組織の環境への合理的な適応を強調する結果として,「制度化」の変更や定着した「制度」に対する変革の視角が乏しい点があげられる（櫻田 2014）.換言すれば,定着したとある価値の「制度化」が組織内外の様々な要因によって変化の必要性が生じ,異なる価値の「制度化」を定着させていく過程が等閑視されているのである.

　特に本書は,科学技術の発達が組織の価値の形成にいかなる影響をあたえているのかを検討する以上,「制度化」が複数回起こり得る現象であると想定しておく必要がある.「制度化」に影響をあたえる科学技術の発達は,断続的に生じるものだからである.

　第二にセルズニックや西尾の「制度化」論は,組織の「成長」による組織的自律性の獲得を強調するがゆえに,価値の交換対象たる外部環境を静態的に捉えがちなことにある.例えば西尾（1988）は,山林局が直面する外部環境を内務省土木局との対立,政党政治との関係,林業の業界状況を様々に指摘しながら,「線」で叙述される組織に対して「点」ごとに異なる外部環境を対置しているのである.もちろん組織的自律性は様々な外部環境から獲得することで強まるため,様々な外部環境を取り上げることは必要である.

　だが,前述したように「制度化」が複数回起こり得る現象だとすれば,「評判」をめぐる組織と外部環境との相互作用において重要なのは,外部環境も「線」として捉えることにあると考えられる.なぜなら,外部環境も動態的に捉えることで,組織の働きかけが外部環境の「評判」にどのように影響をあたえ,その後の外部環境の「評判」が組織の「専門性」の行使にいかなる影響をあたえたのかという,一連のフィードバックが明確になるからである.これにより,なぜ「制度化」の強化が進行したのか,あるいはなぜ別の「制度化」へ

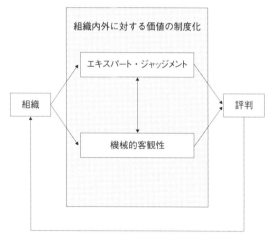

図1-1　組織による価値の「制度化」と「評判」の関係
出典）筆者作成．

移行したのかという「制度化」の条件を，「評判」の獲得に求めることが可能となる．

　加えて，組織と外部環境を媒介する「政策」が「評判」の源泉であるならば，評価が明確にしやすい「政策」ほど「評判」の析出は適していると考えられる．本書があつかう「政策」たる天気予報は，地域別の細分化や予測時間の詳細さを人々が基本的に望むこと，そして最終的な評価が当たりか外れかの予報の精度に帰着するという点において，社会の「評判」を析出しやすい分析素材といえる．

　ここまでの検討を踏まえ，組織による価値の「制度化」と「評判」の基本的な関係は，次のように図式化することが可能である［図1-1］．まず本書において組織は，組織存続や組織的自律性の確保のために権限や裁量の拡大，予算の増大といった各種の選択肢があるなかで「評判」の最大化を目的とし，価値の「制度化」を通じて「評判」の獲得を目指すものとする．権限の拡大や予算の増大は組織存続と組織的自律性の確保を可能とするものではあるが，「評判」の最大化は，組織の地位向上を通じ結果として権限の拡大や予算の増大も可能にする．それゆえ，組織における価値の浸透と緊密な関係を持つのは，「評

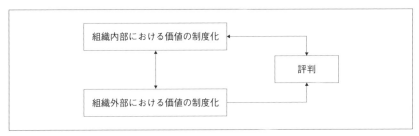

図 1-2　組織内部及び外部における価値の「制度化」と「評判」の関係
出典）筆者作成．

判」の獲得にあると考える．その際に組織は組織内外において「エキスパート・ジャッジメント」ないし「機械的客観性」の制度化を行う．選択した価値の「制度化」に基づく「専門性」の行使により，組織内外において「評判」が形成され，構築される．この「評判」が組織に還元されることにより，価値の「制度化」の強化ないし別の価値の選択が改めて行われるのである．換言すれば，組織が行う組織内外における価値の制度化と「評判」獲得の関係は，「評判」の構築という選択を通じて循環の関係にある．

　次いで価値の「制度化」を組織内外にそれぞれ細分化し，「評判」との関係に焦点をあてた場合，価値の「制度化」と「評判」の関係は基本的に次のようになる［図1-2］．組織内部において価値を「制度化」した組織は，「専門性」の行使を通じて組織内外に対して「評判」の獲得を目指す．この「評判」次第により組織は，組織内部における価値の「制度化」の強化ないし別の価値の選択が検討されることになる．また組織は，「専門性」の行使を通じて組織外部への価値の「制度化」を図る．この価値の「制度化」が浸透し社会的に受容されたのかどうかは，「評判」として反映される．逆に組織外部で「制度化」された価値が，直接組織に対してその価値の浸透を図ることもあり得る．

　最後に価値を「エキスパート・ジャッジメント」と「機械的客観性」により詳しく分けた上で，組織内部における価値の「制度化」と組織外部における価値の「制度化」の基本的な関係を示せば，次のように図式化することが可能である［図1-3］．「エキスパート・ジャッジメント」を「制度化」した組織は，「専門性」の行使を通じて組織外部に向けて同様の価値の「制度化」を行う．

第三節　本書の視角の設定　65

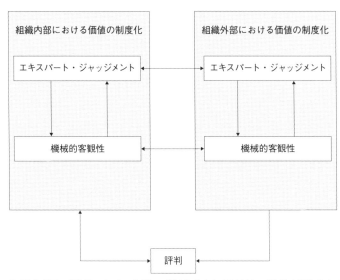

図1-3　組織内部及び外部における価値の「制度化」と「評判」の関係（理論的な全体像）
出典）筆者作成．

このことは，「機械的客観性」の場合でも同じである．だが，組織外部へ価値が満足に浸透できないとき，「評判」を獲得するため組織内部での価値の再選択の可能性が生じる．換言すれば，組織は「エキスパート・ジャッジメント」から「機械的客観性」，あるいは「機械的客観性」から「エキスパート・ジャッジメント」への変更を行う場合がある．

　また，組織外部たる外部環境も浸透される「エキスパート・ジャッジメント」の価値を受容することが困難なとき，組織は「評判」を獲得することができず，むしろ外部環境は「機械的客観性」の価値を社会的に要請する可能性が生じる．このことは，逆に「機械的客観性」の価値が外部環境に受け入れられず，「エキスパート・ジャッジメント」の価値を社会的に要請する場合があることを意味する．以上の三つの図式は，理論上想定され得るダイナミズムを説明したものである．

　以上のセルズニックによる「制度化」の視角の問題点に対する検討を踏まえ，本書における「制度化」の視角は，天気予報を中心とした組織の「専門性」の行使と「評判」の相互作用に関心を寄せ，科学技術の発達に伴って組織内外に

生じる複数の価値の「制度化」を分析対象としてあつかう．この視角を用いることにより，「専門性」の行使を支える価値（「エキスパート・ジャッジメント」ないし「機械的客観性」）がいかに気象行政組織に注入されていったのかが明らかになる．また「専門性」の行使により，天気予報の「評判」が組織内外でどのように形成されていったのかを確認する．本書における天気予報に対する「評判」は，前述したように，天気予報の制度と予報内容に対する「評判」を含めた総体的なものとして捉える．この「評判」が気象行政組織に注入された価値に対していかなる影響を与えていったのかという，一連のフィードバックを明らかにすることで，本書は価値の「制度化」の強化や定着がもたらした結果を明らかにしていくのである．

第四節　対象の性格

(1)　気象行政組織と社会

　本書の分析対象は，いかなる性格を有しているのであろうか．またこれまでの先行研究は，「気象行政」をどのようにあつかってきたのだろうか．次章以降の具体的な歴史分析に入る前に対象の性格を明らかにしておく必要がある．本項では，天気予報の社会的需要を手がかりに気象行政組織が社会に定着していく上で人々の「気象行政」への期待が重要であったこと，また今日の天気予報は重要な行政活動として定着したがゆえに，人々が意識する機会が少ないことが気象行政組織と社会との関係を考察する上で大きな特徴となっていることを確認する．この特徴を踏まえ，次項は「気象行政」に関する先行研究を検討する．次いで第三項は，「気象行政」の歴史分析を行う上で本書が依拠する資料を説明する．

　行政活動と人々の日常生活との関係は，福祉や教育サービスからごみ処理に至るまで身近であるといえる．しかしながら，恐らく人々の日常生活のなかで，天気予報ほど身近でありながら行政活動として意識される機会が少ないものはないであろう．

　一般的に人々が想起する天気予報は，気象庁の定義では「短期予報」や「中期予報」に該当する[27]．「短期予報」は，予報発表時から明後日までの風，天

気，気温，降水確率などの予報を指し，この予報が狭義の「天気予報」となる．「中期予報」は，「週間天気予報」とほぼ同義であり，発表日翌日から7日先までの天気，気温などの週間予報を指す．これらの天気予報の他に，予報を行う時点から3時間以内の予報である「短時間予報」や，予報を行う時点から8日間先以降も含む予報である「長期予報」（「1か月予報」や「3か月予報」などが含まれる）がある．このように「予報」は多様な種類が存在し，人々が想起する天気予報はその一部であることが分かる．各種の「予報」は気象庁が行っており，民間気象事業者が行う場合には，技術的な根拠に乏しい予報が社会に発表され，混乱をもたらすことを防ぐ目的から気象庁による許可が必要とされている．それゆえ，「行政の機能を，私たちが住む社会の一定状態を維持し，社会をよりよくしていく」という「社会管理」の立場に立脚すれば，気象現象を「観測」し「予報」することは，人々の生活と結びついた重要な行政活動なのである（森田 2000：14）．

　もっとも気象現象が行政活動の対象となる以前から，人々にとって気象現象を知ること，あるいは気象現象の把握をもとに天気を予測することは主たる関心の一つであった．例えば，古代ギリシアのアリストテレスは『気象論』を著しており，「星々が運行するところにもっとも近い領域のあたりで生起する現象」を「気象論」の対象とした（アリストテレス 2015：16）[28]．アリストテレスの関心は気象現象の学問的考察にあったが，その弟子であるテオフラストスは『気象の兆候について』を著しており，今日にも伝わる天気俚諺（「夕焼けは晴れ，朝焼けは雨」「月や日に暈がかぶると天気が悪くなる」等）の原型となる天気の前兆を数多く記している（高橋・新田・内田 1987：18-19）．このように早くから天気を予測する経験則が残されていたことは，人々の天気予報への需要を示す証左といえる．

　ただ単なる諺にとどまらず，天気を科学的に予測するためには，気象現象の解明に加えて気象現象に関する観測記録の蓄積が必要である．気圧計や温度計

27）　気象庁による予報の定義は，気象庁のホームページにある「予報の名称」（http://www.jma.go.jp/jma/kishou/know/yougo_hp/yoho.html）を参照．
28）　アリストテレスの「気象論」は地震もその対象に含まれており，気象のみを対象としたものではない．むしろ彼の目的は，太陽や惑星を含めた星々による天界の領域を除外した自然学的探究における対象領域の画定を目指すものであったとされる（三浦 2015：319-320）．

等の観測器具の発明が蓄積される記録の数量化をもたらし，近代気象学の萌芽となったように，記録を蓄積する活動は安定的な組織の存在を必要とした．日本では 18 世紀後半にオランダから気圧計や温度計が江戸幕府に献上され，これらは天文方による管理の対象となった．天変記録や暦の編纂作業に携わる「天文」の活動は，膨大な事務的資料の蒐集と整理を安定的に運用する必要が要請されるがゆえに，「高度に発達した官僚制の下でのみ可能」となる「記録的学問」の特徴を有している（中山 2013：17-21）．それだけに自然対象は異なるものの，「天文」と「気象」に対する活動姿勢は類似点が多く，組織化された天文方の下で「数値」による気象観測が行われたのであった．もっとも，彼らの気象観測は，大気中の光の屈折を計算して天文観測に補正を加えることに主眼があり，気象現象の観測自体を直接的な目的としたわけではなかった（鯉沼 1968：30）．

　気象現象の観測自体を直接的な目的とする組織の創設は，明治以降のことである．近代日本の国家建設過程において欧米の先端的な技術や学問を導入し，日本を近代化させることは，開国以来の喫緊の課題であった．様々な分野の技術や学問の導入に大きな役割を果たしたのが，欧米から招聘したお雇い外国人であった．日本における生物学の基礎を固めたモース，電灯の実用化に先鞭をつけたエルトン，様々な西洋建築を手がけたコンドルなどのように，お雇い外国人は技術や学問を導入するだけではなく，日本人への指導も行ったのである（梅渓 2007）．こうしたお雇い外国人による技術の導入と指導は，「気象行政」の開始にもみられた．すなわち，お雇い外国人であった H. B. ジョイネル測量助師が気象観測の必要を政府に建議したことを受けて，東京気象台（後の中央気象台）が新設された．東京気象台は，内務省地理寮量地課に置かれ，ジョイネル自らが観測を行うとともに，台員に観測方法を指導した（気象庁 1975a：47-50）．ジョイネルの指導の下，1875 年 6 月から体系的な気象観測が開始されたのである[29]．

　観測業務を開始した東京気象台は，内務省地理局が雇い入れた E. クニッピングのもと，気象業務の整備を進めていく（気象庁 1975a：64-68, クニッピング 1991：146-167）．クニッピングは，来日以来，ドイツ語教師を務める傍らで気象観測や台風調査を行い，特に暴風警報業務の創設を主張していた．彼は，暴

風警報の必要性から通報手段の方法や天気図の作成に向けて，気象観測の方法論的統一に乗り出した．具体的には，気象観測の手段としてメートル法の採用と定時観測の時刻設定による各地の同時観測の実現である．1883年になると気象電報が開始され，3月1日から正式に各地方測候所からの電報をもとに天気図が作成されたのである．

　天気図を作成するには，各地方測候所からの観測データが必要となる．しかしながら，予算上の問題ゆえに，東京気象台による直轄の地方測候所の設置は容易に進まなかった．最初に設置された直轄の地方測候所は，長崎測候所であり，正戸豹之助の指導のもとに1878年に設置された．このため初期の測候所

---

29)　ここで着目すべきは，「気象台」という独特な行政組織名である．なぜなら組織や部局の名は，政治行政様式の意図が込められているためである（御厨 2016：63-77）．まずは「気象」という用語である．「気象学」（meteorology）の訳語が英和辞書に載ったのは，明治6年の柴田昌吉と子安俊の編纂による『附音挿図英和字彙』が初例の用例とされている．それ以前から「気象」は天気の状態を指すというよりはむしろ，「気性」の意味を有していた（八耳 2007）．明治初期の段階では，気象という言葉は「気象」と「気性」の両方の意味が含まれており，気象が明確に自然現象を指すことによって別の言葉で気性を使う必要が生じたのである．つまり東京気象台の課業と気象学の認知が進むにつれ，「気象」と「気性」は明確に区別されて使用されるようになっていったと考えられる．明治初期に普及しつつあった「気象」という言葉自体が，新しい行政活動の対象であることを象徴していたといえる．
　　次は「台」という組織名である．1885年の内閣制度の創設以前は，太政官制を採用しており，官職名を律令制に倣った復古調的な官制となっていた．この官制の下で「台」という名称の行政組織は限られていた．最も有名なのは，1869年に設置された監察機関である弾正台であろう．このように弾正台の名称の起源が律令制にあるならば，東京気象台もまたモデルとなるべき組織があったと考えられる．
　　恐らく「気象台」という名称は，古来より中国で設置されてきた天文台の名称に依拠していた．中国の天文台は，明や清の時代にかけて「観星台」や「観象台」と呼ばれてきた．天文台は古来より暦の編纂や天文観測による占星術，時間の測定と時を報せる役目を負っており，国家統治の重要な機能を担っていた（中山 2013，丸田 2013）．観象台の名称は天象・気象を観測する高台を意味しており，天体観測のみにとどまらない機能を有していた．日本での最初の「観象台」は，海図作成のための測量の必要性から1874年に海軍水路寮によって設置された．「観象」とあるように，天体観測を中心としながらも，気象観測も行っていたのである．
　　ところが1878年に東京大学理学部に観象台（1882年に天象台へと改称）が設置され，天象観測を所管する内務省地理局観測課（1877年に地理寮を改組）とともに天体観測をめぐる権限争いが生じる．この争いは，1888年に天体観測の所管が内務省から文部省へ移管され，海軍の観象台の場所を東京帝国大学附属の東京天文台として再発足させることにより，別々の機関で行われていた天体観測が東京天文台に統合される形で決着した（進士 1971，大霞会編 1971：593）．この過程で海軍の観象台の気象部門は改称した中央気象台に移管されている．したがって，「気象台」という名称は，組織内外に気象観測が観象台とは独立した固有の機能の必要性を象徴的に示す意味を含んでいたと考えられる．換言すれば，創成期の東京気象台に何より求められたのは，天体観測に付随した気象観測を独立した課業としての重要性を持たせ，その「評判」を確立させることにあったのである．

の設置は，県営や府営として設置されたものが多かった（気象庁 1975a : 51-59）．例えば，広島測候所（1879 年設置）や和歌山測候所（1879 年設置）などがあげられる．直轄ではない県営の地方測候所での気象業務については，地理局から業務開設の指導のために人を派遣することでその整備を図った．加えて，1883 年 5 月に暴風警報が開始されその効用が認知されていくのを機に，県営の地方測候所の設置が相次いだ（気象庁 1975a : 84-87）．これにより，地方における気象観測の範囲は順次拡大していくのである．とはいえ，この直轄の地方測候所と県営の地方測候所による並立体制は，県営の地方測候所による気象業務の継続性の問題を残しており，安定した全国的な気象業務の確立にとって大きな課題を残したのであった．

　他方で中央では，気象業務の安定的な遂行を目的とした法制度の整備が進められた．まず各省官制の公布に伴い，1887 年 1 月に東京気象台は中央気象台に改組された．この改組を受けて 1890 年には，中央気象台官制が制定されるに至った．中央気象台官制では，所掌事務は気象観測，気象報告，気象調査，気象観測器械検査，天気予報，暴風警報，地震験則，地磁気験則，空中電気験則，空気験則と明記された（気象庁 1975a : 104-106）．最初に気象観測を明記していることからも，気象業務における観測の重要性が確認可能である．また，事務分課は観測課，統計課，予報課の三課制であり，台長は技師（奏任官）を充てることとされた．初代台長は，地理局気象課長であった荒井郁之助が就任した．かくて官制の制定により，定員は 25 名ながら，中央気象台は組織の法的根拠を得たのである．

　次いで地方測候所については，1887 年に中央気象台官制に先行して気象台測候所条例が制定されており，施行細則において既置の測候所が指定されるとともに，未設の測候所の場所も明記された．同条例では，内務大臣の指定のもと地方測候所を設置し，地方税によってその費用を賄うとされていた[30]．しかしながら，政府の財政難により，内務省の規格にかなった指定測候所の新設は進まなかった（富澤・江崎 2005）．このため，地方では非指定測候所や出張所を独自に設置し，地方気象官署の数は格段に増加していったのである．「管内観

---

30)　「御署名原本・明治二十年・勅令第四十一号・気象台測候所条例」国立公文書館所蔵．

測所設置状況」によれば，1900年末において全国971ヵ所に観測所が設置されるに至った（気象庁 1975a：112）．観測範囲の拡充は進んだものの，直轄の地方測候所と県営の地方測候所による気象業務の並立体制の問題はより顕著になったといえる．

とはいえ観測データがなければ天気図を作成することができない以上，中央気象台にとって測候所が増えていくことは望ましかった．観測地点の充実は，データの蓄積とともに天気予報作成の精度を上げるために必要だったからである．しかしながら，県営の地方測候所や出張所の増設が進んだことは，中央気象台とは異なる独自の理由からであった．例えば1897年に開設された福井測候所敦賀出張所は，財政難による敦賀港での警報信号の掲揚の中止に端を発していた．地元の県会が主導し，航海安全の立場から出張所が開設されたのである．また1911年の新潟県の佐渡郡立測候所の開設は，1905年の水害による被害を契機としていた．これも郡会が主導し，災害への対応という観点から測候所が開設されたのである（気象庁 1975a：110-111）．したがって，県営の地方測候所や出張所は，航海安全や災害への対応，あるいは農業への利用という人々の直接的な要望によるところが大きかったのである．換言すれば，地方測候所や出張の増設は，人々の気象行政組織への期待の高さを反映するものであったといえる．

加えて1890年代において重要なのは，先述の政府の財政難が指定測候所新設の停滞の原因となるだけではなく，やがて中央気象台の組織性格に影響をあたえる改革の背景となったことである．帝国議会開設直後の初期議会は，「積極政策」を掲げる藩閥政府と政費節減・民力休養を掲げる民党との激しい対立を惹起させた．特に第四回帝国議会では，第二次伊藤博文内閣が官吏俸給の節減と新軍艦製造費の仝額削除を主張する民党と予算問題で衝突した．この事態を収拾するために，伊藤内閣は議会と政府の「和協」を要望する明治天皇の詔勅をもとに解決せざるを得なかった．結果として伊藤内閣は，民党との妥協のために行政整理を公約したのである（坂野 1971, 升味 1966：218-244）．

この行政整理のなかで「気象行政」が内務省所管であることが検討対象となり，1895年に中央気象台は文部省に移管されることに決定したのである．文部省への移管の背景には，「気象事業ハ学術ノ応用ニ係ルモノナレハ純然タル

行政事務ヲ司ル内務省ノ所属ト為スヘキニアラス」とされ,「学術ノ普及攻究ヲ以テ専務ト為ス文部省ノ所管」が相応しいとされたことにあった[31].ここで着目すべきは,気象業務に内在する学術的性格を新たに強調している点である.つまり中央気象台は,高度な「専門性」の所有を組織外部から承認されたことを意味する.文部省への移管は,中央気象台がプロフェッションの価値を自覚化していく重要な契機となったのである.

　ここまで日本における創設期の気象行政組織を叙述したのは,統治技術の観点から気象観測が行われたとしても,気象観測が一つの独立した行政活動として確立していくためには,人々の観測への社会的需要が必要であったという事実の確認に他ならない.人々の「気象行政」に対する期待は,日本にとどまるものではない.例えば,1854年のイギリスにおける商務省(Board of Trade)内での気象局(Meteorological Office)の設置は,気象観測の記録収集と海上交通における安全な航路の確保を目的としていた.さらに1859年の嵐による客船の海難事故を受けて,R. フィッツロイ局長の指導の下に1861年から嵐に関して警報業務が開始されたのであった(Walker 2011:38-43).このようにイギリスでも19世紀後半になると経済活動における安全の確保の観点から,自然災害に対する情報提供を求める人々の要請が高まっていった[32].同時期に気象局で近代気象学の知識を背景とする天気予報が行政活動として開始されていることは,人々の天気の予測に対する期待を反映した結果ともいえる.かくて気象観測や天気予報が国家の役割として社会に定着していくことで組織はその使命を帯び,気象現象を対象とする行政組織の制度化が進行するのである.

　しかしながら,天気予報は人々の生活に重要であり日常生活にあまりにも定着したがゆえに,気象行政組織と社会との関係を顧みることは少ないといえる.さらに今日の天気予報は情報の提供手段が多様化し,国によっては民間が天気

---

31)「雑報　官制」『気象集誌』12年11号,1893年,505頁.
32) アメリカの場合,創設期の気象行政組織の主な需要は,軍事拠点の気象観測や嵐,敵軍の接近情報などの軍事的需要にあった.このため1870年に創設された気象行政組織は,陸軍内部に置かれた(名称は,Division of Telegrams and Reports for the Benefit of Commerceである).しかしながら,次第にこの組織の予報や警報が人々の日常生活に影響をあたえるようになったことで,1890年に気象行政組織は気象局(Weather Bureau)として農務省(Department of Agriculture)へ移管された.19世紀アメリカにおける気象情報の軍事的需要は,Fleming(1990, 2005)を参照.

予報の主たる実施主体となることで，行政活動として人々が認識する機会は必ずしも多くはない．人々は昼夜の時間を問わず，またインターネットやテレビ，ラジオ等の手段に関係なく，洗濯や通学・通勤，行楽等の多様な目的のために天気予報を確認する．この際に，人々が日本であれば気象庁の天気予報か，あるいは民間気象事業者（ウェザーニューズ社やウェザーマップ等）の天気予報かを明確に識別することは少ないのではなかろうか．そして気象庁の存在を認識する機会の多くは，自然災害に対する注意報・警報の発表の場合と考えられる．このことは，天気予報が人々の生活にとって重要でありながら，余りにも当たり前の存在となってしまっていることを示している．

(2)　先行研究における気象行政の位置付け

　気象現象の「観測」や「予報」は社会と緊密な行政活動でありながら，人々に行政活動として認識される機会は多くない．また公共事業をあつかう土木技官や医薬品をあつかう医系技官と比較して，「気象行政」は，利害関係を含んだ社会的に注目を引く政治的な事象が起こることも少ない．こうした性質を反映して「気象行政」は，これまでに研究対象としても取り上げられることが少なかったのである．

　確かに気象行政組織や気象業務に関する歴史分析や制度分析は，数多く存在する[33]．これらの中でも，元札幌管区気象台長である古川武彦による先行研究では，気象庁における数値予報の導入過程において，組織内外の数値予報研究者を横断する形で結成した数値予報グループの役割に注目した研究（古川 2012）があり，さらに現代までの気象庁全体の課業を網羅的に整理した上で，今日の天気予報を取り巻く「グローバル化」と「有料化」の動向を指摘した研究もある（古川 2015）．また農業気象学者の山本晴彦は，満州国における気象行政組織の成立や活動を明らかにした研究（山本 2014）があり，同様の観点から戦前日本の陸軍気象部や海軍気象部の活動を検討した研究（山本 2015, 2017）が存在する．加えて，元気象庁次長である寺前秀一は「気象政策とは，気象サ

---

33)　気象庁の場合は地震や火山も所掌事務に含まれており，主として地震を念頭に置いた危機管理の観点から気象庁の役割や行動に着目した研究も存在する．政治学では，阪神淡路大震災における危機管理を対象とした山川（2000）を参照．

ービス提供体制をどう構築するかを考える政策」(寺前 2006：36) と定義した上で，災害時の警報情報における形式的責任者 (市町村) と実質的責任者 (気象庁) が分離した状態を批判している．だが，こうした先行研究の多くは，寺前 (2006) のような一部を除いて気象庁と社会との接点にはほとんど着目せず，気象庁内部における研究活動や技術開発の展開をあつかったものが多い．

　また行政法学では，気象業務法を素材に情報の取得・評価・提供の観点から整理した研究がある (多賀谷 2008)．これらの観点からすれば，「観測」は情報の取得に該当し，「専門技術的測定」の必要性から公的機関あるいは指定検査機関によって行われる伝統的な行政手法として位置付けられる．「予報」もまた一定のリスクや蓋然性を測定する「予測」の一つと位置付けられ，食品の安全性のリスク評価の際に指摘されるような誘導的な意図による予測を回避するため，「客観的」で「公正」な立場に立つ機関による「予測」が要請されるとしている (多賀谷 2008：45)．さらに「警報」は情報の評価に該当し，予測されるリスクが個人の回避の限界を超える場合や特別なリスクと「評価」された際に，人々に提供するものとして位置付けられる．多賀谷の研究は，「観測」や「予報」について他の行政活動との類似性を検討する上では有益であるが，社会との接点に関しては主に気象庁の「予報」に対する法的な損害賠償責任の可能性の検討に限定されている．

　とはいえ，「観測」や「予報」を情報の観点から捉えた場合，天気予報や気候変動に関する情報は政策決定や人々の意思決定と緊密な関係を持つ (Morss 2005)．特に地球環境問題における気候変動や大気汚染の「監視」の重要性は，気象行政組織を情報の取得・提供の機関としてあつかい (Whitehead 2009)，その情報が「科学的」であることに着目する (竹内 2008)．

　かくて気象情報の最も重要な評価基準は精度 (accuracy) とされ，その結果として天気予報の能力と産出される情報の使いやすさとのあいだに生じる離齬が，政策研究上の費用対効果の課題として捉えられることとなる (Pielke, Jr. and Carbone 2002)．総じて気象情報をあつかう政策研究の多くは，「観測」や「予報」のパフォーマンスとコストの関係に焦点をあてるか，あるいは「科学的」な気象情報の役割に着目してきたのである．

　以上のような気象行政組織や気象業務に関する先行研究のいくつかの特徴は，

第四節　対象の性格　75

行政学の場合においても符合する．審議会を通じて蠟山が気象庁と関わりを持っていたにもかかわらず，これまで気象行政組織の行政活動や「気象行政」は，行政学の先行研究では断片的に取り上げられてきたに過ぎない[34]．例えば，西尾勝は行政活動と課題環境条件との対応関係において，国際政治経済体制の変動，経済成長と生活水準，人口構成の変動，人口分布の変動，科学技術の進歩発展，気候変動・自然災害の六つの環境要因をあげている．これらの環境要因のうち気象庁の行政活動は，「防災行政」として分類され，農林水産省の所管する農林漁業の産業行政や国土交通省が所管する河川行政等と一緒に気候変動・自然災害の影響を受けるものとして整理されている．そしてこの環境要因における変動を探知する方法として「測量」と「観測」があげられている（西尾 2001：273-279）．

またC.フッドは，非難回避（blame avoidance）の戦略のなかで政策・業務戦略（policy or operational strategies）の一つとしてイギリス気象局の例をあげている．政策・業務戦略は，非難の回避や非難の転嫁のために組織が行う政策・業務に焦点をあてる．具体的な下位戦略として，規則や業務の手続をマニュアル化することにより，裁量による非難を回避する「儀礼化」（protocolization），業務や手続を集団ですることにより特定の組織や個人への非難を回避する「群衆行動」（herding），逆に特定の組織や個人に対して非難を被せる「個別化」（individualization），最後に政策や業務を中止する「抑制」（abstinence）の四つがある（Hood 2011：93-105）．フッドがあげたイギリス気象局の例とは，2009年の夏と2009年から2010年にかけての冬に行った四半期ごとの季節予報が精度

34）蠟山の気象審議会に関する資料は，『蠟山政道旧蔵審議会関係資料』として国会図書館に所蔵されている．この関係資料は170巻から成る資料群であり，その多くが『地方行政』や『地方制度』といった地方行政関係で構成されており，次いで『国土総合開発』や『水制度』といった開発関係が多いことから，これらの研究テーマに接近する資料として注目されてきたといえる（松谷 2006）．この充実した資料群にあって，『気象』は二巻で構成され，気象審議会の答申や部会の議事録，『気象』や「気象業務の現状」等の関係資料の一部しか収録されていない．『気象』の資料が他の資料に比べて分量が少ないのは，蠟山が国会図書館に寄贈した時期と関係していると考えられる．蠟山が気象審議会の会長であったのは，1956年から1962年までである．蠟山が審議会関係資料を国会図書館に寄贈したのは1959年頃であり（蠟山政道追想集刊行会編 1982：339），この時期は二度目の答申の作成が終わったばかりの初期段階であった．会長の在任中でもあったことから，寄贈できる分量自体が少なかったと推察される．それゆえ，関係資料の少なさは，結果として蠟山が関与した行政対象としての注目度に影響をあたえたものと考えられる．

の低い予報であったために，気象局が人々から批判に直面したというものであった．この例は，最終的に気象局が四半期ごとの季節予報を中止せざるを得なかった「抑制」の例としてあつかわれている．

これらの他にも IT 技術の発達による政府の働き方の変化の例としてイギリス気象局と IBM の例（Hood and Dixon 2015：38-40）があるものの，様々な行政活動の類型の一つとして「気象行政」はあつかわれてきたといえよう．このように「気象行政」が直接的な研究対象として取り上げられてこなかったのは，政治性の低さにあると考えられる．

1980 年代に行われた日本の行政組織の数量分析では，気象庁は「直轄の実施機関を擁するが，政治的顕在性は低い行政機関である」とされ，法務省や宮内庁，検察庁や海上保安庁と同じグループに位置付けられている（大森 1995，廣瀬 1988）．加えて気象衛星事業を除けば多額の費用を占める気象業務は少なく，台風や地震が起きなければ気象庁に対する人々の関心は低い．また鉄道や道路と比較して人々に直接的な利益が還元されるわけではないため，政治家の関心は概して低かった．いわば「政治」に対する気象庁の安定的な組織環境への認識が，政官関係や省庁間紛争といった行政学の基本的な関心の俎上に載らなかった理由であると考えられる[35]．

だが後述の歴史分析で明らかにするように，気象庁の組織環境が必ずしも安定的であったわけではない．組織内部において価値が制度化していく歴史は，

---

35) さらに他の理由として，外局を対象とした先行研究が主に外局の「調整」の機能に向けられていたこともあげられよう．これまでの外局の研究は，科学技術庁，環境庁，国土庁，総務庁，北海道開発庁等を対象としてきた（今村 1978, 1987, 大河内 2000, 村上 2015, 山崎 2006）．科学技術庁が科学技術政策を，国土庁が国土総合開発を省庁横断的に「調整」することを期待されたように，戦後における外局の新設の多くは，既存の省の分担管理に委ねることのできない行政需要への対応によるものである．各省への分担管理に委ねることができない最大の理由は，割拠性による各省間での権限争議の弊害というセクショナリズムの病理的側面に求められた（今村 2006, 辻 1969）．そのため，外局への主たる関心は，セクショナリズムの克服という観点から特定の政策分野における総合調整機能に寄せられ，結果として国務大臣を長とする大臣庁が，総合調整機能への期待と政治的争点としての注目度の高さから中心的な分析対象となってきたといえる．

　大臣庁と比較した場合，2001 年の省庁再編後の国家行政組織法の区分（藤田 2005：140-142）である政策庁（消防庁，文化庁，林野庁等）や実施庁（国税庁，特許庁，海上保安庁等）を対象とした研究は，必ずしも多くはなかった（今川 1990, 奥薗 2016, 竹本 2010, 永田 2009）．とはいえ政策庁や実施庁をあつかった先行研究には，総合調整機能というよりむしろ「専門性」の実態や具体的な実施活動に着目した研究も存在する（京 2011, 永田 2010, 西尾 1988）．

むしろ価値の定着がもたらす「危機」との緊張関係にあったといえる．

　「気象行政」に対する認識の背景に政治性の低さがあることは，「観測」や「予報」の行政活動が「技術」の領域としてあつかわれてきたことと関係している．アメリカの行政理論の歴史を「参加」と「技術」の視角から整理した水口憲人は，行政の「自律性」を「行政に託される専門性の発揮やそのための資源の制御能力」と定義し，この専門性が「行政には固有の技術性があるという観念を核に形成」されたものとする（水口 1995：113）．「技術」と「参加」の緊張関係は，ニューディール期の経験を契機に変容する．すなわち，一方で社会的諸利益の行政への「参加」の浸透が進み，他方で行政における「技術」の意味が政治的性格を帯びていく新たな現実に直面した．この「技術」と「参加」の接近が行政固有の責任領域へと目を向けさせ，改めて行政の自律性を支える「技術」の意義が救い出されることとなる．

　かくてN. E. ロングは，「よきにつけ悪しきにつけ，官僚制における知識の蓄えは権力の源泉になるだろう．この権力を呪ったり否定したりすることは，公共政策が有益かつ責任的である確率を高めるという大きな課題に対してほとんど貢献するところがないであろう．気象局の監督者が自分の都合で好き勝手な指令を気象局に与えることを夢みるとすれば，気象局は破壊されるであろう」と主張し，「気象行政」を「技術」の領域として例示したのであった（Long 1954：27, 水口 1995：134-135）．

　このようにロングは行政的合理性を支える「技術」の意義を明らかにしながらも，「技術」の権力化を指摘している．この意味では，彼の議論は前述した「政治・行政融合論」の視角と軌を一にする．だが，ロングは知識を権力の拡大に寄与するだけではなく，権力に制限を課すものとして捉えている（Long 1954：27）．いわば「技術」が権力的介入に対する制約条件となることを示している．水口の例を借りるならば，「気象予報の技術水準が向上すれば，それが気象局への恣意的介入の制約条件となる」のである（水口 1995：136）．「技術」の例としての「気象行政」の位置付けは，政治性の低さを反映したものといえよう．

　ロングが「技術」の領域の例として「気象行政」に着目したのは，1950年代前半である．「客観的」な予報の代表例とされる数値予報がアメリカで実用

化されたのは 1955 年であった．つまりロングは，数値予報の実用化以前の「気象行政」に「技術」の領域を見出したことになる．逆にいえば，1950 年代前半には「気象行政」が行政的合理性を支える「技術」を有するものとして捉えられていたことを意味する．これを支えていたのは，数値予報ではなかったとしても，気象局が創り出した気象情報の持つ科学性に他ならない．それだけに「気象行政」は，自然科学的な知識に基づく高度な「専門性」に立脚しているのである．

　仮に「技術」が行政の組織的自律性を支えるのであるならば，科学技術の発展に立脚する「気象行政」の歴史を，「政治」に対する組織的自律性を維持し続けた行政固有の責任領域の世界として描くことも可能であろう．この場合，科学技術の態様が行政活動の「政治」に対する組織的自律性をいかに確保したのかが問われる．

　しかしながら，行政活動が社会との接点を持つ限り，この科学技術の態様が行政活動と社会との関係を変容させたのかどうかまでが問われなければならない．この観点に立つとき，行政組織による「専門性」の蓄積・更新は，果たして組織内外での「評判」を獲得していき，社会的支持を得られたのであろうか．またこの「専門性」は，競合関係にある行政外部の専門家集団に対して優位性を確立することはできたのであろうか．これらの問いに接近するためには，行政組織の「専門性」に基づく行動様式を支える価値に着目した，「制度化」の視角が不可欠なのである．かくて「気象行政」という対象は，「エキスパート・ジャッジメント」あるいは「機械的客観性」という価値の「制度化」を検討する上でも恰好の分析素材となり得るのである．

(3) 気象行政の歴史分析に向けた本書の資料について

　本書は，行政組織の「専門性」行使を支える価値の「制度化」と「評判」の関係を明らかにするため，「気象行政」の歴史分析を行うものである．具体的な歴史分析を行うにあたり，本書は以下のような資料に依拠した．

　第一は，戦前及び戦後を対象とした「気象行政」に関する文献，記事，論文等である．基本的な資料は，通史である気象庁（1975a）と一次資料を収めた気象庁（1975b）である．1970 年代後半以降の基本的な資料は，運輸省 50 年史編

纂室編（1999）にある「気象行政」に関する通史部分や気象庁の白書などを利用した．さらに中央気象台及び気象庁関係者の著作や座談会，評伝や追悼録などを活用し，『気象集誌』や『測候時報』『天気』や『気象』などの「気象行政」関係の記事・論文に加えて，気象庁内部向けの広報誌である『気象庁ニュース』も用いた．

　第二は，天気予報の変遷や「評判」を確認するために用いた新聞各紙の天気予報欄や社説，特集記事等である．戦前から戦後にかけての天気予報欄の歴史的な変遷については，主に『朝日新聞』（戦前は『東京朝日新聞』）と『読売新聞』を利用し，『時事新報』や『日本経済新聞』『毎日新聞』などの各紙は必要に応じて参照した．また天気予報の「評判」獲得における視覚的な重要性に鑑みて本書は，当時の新聞に掲載されていた天気予報欄やテレビにおける天気予報の図を引用した．

　第三は，気象庁に対する情報公開を通じて収集した資料である．気象審議会の関係資料の一部は，『蠟山政道旧蔵審議会関係資料』や気象庁図書館に所蔵されている[36]．1999年以降であれば，審議会の議事録や各種資料は，気象庁のホームページから閲覧可能である．これらに所蔵されていない気象審議会の関係資料は，気象庁に対する情報公開を通じて収集した．特に情報公開を通じて収集した気象業務法改正の関係資料は，第五章の歴史分析において積極的に利用している．なお情報公開により収集した資料は，引用の際にその都度明記した．従来の先行研究ではこうした資料は十分に活用されておらず，それゆえ審議会の議事録や法改正の関係資料を積極的に活用したことは，本書の大きな特徴である．

　第四は，気象庁関係者に対するインタビュー調査である．気象庁関係者に対するインタビュー調査を行うことは容易なことではなかった．この要因は，気象庁関係者にとって気象学の知見や技術開発の歴史などの科学技術的な内容を語ることと比較した場合，政治性が低かったゆえに行政学・政治学の観点から，法制度や組織編成などの政策形成や組織構造に関わるインタビュー調査をされることに必ずしも慣れていないためと推察される．それだけに気象庁関係者に

---

36)　『蠟山政道旧蔵審議会関係資料』の特徴は，前述の注34）を参照．

対して行ったインタビュー調査は，回数を重ねることで「気象行政」に関する背景情報を取得し，その構造を把握する上で本書の歴史分析を通底する貴重な資料となっている[37]．

　本書でのインタビュー調査を行った対象者は，巻末のインタビューリストに掲載した．それぞれのインタビュー調査の聞き取りは，一回につき約一時間程度のこともあれば，約三時間程度に及んだ回もある．インタビュー調査による証言記録を出典資料として引用する際は，対象者の氏名（敬称は省略）と実施日，場所を明記した．なお，このリストには，匿名や出典資料として明記しないことを条件にインタビュー調査を行った対象者などは掲載していない．それゆえ，リストを一見すると気象庁関係者が多く，インタビュー対象者に偏りがみられることも事実である．

　とはいえ，1990年代から2000年代前半にかけての気象庁長官経験者を中心とするインタビュー調査の数多くの実施は，クロスチェックを行うことにより，「気象行政」の根底にある組織の価値を析出するための背景情報として有益であった[38]．従来の先行研究ではインタビュー調査に基づく研究が少ないことを踏まえれば，気象庁長官経験者をはじめとしたインタビュー調査に基づく知見を活用したことは，本書におけるもう一つの大きな特徴であるといえる．

37）　気象学者である中村尚教授（東京大学先端科学技術研究センター）による気象庁関係者のご紹介がなければ，その後のインタビュー調査を順次進めていくことはできなかった．ここに記して厚く御礼申し上げたい．

38）　飯尾潤が指摘するようにオーラル・ヒストリーやインタビュー調査による聞き取りの効用は，文書資料に残りにくい情報が得られることにある．さらに飯尾は，研究者にとって「聞き取りの体験を重ねることが，実態に触れることによる「土地勘」の形成や，研究対象とする出来事や組織，人物についての，認識基盤を得ることにつながる側面」があることを重要視する（飯尾 2004：30）．

第二章　近代日本の気象行政
―― 「エキスパート・ジャッジメント」の制度化

　本章は，近代日本の「気象行政」を対象とし，中央気象台が組織内外に対して「エキスパート・ジャッジメント」の制度化を模索した過程を明らかにする．具体的には中央気象台による天気予報の開始からプロフェッション論が着目するプロフェッションの諸要素を充足していく過程を検討しつつ，同時期に人々は天気予報の制度や予報内容をどのように評価していたのかを確認することで，天気予報の「評判」を捉えることは可能となろう．また組織内部での「エキスパート・ジャッジメント」を制度化した中央気象台は，この価値を組織外部にまで制度化することが可能であったのだろうか．この点を明らかにするために本章は，中央気象台の組織的自律性が「危機」を迎えた昭和の戦時期までを対象とする．

　第一節は，まず中央気象台による天気予報の開始をあつかう．中央気象台は天気予報の周知を行ったが，天気予報の効用に対する彼らの評価は抑制的であったことを確認する．これに対し，人々が天気予報の制度を高く評価していたことを明らかにする．次に本節は，中央気象台の「専門性」調達の制度配置と天気予報の「評判」の変化をあつかう．中央気象台が，学会の創設，教育や研修の場といったプロフェッションの成立要件を満たしていく過程を明らかにする．このプロフェッションの性格を強化する「研究機関」路線を経て，中央気象台の組織内部で「測候精神」や「予報官の心得」といった組織の独特な価値が形成されていき，「エキスパート・ジャッジメント」の制度化が進行する．最後にこれらの価値に基づく「エキスパート・ジャッジメント」の制度化の背景が，人々の天気予報への精度に関心を寄せていく「評判」の変化への対応であったことを示す．

　第二節は，軍部による気象組織の創設の試みを検討しつつ，中央気象台と軍部との協調と対立の過程を考察する．軍部は軍用気象への関心から独自の気象組織の創設や満州での気象業務の整備を試みる．これらの構想は，中央気象台

の事業拡大と結びつく限り中央気象台と軍部との協調関係が成立するものであった．だが平時と軍事における気象情報に対する需要の違いが，中央気象台と軍部との対立関係を惹起させていくのである．戦時体制へと移行していくなかでこの対立関係は「危機」として表出する．したがって，「危機」を契機に中央気象台の「専門性」が組織外部からの介入を招来し，組織的自律性が弱まっていったことを確認する．

以上の検討を通じて，中央気象台は「評判」を獲得するために「エキスパート・ジャッジメント」の制度化を行ったものの，社会との接点を失っていくことで組織外部への制度化まで根付くには至らなかった点を明らかにすることが目的である．

第一節　天気予報の開始と「研究機関」路線の定着

(1)　天気予報に対する人々の「評判」形成

E.クニッピングの指導の下で気象観測の整備を進めた東京気象台（1887年より中央気象台）は，日々の課業として観測データを蓄積することを組織の主たる使命としていた．天気図の作成にせよ警報の周知にせよ，観測データが「気象行政」における基本的な情報となるからである．クニッピングの関心が暴風警報業務の創設にあったように，蓄積される観測データを社会に向けてどのように活用するのかという課題は，組織を社会に根付かせていく上でとりわけ重要であった．それゆえ天気予報の開始は，社会との本格的な接点の始まりであり，人々の「評判」が形成されていくことを意味したのである．

では，日々の気象現象を観測することから課業を開始した中央気象台は，天気予報をどのように捉えていたのだろうか．また明治期の天気予報は，どのような形式で人々に周知されていたのだろうか．天気予報の制度や内容に対する「評判」を考察するにあたり，まずは明治期の天気予報の実態を概観したい．

中央気象台が最初に天気予報を発表したのは，前身の東京気象台であった1884年6月1日である．この天気予報は，1日3回発行（6時，14時，21時）の天気図に「予考」として記載され，東京の市内の各交番に掲示された．地方には天気図は郵送されたものの，予報の通報は行われていなかった（気象庁

第一節　天気予報の開始と「研究機関」路線の定着　83

図 2-1　新聞における天気予報の掲載の例（欄外掲載）
出典）『東京朝日新聞』1888 年 8 月 12 日.

1975a：131）．さらに 1888 年 4 月には経費節減のため 21 時のみの天気図作成とされ，天気予報も 1 日に 1 回としていた．

　しかしながら，1888 年は天気予報に人々が接する上で一つの転換点であった．なぜなら，各新聞が天気予報を掲載し始めていったからである．1883 年に前日の天気を掲載し，天気に関心を寄せてきた『時事新報』が，1888 年 3 月 23 日と最も早く天気予報の掲載を開始した．続いて『読売新聞』は同年 6 月 23 日，『東京朝日新聞』は同年 8 月 12 日に掲載を開始するなど，各新聞による天気予報の掲載が相次いだのである[1]．

　この初期の掲載方法の特徴は，新聞の欄外に掲載されたことにある．欄外に掲載するという表示方法は，中央気象台が 1888 年 3 月 12 日に告知した，天気

---

1) 『東京朝日新聞』1888 年 8 月 12 日．『読売新聞』1888 年 6 月 23 日．

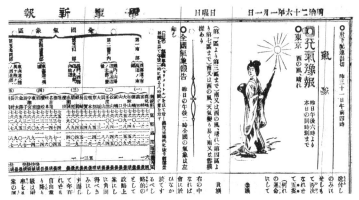

図 2-2　新聞における天気予報の掲載の例（イラスト）
出典）『時事新報』1893 年 1 月 1 日．

予報を『官報』の欄外に掲載するというスタイルを踏襲したことによるものと考えられる[2]．あるいは天気予報の発表時間と印刷に回す時間の都合上，欄外の方が最新の予報の結果を掲載しやすかったという事情もある．ただし着目すべきは，『官報』では末頁の欄外への掲載に対し，新聞は一面の欄外に掲載されていたことである．この掲載の位置の違いから，人々の天気予報の制度に対する期待が大きかったことが推察される．

さらに人々の日常的な天気予報への関心が高かったことは，1890 年に諸法典附録刊行の印刷に時間を要するために，印刷に出す時間を通常より繰り上げなければならないという編集の都合から一定期間のあいだ，天気予報の掲載を見合わせていた『東京朝日新聞』への不満からも窺える．『東京朝日新聞』によれば，「日々本紙欄外へ載せ来りし天気予報の掲載を見合わせたる」のに対し，「態々端書等を以て従前通り掲載すべき旨注意」されたという[3]．掲載の再開の際にも改めて中断の経緯を説明していることからも，天気予報が人々にとって重要な情報となっていたことが分かる[4]．

また中央気象台は，1891 年から 14 時に天気図作成へと変更を行い，18 時か

---

2)　『官報』1407 号，1888 年，119 頁．
3)　『東京朝日新聞』1890 年 5 月 2 日．
4)　『東京朝日新聞』1890 年 5 月 23 日．

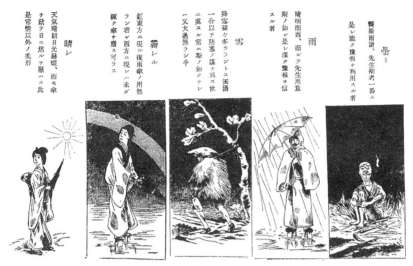

図 2-3 『時事新報』に掲載された天気予報のイラストの例
出典）気象庁（1975a：134）．添えられた文言は，イラストに接した気象技術者によって記されたものである．

ら翌日 18 時までの 24 時間が天気予報の対象時刻と変更した．これは，従来の中央気象台の 21 時作成では，地方新聞が天気予報を掲載することが時間的余裕からみて難しかったためである（気象庁 1975a：133）．この変更は，社会のあいだで天気予報という制度への「評判」が着実に高まっていたことの証左といえる．

さらに 1893 年 1 月から『時事新報』が天気予報にイラストを添える試みを行った（気象庁 1975a：133）．後年にはなるが，1902 年 3 月から『読売新聞』では，天気予報に即した古人の俳句を添える試みが行われた[5]．これらの試みは，天気予報を人々に分かりやすく伝えるものであり，天気予報の「評判」に寄与したと考えられる．各新聞社も，工夫を凝らすことで積極的に天気予報を周知したのである．

また人々の生活における天気予報への関心は，明治天皇への奏上からも確認

---

[5] 例えば，1902 年 3 月 1 日の『読売新聞』では，天気予報「南乃至東の風曇り但し多少の雨」（東京の部）に対し，鶴英の俳句である「東風吹くや雨のにほひの夕曇」が添えられている．『読売新聞』1902 年 3 月 1 日．

できる．例えば『東京朝日新聞』に掲載された見出しのいくつかをあげただけでも，「天気奏上」(1891 年 9 月 12 日), 「気候の御諮問」(1894 年 7 月 19 日), 「天候の奏上」(1894 年 9 月 2 日), 「天候御下問」(1898 年 9 月 2 日) と，天気予報を確認するために侍従職や内大臣秘書官が中央気象台に派遣されていたことが分かる[6]．これらのうち 9 月に多いのは，立春から数えて「二百十日」及び「二百二十日」という，農家の厄日と関係していたためである．この明治天皇への 9 月の奏上は，当時の天気予報と農業の関係がいかに緊密であったのかを示したものといえる[7]．

しかしながら，人々の期待に対し，中央気象台の気象技術者は天気予報の効用に抑制的であった．クニッピングから天気図作成の手ほどきを受けた中央気象台予報課の馬場信倫は，確かに農家に対して天気図の効用を説いていたが[8]，天気予報自体はまだ開始されて間もないことや，気象学がいまだ発展途上ゆえに予報の適中に対しては慎重であった[9]．

ところが『中央新聞』1893 年 6 月の社説において，天気予報の適中率への低さが批判対象となったことを受けて，馬場は天気予報の効用を積極的に擁護せざるを得なかった．馬場は，天気予報の誤りの多さゆえに「公職者ニシテ責任ナキ乎」の批判に対し，天気予報の方法が欧米の方法と違わず，学理上の十分な研究の上に成り立っているとし，その上で「予報若クハ予言ノ百発百中ハ得テ望ム可ラサルモノタリ」と，天気予報は天気を必ず保証するものではないと述べている[10]．もっとも馬場の論説は，天気予報の性質への理解を求めるものであったため，予報の適中を期待する人々にとって必ずしも説得的だったとはいえないであろう．

---

6) 『東京朝日新聞』1891 年 9 月 12 日，1894 年 7 月 19 日，1894 年 9 月 2 日，1898 年 9 月 2 日．
7) さらに天皇による気象現象や天気予報に対する御下問は，明治天皇以降にも継続的に行われていったと考えられる．例えば昭和の戦中期であるが，侍従武官であった城英一郎に対して昭和天皇は，「朝，天気見込みの御下問あり．二，三日中に梅雨明ける予想を申し上ぐ」(1941 年 6 月 25 日の条), 「天候（雨の理由）につき御下問に奉答す」(1941 年 9 月 25 日の条), 「梅雨につき御下問あり，梅雨になりし旨奉答す」(1942 年 6 月 24 日の条) と，天候について度々尋ねている（野村編 1982：74, 96, 167）．主に気象現象の理由，梅雨入りや梅雨明けについて尋ねているのが特徴的である．
8) 馬場信倫「天気図ノ効用」『気象集誌』12 年 4 号，1893 年．
9) 馬場信倫「天気予報ノ不中ハ如何ナル場合ニ在ル乎」『気象集誌』10 年 12 号，1891 年．
10) 馬場信倫「中央新聞ニ答フ」『気象集誌』12 年 6 号，1893 年，253-254 頁．

また予報課長であった和田雄治も，馬場と同様の議論を新聞で述べている．和田は，「予報の方は毎日出すのですから渦巻が有らうが無からうが，そんな事には頓着なく行らねば成りませぬが，処が我邦の範囲内に渦巻が無いにしても地球上から謂へば一日の内に澤山諸方にあるので，其の内には深いのも浅いのも広いのも色々有りますから，夫等を皆同時に眼中に入れる事が出来れば，殆んど百発百中と成りますけれども，之は出来ない相談で有ります」と，天気予報の限界の理由を説明している[11]．さらに「〔隣邦等には〕完全なる測候所と云ふものが僅に数へる程しかありませぬから，前申す処の渦巻の偵察が充分に出来ぬと云ふ困難が有ります，併しながら斯様な困難な位置に在り又創業は欧米などに比して極く新しい（明治十七年六月起業）にも関はらず百に対して八十まで適中し，格別欧州の各国と異ならぬ成績を得て居りますのは，先々上出来と云ふて宜しかろうと思ひます」と，和田は日本の天気予報が欧米と同等の水準にあることを強調しているのである[12]．

こうした中央気象台の天気予報に対する抑制的な姿勢は，時として天気予報の方法への批判につながった．1902年に金魚をはじめとする魚類の遊泳法から天気予報を考案した人が，その適中率の高さを理由に中央気象台に対してこの天気予報の方法を採用するよう具申した．これに対し中央気象台は，理学上の研究の成果として認めることはできないとして否定的であった．中央気象台の対応への不満から，天気予報を考案した人は中央気象台の掲示板に貼られた天気予報を塗抹したのである[13]．この騒動は，翌年の皇后への直訴未遂の事件にまで発展したのであった[14]．一連の騒動は，中央気象台の対応が予報の適中率よりも「科学」として天気予報を行うことを最も重視していたことを示すものといえる．また天気予報の存在が着実に定着しつつあり，むしろ天気予報の有無よりも適中率に次第に社会的な関心が移行していたことが窺える．

以上のように中央気象台にとって初期の天気予報は，人々の生活のあいだに着実に普及していくことで制度に対する「評判」を獲得していく．ところが，

---

11) 『読売新聞』1902年9月21日．
12) 同上．
13) 『東京朝日新聞』1902年11月18日，12月9日．
14) 『東京朝日新聞』1903年12月3日．

天気予報を着実に社会へと根付かせるための中央気象台の課題は，天気予報の効用を人々に認知させるだけではなく，むしろその限界点を示すことで人々の高い期待を抑制することに向けられた．馬場や和田の論説が天気予報は発展途上の段階にあることを主張したのは，必ず適中するわけではないことを周知させていく必要があったからである．

とはいえ天気予報の発展可能性を強調するほど，その阻害要因に焦点があたることとなる．すなわち，「智識技術の罪にあらずして寧ろ制度組織の罪なり」と，測候所の整備状況が問題視されたのである[15]．だが，これは天気予報の水準が欧米と同等程度を有していることを逆に承認していたといえよう．それゆえに天気予報の意義も改めて主張された．上述の言及に続いて『読売新聞』の社説は，「気象の応用は農業に商業に，其の影響する所決して少しとせず，（中略）殊に養蚕国たる我国に於て一たび気象の観測を誤るの結果蚕業に恐るべき影響を及し，為に我輸出貿易の首位に在る生糸貿易として尠なからざる損失を蒙らしむるの危険すら之なきにあらず，宜しく全国の観測を統一連絡せしめ，以て我気象観測の事業をして世界に誇負するを得るに至らしむべきなり」と，気象観測と天気予報の重要性を強調している[16]．これは，天気予報という制度が社会に欠かせないものとして組織外部から承認されていたことを端的に示すものといえる．

他方で天気予報の「評判」の獲得に寄与したのは，日常的な生活だけにとどまらなかった．暴風や大雨といった異常な気象現象の観測とその予報，災害への警報といった危機時の利用も存在する．加えて，気象業務は，戦争遂行のために欠かせない軍事情報の側面も有していた．例えば，1905年の日露戦争において，バルチック艦隊との日本海海戦の開戦を決定づけたのは，中央気象台が作成した日本海周辺の天気予報である．当時，天気予報を担当したのは予報課長岡田武松であった．開戦前日，彼は，ロシア方面の観測データが制約され，過去の観測データの蓄積期間も少ないなか，低気圧の動きを捉え，「天気晴朗にして，風は強く，波高しの状況」となる戦地の気象状況を正確に予測したのであった（古川 2012：19-32）．そして，岡田の予測した気象情報は，ロシア軍

---

15) 社説「我邦気象観測の完整」『読売新聞』1902年7月3日．
16) 同上．

第一節　天気予報の開始と「研究機関」路線の定着　89

を待ち構えていた日本側にとって有利な状況で開戦できることを示した．この海戦を日本が優位に進め，結果的に日露戦争の戦況を決定付けたことは，周知のとおりである．

　また台風や大雨のときには中央気象台による天気予報への関心の高さゆえに，予報担当の気象技術者の新聞記者に対する発言が正式な天気予報の代わりの気象情報として利用されることもあった．この際に最も問題になるのは，一部の記者への発言が特定の新聞紙のみに掲載されることで，気象情報があたかもスクープ記事のように扱われ，人々の不安を増長する情報になりかねないことであった．そして1911年8月の台風襲来の虚報は，その情報源が岡田予報課長の新聞社への電話を根拠としていたことから，中央気象台の責任が問われたのであった．岡田は，虚報した新聞社に知人はおらず電話もした事実がないとし，中村台長とともに新聞記者への対応策を検討した．その結果，中央気象台は新聞記者の面会時間を指定することで記者との接触を限定化したのであった[17]．中央気象台からすれば，この事件は「評判」の低下につながりかねないものであり，早急な対応が求められたのである．

　かくて中央気象台にとって新聞を通じた天気予報の開始は，社会との緊密な接点が生まれたことを意味し，組織外部に「評判」を獲得するための契機となったのである．

(2)　中央気象台による「研究機関」路線の形成

　社会に向けた天気予報を開始した中央気象台は，天気予報の制度に対する「評判」を着実に獲得していくことで外部環境への組織の正当性を高めていった．だが，明治期の後半になると天気予報があることだけでは満足せず，むしろその適中率が重要になりつつあった．この人々の要望に対応するために中央気象台は，天気予報の効用の限界を周知させるだけではなく，天気予報の精度をどのように向上させていくのかが課題となる．換言すれば中央気象台は，課業遂行のための最低限の整備を優先する創設期から，その「専門性」を彫琢させていく成長期へと進みつつあったといえよう．明治の後半から大正，昭和初

---

17)　『東京朝日新聞』1911年8月3日．『読売新聞』1911年8月4日．

期にかけて，中央気象台はプロフェッションの諸要素を充足していくことで「研究機関」の性格を強め，組織的自律性を高めていったのである．

では，プロフェッションの条件を満たす諸要素とは具体的に何か．第一章のプロフェッション論で検討した議論をMillerson（1964）や竹内（1971）の定義に即して改めて整理すれば，「理論的知識に基づく技術」「教育訓練」，試験による資格の付与を含めて「能力がテストされる」，同業者による団体形成といった「組織化」「行為の綱領」「愛他的なサービス」「同業者への忠誠」「標準化されない仕事」が概ね該当する[18]．これらの要素を満たしていくほど組織はプロフェッションの性格を強めていくものの，とりわけ同業者の「組織化」や専門教育及び訓練の整備（「理論的知識に基づく技術」や「教育訓練」）が，組織的自律性を高めるために重要である．以上の観点から本書における中央気象台にとっての「研究機関」とは，前述の諸要素を充足してプロフェッションを志向する組織（像）を指す概念と定義したい．

本項は，中央気象台による「専門性」調達の制度配置を検討することで，プロフェッションの諸要素をいかにして充足していったのかを考察する．換言すれば，中央気象台はどのようにして「研究機関」路線を敷いていったのだろうか．この点を考察するにあたり，特に「理論的知識に基づく技術」「教育訓練」「組織化」に関わる知識や学会・大学と中央気象台との関係が焦点となる．

気象業務を遂行する上で最も重要な気象現象に関する体系的な知識は，気象学である．他の理系の学問分野と比較した場合の気象学の特質はローカル性にあり，自然現象を対象とするがゆえに実験を行うことが難しいこと，また現象のメカニズムを解明するために膨大な観測データが必要とされることにある．気象観測の結果の蓄積を根底に置く以上，気象学の専門知識を発展させる上で気象業務に従事する気象技術者の役割が大きかったのである．このことは，プロフェッションとなる上で必要な科学者集団の共同体である学会が，気象技術

---

18) 竹内による残りの定義は，「他人の事柄への応用」「不可欠な公共サービス」「ライセンスを通じてのコミュニティーサンクション」「明確な専門職クライアント関係」「信託されたクライアント関係」「公平なサービス」「明確な報酬」「範囲が明確」「自律」「地位の公的認識」である（竹内1971：48-49）．竹内の定義は，プロフェッション論の先行研究における一連の定義を概括的に列挙したものである．したがって，本文にあげた項目は，先行研究のあいだでの共通点が多いものを中心に本書の関心に即して列挙している．

者主導で発足したことに象徴される．1870年代後半から1880年代前半にかけて理系分野の学会創設が相次ぐなかで，正戸豹之助は，有志により開いていた研究会を全国化し，1882年に東京気象学会を創設した．創設時には正戸が会長となったものの，同時期の測候所設立に向けた巡回業務での多忙を理由に会長職を辞した．その間，馬場信倫らが幹事として運営していたが，荒井郁之助や小林一和，中村精男らが加入したことにより，翌年には荒井が会長，正戸は幹事となり組織化が進行する（日本気象学会 1957：2-3）．このように気象学会の人的構成は，中央気象台の技術者により占められていた．

刊行された学会誌である『気象集誌』は，高低気圧部位中心進路の説明と図，全国気候摘要や全国地震月報など，中央気象台の気象資料が掲載されたことが特徴的であった（日本気象学会 1957：4）．中央気象台や地方測候所の技術者にとって，『気象集誌』は気象観測情報や気象学知識に接する情報源であったといえる．

また情報や知識の共有を通じて中央と地方とをつなぐネットワークは，全国の測候所の技術者が集う研修会によっても担保されていた．特に1888年から開始した全国の測候所長が集う研修会である気象協議会は，測候所長に対する技術教育の側面が強かったといえる．加えて，第4回の気象協議会（1897年）では，測候所の職員レベルでの教育の必要性が議題となり，1900年に各測候所の職員を対象とした気象観測練習会を開催するに至った（堀内 1957：3）．以上のように，中央気象台と地方測候所は各種の研修会を行うことで，意見交換や専門知識の共有を図った．中央気象台にとって，全国レベルで一定程度の観測水準を保つことは必要不可欠であり，気象観測を担う測候所の技術者の気象学知識を高めることは喫緊の課題だったのである．

学会と研修の場が整備されるだけではなく，中央気象台の組織内部での人的構成も変化が生じていた．明治も後半になると帝国大学を中心とした高等教育の整備を背景に，行政組織全体の人的構成の変化が進んでいる．事務官の場合，従来の縁故色の強い「藩閥官僚」とは異なり，高度な教育を受け高等文官試験に合格することで採用される「専門化した官僚」が増加した（清水 2013，升味 1968：166-167）．技術官の場合は大学卒の技術者として高度な「専門性」を有しているとされながら，銓衡任用であり行政組織内部で事務官と昇進，給与の

面で区別されたことは既に前述したとおりである．たとえ彼らが後に組織内部での待遇改善から政治的活性化をしていくにせよ，大学卒の技術官が組織内部での技術面だけでなく技術者集団に関する管理面での指導的役割が期待されたことに変わりはなかった．このことは中央気象台においても同様である．

　大学で物理学を専攻した気象技術者たちは，一方でその専門知識を活用して気象業務に携わり，他方で専門知識と実際の気象現象を照らし合わせることで現象の科学的解明を行った．彼らは，日常の課業と並行して，気象現象の科学的解明による成果を研究論文として発表していった．したがって，大学卒の気象技術者は，幹部候補としての側面と指導的な研究者としての側面の二つの役割を担うことになったのである．この二つの役割が組織内部で定着する契機となったのは，中村精男の三代目台長の就任によるところが大きかった．中村は，前述したように1879年に東京大学を卒業後，内務省に採用された．彼は，地理局で観測業務に従事していたが，1886年にはドイツに留学してベルリン大学で気象学の研究を行い，帰国後に留学の成果を発表した．彼の発表した「快晴ト曇天トノ日ニ於ケル気圧ノ変化ニ就テ」と「数日間連続セル天気ニ就テ」は，日本で最初の気象学的論文であった[19]．中央気象台官制制定後，1891年に統計課長に就任した彼は，日本の気候を整理した『大日本風土編』を1893年に作成した．これはシカゴ世界大博覧会にも出品され，1902年に彼はこの成果により理学博士となった[20]．既に三代目台長となっていた中村は，博士号を持つ最初の台長となったのである．

　それゆえ中村精男の経歴は，これまでの台長のキャリアとは決定的に異なっていたといえる．なぜなら，初代台長である荒井郁之助は，1835年生まれであり，蘭学を修め科学や測量への関心は強かったものの，気象学を専門としていたわけではなかったからである（原田 1994：220-223）．このことは，彼が初期の気象業務をジョイネルや正戸豹之助を中心に進めていたとする回想や，『気象集誌』に載せた論文が，いずれも啓蒙的な知識にとどまるものであった

---

19)　中村精男「快晴ト曇天トノ日ニ於ケル気圧ノ変化ニ就テ」『気象集誌』8年7号，1889年．中村精男「数日間連続セル天気ニ就テ」『気象集誌』8年8号，1889年．
20)　なお，中村と同じく東京大学を卒業し，同期であった気象技術者の和田雄治も，日露戦争後，朝鮮総督府観測所長として朝鮮での気象業務の育成に努めながら，過去の雨量観測記録や地震記録を整備し，1913年に理学博士となった（気象庁 1975b：433-434）．

ことからも窺えよう（荒井 1887：13）．また荒井と同世代の1836年生まれで二代目の台長であった小林一知も，同じく気象学を専門としているわけではなかった．荒井や小林は，設置間もない中央気象台を維持し，気象業務の基礎を固める象徴的な役割にとどまるものであったと考えられる．文部省移管の1895年に小林が退官した際，1855年生まれの中村精男は40歳であった．それゆえ，観測課長であり長らく気象業務を牽引してきた正戸豹之助ではなく，中村が1895年に台長となったことは，中央気象台内部でプロフェッションの性格を強めていく上で重要な転換点となったといえる．

　中村精男が台長となった時期は，大学卒の気象技術者が幹部職に就任し始めた頃であった．1900年には統計課長に大石和三郎が，1904年には予報課長に岡田武松がそれぞれ就任した．大石和三郎は，1898年東京帝国大学理科大学物理学科を卒業後，地球物理学の研究を志し，1899年に中央気象台に入った．岡田は，1899年東京帝国大学理科大学物理学科を卒業後に予報課に入り，1904年に予報課長と同時に技師となった（気象庁 1975b：429, 437-438）．中央気象台官制において，技師は台長を含めて4人までと定められており，中村と正戸豹之助，統計課長と同時に技師となった大石，岡田の4人で技師は占められることとなった．大学を卒業した気象技術者が早期に幹部ポストに就任したことや，技師待遇を受けていることを考えれば，彼らの重用のほどが窺える．

　また，1909年には東京帝国大学理科大学理論物理学科を卒業していた藤原咲平，1911年には同大学理論物理学科を卒業した後藤一郎や，同大学実験物理学科を卒業した堀口由己らが，中央気象台や測候所で採用された．特に藤原咲平は，大学在学中に岡田武松から教えを受けており，岡田の弟子とも呼べる気象技術者であった．岡田が1911年に「梅雨論」で理学博士となったように，藤原も「音の異常伝播の研究」で1915年に理学博士となっており[21]，彼らは中村精男と同じく，博士号を持つ気象技術者でもあった（堀内 1957：26, 根本 1985：35-36）．それゆえ，明治の末から大正期にかけて，中央気象台内では，大学を卒業した技術者とそうではない技術者，大学を卒業した技術者のなかでも博士号を持つ技術者とそうではない技術者が存在するに至った．こうした状

21）　二人の博士号取得の研究テーマに関する一連の原型論文は，『中央気象台欧文報告』に英語論文として掲載されている．

況が，行政的手腕はさることながら研究的手腕を評価する土壌を生み出し，大学を卒業し博士号を持つ気象技術者の影響力を相対的に高めていったのである[22]．この傾向は，岡田が第四代台長に就任（1923年）し，次いで藤原が第五代台長に就任（1941年）することで決定的なものとなっていく．何より台長を「先生」と呼ぶ習慣は，中央気象台の科学者集団の雰囲気を端的に示すとともに，後年に博士号を持つことが台長及び気象庁長官の有資格者であることを示すようになった点でも象徴的である[23]．

さらに中央気象台がプロフェッションの性格を強化する上で重要であったのは，大正期に大学からの人材供給の経路が制度的により強固になったことである．先述したように東京帝国大学の理学部は，岡田武松や大石和三郎らをはじめとする中央気象台の幹部職員を輩出してきた．しかしながら，彼らの多くが物理学科を卒業して採用された明治期，気象学は大学の独立した講座を持つ学問として成立していなかった．地震学の講座が1893年に創設されたのに比べれば，気象学講座の創設は立ち遅れていたのである．自然災害が多いにも関わらず，地震学に比べて気象学講座の設置が遅れていたことは，明治後期において社会的にも指摘されていた[24]．この設置が容易に進まなかった理由は，学会の創設が中央気象台主導で行われたことや，気象学が観測を基礎とする学問の性質上，中央気象台の技術者が専門知識の形成の担い手となったため，大学内で気象学の専門家を養成することが難しかったためと考えられる．それゆえ，例えば岡田武松が東京帝国大学や東北帝国大学で講義を持っていたのである．

加えて専門知識である気象学が19世紀の終わりから世界的に急速に発達していたことも，体系的な教育体制の整備を要請する要因であった．従来の地上天気図を基礎資料とした現象論的記述が中心であった気象学は，ノルウェー学

---

22) 気象技術者であった和達清夫は，中央気象台の食堂で行われた岡田を中心とした座談会や雑誌会の雰囲気を，「寺田〔寅彦〕先生が梁山泊と評されたところの岡田とその一党と云うべきものであった」と評している（座談会 1957：5）．この和達の回顧から，当時の中央気象台内部で存在していた科学者集団のサロンの雰囲気を看取することが可能である．
23) 中村精男以降，有住直介が気象庁長官となる1976年以前の歴代の台長及び長官は，全員（9名）が博士号取得者となっている（和達清夫は最後の台長であり，初代の長官であるため，重複分を除いている）．また有住から山本孝二が気象庁長官となる2000年までのあいだの12名の該当者のうち，博士号取得者は6名である．
24) 『東京朝日新聞』1907年8月29日．

派を中心に力学や物理学の成果を摂取することにより，大気の立体構造の解明が着実に進展していった．この解明が進むにつれ，物理学的法則を用いて計算式による気象現象の予測を行う動きが出てくる．かくて物理法則に基づく数値的計算法の導入の試みは，第二次世界大戦後の数値予報の源流となっていくのである（岸保 1982, 高橋・新田・内田 1987, 新田・二宮・山岸 2009）．こうした気象学の世界的な動向は，日本でも気象技術者により把握されつつあった．例えば藤原咲平は，気象学者の V. ビヤークネスの案内状により，1920 年に文部省留学生としてノルウェーとイギリスに留学していた．イギリスに留学していた関口鯉吉は，藤原とともに国際気象会議の高層気象委員会に出席し，V. ビヤークネスらの報告を聞く機会を得ている（根本 1985：66-71）．それゆえ気象技術者は，当時の気象学の動向を知ることにより，国内での体系的な教育体制の整備の必要性を認識しつつあったのである．

　実際，気象学講座が東京帝国大学に創設されたのは 1923 年であった（東京大学百年史編集委員会 1987：350）．教授として担当したのは，藤原咲平であった．中央気象台幹部職員が教授を併任したことは，中央気象台と大学との関係を緊密にする上で重要であった．なぜなら，中央気象台側にとって講座を担当することは，採用以前の段階で幹部候補生となり得る有能な学生と直接的に接し，人物評価をする機会を提供するものだったからである．物理学科の卒業生が大正期まで毎年 10 名前後，昭和初期に毎年 30 名前後であったことに鑑みれば（東京大学百年史編集委員会 1987：301-302），気象学を受講していたのは毎年数名程度であっただろう．このため，藤原と受講した学生たちとのあいだの距離感は総じて近いと考えられ，また藤原から与えられた研究課題は学生にとって採用後まで研究課題となり得たのである[25]．それゆえ，東京帝国大学理学部における気象学講座の創設は大学内での体系的な教育体制の整備を意味するだけではなく，藤原が教授となることで中央気象台と大学を架橋し，組織への人材供給の経路を強化する役割も果たしたのである．

　以上のようにプロフェッションの成立要件である，専門家集団の「組織化」（気象学会の創設），専門教育や研修を通じての「理論的知識に基づく技術」の

25）　例えば，和達（1984）など．

習熟や「教育訓練」の機会（気象学講座の設置と気象協議会の開催）が，明治後期から大正期までに整備されていったことが分かる．このような「専門性」を獲得するための制度配置の整備を行い，プロフェッションの性格を強めていく「研究機関」路線が敷かれることにより，中央気象台は組織的自律性を高めていったのである．

(3) 「測候精神」と予報官の心得

　プロフェッションの性格を強めた中央気象台にとって，実際に「専門性」の蓄積・更新を通じて組織的自律性を高めていくことが可能かどうかは，組織内外の「評判」にかかっていたといえる．このためには組織外部において天気予報の安定的な「評判」の獲得が重要であり，また組織内部においてプロフェッションとしての行動様式を統一的に象徴した価値を注入する必要がある．換言すれば，注入されるべき価値は，前項のプロフェッションの諸要素で述べた「同業者への忠誠」を引き出し，また「行為の綱領」と成り得て，さらに「標準化されない仕事」であることを組織内外に示せるものであることが望ましい．かくて中央気象台によって注入される価値として選択されたのが，「測候精神」と予報官の心得を通じて制度化される「エキスパート・ジャッジメント」であった．ここでは制度化の過程を明らかにするために，まずは中央気象台の組織編成や組織内外の環境の変化を概観し，続いて主として大正期から昭和初期にかけての天気予報の「評判」を確認していくこととする．

　大正期に入ると，海上の船舶による無線電報の発展を受けて，中央気象台は予報警報事務の迅速化を進めた．具体的には，西日本での予報を行う拠点として 1918 年に臨時大阪出張所を設置し，翌年には神戸に出張所を移した．出張所を神戸に移す以前から，既に岡田武松は，海洋気象の調査と応用の重要性から中村精男台長に海洋気象台設置を進言しており（岡田 1933：269-271），その構想は 1920 年に神戸に置かれた海洋気象台として結実した．

　また 1911 年に渡欧してヨーロッパの高層気象観測設備を視察した大石和三郎は，詳細な大気現象の把握のために高層気象の必要性を説いた．しかしながら，高層気象観測用に新たな装置が必要であり，地上観測よりも費用が高いため，予算要求は容易に認められなかった（気象庁 1975a：172-173）．ようやく予

算が認められると，1920年8月に茨城に高層気象台が設置され，大石が初代台長に就任した．海洋気象台と高層気象台がほぼ同時期に設置されたことにより，中央気象台の観測範囲は飛躍的に拡大されたのである．

海洋気象台と高層気象台の設置を受けて，1920年8月25日，勅令第294号をもって中央気象台官制は気象台官制へと改められた．これまでも中央気象台官制は職員の増加などの措置に合わせて少しずつ改正されてきたが，原敬内閣の下で抜本的な改正がなされたのであった[26]．初期の官制にはなかった「一般気象ニ関スル事項ノ研究」の項目が所掌事務に追加され，中央気象台が「研究」を担う高度な「専門性」を有する行政組織であることが対外的に明示された．また職員の定員に関しては，技師は専任14人とされ技師待遇の定員が増加している点が重要であろう．先述したように大学卒業後，比較的早い段階で技師待遇となった気象技術者たちが出始めると，彼らが退官するまで技師待遇が容易に空くことはない．このため，新たに採用される気象技術者のために技師待遇の定員を増やすことは，人事の上でも要請されていたのである．

新たな気象台官制に合わせて組織編成も改革された．ところがこの時期の組織編成の改革は容易に定着せず，頻繁に変更が加えられている．まず1919年7月に従来の三課体制は五課体制へと再編成された．第一課は予報・観測（課長は岡田武松），第二課は検定（課長は大石和三郎）というように課業ごとに割当てられた．しかしながら，岡田は海洋気象台設置に向けて，大石は高層気象台設置に向けて奔走しており，中央気象台を不在にすることが多かった（気象庁1975a：180）．このため五課体制は十分に機能せず，1920年に課制は廃止された．新たに第一部と第二部を置き，各部内で掛制が採用された．第一部は測候掛と予報掛を中心に現業の掛が置かれ，第二部は庶務掛と会計掛を中心に総務系統の掛が設置された[27]．特に第一部の掛には雨量掛や雷雨掛，地震掛などの具体的な観測・調査業務の掛が含まれており，掛制の採用はより現場レベルの課業に即して組織編成がされたことが窺える．

---

26) 「御署名原本・大正九年・勅令第二九四号・気象台官制制定中央気象台官制及大正七年勅令第三百三十六号（気象ニ関スル事務ニ従事セシムルタメ中央気象台ニ臨時職員設置）廃止」国立公文書館所蔵．以下の官制への言及は，この資料に基づく．
27) 「彙報　中央気象台の移転」『気象集誌』39年10号，1921年，300頁．

だが，「気象行政」の対象範囲が拡大していく時期にあって，掛制による組織編成は，最終的に組織全体での総合的な調整を必要とするため，「総務」の必要性を高めることになった．この「総務」とは，官房系統組織が持つ財務，人事，文書などの行政資源の管理を担う総括管理機能を指し，資源配分を通じた政策の選択や調整も含む（西尾 2001：185-186, 368-369）．「総務」が必要とされた背景には，中村精男台長は自ら主導して課業の改廃を行うことは少なく，むしろ下からの意見をもとに決定を行うことが多かったという事情があった．岡田武松は次のようにいう（岡田 1933：161）．

> 役所の事業は先生御自身で計画を立てゝ下僚に命ずると云ふことは殆ど無かった．先生の御意ある点を平常の御話の中に見出し，之を具体化して案となし，下僚から持つて行くとそこで先生が是を細かに批判されて事業を起すと云ふ具合であった．

それゆえに，当時の気象業務は，幹部クラスの気象技術者の企画力や調整力といった個人的な力量に負う面が大きかったともいえる．結果として，彼らが中央気象台を不在にすることは，「総務」を強化する試みへとつながったのである．だが，総務機能を強化する試みは成功には至らなかった．この時期に東京帝国大学を卒業し入台したばかりであった國富信一は，次のようにいう（座談会 1957：10）．

> その時〔岡田武松が海洋気象台長になった1920年頃〕に総務部が出来て，総務部長が小野さん，藤原さんと築地さんが主任でわれわれも名前をもらった．その合議制でいろんなことをきめた．その上に中村台長が居られたが，台長は何も関係がない．岡田先生が東京に来た時九段近くのお宅に伺った．その折「どうも近頃は学者が書類を持って歩きたがって困る．やたらに印ばかりつきたがる．部だの，課だのを置くからいけない．これは係の主任で沢山だ」と云われた．そこで課長がまた係主任に逆もどりした．

岡田が総務機能の強化に否定的であったのは，調整業務の増大が「研究」の

軽視につながることを恐れたためである．岡田からすれば，これは「専門性」の低下につながりかねず，今まで進めてきたプロフェッションからの退行に他ならないからである．加えて，岡田が自身の調整力に自信を持っていたことも看過できない．実際，1921 年に中村台長が渡欧のため，岡田が台長代理に任命された際，彼は「中央気象台に於ては近来台務の外調査研究を為すべき事項益増加し技師の職愈々重きを加へたれば岡田中央気象台長代理は三月三十一日附を以て当分の間総務掛を廃し，今迄総務にて処理せし事項は以後全部台長に於て処理せらるべき旨告示せられたり」という[28]．この点からも，岡田が中央気象台のプロフェッションとしての性格を重視していたことが分かる．岡田は，中央気象台が現業機関としての性格とプロフェッションとしての性格の双方を持つことに自覚的であった．後年，岡田は次のようにいう（岡田 1933：121-122）．

> 　気象台の様に純粋な研究所でもなく，去りとて業務一方の役所でもない所では舵の操り方が実に六づかしい，（中略）成る程官制には学問研究と云ふことはないが，之を加味しなくては仕事の向上は望まれない，夫れだから目下のところは気象台の方は応用とか利用とかの方向へ舵を操り，測候所では学問の研究と云ふ方向へ操舵すれば先づ当分の内は無難に斯業をつて行けるのではないかと思われる．

この発言から，岡田武松は中央気象台の「専門性」を蓄積・更新させる上で測候所の役割を重要視していたことが窺える．岡田は，測候所の技術者を増やすために教育機関として測候技術官養成所を 1920 年に設置した．養成所は全寮制であり，授業料が全額官費であったことから，測候所職員を志望する人々にとって魅力的な教育機関であった（柳田 2011：120-121）．このため養成所は当初より高い競争率となり，多様な経歴を持った能力のある職員を教育する研修機関として機能した．養成所第一期生の石丸雄吉によれば，養成所は塾のような雰囲気であり，中村精男，岡田武松，藤原咲平などの中央気象台幹部の技

---

[28] 「雑録　中央気象台総務掛廃止」『気象集誌』41 年 4 号，1922 年，132 頁．

師が講義したという（気象庁 1975a：177）．特に岡田と藤原は教育熱心で知られており（座談会 1957：7），着実に増加していく養成所の卒業生は，戦中の中央気象台・測候所の人的構成の核となる集団を形成していくのである．

岡田武松の指導力は，海洋気象台や測候技術官養成所といった様々な企画の実現に端的に示されていた．これらの試みは，総じて中央気象台の「専門性」を向上させることを目的としていたといえる．さらに1923年に中村精男が退官し，新たに岡田が中央気象台長となることで，岡田の進めてきたプロフェッションの性格を強めるという「研究機関」路線は，組織内部の価値としてより制度化していくのである．

では，中央気象台がプロフェッションへの強化を進めていた時期における天気予報の「評判」は，いかなるものであったのだろうか．明治後半から昭和初期にかけての新聞の天気予報は，制度として原則的に掲載されるものとして既に定着した．だが，新聞ごとに紙面における掲載の位置はかなり変動している．この変動は，天気予報の発表時刻・公表回数や印刷時刻の制約が要因としてあるものの，むしろ天気予報に対する社会的評価の揺らぎが反映されていると考えられる．このことを確認するために『東京朝日新聞』を例として，まずは天気予報の掲載の位置を概観する．

『東京朝日新聞』は，1891年から1895年までは紙面四面の枠内に掲載するようになっていた．これは先述したように中央気象台の発表時刻の変更に伴うものによると考えられる．ところが1896年以降は欄外（二面）の掲載に戻り，1909年まで原則的にこの掲載方法が続いている．さらに1909年8月から1923年8月までは，枠内の掲載（三面ないし四面）と欄外（四面）の変更が頻繁に行われている．1923年9月から約一年間は，一面の枠内の掲載となった．これは，恐らく関東大震災後に人々の天気予報への関心が一時的に高まったためと推察される．

1924年10月以降は原則的に二面の枠内の掲載となったが，1925年12月から1926年11月までは原則的に一面の枠内の掲載に戻っている．そして，一時期の欄外（二面）の掲載の後は，1927年3月以降から1930年3月27日まで「天気と潮」の欄として原則的に新聞紙が八面構成の際に七面，十二面構成の際に十一面の位置に安定的に掲載されるようになっていく．大正から昭和初期

にかけて紙面における掲載面が徐々に後ろになっていったことは，新聞社が天気予報を積極的に周知する必要がないほどに，天気予報の制度が社会的に定着したことを意味するものと考えられる．

　天気予報の社会的定着に寄与したのは，大正・昭和初期における「登山ブーム」や「趣味の旅行」の普及である．日本山岳会における大小の様々な規模の精力的な講演活動は，映し出される自然風景のスライドの魅力もあって，「登山ブーム」を従来のエリート層から一般市民にまで拡大することに貢献したとされる（赤井 2016：51-76）．登山を安全に行うには，山岳地帯周辺の天気予報の情報が不可欠であった．また，都市生活に対する「気晴らし」や望ましい家庭生活のモデルとして「家族旅行」の存在が着目されるにつれ，「旅行の為の旅行」が普及していった（赤井 2016：145-158）．この旅行を楽しむためにも滞在先の天気は重要である．かくてこれらのブームを裏付けるかのように中央気象台は，1923 年 7 月から東京市内の各駅，汽船発着所などに天気予報と警報を掲示することを決め，「海水浴又は登山者の便宜の為め下車駅登山口などにも其附近の測候所と連絡を取つて」，天気予報と警報を掲示することを決めたのであった[29]．

　このように大衆社会の進展は，天気予報を必要とする機会を増やした．例えば 1916 年 5 月から日本橋の三越は，高塔に中央気象台の報告を受けて天気予報信号旗の掲揚を開始した（三越 1990：68）．これは，高い建物が多くなかった日本橋周辺の買い物客に天気予報を周知することを目的としていたといえる．換言すれば，趣味や旅行，買い物といった人々の様々な生活スタイルの変化は，天気予報を積極的に利用する局面の増加を促したのである．

　だが，人々の生活における天気予報を利用する局面の増加は，天気予報の内容に対する「評判」の向上と直接的に結びつくわけではなかった．人々は天気予報に期待するがゆえに，むしろ天気予報に対する評価は厳しくなったのである．1920 年代に入ると，天気予報が適中しないことへの不満が目立ち始めた．三箇日や花見の日に適中しないことへの不満や，関東大震災後の天気予報の精度の低下に対する不満など，新聞に天気予報の内容に対する不満が掲載される

---

29)　『読売新聞』1923 年 7 月 21 日．

ことが増えていった[30]．さらに『読売新聞』の社説は，「中央気象台は，事後の説明は頗る詳で，事前の予報は極めて粗である」のが「世の定評」であるとまで評するようになったのである[31]．

さらに先述したように，予報担当の気象技術者の発言が正式な天気予報とは別に新聞に掲載されていたことで，気象技術者と天気予報の評価が直接的に結びつけられるようになっていた．初期の例である岡田武松も自らの天気予報が当てにならないという人々の評価を意識しており，中央気象台も天気予報が適中しないことに対する人々の不満は早くから認識していた（岡田 1933：59-60）．

大正末期に「お天気博士」として予報や解説を行っていた藤原咲平は，1926年の三越にて「天気予報の当らぬ話」という題目で講演を行っている．藤原は，この題目が主催者側の意向に基づくものとして話を始めていた（藤原 1935：2）．したがって，藤原は「天気予報の方は大体の原理は分つて居りまして，（中略）それを推定材料として，心の直感直覚の練磨に依つて判断を下すのでありますから，暦のやうに何時でも間違いはないといふ訳には参りませぬ」と，かつての気象技術者と同様に天気予報の効用の限界を説明する他はなかった（藤原 1935：37）．ただし初期の天気予報のときと異なるのは，人々が天気予報の制度を前提とした上で，その主たる関心が天気予報の適中しないことに向けられている点である．

以上のように天気予報に対する「評判」は，制度から精度へと主たる関心が移り，却って人々の不満を高めることとなった．とはいえ人々は天気予報の利便性が上がることを歓迎していたのであって，天気予報を廃止することは望んでいたわけではない．このことは，ラジオ放送による天気予報の開始からも窺うことができる．

大正の終わりから昭和初期にかけての天気予報にとって最も大きな変化は，ラジオ放送の開始である．確かに 1924 年 8 月には『国民新聞』が初めて天気図を紙面に載せており，天気図の掲載は，従来の記述のみだった天気予報の伝達方法を大きく変える可能性を有していた（気象庁 1975a：380）．しかし，『東京朝日新聞』の天気図掲載は 1936 年 10 月 1 日からであり，『読売新聞』は解

---

30) 『東京朝日新聞』1921 年 1 月 4 日，1924 年 4 月 7 日，4 月 11 日夕刊．
31) 社説「外れ勝の天気予報（気象台の設備）」『読売新聞』1922 年 8 月 29 日．

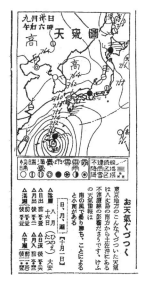

図 2-4　天気図の掲載
出典)『東京朝日新聞』1936 年 10 月 1 日.

説などの例外を除いて戦後まで定期的に掲載されることはなかった．戦前では天気図と併用した天気予報の様式は必ずしも各新聞で普及していたわけではないため，この効用は限定的だったと考えられる．

　ラジオ放送の開始は，1925 年 3 月 22 日である．この日の放送は，記念式典，ニュース，「常盤津」「歌劇」と続き，20 時 55 分の天気予報を最後に終了した（日本放送協会編 1977：4）．ラジオというメディアの特性は，空間的制約を超越することもさることながら，「声」によって伝達が行われることにある（吉見 2012）．加えて天気予報にとって，新聞に比べて速報性が高く，放送回数を多くすることが可能なことも重要であった．ラジオ放送による天気予報の需要がいかに高かったのかは，春の農繁期を前にして農業に関係する天気予報への要望が相次いだ結果，1926 年 4 月に東京放送局管内の各県の天気予報を併放することに決定したことからも窺えよう[32]．ラジオ放送による天気予報は，科学的な予報の農家への一層の普及が期待されたのである[33]．

---

32)　『読売新聞』1926 年 4 月 2 日．
33)　社説「科学を利用せよ　ラヂオの天気予報に就いて」『読売新聞』1926 年 4 月 2 日．

さらにラジオ放送による天気予報の普及は，地方の放送局が続々と開設されていくことで全国的に拡大した．地方の放送局の特徴は，地域の生活に密着したローカル番組であり，特に農業関係が多かった．1932年から1933年にかけて天気予報も，地方の各局は12時40分と19時の全国中継ニュースの後の天気予報に加えて，9時55分と21時30分のローカルの時間帯に天気予報を増設する放送局が相次いだ．また大阪中央放送局が漁船にラジオを設置するように呼びかけており，千葉県や静岡県の漁業組合が近海漁船にラジオ設置を奨励するなど漁業関係者への普及が進み，海難事故も減少したとされる（日本放送協会編 1977：88）．

　それゆえ，前述の新聞の紙面における天気予報の相対的な重要度の低下は，ラジオ放送による天気予報の興隆を反映したものと考えられる．人々の生活様式の変化による利用機会の増加やラジオ放送開始による漁業での積極的な活用といった，天気予報の利用頻度の増加は，天気予報が適中しない場合に不満へとつながった．それでも人々が天気予報へ期待し続けるのは，天気予報の存在が必要不可欠なものとなっていったからである．換言すれば，人々の不満は期待への裏返しであり，その両義的な感情にこそ，「天気予報は生活に必要だから，もっと便利となり，もっと適中するようになって欲しい」という戦後まで続く天気予報の「評判」の原型が見出せるのである．

　この天気予報の「評判」を前にして，中央気象台は「専門性」を蓄積・向上を選択するのみならず，自らの「専門性」の性質を周知させることに努めていく．天気予報の精度を上げるためには，中央気象台は主として観測データの充実と気象現象の解明を進める以外になかった．しかしながら，藤原咲平が「心の直感直覚の練磨に依つて判断を下す」と述べたように，天気予報には判断を下す「主観的」な余地が存在する．それゆえに藤原は，講演の中で人々に対して予報官の判断を支える「専門性」への理解を求めたのであった．

　また組織内部においても藤原咲平は，1933年の『測候時報』における「予報者の心掛け」と題した予報官向けの心得において，「天気予報は天文学により暦を作る様に全然理論のみから演繹できるものではない．どうしても七分の学理に三分の直観を加えなくてはいけない．換言すれば，与へられた材料と知られた学理とから帰納し得る所は七分通りで，残り三分位はどうしても推理で

は決定できないものもある．（中略）天気予報でも良い予報は魂の入つた予報である．魂を入れて予報する場合に始めて心得も必要となるのである」と，予報官の心構えの必要性を強調しているのである（藤原 1948：41-54）．

　藤原が予報官に対する心構えを説いたのに対し，気象観測に対する心構えを説いたのは岡田武松である．岡田が強調した「観測精神」が，後の「測候精神」の原型となっていくのである．このため，まずは岡田の「観測精神」から確認する．岡田は，「測器の読取りにしたところで軽々に之を行ふ可きではなく充分の注意と熟達した技術で行ふ可きである気象観測の精神がそこに宿つてゐなければならない，（中略）観測時刻に観測を終れば次の定刻までは暇なぞと考へるのは観測精神の没却である，（中略）気象の観測は全く Watch するのである」と，気象観測における「観測精神」を述べている（岡田 1933：306）．さらに岡田は，「然らば観測精神とは何ぞやと云ふ問題が起きる，是は自然と判ると云ふ以外に説明のしようがないが，用意周到，時刻厳守なぞはその精神の表はれであるが，刻々移り変り行く気象に対し，その真相を見逃がすまいと云ふ真剣味が，この精神の核心であると思ふ」と観測を継続する重要性を説明している（岡田 1937：195-196）．したがって，岡田による「観測精神」とは，観測業務に従事していれば自然に内面化されていくものとされていたのである．

　では，「観測精神」が「測候精神」として組織内部に定着していく契機となったのは何か．「測候精神」を組織内部へ定着させていくにあたり，最も主導的な役割を果たしたのは藤原咲平と考えられる．藤原は，1942年6月1日の気象記念日の制定に伴い，「測候精神」を次のように説明している[34]．

　　この際なほ少し附加へまして測候精神といふことを申上げたいと思ひますが，これは観測に当りましては一刻一秒といへども忽せにしてはならない．或はまた如何なる天災地変に際会しましても，決して観測を抛棄してはいけない．或は又一回の欠測を致しましても，これはもう一度失へば，永久にこれを補ふ手段はないのであります．或は又一厘の誤測を致しましても，それは実に後世を欺く事であるといふ風なことを心に銘じまして，この観測を正確忠実にするのが，測候精神でありますが，私共はこれを布衍していろいろ

34）藤原咲平「昭和十七年気象記念日に於ける訓話」『測候時報』14巻5号，1943年，58-59頁．

に考へるのであります.

　藤原による「測候精神」の説明は，岡田の「観測精神」を基本的に踏襲している．確かに観測を重視する点において，「測候精神」は「観測精神」と大きく変わるところはない．藤原もこの訓話で「測候精神」と「観測精神」を併用している．だが，看過できないのは，藤原の「観測精神」に対する理解が，観測する際の技術的な態度にとどまらず気象技術者としての人格を修養する点にまで及んでいることである．藤原は，「観測精神」を次のように整理する[35]．

　一，至誠及確実に帰す．

　二，自然現象に偽りなし，観測者が常に忠実親切を旨として，自然を観測すれば，やがてはこれを体得し，努めずして自ら至誠なることを得るに至る．

　三，自然は単純にしてしかも複雑なり，常に観測を緻密にし，観測を尖鋭ならしむれば，遂に自然の妙趣に透徹するに至る．

　四，自然は不規則なるが如くにして却つて正確なり．熱心なる観測の結果は，自然法のいかに峻厳にし，人智のいかに浅薄なるかを知るを得，傲慢と譎詐とを除くを得べし．

　この藤原の理解は精神面を強調しており，観測上の技術的な態度のみに限定した岡田の「観測精神」を拡大するものであったといえる．さらに藤原が「我々気象事業に従事する者にとりましても，この〔精神と科学とを表裏一体とする〕烈々たる日本精神を我々の業務上に具現したるもの，すなはちそれが測候精神」と言及するとき，「測候精神」は観測業務に限定されず気象技術者全般に適用されるべきことを示している[36]．そうであるならば，藤原が言及する「測候精神」とは，岡田が言及した「観測精神」と同じではなく，むしろその対象範囲を拡大したものといえる．換言すれば「測候精神」は，「観測精神」を包摂することにより，中央気象台全体に浸透し得る価値となったのである．

35）　同上，59頁．
36）　同上．

藤原が中央気象台内部で「測候精神」を改めて強調する必要に迫られたのは，戦時体制下での気象技術者の増員に対応するためであった．藤原の「測候精神」に関する説明は，「観測精神といふものは，全て前からの先輩中村前々台長閣下，又岡田前台長閣下等から親しく扱けられたところでありまして，私のみならず我々同僚諸君がもう既に十分の御承知のことではございますけれども，急激膨張に依り，多数新しい方もお若い方もをられるのでありますからして，老婆心からこの事を附加へた次第であります」と，新しく入った気象技術者に向けられていたのである[37]．岡田の「観測精神」が観測を通じて自然と気象技術者に内面化されていくものと主張されたのに対し，藤原の「測候精神」は，むしろ気象技術者にその精神を積極的に注入していく姿勢を有していた．したがって，「観測精神」から「測候精神」への意味の拡大は，中央気象台内部での気象技術者全般に対する価値の注入の重要性が増したことを反映していたのである．

　とはいえ，岡田と藤原によって 1930 年代に気象技術者の心構えの重要性が相次いで主張されたことは，中央気象台内部の価値の注入において特に重要であった．なぜなら彼らの主張する心構えは，プロフェッションに必要な道徳的統合性の保持を意味したからである．岡田による「観測精神」は，中央気象台の課業における観測が最も重要であることを示すものであった．また藤原の予報官の心構えは，専門知識に基づく判断の「主観性」を正当化するものであった．岡田の次の台長候補の一人が藤原であり，藤原が中村精男や岡田の教えを重視していたことに鑑みれば，岡田と藤原を通じたこれらの精神の主唱は組織内部での価値の制度化を意味する（須田 1968：421-424, 古川 2012：40-41）．観測に関する価値は，藤原により「測候精神」として拡大され，中央気象台内部に浸透していった[38]．加えて予報官の心得は，「主観的」な判断を支える「専門性」に信を置こうとするものであった．かくて気象技術者に対する「測候精神」と予報官の心得の浸透は，中央気象台の組織内部での「エキスパート・ジャッジメント」の価値が制度化したことに他ならなかったのである．

---

[37] 同上．

第二節　戦時体制下の気象行政と「危機」の顕在化

(1) 軍用気象を契機とした中央気象台と軍部の協調

　大正から昭和初期にかけての中央気象台は，組織内外に対して「専門性」の正当化を図り，組織的自律性の獲得に努めた．「エキスパート・ジャッジメント」の制度化を選択した中央気象台は，「評判」を獲得・維持し組織的自律性へとつなげていくためにも天気予報の判断を支える「専門性」を向上させていかなければならなかった．このあいだに「気象行政」の対象はさらに拡大し，航空気象や農業気象が新たな業務対象となる．航空気象は第一次世界大戦での航空機の登場と活躍により，航空機のための気象情報の重要性が飛躍的に高まった．また農業気象は，1934年の東北・北海道冷害による農作物の被害を受けて，風水害や冷害といった気象災害への対応と関連した防災の業務として注目された．これらは中央気象台の「専門性」を要請する機会の拡大を意味したのである．

　しかしながら，中央気象台の組織的自律性を脅かす可能性を持った新たな気象業務は，軍用気象であった．寺田寅彦は，第一次世界大戦のなか，「戦争と気象学」において軍用気象の重要性を次のように指摘している（寺田 1997：12-13）．

> 欧洲大戦が始まって以来あらゆる科学が徴発されている．気象学の知識を借りなければならぬ事柄も少なくないようである．例えば毒ガスの使用などでも適当な風向きの時を選ぶは勿論，その風向きが使用中に逆変せぬような

38）古川武彦によれば，岡田が「測候精神」を明示的に使った文献はないとされる．さらに本書で検討した1942年の藤原による「測候精神」の説明は「観測精神」に傾注しており，古川は「岡田の測候精神のうちの観測面に言及したもの」と捉えている（古川 2012：41）．この捉え方は，上述の藤原の説明を「観測（または測候）精神を布衍して」とする藤原咲平の評伝の記述からも窺える（根本 1985：204）．しかしながら，本書で検討したように，岡田（1933, 1937）が「観測精神」を明示的に使用していることに鑑みれば，むしろ藤原はこの文脈において「観測精神」を「測候精神」と拡大して用いたと考える方が適切ではないかと考える．
　なお，1949年に中央気象台が行った「測候精神について」の討論会でも，「測候精神」は主に観測心得としてあつかわれている（気象庁 1975a：15）．この意味で気象技術者のあいだで基本的にその後の「測候精神」は，「観測精神」とほぼ同義に捉えられていたと考えられる．

場合を選ばなければならない．本年〔1918年〕四月十日と五月十二日に独軍の使用した毒ガスは風向き急変のために却ってドイツ側へ飛んで行ったという記事がある．また四月英国の閉塞隊がベルギー海岸のドイツ潜水艇の根拠地を襲撃した場合にも，味方の行動を掩蔽するために煤煙の障屏を使用しようとしたのが肝心の時に風が変って非常の違算を来たしたという事である．これらの場合に充分な気象観測の材料が備わっていて優秀な気象学者がこれに拠って天候を的確に予報する事が出来れば如何に有利であるかは明らかである．

　寺田が指摘する軍事における気象情報の重要性は，軍部が独自の気象組織を創設する組織的インセンティブに他ならない．このため，軍部は軍用気象を目的とした組織と事業を構想し始める．軍部の構想に対し，中央気象台は自らの組織的自律性が保持され，気象業務の拡大に資するのであれば構想に協調する余地があった．中央気象台にとって，明治以来安定的な事業継続の最大の問題となっていた地方気象官署の国営化は，膨大な費用を要するために戦争遂行という「統制」の契機がなければ困難であったからである．逆に組織的自律性が侵食されるのであれば，中央気象台は組織存続のために軍部の構想を反対せざるを得ない．何より軍部の気象組織に吸収されることは，中央気象台にとって最も避けなければならない「危機」であった．ここに戦時体制に移行していくさなか，気象業務に必要な「専門性」をめぐる中央気象台と軍部の協調と対立の素地が生じることとなる．この協調と対立はどのような過程を経て，いかなる帰結を迎えたのか．また一連の「危機」は，中央気象台の組織的自律性にどのような影響を与えたのか．これらの点を明らかにするために，まずは軍部（主として陸軍）における軍用気象の構想を概観することから始める．

　陸軍は1907年に気球隊を設置するまで気象を専任とする機関を常設していなかった（中川編 1986：4-8）．それゆえ日露戦争において，陸軍は中央気象台と協議し，戦地に中央気象台の臨時測候所を設置させることで気象情報を得ていた．やがて飛行機の初飛行の成功を機に各国の航空研究熱が高まるにつれ，気球の効用に着目していた陸軍は海軍とともに1909年に臨時軍用気球研究会を設置し気球及び飛行機の研究に着手した．この研究会では，高層気象観測や

観測法，飛行気球用観測器の研究などの気象研究も対象となり，委員として中村精男気象台長も参加した（中川編 1986：8-10）．この研究会は 1918 年に休止するものの，軍主導で気象研究が行われたことは，陸軍にとって独自の気象組織を設置する必要性を認識するものとなったのである．

実際，第一次世界大戦における航空機，長射砲，毒ガスといった新兵器の登場は，これらの活用にあたり航空気象や砲兵気象などの軍用気象の重要性を浮き彫りにした．臨時軍用気球研究会の幹事であった井上幾太郎少将は，航空部隊の創設を構想しており，この構想は 1919 年に陸軍内に航空部が新設され，部長に井上が就任することで具体化した．さらに 1925 年には同部は航空本部に改組され，技術部に「航空ニ関スル気象及衛生ノ調査，研究，試験及立案」と気象の事務分掌が明記されるに至った[39]．

さらに砲兵やガス兵器をはじめとする化学戦関係の気象は，陸軍士官を中央気象台に派遣して気象教育を行い，陸軍科学研究所や陸軍重砲兵学校を中心に研究が進められた．特に員外学生として東京帝国大学理学部物理学科卒業後，1927 年に気象学研修生として同大学院に派遣された能登久大尉は，軍用気象学の体系化の中心を担った．能登は大学院修了後，陸軍科学研究所での研究に従事するなかで，同研究所第三部長であった久村種樹少将を会長とする私的な研究会である軍用気象会を 1930 年に結成した．軍用気象会の研究成果は，軍用気象常用表の編纂や勤務体系，技術教育や気象総合演習の企画実施などの多岐にわたっている（中川編 1986：22）．特に技術教育は，1931 年 4 月から中央気象台に委託学生を派遣することとなった．この段階では，中央気象台は陸軍に比べて「専門性」において圧倒的に優位であり，陸軍は「専門性」を中央気象台に依存せざるを得なかったのである．とはいえ委託学生の制度的実態は，陸軍航空本部に教室を設けて中央気象台側に委嘱するものであり，対外的には陸軍が主導する形での気象要員の養成を印象づけようとしていた（山本 2015：83-88）．

また 1934 年に実施された気象総合演習は，予報や観測における平時の気象官署が行うものと軍の要求とのあいだに差異が存在することを明らかにした

39）『官報』3807 号，1925 年，98 頁．

(中川編 1986：25-26)．気象情報における平時と軍事的要求との差異は，陸軍にとって早期の軍用気象の教育組織の設立を認識させた．かくて 1935 年に竹内善次砲兵中佐を部長として，陸軍砲工学校内に気象部が設立されるに至った．気象部では委託学生として中央気象台で教育を受けた将校たちが気象教育に携わった（山本 2015：94）．この意味で陸軍の独自の気象組織に向けた体制整備は，着実に進展していたのである．

　しかしながら，和達清夫をはじめとして中央気象台から多くの講師が招聘されており，「専門性」をめぐる中央気象台の優位性は容易に変わらなかった．気象技術者の養成は，「専門性」の蓄積・更新のために一定の時間を必要とする．この養成に必要な時間が中央気象台の組織的自律性を支えていたのである．換言すれば中央気象台と陸軍との協調関係は，中央気象台の従来の人的資源が重用される限り成立するものであった．

　この協調関係が最も機能した場所は，満州事変により成立した満州国であった．1932 年に成立した満州国は宣統帝溥儀を執政としたが，実態として関東軍を中心とした軍部や革新官僚と称される官僚たちが統治した．建国以前から，軍事上の観点から満州における気象業務の必要性が唱えられていた．それゆえ建国後，産業政策や交通政策における気象情報の重要性も加わるなか，1932 年 4 月 17 日に関東軍参謀長橋本虎之助が陸軍次官小磯国昭に宛てて「満州政府ノ気象事業助力ニ関スル件」の通牒を行った．この通牒は，「満州国ニ於テ暦制定及気象事業建設ノ企有之軍ニ援助方請シ来リタルニ依リ中央気象台岡田武松氏宛協力ヲ依頼セリ右御含相成度」と，岡田武松への気象業務に関する協力を要請するものであった[40]．これを受けて，藤原咲平と関口鯉吉が気象機関設置に向けてそれぞれ視察に訪れており，後藤一郎朝鮮総督府観測所長や陸軍航空本部から渡満した十佐林忠夫により気象機関の設置が具体化した．加えて，1932 年夏に起きた哈爾浜での大洪水の被害は，国務院会議において気象業務の整備を認識させることとなった（出渕編 1988：4-9）．かくて 1933 年 11 月に中央観象台官制が公布され，「中央観象台ハ実業部総長ノ管理ニ属シ（中略）気象天文ニ関スル事業ヲ統轄ス」と明記された[41]．

---

40)　「満州政府ノ気象事業助力ニ関スル件」（「満受大日記（普）其 14　昭和 7.6.13 〜 7.7.21」Ref. C04011304300，JACAR（アジア歴史資料センター），防衛省防衛研究所所蔵）．

中央観象台は庶務科，予報科，調査科，天文科の四科で構成された．基本的な気象業務の体制は中央気象台と同様であるが，特徴的なのは天文科における天文台の業務であろう．天文科は第一項「時憲書ノ編纂ニ関スル事項」，第二項「天体観測ニ関スル事項」を掌るとされた[42]．中国では古来より「観象授時」（天子が天体を観測して暦象を把握し，暦を民にあたえること）が為政者層の責務であったことに倣った．暦書である「時憲書」編纂業務は，権威の所在を明確化する上で統治技術上の重要な業務と位置付けられた（丸田 2013：2-4）．それゆえ，天象観測の比重の高さが，満州国において「気象台」ではなく「観象台」の名称を採用した要因であったと考えられる．これは，観象台と独立した組織体であることを出発点とした中央気象台の成り立ちとは異なっていたのである．

中央観象台は創設の段階から陸軍が関係しており，地方の観象機関は国防上優先度が高いものから整備する方針が示されるなど，明確に軍用気象の組織であった（山本 2014：119-120）．しかしながら中央観象台も，陸軍の気象組織と同様に「専門性」の獲得を中央気象台に依存していた．なにより中央観象台は設置されたばかりであり，地方観象台や観象所を新設していくにあたって測候技術者が不足していた．それゆえ現地で採用された満州国観象台技術員候補者は，1935年から中央気象台附属測候技術官養成所に毎年10名程度が派遣されることとなった．初期の派遣先は養成所の専科（1年）であり，早急な技術員養成が求められていたことが窺える．また日本から中央気象台や測候所の職員が中央観象台に派遣された．結果として，中央観象台の幹部職員の大半は，中央気象台の技術者が占めたのである（山本 2014：143-157）．

また中央観象台の台長は，最初に後藤一郎が就任した後，実業部総務司長兼次長であった高橋康順が就任した．だが，谷本誠が就任して以降，長谷川謙，和達清夫，大谷東平と中央気象台幹部職員が就任しており，中央観象台台長は中央気象台の指定ポストの一つとなった．この時期，中央気象台は職員数が増

---

41)「中央観象台官制」（「満州国政府公報日譯 大同2年11月分（第252号～第277号）」Ref. A06031010400，JACAR（アジア歴史資料センター），国立公文書館所蔵）．
42)「中央観象台分科規程制定ノ件」（「満州国政府公報日譯 康徳元年9月分（第152号～第175号）」Ref.A06031011400，JACAR（アジア歴史資料センター），国立公文書館所蔵）．

加したものの，幹部職のポスト数や技師の定員数は増えず，人事の流動性が停滞しつつあった．それゆえ観象台の設置は，中央気象台の気象業務の強化の点から，また人事上の待遇の観点からも望ましいものであった．1943年に高層気象課長となった藤原寛人（新田次郎）の渡満の背景は，当時の中央気象台内における人事事情の内実を示していると考えられる．夫人である藤原ていは，満州への転任経緯について次のように記している（藤原 1981：20-21）．

　「永久にオレは技手だ」
　その言葉に私はびっくりした．（中略）夫の同期生は，つい先頃，その技師に何人かなったと聞いていた．その人達は全員が，東京帝国大学理学部出身であることも私は知っていた．（中略）夫も直接言葉に出してはいなかったが，それに触れないだけに，その心の動きは，痛いほど私にはよくわかっていた．（中略）
　日本にいては技師にはなれない．多分，満州へ転任するということは，技師に昇格することだった．それは伯父〔藤原咲平〕の配慮でもあったのだろう．

　中央観象台や地方観象台の幹部職員が帝大出身者だけではなく，測候技術官養成所や逓信官吏練習所などの卒業生が占めていたことからも，満州への転任が昇進と緊密に結びついていたことが窺える（山本 2014：146-151）．このように観象台幹部職員の多くを中央気象台関係者で占めることが可能であったのは，気象業務に関する「専門性」を早急に獲得する必要があったからである．陸軍の気象組織と同様に，満州国においても中央気象台の従来の人的資源が重用されたのである．
　だが，気象業務への「専門性」をめぐる中央気象台と軍部との関係において看過できないのは，先述したように気象情報に求めるものが平時と軍事で異なる点である．特に軍事において求められるのは，気象技術者の数を増やすための短期養成であり，また中央気象台から情報が入手できない場合に戦地の限られた観測情報のみで天気予報を出せる技能であった（前川 1986：71-74）[43]．つまり，軍部の軍用気象においては中央気象台とは異なる「エキスパート・ジャッジメント」の論理が要請されるのである．ここに「エキスパート・ジャッジ

メント」をめぐり軍部と中央気象台のあいだで対立の素地が生まれることとなる．

　もっとも軍事的側面が顕著となる戦時に比べれば，この時期の陸軍組織は教育に重点を置いており，また中央観象台の整備も中央気象台の組織編成を踏襲しているように，陸軍との関係は平時の気象業務の連続線上で対応できるものであった．つまり中央気象台の「専門性」の優位性は，組織的自律性を保持する上で機能していたのである．

　(2)　気象官署官制による「統制」と軍部との対立

　中央気象台が満州国で気象業務を拡大していったのに対し，国内での気象業務を強化する契機となったのは，1934年の相次いだ気象災害であった．特に東北地方では，前年の昭和三陸地震における津波被害に加えて，1934年の冷害による記録的な凶作により，その被害は甚大であった．また関西地方での室戸台風の被害は，気象業務の見直しを迫るものとなった．和達清夫は室戸台風の影響について次のようにいう（座談会 1957：7）．

　　　日本の気象事業は室戸台風によって新しいスタートを切ったと云っても過言ではない．従来とも気象事業は，災害防止，産業の興隆に結びつく社会へのサーヴィス業務であるという観念は気象従業員にあったが，この台風によって気象人の任務はきびしいものであることが，誰の胸にも強く刻まれた．それまで何度か云われても実現しなかった零時の天気図も当然作るべきであり，なお，気象業務は24時間休みなく行われ防災の第一陣の任務を果さねばならないことが，はっきり結論された．室戸台風以後，防災ということが気

---

43) 戦地の気象隊の活動の実態を知る手がかりは多くないが，陸軍気象部の技術将校であった今里能の回想録（今里1989）や森田治「気象隊という部隊」平和祈念事業特別基金編『平和の礎――軍人軍属短期在職者が語り継ぐ労苦』4巻（平和祈念事業特別基金，1994年）が参考になる．また海軍での気象隊や気象班の活動は，青空会編『記録文集あおぞら』第一一五集（青空会，1978-81，83年）や伊坂達孝の回顧が参考となる．特に1942年ラバウル基地に赴任した伊坂は，「気象班の天気予察作業も，それ〔部隊の移駐〕に応じていかなければならなかったので仲々のことであった．しかも正確さと具体的な予報が要求された．移動の度に準備の時間はなかった．私は，資料も皆無の土地で予察を行うのだからと，いつもまずその場所の天気変化について，大胆な仮説を考えることから始めた．これを基に予報を行い，その結果で推理を修正していくのである」と，戦地での予報の状況を述べている（伊坂 2005：100）．

象台の第一任務であることが今更のように認識され，予報業務はもちろん観測業務にも徹底的の改善手段がとられるようになった．

　和達が指摘する防災の観点からの気象業務の強化は，1934年10月に開催された臨時気象協議会の主たるテーマとなった．この協議会は気象通知電報式の改正や気象放送規程の制定を決定し，気象情報の伝達の改善を目的としていた．また新たな気象情報として気象特報が設けられた．これは，現在の注意報に該当するものであり，警報の前段階として注意喚起を促すものであった．さらに各気象区を小気象区へと細分化し，小気象区ごとに気象特報と暴風警報を発布することとした（気象庁 1975a：195-196）．それゆえ和達が指摘するように，室戸台風は気象情報を質的にも量的にも増大させたのである．

　しかしながら，防災上の気象情報の重要性の高まりは，長らく存続してきた直轄の地方測候所と県営の地方測候所による並立体制の問題を改めて浮き彫りにさせたのであった．県営の地方測候所は，観測結果の公表が統一された様式でない場合が多く，気象技術者の技術水準も一定していなかった．また中央気象台との連絡体制も十分に機能していたとはいえなかった．地方気象官署の国営化は中央気象台にとって長年の懸案であったものの，例えば1935年から岩手県の宮古測候所を国営化するなど，予算上の制約から一部の国営化が実現するにとどまっていた（気象庁 1975a：197-198）．国営化を実現するためには防災の観点だけでは足りず，中央気象台はさらなる推進力を必要としていたのである．それゆえ戦時体制への移行に伴う国防上の要請は，中央気象台にとって国営化実現の機会となり得た．

　とはいえ国防上の要請は，気象業務に対する陸軍の介入の拡大を意味しており，この介入という「危機」に対し中央気象台は，自らの組織的自律性の防衛へと傾注しなければならなかった．かくて戦時体制下のなか中央気象台は，その「専門性」をめぐり陸軍との対立関係を顕在化させるのである．

　1937年7月の日中戦争の開始は，平時から戦時への移行を意味した．戦争遂行における作戦情報源としての気象情報の意義は高まり，特に大陸で戦争を開始した陸軍にとって，戦時の気象業務への移行が求められた．8月26日付の文部省から陸軍に令達された「各地気象資料蒐集ニ関スル件」では，同月3

日の陸軍からの照会に対し，通報細目に明記された中央気象台の観測情報（臨時気象実況，船舶気象実況，各地航空気象実況など）に関して陸軍砲工学校気象部に通報する旨を了承したことが伝えられている[44]．陸軍は海軍にも軍港の気象観測所の観測情報の通報を照会しており，戦時体制への移行を機とした陸軍側の気象情報の一元化の意向が窺える（山本 2015：442-443）．

　国内の政治体制も，1936年の二・二六事件を契機とした革新勢力の台頭により，政策の計画化と総合化を目指した「国策統合機関」設置をめぐる構想が活性化する．すなわち前年の岡田啓介内閣の下で設置された内閣調査局が自らを含めた資源局，統計局，情報委員会を拡充統合する「総務庁」構想を披瀝したのを端緒として，資源局内部の武官と文官との対立，陸軍と海軍との対立といったように政治的アリーナが拡大した（御厨 1996：50-75）．「国策統合機関」設置をめぐる多数の政治勢力の参入によるアリーナの拡大は，構想の実現を困難なものにしたのである．この構想は，資源局の統合を断念し調査局を拡充した「企画庁」の新設により一度は決着する．

　ところが日中戦争の開始は，総動員体制の確立を目的とした企画庁や資源局を拡充統合する「国策統合機関」の構想を再活性化させたのであった．今度の企画庁と資源局を統合する構想は，これまで資源局統合に反対してきた海軍が持論の「資源局拡充案」に近い統合に理解を示すことで実現化するに至る．この構想により，1937年10月に重要政策と物資動員の企画立案を目的とした「企画院」が発足した．もっとも具体的な組織の設計を前にして，官制及び組織をめぐる陸海軍の対立と人事をめぐる各省の対立は，企画院の性格に影響を及ぼすこととなった（御厨 1996：82-91）．

　企画院に与えられた重要政策の立案や予算の統制，国家総動員計画に関する各省事務の「調整統一」といった権限は，企画院による「総合調整」を期待したものであった（牧原 2009：171-174）．しかしながら，具体的な組織の設計段階において企画院の各省への優位性が否定されたことにより，その実効性を確保することが困難となったのである（井出 1982：118-119）．これは，企画院の統合主体としての役割の後退を意味する．逆にいえば，企画院に期待されたの

---

44)「各地気象資料蒐集ニ関スル件」（「密大日記第五冊　昭和12年」Ref.C01004304500, JACAR（アジア歴史資料センター），防衛省防衛研究所所蔵）．

は，総動員関係の実務機関としての役割に過ぎなかったといえる．

かくして企画院は，マクロな政策の総合化の代わりに経済統制の下，「物動計画」の立案による軍需，官需，民需の調整役の立場を強めていくのである（古川 1992：68-78）．これに加えて物動計画以外の総動員関係業務でも，企画院は調整の場として機能した．特に陸軍の主導により発足しただけに企画院は，陸軍が戦時体制への移行を機にこれまでの未解決のままの案件を実現する恰好の場を提供したのである．このことは気象業務にとっても例外ではなかった．ここに中央気象台にとっての「危機」が顕在化する．

1937年11月に次官会議の申し合わせにより，気象業務の改善を目的として企画院に気象協議会が設置された．委員長には企画院交通部長原清（海軍少将）が就任した．加えて，法制局，企画院，内務省，大蔵省，陸軍省，海軍省，文部省，農林省，逓信省，鉄道省，拓務省などの各省の課長クラスが主に委員として構成されている．中央気象台からは藤原咲平，奥山奥忠，大石和三郎（高層気象台長），堀口由巳（海洋気象台技師）が委員となっている．しかしながら，協議会の設置経緯や海軍少将の原が委員長であることに鑑みれば，軍部の要望に沿った気象業務の改善案になることは明らかであった．

では，軍部はいかなる改善を構想していたのか．1937年12月13日付の「全国気象機関の戦時体制に関する陸海軍協定案」は，戦時中央気象統括機構として次の案を提示する．まずは，「平時における，気象局，陸軍気象部，海軍気象機関相互の共同連繋を一層緊密ならしめたるものを以て戦時中央気象統括機構とし特に予報に拡充強化の重点を置き，一般実況報及一般予報は気象局，作戦気象判断及実況補遺は陸海軍之を行い之に必要なる資料は気象局之を提供す」るとした．次に，気象局長は「陸（海）軍大臣の区処を受くるものとす」とされた．さらに地方気象台や測候所は，「軍事上必要なる人員及施設を保有せしむ又軍事上必要なる地点に測候所を増設し又は必要なる測候所に臨時増員し得る如くす」とされた（気象庁 1975a：199-200）．中央気象台ではなく「気象局」とあるように，この案は戦時体制のなかで中央気象台を再編成し，気象業務を陸海軍の統制下に置くことが明確に示されている．また，予報の拡充強化が謳われていることは，観測情報にとどまらない気象情報の需要の高まりを示すものといえる．

戦時における気象業務の構想に加えて，「平時に於ける気象機関組織改善案」では，戦時に即応するための組織体制が検討されている（気象庁 1975a：200）．特に注目すべきは，「地方測候所を国営とし中央気象台統制下に置く」点である．前述したように，中央気象台は地方測候所の国営化が長年の課題であった．この点について軍事上の観点からとはいえ，軍部も同様の問題意識を共有していたことは，中央気象台との業務改善に向けた協調を可能にする側面を有していた．しかしながら，改善案では「中央気象台に陸軍部，海軍部を置き部長は陸海軍気象部主脳者を充てる」とする項目もあり，中央気象台内に部局を設置することで，平時における陸海軍の統制下に置くことが合わせて併記されていた．換言すれば，戦時と平時とに関わらず，軍部は中央気象台を統制下に置くことを目指したのである．中央気象台側からすれば，以上のような気象業務の改善案は，自らの要望と軍部の要望が交錯する改革構想であり，慎重な対応が求められるものであった．

　気象協議会は四つの小委員会（制度組織，戦時体制，施設予算，通信）での議論を踏まえ，1938 年 1 月に『企画院気象協議会報告』をまとめた[45]．報告書の「気象機関ノ整備拡充ニ関スル対策」の冒頭では，気象業務の改善目的が記されている．これによれば，「従来気象機関ノ統合鞏化ニ付テハ屢次提唱セラレタルニ拘ラス其ノ緒ニ就クニ至ラス然ルニ気象ノ作戦上ニ及ホス影響ハ近時頓ニ増大シ特ニ今次事変ニ於テ之ヲ痛感セリ此際速ニ全国気象機関ヲ整備拡充シ気象業務ノ改善ヲ図ルコトハ啻ニ国防上ノミナラス交通，産業其ノ他諸般ノ見地ヨリスルモ喫緊ノ事項ト認ム」とあり，国防や交通，産業などの多様な観点からの必要性が強調されている．特に改善すべき項目として，最初に掲げられたのは「全国測候所ノ国営移管」であった．次いで「気象機関ノ拡充及新設」は，第一に「中央気象台ヲ拡充鞏化シ中央中枢機関トシテ気象関係事務ヲ統制セシムルコト」とし，第二に「内地ヲ四気象管区ニ分チ更ニ之ヲ九地方気象区ニ区分シ之ニ管区気象台及地方気象台ヲ新設シ地方中枢機関タラシムコト」と

45）企画院気象協議会司計課『企画院気象協議会報告』学習院大学東洋文化研究所所蔵．以下の引用はこの資料に基づく．なお，この資料は東アジア学バーチャルミュージアムの『渡辺忍文書』の一覧（http://www.gakushuin.ac.jp/univ/rioc/vm/c03_yuuhou/c0303_watanabe_list.html）から閲覧可能である．

した．第三に，「全国測候所及之ニ準スル機関ハ所要ノ整理統合ヲ行ヒ内容ヲ拡充スルコト」とされ，測候所の統合と機能強化が提言された．

　これらの項目において最も重要な点は，管区の必要性と管区気象台及び地方気象台の創設が謳われたことである．これは中央気象台による気象業務の一元化の流れと矛盾するようにみえるが，管区気象台を通じた各測候所の中央統制を貫徹する要素も備えていた．報告書にある「整備拡充ニ関スル具体策」によれば，七つの管区気象台の場所は，札幌（樺太，北海道，千島），東京（本州東半，南方諸島），大阪（本州西半（山口県を除く），四国），福岡（九州，山口県，南西諸島），台湾（高雄），朝鮮（京城），パラオ（南洋）であった．これらのうち，札幌と東京，大阪と福岡は，戦後の管区気象台の原型となっていくのである．

　また「陸海軍気象機関ノ整備」の項目では，「陸海軍ニ属スル各観測機関ハ之ヲ整備拡充シ軍事気象ノ外一般測候機関ノ業務ノ一部ヲ担任シ測候業務ヲ協力スルコト」とされ，通常の気象業務に対する陸海軍の気象機関の介入が示されている．この他にも報告書では，気象通信の整備拡充や外地の観象機関の整備拡充，内外地観象機関の業務連絡の強化が提言された．

　以上の提言を踏まえれば，中央気象台は自分たちの長年の課題であった測候所の国営化と地方気象機関の「統制」を改善案の中心に据えた点において成功したといえる．しかしながら，整備の順序が軍事優先とされたことや陸海軍の気象機関による一般業務への「協力」を可能としたことは，中央気象台が引き受けた改革の対価として看過できないものであった．

　なぜなら，再び「整備拡充ニ関スル具体策」に着目するならば，「戦時中央気象統轄機構」の項目において，戦時体制下の気象機関のあり方が明確に示されていたからである．この項目では，「平時ニ於ケル中央気象台，陸軍中央気象機関，海軍気象機関相互ノ協同連繋ヲ一層緊密ナラシメタルモノヲ以テ戦時中央気象統轄機構トシ特ニ予報拡充鞏化ノ重点ヲ置キ一般実況報及一般予報ハ中央気象台，作戦気象判断及実況補遺ハ陸海軍之ヲ行ヒ之ニ必要ナル資料ハ中央気象台之ヲ提供ス」とされ，中央気象台と陸海軍の気象機関との協力体制が「戦時中央気象統轄機構」と称されている．これは前述した海軍の改革構想がほぼ踏襲されているものの，「気象局」への言及がないことから，中央気象台を新組織へと改組して陸海軍の統制下に置く案からは後退したことを示して

いる．したがって，軍部主導による気象関係機関の統合が後退した点において，中央気象台は戦時体制下での一定の組織的自律性を勝ち得たようにみえる．

ところが具体策に入ると，「統計ニツキテハ中央気象台及陸海軍ハ相互ニ所要ノ資料ヲ提供シ教育ニ関シテハ相互協同ス」と一層の協力が求められ，「中央気象台長ハ軍事上必要ナル事項ニツキ陸軍大臣及海軍大臣ノ区処ヲ承クルモノトス」とされ，中央気象台長と陸海軍大臣との緊密な関係が要請されたのであった．それゆえ，企画院気象協議会の報告書は，戦時色が色濃くなるにつれ，軍部による中央気象台への要求が日に日に高まっていくであろうことは容易に看取されるものとなっている[46]．かくして中央気象台の組織的自律性を脅かすことになる「危機」の予兆は，この報告書に潜在的に埋め込まれたのである．

陸軍は，企画院を通じて中央気象台を再編し統制下に置く試みが実現しなかった代わりに，気象組織の強化に着手した．1938年4月9日の陸軍気象部令により，教育・研究機関の性格が強かった砲工学校気象部を独立させ，陸軍気象部を設立した．同部は，教育機関の一部局から部長を陸軍大臣の指揮下に置く組織となった（ただし，統計に関しては参謀部長，航空気象業務に関しては航空本部長とされた）．しかしながら，陸軍気象部令は，第一条において「兵要気象ニ関スル研究，調査，統計其ノ他ノ気象勤務ヲ掌リ且気象器材ノ研究及試験並航空兵器ニ属スル気象器材ノ審査ヲ行フ」とあるように，依然として気象に関する教育・研究が主たる目的であることに変わりはなかった[47]．

むしろ陸軍気象部となったことによる大きな違いは，人材養成を積極的に進めたことである．各兵科尉官から気象に関する学術修得のために甲種学生を，各兵科下士官から気象観測に必要な学術修得のために乙種学生を召集し，気象部は彼らを教育した．さらに気象技術者の人員を確保するために，東京帝国大

---

46) さらにいえば，報告書には明示されなかった中央気象台の移管案が再出することもあり得た．1938年1月初めの企画院気象協議会内での一連の議論を通じて藤原咲平は，陸軍と逓信省による中央気象台の逓信省への移管の意向を強く意識していた．藤原によれば逓信省への移管案は，長期的には航空省といった陸軍の統御が及ぶ新組織への移管の布石とされ，その移管案は「現業官庁」の性格を強め，研究機能の停滞を招くものとして認識されていた．したがって，報告書がまとまる直前まで移管案は，陸海軍の直接の統制下に置く以外の選択肢も視野に入れつつ，有力な改革構想として陸軍のあいだで存在していたことが推察される．『藤原咲平手記』諏訪市図書館所蔵，1938年1月5日の条．

47) 「御署名原本・昭和十三年・勅令第二四〇号・陸軍気象部令（第七百三十六号ヲ以テ本号中改正）」国立公文書館所蔵．

学や京都帝国大学を中心に理工科系の卒業者を採用していった（中川編 1986：60-61）．彼らは，1938年11月より認められた気象部観測所の所長に就くなど気象部内の実務も主導した．加えて，関東軍気象部や支那派遣気象機関に対する気象技術員の補充のために，気象部は中等学校卒業者から選抜して採用した（山本 2015：154-161）．このように陸軍気象部の設置は，中央気象台の統合を断念した代わりに自前の気象技術者の養成を急ぐことで人的資源の拡充強化を目指したものといえる．

だが，陸軍気象部による気象技術者の養成の活発化は，中央気象台の協力抜きには実現できなかった．その後の職員表をみると，気象部総務課（予報班）に中央気象台から職員が派遣されており，また嘱託として中央気象台から岡田武松台長をはじめ，藤原咲平や畠山久尚も加わっている（中川編 1986：58-59）．実務と教育において中央気象台の人的資源や「専門性」に依然として依存していたことが窺える．

他方で中央気象台による戦時体制に対応した気象業務の改善は，企画院気象協議会の報告書に沿って進められていくこととなった．企画院交通部は報告書をもとに「気象機関ノ整備拡充要綱」を作成し，第一次近衛文麿内閣のもとで1938年11月に閣議決定された[48]．要綱は「全国測候所ノ統制」において，全国の測候所を「可及的速ニ国営ニ移管シ行政的ニモ技術的ニモ中央気象台ノ統制下ニ置クコト」とし，測候所の国営化による「統制」の早期実現を図るとした．この方針のもと測候所の国営化が順次進められていった．

国営化の完了を控えた1939年5月，従来の全国測候所長会議を拡大する形で気象協議会が開催された．中央気象台関係者に加えて，出席者は大西茂明（企画院調査官），太田鐸治少佐（陸軍航空本部），山賀守治中佐（海軍省軍務局），長津定（逓信省電務局），本田弘人（文部書記官）といった関係組織の出身者で構成されていた．岡田武松台長は，会議の趣旨を「従来気象関係者ノ会議ハ全国測候所長ガ会同シ軍部及満州ヨリモ御参集ヲ願ヒ行ツテ来タノデアリマスガ，今回測候所ガ全部国営トナル為協議会ノ形式ガ自ラ変ツテ来ルコトニナリマシタ，（中略）従ツテコノ協議会ハ広イ意味ノ気象関係者ノ連絡会議デ御座イマ

---

[48]　「気象機関ノ整備拡充要綱ニ関スル件ヲ決定ス」（『公文類聚・第62編・昭和13年』国立公文書館所蔵）．

ス」と，測候所の国営化に伴い中央気象台と測候所との連絡以上に関係機関との調整の場であることを強調している[49]．この会議では満州国における気象業務の現況説明に始まり，気象器材供給の件，軍部気象観測所との業務に関する件，航空気象電報規程中改正の件，一般気象放送時刻に関する件，気象放送暗号に関する件など，外地の気象機関の状況や気象業務の統一化が議論された．

特に気象放送については，山賀中佐による積極的な秘匿要請に対して大谷東平が将来にわたって継続することに懸念を示し抵抗している点が注目に値する．大谷が秘匿の拡大に反対したのは，「匿シサヘスレバ良イニ違ヒナイガ匿ス効果ノナイモノヲ匿スノハ能率ヲ下ゲル」という能率の点だけにとどまらず，西村傳三台湾総督府気象台長のいう「日本デ匿セバ，先方デモ呉レナイ様ニナル」という海外の一般気象放送による情報収集ができなくなる懸念からであった[50]．この対立は，戦時体制下にあって平時の気象業務の継続性を確保しようとする中央気象台の抵抗を示すものといえる．

測候所の国営化の完了に伴い，中央気象台の組織改正も行われた．1939年10月31日に気象官署官制（勅令第740号）が制定され，企画院気象協議会の報告書に提言されていた管区制が導入されることとなった[51]．第四条において管区気象台は「内地ヲ北部，東部，中部及西部ノ四気象管区ニ分チ各気象管区（中央気象台所在ノ気象管区ヲ除ク）ニ夫々管区気象台ヲ置キ所轄気象管区内ニ於ケル」事務を所掌するとされた．また地方気象台は，第五条において「気象管区ニ地方気象区ヲ設ケ各地方気象区（中央気象台又ハ管区気象台所在ノ地方気象区ヲ除ク）ニ夫々地方気象台ヲ置キ所轄地方気象区内ニ於ケル」事務を所掌するとされ，その事務も天気予報や気象無線報の受信は管区気象台と同様である．しかしながら，管区気象台と比べてより具体的な業務が列挙されており，それらの業務の多くは測候所の業務と同一なものとなっている．したがって，地方気象台は地方気象区内の測候所を統括するものの，測候所と同様の実質的な業務も期待されていたといえる．

---

49)「気象協議会議事録」（1939年5月2,3日）気象庁図書館所蔵，5頁．
50) 同上，16-19頁．
51)「気象官署官制ヲ定ム」（「公文類聚・第六十三編・昭和十四年・第十六巻・官職十三・官制十三（文部省六）」国立公文書館所蔵）．

第二節　戦時体制下の気象行政と「危機」の顕在化　123

　以上のように，戦後の管区制に連なる気象官署官制による管区制の開始は，1938 年と 1939 年にかけて行われた測候所の国営化による全国気象官署の国営化を以て，1939 年 11 月 1 日から行われた．測候所の国営化が完了したことは，気象業務の一元化という中央気象台の長年の懸念が解決された瞬間でもあった．これは，気象業務の「統制」を目的とした陸軍の介入という契機がなければ，中央気象台のみの構想での実現は不可能だったであろう．

　とはいえ，国営化に期待された機能が首尾よく発揮されたわけではなかった．1940 年 3 月 18 日に行われた第 8 回樺太北海道東北 6 県気象協議会では，県測候所時代より悪くなった点，例えば経費の使い方が不自由になったといった不満が伝えられるとともに，特に人員不足の問題が指摘された．これに対し，中央気象台からは早期の人員増加が見込めないことが伝えられた（気象庁 1975a：209-210）．岡田台長は，「一つの測候所を改善するには，此節の様に人的にも物的にも資源が仲々豊でない時代には如何に金を掛けても短年月では出来ないのであります」と，気象官署幹部職員への理解を求めた[52]．また中央気象台の教育機関であった気象技術官養成所（1939 年 4 月に測候技術官養成所から改称）は，本科の卒業生数は着実に輩出していたものの，依然として毎年十数名程度であった（気象大学校校友会創立 75 周年記念誌編集委員会編 1997：164-165）．それゆえ国営化したことで，軍部だけではなく中央気象台でも気象技術者の不足が深刻な課題となったのである．

　実際，中央気象台の定員は測候所の国営化を通じて増加していた．1930 年に 154 名だった定員は，1936 年に 191 名，1937 年に 270 名と増加し，測候所の国営化が進展する 1938 年に 452 名，1939 年に 768 名へと大幅に増加した（気象庁 1975a：209-210）．この大幅な増加は県営の測候所の人員を国営気象官署の職員として吸収したことによるものと考えられる．しかしながら，従来に比べて中央気象台が管理する予算や人事の対象範囲が拡大したことは，管区制に伴う調整業務も含めて事務作業が飛躍的に増大することを意味していた．かつて岡田武松は自らの調整能力に自信を持ち，組織としての総務能力の拡充が不調に終わったことは前述したとおりである．だが，もはや総務能力を属人的

---

52)「中央気象台長訓示要旨」『測候時報』11 巻 5 号，1940 年，165 頁．

要素として委ねるには，中央気象台の組織はあまりにも肥大化しつつあった．岡田は，国営移管後の状況を次のように述べる[53]．

> 国営移管後は書類が殖る一方で，之に目を通すに半日はかかり，御来談の方も増す一方で，この方々に御目にかかるにも，矢張り半日はとられて仕舞ふと云ふ具合であり，如何に健康を誇つてゐた老生でもヘトヘトになつて仕舞ひました．兎も角も中央気象台長の職務は此節は全く文字通りの劇務となりましたから，老人などでは決して勤まりつこはないのであります．

　増大する業務に多忙を極めた岡田は，次第に退官の意向を示しつつあった．既に「実を云ふと私も四五年前に退官を御願ひすべきであつた」と考えていた岡田にとって，国営移管の実現は中央気象台の長年の懸案が解決したという意味で一つの区切りとなる機会であった[54]．また中央気象台に対する要求の増大が，岡田への台長辞任の圧力に転化し始めたことも看過できない．中央気象台職員の奥山奥忠は，岡田台長への辞任圧力を次のように述べている（堀内1957：23）．

> 昭和13,4年頃よく某方面から気象業務上の措置につき種々の要求あり，甚だしきは気象電報の直送の要求が極めて執拗だったが，需用のことは気象台の方から適当に処理するからと断固拒絶した．かかることから先生の身分にまで容喙されたことと，それを拒絶したことを主管庁から聴かされた．

　奥山の述懐が示すように，岡田の気象業務の組織的自律性を固守する姿勢は，軍部との軋轢を生じさせていた．加えて，戦争の長期化は，岡田と軍部との対立が継続することを惹起させた．それゆえ，岡田台長の退官の可能性が現実味を帯びるなかで，中央気象台は戦時体制に即応しつつ，ポスト岡田を見据えた組織編成の刷新を企図する必要に迫られたのである．
　かくて中央気象台による組織改革の帰結は，1920年以来長らく採用してき

53）　岡田武松「退官御挨拶」『測候時報』12巻8号，1941年，395頁．
54）　同上．

た掛制を廃止し，課制を敷くことであった．1940年4月に移行した課制は，従来の掛制が雨量掛や雷雨掛などの予報や観測の自然現象に関する課業に応じた分野別の編成を基調としていたのに対し，新たな課制は機能別の編成の比重が増したことが特徴的であった[55]．例えば，外国気象掛と統計掛は統計課に統合され，農業気象掛は廃止となり，より広範囲の諸産業を対象とする産業気象課が新設された．課制への移行に伴い，庶務課長に田内静三，会計課長に奥山奥忠，図書課長に小平吉男，予報課長に藤原咲平，無線課長に曾我義徳，測候課長に三浦栄五郎，地震課長に本多弘吉，検定課長に倉石六郎，統計課長に山田琢雄，気候課長に仙十吉，天測課長に川畑幸夫，航空気象課長に抜山大三，調査課長に三宅泰雄がそれぞれ就任した（なお不在であった産業気象課長と工作課長は，1941年3月に和達清夫が産業気象課長に，1941年7月に藤原咲平が事務取扱として充てられた）．

さらに1942年1月から2月にかけて，研究課（和達清夫課長）と化学課（三宅泰雄課長）が新設された．「研究」を称する課を設置すること自体，中央気象台内で「専門性」を蓄積・更新させることが弱化しつつあったことの証左であるが，また高度な「専門性」を確保しようとする中央気象台の意志がここに表れている．

しかしながら，二つの課の設置以上に重要なのは，同時期に企画課（畠山久尚課長）が設置されたことである．後述するように1942年になると岡田武松は台長を去っており，藤原咲平が台長に就任していた．彼は戦時体制下での台長の業務に加えて，東京帝国大学教授としての仕事や気象技術官養成所主事の仕事も抱えており，岡田以上に総務能力を属人的要素に委ねるのは難しい状況となっていた（和達・高橋・根本編 1982：41-42）．それゆえ企画課の設置は，人によって体現されてきた「総務」の一部を独立させ，政策の選択や調整に関する部分を組織化することに他ならなかったのである．

さらに1942年4月に部課制が採用されると，中央気象台は総務部，業務部，技術部，調査部，研究部の五部制となり，機能別の編成はさらに顕著になった．着目すべきは，「企画」のみならず「総務」までが組織化されたことである．

---

55) 「中央気象台分課規程改正」『測候時報』11巻6号，1940年，259頁．

ここでの「企画」とは，施策を状況の変動に適応させること，長期展望を持つため調査分析し予測すること，「施策間の総合性」を確保するといった政策立案や構想を提示するための機能を指す（西尾 1990：205-209,打越 2004：50-51）．総務部は総務課，人事課，会計課，企画課，図書課，無線施設課，工作課の七課で構成された．特に総務課は「気象官署事務ノ連絡調整ニ関スルコト」や「関係官庁トノ事務上ノ連絡ニ関スルコト」が明記され，企画課は「気象事業ノ企画ニ関スルコト」や「関係官庁トノ企画上ノ連絡ニ関スルコト」が明記されたように，政策立案に加えて関係官庁や気象官署との連絡・調整業務が分課規程上に明確に明示されたのであった[56]．「連絡調整」の増大は，気象情報に関して軍部との連絡関係が増えた結果であり，また国営化により地方気象官署を「統制」下に置いたことの結果であった．

　この部課制では，総務部長と業務部長は藤原咲平台長が兼ねており，業務部では予報課長の大谷東平が実質的な業務を担った．研究部長は研究課長であった和達清夫が引き続き就任している．藤原が台長の業務に加えて，総務部と業務部を統括する人事は，中央気象台の主要業務を全て管理しようとする点において，岡田台長時代から続く牧歌的な組織文化を残していた．藤原もこの組織文化を継承しており，地方官署の職員配置も自らが担っていた．藤原の執務姿勢と戦時体制下でも残る牧歌的な組織風景について，和達清夫と上松清は連名で次のように残している（和達・髙橋・根本編 1982：131-132）[57]．

　　　藤原咲平の性格からいって，できるだけ細部まで目をとおしたい．殊に人事編成については一般の職員まで見たいという彼の温情は，長い歴史からくる気象台家族主義への彼の責任と考えていたことと思う．（中略）
　　　決裁文書にまで目をとおすとなると，勤務時間中に終わるものではない．しかも時局柄すべて緊急を要するものである．（中略）幸いなことに気象台の幹部はほとんど全部構内宿舎に住んでいた．（中略）
　　　宿舎で夜遅くまで書類に目をとおしている彼は，なにか疑問の点があると，

---

56) 『官報』4593号，1942年，182頁．
57) なお，この章は和達清夫と上松清の連名となっているものの，文末に「文中に筆者とあるのは，筆者（上松）のことである」（149頁）と記しているように，大部分の記述は上松によるものと考えられる．

関係者に呼出しをかける．（中略）〔関係者が不在の〕時には自分一人で書類を処理してしまう．

　しかしながら，中央気象台の定員は 1940 年の 754 名から 1941 年に 1248 名，1942 年に 1407 名，1943 年に 1727 名（嘱託以下も含めた実施定員では 3709 名）と増加の一途を辿っていた（気象庁 1975a : 19）．さらに山岳地帯を中心に観測所の新設が進められ，1942 年 8 月には二つ目の海洋気象台として函館海洋気象台も新設された．このような人員と業務の増加は，岡田台長時代以上に藤原一人の総務能力に委ねるには難しい状況を創出させていた．それにもかかわらず，藤原が総務部長と業務部長を兼任したのは，幹部職員の人数が不足しているということもあるにせよ，中央気象台の組織文化を残そうとする彼の執務姿勢に他ならなかった．
　とはいえ「総務」の組織化は，「事務ノ連絡調整ニ関スルコト」にあるように，気象技術者の「事務官」化を反映したものといえる．従来のように社会全体に向けて観測や予報を出すことから関係機関への気象情報の伝達が重要となり，また気象業務が戦時体制というマクロな国家構想の中に絶えず位置付けられることにより，各種の「企画」が戦時体制との関連で検討しなければならなくなる．換言すれば，中央気象台が様々な関係機関との接触機会が劇的に増大することを意味し，これらを遂行するためにはむしろ組織的自律性は緩めていかなければならないのである．たとえ藤原が総務部長を兼任したとしても，もはや中央気象台は，「測候精神」を遵守するプロフェッションたる気象技術者たちの組織のままではいられなかったのである．
　以上のように日中戦争以降の中央気象台は，懸案であった地方気象官署の国営化を実現した．これは，中央気象台の「気象行政」に対する組織外部からの「評判」がなければ実現不可能であった．だが自らの「専門性」が陸軍の組織的介入という「危機」を招来させ，組織的自律性を弱めることとなった．さらに戦時体制への移行は，中央気象台に「連絡調整」を増大させ，組織的性格におけるプロフェッションの側面を弱めるに至った．かくて中央気象台は，1941年以降総務能力を拡充する過程のなかで「研究機関」路線に代わって現業機関としての役割を深化させていくのである．

(3) 気象報道管制と行政機構改革の帰結

中央気象台が現業機関としての役割を深化していく直接的な契機となったのは，中央気象台におけるプロフェッションの象徴であった岡田武松台長の退官と太平洋戦争の開始であった．

1941年7月には御前会議が開かれ，「情勢ノ推移ニ伴フ帝国国策要綱」が決定された．これにより，日米開戦の回避は困難な見通しとなった．開戦も止む無しの情勢にあって，岡田台長は遂に辞任を決意するに至った．海軍との折衝を一手に担っていた大谷東平は，岡田の心情を次のように推察している（座談会 1957：8）．

> 岡田先生がやめられたのは，開戦已むなしと御承知になった時ではあったけれども，（中略）先生がやめられた直接の動機は，先生が抱いておられた気象台のあり方というものを軍によってまげられたと思われたからである．すなわち先生は日本の気象事業は気象台がやるべきであるとの信念を持っておられたが，当時陸軍の勢力が強くなってくると，気象電報を陸軍の方へもよこせといってきた．つまり気象解析中枢を日本に2つおくことになるわけだがこれは岡田先生の信念とは相容れないものであった．この要求に対して岡田先生や藤原先生はレジスタンスされて，なかなかその要求を容れようとはされなかったが，最後にどうしても陸軍に気象専用線を分線しなければならないことになった．その時私は岡田先生の所に参って「先生もう駄目です」と申し上げた．先生がお辞めになる決心をされたのは，既にこの時なのであって，間もなく先生は気象台を去られた．

前項での奥山の述懐と同様，大谷も陸軍気象部による通信線分岐問題を岡田の退任の大きな要因と捉えていた．従来の陸軍に対する気象情報の経路は，各地から中央気象台に上げられてきた気象電報を中央気象台で受領し選択した上で，陸軍気象部に再送されていた．このため気象情報の入手が遅くなり，作戦に間に合わないというのが陸軍側の不満となっていた．それゆえ1938年以降，陸軍側は中央通信局から中央気象台に至る通信線を陸軍気象部へ分岐することで独立して気象電報を入手することを何度も試みていたのである[58]．この通信線分岐問題をめぐる対立は，岡田からすれば気象情報の一元的な経路への侵害

第二節　戦時体制下の気象行政と「危機」の顕在化　129

であり，組織的自律性を脅かすものであったといえる．それゆえ，中央気象台の組織の成長や気象業務の拡大とともに技術者人生を歩んできた岡田にとって，軍部との対立の激化により，中央気象台の組織的自律性が侵食されていく有様を見るのはあまりにも偲びなかった．確かに組織間調整の増大や総務機能の強化は，戦時下における中央気象台の役割の重要性を象徴するものであった．だが，岡田台長によって体現されていた中央気象台の牧歌的な組織文化を維持することはもはや難しかった（座談会 1957：8）．岡田に比べれば遥かに国家主義的な藤原咲平が次の台長に就任したことは，「気象行政」の組織的自律性を固守するという従来の中央気象台の路線を踏襲しつつも，岡田台長時代より軍部との協調関係を進展させることを意味していた．岡田と藤原の台長としてのコントラストは，退官の挨拶と就任の挨拶により明確なものとなる．

　岡田台長は，退官を前にして次のように挨拶した[59]．

　　我邦の気象事業も，事変前までは経営が左程六つかしくはなかつたから，私如き老人でも何とかやつて行けましたが，事変になりましてからは，色々と困難なこと許り起つて参り，外部との交渉はもう老人では到底やり切れず，内部でも全国の気象要員の補充をつけることがどうしても不可能となり，日々焦慮する許りとなりました．

　岡田のこの発言は，前述した国営移管後の状況と合わせると，老齢を退官の理由にしながらも，戦時体制への移行による中央気象台の組織変容への憂慮が窺える．加えて，続く発言において，岡田は今後の自身の生活について述べている．

　　只私も老年と云つても未だ多少の仕事は出来ますから，こんな非常時に田舎で日向ぼつこをしてゐたのでは全く以て相済まない．隠居相応の仕事をし

---

58) さらに陸軍気象部が三谷太郎通信班長の指導の下に中央通信局と折衝して無断で分線を敷いたことは，対立の激化を裏付けるものと考えられる（中川編 1986：66）．通信線分線問題は，岡田の退官後，1941年8月18日の「軍事上必要ナル気象通報勤務ニ関スル件」に基づき分線が行われることで決着した（気象庁 1975b：134）．
59) 前掲，岡田「退官御挨拶」『測候時報』395頁．

て余生を送らなくてはならない．夫れにはかねて企てゝゐた「気象学字典」を完成したい．（中略）この度幾分か閑が出来たので之を完成したいと思つて居ります．

　この発言には岡田の気象研究者としての情熱が示されているといえよう．だが，このことは，戦時期の気象業務の多忙のあまり，「専門性」の蓄積・更新を停滞せざるを得ない気象技術者の置かれた状態を暗示していた．
　1941年7月岡田の後を受けて台長に就任した藤原咲平の挨拶は，研究を奨励しつつも，戦時色が明瞭なものとなっている[60]．

　　　私は只一途，前台長の作り上げられた此気象界の醇風を守り，此機構を重んじ，三千の同僚諸君の御協力に依りて此国家の非常時に善処したいと思ひます．（中略）私共全気象従業員は同業者である上に又，岡田気象学派とも称せらるべき同学の団体でありますから，殊に容易に互譲の精神を以て協同融和一致団結して行けると思ひます．（中略）殊に時代の要求に基づき綱紀を振粛し，生活を簡素にし，儀礼的冗費を省き，仕事本位能率一点張りの執務を楽しみたいと思ひます．

　藤原は，郷里の先輩であった岩波書店創業者の岩波茂雄とともに，諏訪の小学生時代の同級生であった陸軍の永田鉄山との親交が深く，気象技術者のなかでも政治的であった[61]．このことは，1935年の相沢事件によって永田が斃れた際に，「（寺田〔寅彦〕）先生の説かれた科学国防の真髄はよく永田中将に体得されたのであったのに実に残念である」と痛惜の念を表明し，1936年の二・二六事件を前にして中央気象台づめ新聞記者に対し政党・財閥の腐敗に対する軍部の革命を披瀝したことからも，岡田と比較して軍部との距離感が近かったことに関係していると考えられる（根本 1985：175-181）．

---

60) 藤原咲平「就任御挨拶」『測候時報』12巻8号，1941年，398-399頁．
61) 藤原咲平と岩波茂雄，永田鉄山の関係は，森（2011：266-270）を参照．また相沢事件の数週間前に藤原の肝煎で岩波が永田と寺田を会わせ，基礎研究の重要性を永田に説いたところにも三者の関係の近さを看取することができる（安倍 2012：302）．

第二節　戦時体制下の気象行政と「危機」の顕在化　131

加えて，藤原は精神主義的要素も備えていた．藤原の精神主義的な気風は，台長就任の際に次のように評されたことからも窺える（和達・高橋・根本編 1982：128）．

　「藤原先生は政治家でもなく，辞令は鷹揚としておられたが，事がらの先ざきを見通し，細部にわたって周到な思慮をめぐらされたことは，政治家を越えており，また先生は軍人ではなかったけれども，その正義感と勇気とには，軍人も遠く及ばない程の，真の国士型の人物であった」と．

したがって，日米開戦が不回避の状況下にあって，岡田から藤原への台長の交代は，中央気象台の組織変容を象徴する人事であった．

軍部との協調を委ねられた藤原台長が最初に直面した課題は，太平洋戦争の開戦のための天気予報と気象報道管制の実施であった．大本営陸軍部と海軍部の嘱託となった藤原は予報課長を兼任していたが，実際の課長業務は同課航空気象係主任の大谷東平が担った．東条英機内閣の組閣後，開戦に対応した気象情報を軍事機密化する作業が進められ，1941 年 11 月 30 日から天気図の新聞掲載と公衆掲示が禁止となった．続いて 12 月 1 日には「気象報道管制要領」が制定され，太平洋戦争開始後の天気予報と観測結果の公表について制限がかかることは明白となった．このような状況下で藤原と大谷は，開戦時の天気予報を行った．大谷の部下であった上松清は，次のように回顧している（大谷東平伝編集委員会 1985：48-49）．

　昭和十六年十二月七日の夕刻から，竹平町の南側の木造バラック庁舎の二階にある特別予報作業室は厚いカーテンに閉ざされ，中は電灯がこうこうと輝いていた．（中略）フィリッピン近海・ハワイ沖海面の海上天気予報の協議である．（中略）海上の天気はまずまず安定していた．風の状況も大きな急激な変化は予測されなかった．みなの意見が一致し協議は終わった．（中略）藤原台長は海軍の気象担当参謀と特別に作られた天気図をもって軍令部に説明に行った．（中略）台長が帰ったのは八日の午前一時頃であった．

藤原自身によれば，8日未明に海軍から開戦に伴う気象報道管制の施行の連絡があり，藤原は関係気象官署に連絡を行った．しかしながら，中央気象台の気象情報は，予報責任者であった海軍の気象将校たちの参考程度にしか使われなかったという．藤原は，「開戦の次第を聞いたらハワイを空襲したといふのです．それであの北太平洋上の天気予報は此輸送に参考にしたのだと悟りましたが，予報の責任者は海軍所属の気象将校で，気象台のは只夫れ等の人達（海上艦隊，航空，気象部等の部員）の各の予報を比較する場合の参考に使はれたと云ふ事を後で聞きました．つまり其時の功績によつて海軍の予報の人達は受賞しましたが，気象台の予報は無駄奉公だつたのです」と述べている（根本 1985：201）．前述した岡田武松による日本海海戦の天気予報の効用と比較すれば，藤原が指摘するように中央気象台の天気予報は「無駄奉公」だったのかもしれない．

　だが藤原の予報が参考程度にしか用いられなかったことは，軍部における気象組織の「エキスパート・ジャッジメント」の制度化が進行した成果であり，また軍部の気象将校の判断を第一義とする点において，軍部と協調してきた藤原台長や中央気象台の協力がもたらした成果でもあった．加えて，軍部の要求する気象情報は，専門知識において優位にある中央気象台職員の高度な判断を必ずしも必要としていなかったのではないか．作戦を決定する上で気象情報は一つの構成要素に過ぎず，「七分の学理に三分の直観を加えなくてはいけない」予報は，技術を習得した上で判断ができれば良いということを意味する．前述したように短期養成の気象技術者が増加したのは，人数の量的な不足もさることながら，軍部の要請する予報の技術水準が高くなかったためと考えられる．つまり軍部が気象組織に注入してきた「エキスパート・ジャッジメント」の価値は，中央気象台が制度化を進めてきた「エキスパート・ジャッジメント」の価値と実際には異なるものだったのである．

　第一に，陸軍気象部では中央気象台の「専門性」に依拠しつつも，独自の「専門性」が蓄積・更新されていた．陸軍気象部予報班にいた今里能は，次のように回顧している（中川編 1986：486-487）．

　　陸軍気象部予報班は中央気象台の予報現業の形式を有形，無形に踏襲し，

それに依拠して出発したとはいえ，培われた長い伝統の制肘等に煩わされることなく，自由に諸々の試みを行うことができた．また，それを行うに足る人的資源は軍の威勢によって充分に集めることができた．(中略) 唯一つベルゲン流の前線解析を中央気象台にさきがけて採用したことを特記しておきたいと思う．(中略)

〔陸軍気象部内での文官の気象技術者が依拠した解析方法と比較して〕ベルゲン流の表現の方が，利用者に対する説得性において，遥かに勝っていたし，同時にまた，気流あるいは気団の振舞の現況把握，ひいては将来への予測に対して勝れていた．

さらに今里による，「亜欧天気図のカバーする範囲は西は北大西洋東部から，東はアリューシャンに及ぶユーラシア大陸の全域にわたり，誠に雄大な天気図であって，勿論，当時の中央気象台では，このような天気図は作られていなかった」と極東天気図とは別に先駆的に作成されていた亜欧天気図の回顧を踏まえると，陸軍気象部内で固有の需要に基づく「専門性」が蓄積されていたことが看取できる（中川編 1986：485）．

第二に現場レベルでは，器材や観測データの制約から，中央気象台が制度化した「エキスパート・ジャッジメント」の価値をそのまま適用することは困難であった．陸軍気象部内の教育では一定程度の「専門性」の蓄積・更新が行われたが，「前線での気象勤務については情報不足の為に不完全な天気図による文字通り雲を摑むような天気予報や，観天望気によるのみの神頼み的な気象協力等，高級な気象学の理論と現実の気象勤務との乖離を痛感せざるを得なかったと語る者」がいたという（中川編 1986：489）．もとよりサイゴンにおいて太平洋戦争開戦時機の気象判断の任務が与えられた第二五野戦気象隊の器材状況（1941年7月時点）でさえ，温度計や雨量計，風向風速計などの各種観測器材が定数に対して携行員数を下回る状態であった[62]．陸軍気象部内では，観測器材をいかに確保するのかが課題となっていたといえる．

したがって現場レベルでは，中央気象台の要請する水準で天気予報を行うこ

---

62)「編成部隊携行兵器の件」(「陸支密大日記第31号　1/3」Ref.C04123169600, JACAR（アジア歴史資料センター），防衛省防衛研究所所蔵).

とは難しかった．第二気象連隊第五中隊長であった吉田綱夫は，戦地での予報の状況を次のように述べている（中川編 1986：498）．

〔1944 年 7 月に〕マニラ到着，更に九月ボルネオに中隊を展開したのであるが，満州出発に際しても，マニラ待機中も何等の気象資料も与えられなかった．（中略）そしてボルネオ到着後漸くにして現地軍政部より気候表の簡単なものを受領することができただけであった．そして予報担当将校の最初の報告が天気図が描けないということであった．（中略）ただ些か幸運であったことは予報担当将校がボルネオの北，南支那海にはまだ高低気圧の波動のいくらかが見られることを発見したことであり，以後はこれを一つのベースとし，現地の気象資料の収集につとめ，これによって何とか予報を継続したに過ぎなかった．

　こうした現場での予報の状況は，多くの戦地で同様であったと考えられる．むしろ軍部が要請した「エキスパート・ジャッジメント」の適用とは，気象情報が作戦の構成要素の一つであることを前提とした上で，最低限の判断を下すための「専門性」の行使であったといえる．それゆえ，戦時において中央気象台と軍部の双方における「エキスパート・ジャッジメント」の価値が対立した場合，後者の価値の方が軍事行動を行う上で有利な条件を備えていた．
　以上の陸軍気象部で制度化されていった「エキスパート・ジャッジメント」の価値の特徴に鑑みれば，開戦という重要局面において気象将校の判断が優先された状況は，「専門性」で優位にあるはずの中央気象台の蹉跌に他ならなかった．かくて中央気象台の「エキスパート・ジャッジメント」という価値は，組織外部からの「危機」に晒され続けていくのである．
　以上のように，「専門性」に基づく中央気象台の組織的自律性は，戦時体制下のなかで着実に侵食されつつあった．気象報道管制は 1941 年 12 月 8 日に実施され，これにより天気予報と観測結果は一般国民の前から姿を消した．中央気象台の天気予報がラジオや新聞を通じて国民に公表されることは，暴風警報といった例外を除いて戦後になるまでなかったのである．
　中央気象台が社会との接点をほぼ失ったことで，現業機関としての役割を求

める圧力が顕著なものとなっていく．この過程において中央気象台は，日々の課業の遂行に専念する「現業官庁」路線に移行していくことになる．ここでの中央気象台にとっての「現業官庁」とは，従来の「研究機関」としての役割より現場のルーティン業務の遂行に重点を置く，現業機関としての役割を志向する組織（像）を指す概念と定義したい．

　ミッドウェー海戦以降の戦況の悪化は，政府組織全体の改革志向を強めており，中央気象台もその改革の流れに巻き込まれていった．東条英機内閣は，1942 年 6 月に決定された「行政簡素強力化実施要綱」に基づく第一次行政整理を進めた．これは官吏削減による南方要員の捻出のためとされたが，また各省機構の簡素化と部門の統廃合を目指す行政機構改革も含むものであった．同年 7 月には「大東亜交通基本政策」が閣議決定されており，交通に関する行政機構の整備強化も謳われた．これらの過程のなかで内外地行政の一元化の観点から，拓務省，興亜院，外務省東亜局及び南洋局，対満事務局を統合して大東亜省が 11 月に新設された（香川 2014：1-4）．

　さらに各省機構の簡素化の結果，文部省は総務局と科学局が新設された．既に同年 1 月に技術院が新設されており，科学技術の振興を図る体制が整えられた．同省総務局の設置は，「従来各局が分掌してゐた複雑多岐な事務を，時局の要請にもとづいて，敏速かつ的確に処理すると同時に，（中略）各局で立案した重要政策を総合調整」するものとされ，既に同局が設置済みの省を除いて各省でもその設置が進んだ（企画院研究会 1943：122-124）．中央気象台総務部と同時期に各省で総務局が設置されていることは着目すべき点である．

　交通行政機構の整備強化は，海陸連絡輸送の一貫化の必要性から，企画院により交通省構想が既に 1939 年以来提起されていた．これは鉄道省，逓信省，内務省土木局などに分かれた交通関係官庁を統合しようとする構想であった．しかしながら，この構想に対して内務省系土木技師や鉄道官僚は消極的であり，また逓信省による海港行政の一元化の試みも容易には進まなかった（稲吉 2014：290-302）．交通省構想は関係官庁が多岐にわたっており，特に港湾は利害関係が錯綜していた行政分野であったためである．

　とはいえ戦局の悪化はなお進行しており，輸送力強化の観点から交通行政の一元化は喫緊の課題となりつつあった．それゆえ，東条内閣は 1943 年 9 月 22

日に「現情勢下ニ於ケル国政運営要綱」を閣議決定し，行政運営の決戦化に加えて「海陸輸送の一貫的強化を図る」ことが加えられた．さらに閣議において，「之に基く各省の具体案は来る二十六日正午迄に，内閣書記官長の許に御送付願ふこととし，其れを基礎と致しまして九月三十日迄に内閣に於いて，夫々関係各庁と打合せ之が実行計画を総括立案致し度い」と，早期に改革作業に着手することが明らかにされた（伊藤・廣橋・片島編 1990：230-235）．これに基づき同月 26 日に企画院と商工省を改組して，軍需省を設置する方針が決定した（伊藤・廣橋・片島編 1990：253）[63]．

　軍需省の設置方針は，交通行政機構の設計にも影響を与えた．これは，二つの組織構想が軍需生産の増強という目的において連動していたためであった．10 月 2 日に閣議決定された「運輸通信省設置ニ関スル件」は，鉄道省と逓信省を統合するのみならず，税関や港湾行政，土木行政や自動車行政などの運輸上必要な関連行政分野を同省に移管することを明らかにした（運輸省編 1980：212）．これは，かつて企画院が提起した交通省構想に沿うものであった．

　しかしながら，運輸通信省の所掌事務をめぐって，推進派と軍需生産関係事項を軍需省に移管すべきとする軍需省優先派，運輸通信省は運輸に関する事務にとどめるべきという消極派が対立することとなった（香川 2014：8-9）．結果的に，逓信省が所管していた航空機製造事業の監督は軍需省に移管され，商工省所管の自動車製造事業，内務省所管の道路行政や河川行政も運輸通信省に移管されることはなかった．それゆえ，運輸通信省の所掌事務は，運輸に関する事務に限定するという消極派の意向が反映されたといえよう．何より，10 月28 日の枢密院総審査委員会において，八田嘉明鉄道相は，運輸通信省の名称について「新省ノ設置ハ海陸運輸ノ一貫的強化ヲ図ルヲ主眼トスルモノナルニ由リ此ノ趣旨ニ即スル名称ヲ附シタルモノニシテ道路行政ヲ所管セザル関係モアリ交通省ノ名称ヲ採ラザリシ」と説明しており，同省は交通省構想が有していた交通行政の一元化から後退していることが示されている[64]．

---

63) なお，東条内閣における軍需省設置を中軸とした戦時体制の再編では，陸軍大臣を兼任していた東条が軍需大臣も兼任することにより，首相の政治指導を強化することが図られた．しかしながら，陸海軍の軍需部門の軍需省への移管は結局実現せず，物資不足に伴う軍需生産をめぐる陸海軍の対立は解消することはなかったのである．東条内閣における戦時体制の再編過程は，村井（2008：58-82）を参照．

「運輸通信省設置ニ関スル件」は，気象に関する直接的な文言はない[65]．だが，1941年2月に第二次近衛文麿内閣において閣議決定された「交通政策要綱」は，「本要綱ニ於ハ運輸及通信並ニ之ニ関連スル気象ノ要綱ヲ定ム」として，交通行政機構整備の中に気象業務を含んでいた．具体的には，整備拡充方針として「軍事的使命ノ重要性ニ鑑ミ東亜交通ノ安全ヲ期シ且軍事上ノ要求ヲ充足スル為之ガ飛躍的発達ヲ図ル」と明記され，軍事及び交通の観点から気象業務の強化が謳われた（企画院研究会 1941：283-285）．したがって，交通省設置が具体化する過程において，同省によって気象業務を所掌する中央気象台が包摂されることは，改革構想の経緯からして当然の帰結であったといえる．

もっとも長らく文部省のもとにいた中央気象台にとって，交通省への移管はプロフェッションとしての性格をさらに希釈化することに他ならなかった．それゆえ，藤原咲平台長は辞職願を携え法制局参事官を前に移管への反対論を展開したのであった．反対の論拠として，航空気象プロパーの重要性や無線器材の遅れなど現業の強化を述べた後，藤原は中央気象台の特有の仕事として長期予報や量的予報の意義を説明したという（根本 1985：210-211）．藤原台長がこれらの予報技術を移管反対の論拠に持ち出したことは，軍事的要請に包摂されない中央気象台の「専門性」を維持しようとする表れといえる[66]．

だが藤原台長の移管の反対は，東条内閣による行政運営の決戦化を前に成功することはなかった．かくて1943年11月に「運輸通信省官制」が公布され，中央気象台は運輸通信省に移管されることとなった．さらに1945年5月には同省から通信部門が切り離され，運輸省が誕生した[67]．6月には中央気象台は，業務部を予報部に，技術部を観測部へと改組し，「予報」と「観測」の名称を持つ部が設置された．かつて現業機能より「研究」を重要視するがゆえに内務

---

64) 「軍需省官制外二十四件（十月二十五日（一回）～十月三十日（六回））」（「枢密院委員会録・昭和十八年」Ref.A03033308100, JACAR（アジア歴史資料センター），国立公文書館所蔵．
65) この時点で気象業務の移管が明示されていないのは，軍需省移管が進められていたことも要因としてあげられる．文部官僚の有光次郎の日記によれば，十月四日の段階では省内で軍需省移管が内定している．以後の記述に中央気象台の言及がないためその後の詳細は不明なものの，前述した軍需省と運輸通信省との所掌事務の整理の過程において，従来の交通省構想との関係から最終的に運輸通信省への移管が決定したと推察される（有光著・楠山編 1989：707-710）．
66) このことは，前述した反対論の最後が中央気象台の気象学史上の貢献へと及び，「技術は技術家に」で終えていることからも看取できる．「口述順序」『藤原咲平目録資料』諏訪市図書館所蔵．

表 2-1　気象官署定員（1935 年から 1945 年まで）

	気象官署定員
1935 年	160
1936 年	191
1937 年	270
1938 年	452
1939 年	768
1940 年	754
1941 年	1,248
1942 年	1,407
1943 年	1,727
1944 年	2,097
1945 年	1,865

出典）気象庁（1975a：19）より筆者作成．

省から文部省へと移管された中央気象台は，交通と気象を一元化させる点において再び現業機能が強調されたのである．

　こうした「現業官庁」路線の強調は，気象報道管制の実施後の気象業務の実態にも反映されていた．気象報道管制により新聞・ラジオでの気象情報の公表が禁止されたことは，国民の気象情報の入手が不可能になることであった．特例により暴風警報は中央気象台長，陸軍省兵務局長，海軍省兵備局長との協議の上で発表することが可能であったが，多くの制約の中での警報は十分に機能せず，人々の避難対応は遅れ被害が拡大した．例えば，1942 年 8 月の周防灘台風の被害が拡大したことについて，中央気象台は本台からの指令が遅かったこと，測候所と県当局の連絡が十分ではなかったこと，通知方法に問題があったことなどを指摘している（中央気象台 1944：352-354）．中央気象台と社会との接点は「警報」レベルにおいてかろうじて保たれていたものの，「予報」を通じた実質的な接触はなくなったといっても過言ではない．

　確かに観測による気象情報を蓄積するという組織の伝統的な使命は不変であ

67）　最後の運輸通信大臣であった小日山直登は，運輸通信省における最後の局長会議の際に，「席上運輸通信省に就ては久しきに亘る沿革もあれど陸上輸送の鉄道，海上輸送の船舶輸送とは鳥の両翼の如し将来も之れを分離することは絶対に避くべき旨を力説訓示す」（1945 年 5 月 18 日の条）と日記に記している（小日山 1980：237）．この小日山の記述は，運輸省が当初の交通省構想から後退したものであったとはいえ，それでもなお交通行政の一元化を維持することがいかに困難であったのかを示すものといえる．

った．むしろ社会との接点の過少や戦況が悪化していくからこそ，地方気象官署は「観測」に傾注したのであった．換言すれば，岡田武松や藤原咲平によってたびたび職員に伝えた観測者の心構えである「測候精神」は，中央気象台・地方気象官署の「危機」において表出したのである．その現象が集中的に現れた場所は，沖縄と広島であった．沖縄においては，沖縄地方気象台職員たちが，1945年6月の沖縄戦の終結まで観測業務の継続を試み続けた[68]．広島では終戦直前の原爆による被害の中で，広島地方気象台職員は観測業務の継続を試み，気象通報を中央に伝達することを模索し続けた[69]．彼らは観測機材が限られていても，戦局の悪化により観測地の変更を余儀なくされても，「観測」を止めようとはしなかった．このことは，戦地に赴いた気象技術者たちもまた同様であったといえる．

しかし，現場の職員たちは，課業に奔走するなかで「研究」を行う余地が著しく狭まった．確かに中央気象台の職員は1944年に2097名（実施定員は3709名），1945年に1865名（実施定員は6344名）となっており，気象技術者全体の数は増加し続けた（気象庁 1975a：19）．とはいえその多くが，気象技術官養成所での短期養成の気象技術者や中学校卒業者などで占められ，また現業機能の充足が目的である限り，彼らが「専門性」を錬磨することは難しかったといえる．

また中央気象台の運輸通信省移管後，藤原は兼任していた職務を少しずつ職員に委ねるようになった．1944年8月に大谷東平は予報課長を兼任したまま，業務部長に就任した．これは，既に業務部の指導的立場にあった大谷が，名実ともに部を統括することを意味した．さらに1945年7月に満州国中央観象台長となっていた和達清夫が，総務部長に就任した．既に和達と大谷は，幹部職員として中央気象台内において指導的立場にあり，藤原台長にとって将来の台長を見据えた人事だったといえよう（大谷東平伝編集委員会 1985：56-57）．

以上のように太平洋戦争開始後の中央気象台の組織的自律性は，相次ぐ「危機」に直面した．具体的には，運輸省への移管による「現業官庁」としての役割の強化とその代わりとしてプロフェッションの組織的性格の弱化，早期養成

---

[68] 沖縄地方気象台の気象業務は，田村（2016）や矢崎（2004）を参照．
[69] 広島地方気象台の気象業務は，柳田（2011）を参照．

の気象技術者の増大と組織全体の「専門性」の蓄積・更新の停滞，天気予報の「社会」との接点の喪失をあげることができる．これらは，戦時体制下で様々な政治勢力が中央気象台の気象情報を必要とし，その「専門性」の活用を試みようとした結果であった．すなわち，自らの「専門性」が中央気象台の組織的自律性の浸食を招いたのである．

　昭和初期までに組織内部で制度化した中央気象台の「エキスパート・ジャッジメント」の価値は，戦時においても組織内部では保持することはできていた．このことは沖縄や広島において「測候精神」が墨守されたことからも窺える．だが組織外部では，軍部が気象組織を創設し，中央気象台の「専門性」に依存しつつも，気象技術者に対して彼らとは異なる「エキスパート・ジャッジメント」の制度化を進めた．軍部の気象情報に要請する「エキスパート・ジャッジメント」の価値が中央気象台と異なっている点は，気象情報が作戦の構成要素の一つであることを前提とした上で，最低限の判断を下すための「専門性」が求められている点にある．開戦という重要な決定局面の際，中央気象台の天気予報が参考程度にしか用いられなかったことは，「専門性」で優位に立つ中央気象台の蹉跌に他ならなかったのである．

　中央気象台と軍部が気象情報に対してそれぞれ依拠する「エキスパート・ジャッジメント」の価値を比較した場合，後者の方が戦時において有利な条件を備えていた．気象技術者を長期的に養成する時間的な余裕はなく，また戦地では器材や過去の観測データは限られており，限定された観測や予報しか行うことができないからである．中央気象台が平時の「専門性」の水準を満たさない短期養成の気象技術者を戦地に派遣したことは，軍部による「エキスパート・ジャッジメント」の優位性を示すものといえる．それゆえ，この軍部との気象情報に対する「エキスパート・ジャッジメント」をめぐる価値の違いが，戦時体制への移行において中央気象台の「気象行政」に影響をあたえ，「現業官庁」路線へとプロフェッションの組織的性格が弱化していく要因となったのである．

　さらに気象報道管制の実施後は，実質的な社会的接点を失った．中央気象台にとって，この時期に天気予報の制度や内容に対する「評判」を獲得していく機会は，ほぼなかったといっても過言ではない．したがって，中央気象台の

「エキスパート・ジャッジメント」の価値は結局のところ組織外部にまで十分に浸透せず，最後まで制度化することはできなかったのである．

小括

　本章は，近代日本の「気象行政」を対象とし，中央気象台が組織内外で「エキスパート・ジャッジメント」を制度化していこうとする過程を明らかにした．明治期に創設された中央気象台は，組織内外の「評判」を獲得するために自らの「専門性」を蓄積・更新していく必要があった．天気予報の開始は，社会との接点の始まりであり，組織外部からの「評判」を獲得する機会となった．ところが気象技術者の抑制的な天気予報の評価に比べると，人々の天気予報という制度への期待は高かった．大正から昭和初期になると，天気予報の存在は社会的な定着を実現し，むしろ人々は登山や旅行ブームといった生活スタイルの変容から天気予報の精度により関心を向けるようになっていったのである．

　人々の高い期待に対する中央気象台の対応は，一貫して天気予報の効用の限界を説くことであった．中央気象台は，気象学が発展途上にあること，観測施設が不十分であることを理由に天気予報が必ず適中するわけではないことを主張する．さらに天気予報の精度は，気象技術者の「主観的」な判断によるところが大きいと強調された．つまり，気象技術者をプロフェッションと見做す議論が組織内部で現れ始めたのである．プロフェッションの諸要素を充足していった中央気象台は「研究機関」路線を敷き，組織内部に「測候精神」や予報官の心得といった組織の使命を浸透させていく．かくて中央気象台は，予報の「主観的」な判断を高度な「専門性」として正当化する，「エキスパート・ジャッジメント」の価値を選択したのである．

　しかしながら，組織内部で「エキスパート・ジャッジメント」の制度化を進めた中央気象台は，組織外部にまで制度化を定着させることはできなかった．戦時体制への移行は軍部の気象情報への関心を高め，中央気象台の「専門性」に依拠しつつ，軍部は独自の気象組織を整備するに至った．軍部の気象組織が制度化していく「エキスパート・ジャッジメント」の価値は，高度な技術の蓄積・更新や気象技術者の人格修養を含む中央気象台の価値とは異なっており，

142　第二章　近代日本の気象行政

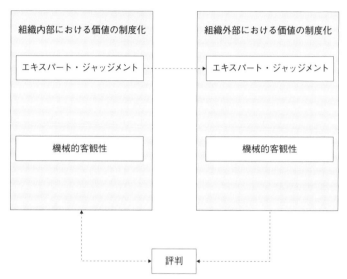

図 2-5　組織内部及び外部における価値の「制度化」と「評判」の関係（第二章）
出典）筆者作成．

　ここに「エキスパート・ジャッジメント」をめぐる対立は徐々に顕在化していったのである．とはいえ戦時の気象情報においては軍部の依拠する「エキスパート・ジャッジメント」の方が，軍事行動の判断を行う上で有利な条件を備えていた．結局，太平洋戦争開戦の決定という局面でさえ中央気象台の天気予報は，気象将校の天気予報の参考程度にしか利用されることはなかったのである．
　さらに新聞やラジオを通じた天気予報の発表を禁止する気象報道管制の実施後は，社会的な接点すら失ってしまう．むしろこのあいだに直面したのは，中央気象台を軍部の気象組織へと統合しようとする試みや，「現業官庁」の役割を期待した交通行政の一元化に基づく組織改革という相次ぐ「危機」であった．中央気象台は，気象情報を利用する様々な政治勢力から介入を受けることとなったのである．すなわち中央気象台は，組織外部に「エキスパート・ジャッジメント」を制度化していくことができず，逆に自らの「専門性」ゆえに組織的自律性を弱めることになったのである．
　以上の歴史分析を第一章で提示した図式に当てはめると，戦前の特に戦時体制下以降の中央気象台における価値の制度化と「評判」との関係は，次のよう

に説明することが可能である［図2-5］．第一に組織内部における価値の制度化から組織外部における価値の制度化に向けられた図の点線の矢印は，中央気象台が組織外部に向けて「エキスパート・ジャッジメント」の価値を十分に浸透させることができなかったことを示している．第二に組織外部における価値の制度化から「評判」に向けられた図の点線の矢印は，人々に「主観的」な予報への理解が浸透しなかっただけではなく，気象報道管制により社会側からの「評判」を表出する機会がほぼ消失したことを示している．第三に組織内部における価値の制度化と「評判」とのあいだの図の点線の矢印は，社会側からの「評判」を獲得する機会の消失に加えて，軍部気象組織との「専門性」をめぐる競合により「評判」を構築することが十分にできなかったことを示している．

したがって，戦後の中央気象台は，戦前の教訓を踏まえて，組織内部における「エキスパート・ジャッジメント」の価値の深化を通じて組織外部に対する「評判」獲得を目指すのか，あるいは組織内部における「機械的客観性」の価値を浸透させていくことで価値の再選択を行うのかという，「専門性」行使を支える価値の再検討を迫られていくのである．

第三章　戦後日本の気象行政の形成
―――「エキスパート・ジャッジメント」から「機械的客観性」へ

　本章は，戦後の中央気象台が「エキスパート・ジャッジメント」に代わる価値を，新たに観測や予報に注入し始めたことを明らかにする．戦後の科学技術への期待と中央気象台の戦後改革の成果は，気象業務法を通じて新たな価値として明示された．さらに相次ぐ自然災害に対する社会の防災上の要請を背景に，中央気象台は気象庁へと外局に昇格する．この章は，新たな価値を注入し始めた気象庁が，価値を象徴する「客観的」な予報としての数値予報に期待を寄せ，その実用化を目指していく過程までを対象とする．

　第一節は，中央気象台が戦時体制から平時への復帰を進めていく過程をあつかう．藤原咲平から和達清夫への台長の交替は，気象業務を積極的に拡大することよりも既存の課業の安定的な遂行を図ることに傾注したことで，中央気象台の「現業官庁」としての役割をさらに強めることとなった．また太平洋戦争開戦以来，気象報道管制によって社会的に接点を失っていた天気予報の復活は，中央気象台にとって戦時に直面した「危機」の消失を象徴し，また人々の「評判」を獲得する機会の再開を意味した．この過程で中央気象台は，世論調査や天気相談所の設置など様々な社会的な接点を強化することで，天気予報の制度や内容に対する「評判」の獲得を積極的に行い始めていたことを明らかにする．さらに1952年の気象業務法の制定が，組織的自律性を高める観点から中央気象台の「観測」と「予報」に新たな価値を注入し，気象業務の正当性を強化する意味があったことを示す．

　また1956年の気象庁への外局昇格は，中央気象台に「防災官庁」としての役割を期待する社会的状況への対応であり，加えて平時への復帰以来に進行した「現業官庁」としての役割を組織内外に定着させるものであったことを明らかにする．

　第二節は，中央気象台の組織内外で行われていた数値予報の研究が実用化していく過程を考察する．中央気象台が数値予報の導入に積極的であったのは，

戦後の気象学の世界的な潮流もさることながら,「客観的」な予報を可能にすることにあった．この導入は,気象技術者のパラダイム転換を促し,気象庁の「客観的」な予報の象徴的な手段となることで「機械的客観性」の価値を制度化していく契機であったことを示す．

以上の検討を通じて本章は,気象庁がかつて「エキスパート・ジャッジメント」の価値を体現した予報官の「主観的」な判断に依拠するよりも,むしろ「客観的」な天気予報の実用化を精力的に進めていったことを明らかにする．このことは,「エキスパート・ジャッジメント」から「機械的客観性」という,組織に注入されていく価値が新たに選択され,新しい価値が制度化をし始めていくことを意味したのである．

第一節　平時への復帰と「現業官庁」路線の定着

(1) 平時への復帰に伴う中央気象台の組織的変容

終戦を迎えた中央気象台は,戦時体制下での業務量の増加や短期養成の気象技術者の増大,中央気象台と末端の地方気象官署との「専門性」の格差の拡大といった課題を抱えていた．占領軍による進駐に備えて藤原咲平台長は,気象業務を戦時から平時へと順次移行していった．1945年8月15日の玉音放送の後,藤原は次のように記している（藤原 1947：3）．

> 十六時本台幹部会議．大東亜に配置したる夥しき吾気象従業員と,陸海軍への応召よりの帰還者を鵜呑みにし,全部本台が受け入れる事に決定した．是等を締め出したとて何処へ行く宛もなし．どうせ予算を目当てにしては賄ひ切れぬ．有ゆる気象生産を新生産によりて強化して,出来る丈自力で乗り切りたし．

軍用気象に関する課業を維持する必要性がなくなった以上,気象業務の一元化は中央気象台の下に行われるべきものであった．関係する気象技術者を全て中央気象台が受け入れることは,長らく分化してきた軍用気象の業務と平時の気象業務を再統合することを意味した．さらに藤原は,小日山直登運輸大臣か

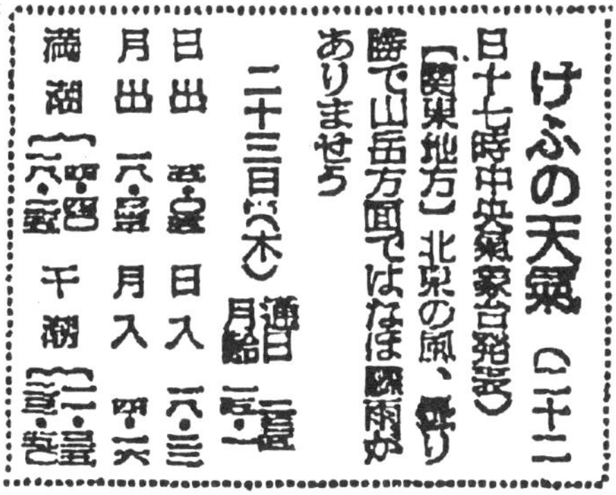

第一節　平時への復帰と「現業官庁」路線の定着　147

図 3-1　戦後直後の天気予報
出典）『朝日新聞』1945 年 8 月 23 日．

ら「実用と一体化した研究を要望」され，前田多門文部大臣からも「研究は飽くまで維持せよ」と研究能力の向上の激励を受けた（藤原 1947：4）．同月 21 日には，藤原の下に気象報道管制解除の指令が届いた．かくして中央気象台による国民向けの天気予報は，東京地方だけとはいえ，1945 年 8 月 22 日のラジオ放送により復活した（翌日から新聞にも天気予報が掲載された）．全国向けの放送は同年 12 月 1 日からではあったが，中央気象台にとって気象報道管制の解除は，再び「予報」が社会的な接点を回復させる契機となったのである．

　占領軍の進駐後，非軍事化と民主化を基調とした占領改革の具体化が進められていくなか，日本の各官庁はその対応に迫られた．地方制度改革に対する内務省のように，占領軍が本格的に改革に着手する前に自ら改革を先取りする場合もみられた（天川 2014）．中央気象台の場合，9 月 22 日の企画会議において「戦後に於ける気象事業再整備計画」が決定された．この計画は，次の項目を重点項目としていた（気象庁 1975a：227）．

1)　連合軍の指令要請を迅速的確に充足す．
2)　食料の増産，自給体制の確立，交通の保安及び災害の防止に関する協力を強化す．
3)　自然科学の研究を促進す．
4)　陸海軍気象施設の転換を樹立す．

5) 国際気象機関の一環として所要の整備を実施す.

　食料の増産及び自給体制の確立への協力は，具体的には農業気象や産業気象の強化を意味していた. また，軍部関係の気象技術者の受け入れを決定した以上，残された関係施設も中央気象台が利用することが望ましかった. 国際気象機関 (IMO) との協力関係は，開戦により中断しており，気象業務の国際性を考えると早期に復活する必要があった. したがってこの計画は，中央気象台の当面の改革方針を示すものであったといえる.

　10月に入ると，総司令部が東京に設置されたことにより，連合国軍最高司令官総司令部 (GHQ) は，幣原喜重郎内閣に対する五大改革指令をはじめとして矢継ぎ早に改革指令を日本政府に命じた. 第2143空軍気象隊の管理下に置かれた中央気象台も，SCAPIN (連合軍最高司令部訓令) に対応していくこととなった. 特に10月13日の「気象施設の処分 (DISPOSITION OF METEOROLOGICAL INSTALLATION)」と同月15日の「日本帝国海軍管理下の海軍気象部を中央気象台へ移管 (TRANSFER OF THE NAVY METEOROLOGICAL POSTS UNDER THE CONTROL OF THE IMPERIAL JAPANESE NAVY TO THE CENTRAL METEOROLOGICAL OBSERVATORY)」は，軍部の気象関係施設を中央気象台に移管するものであり，GHQ が中央気象台の改革方針を是認するものであった[1]. さらに11月の陸軍省と海軍省の解体の決定は，中央気象台にとって最大の圧力主体が消失することを意味したのである.

　中央気象台は軍部の気象技術者と気象施設の積極的な活用を進めた. 陸軍気象部の跡地は，研究部の設置に利用された. ここに軍部の気象技術者の受入れを進め，1947年4月30日に研究部は中央気象台の内部部局から独立し，定員230名からなる気象研究所に改称された (気象研究所 1996：1). この研究所は，自然科学の研究を促進するのみならず，軍部や短期養成の気象技術者など十分

---

1) Supreme Commander for the Allied Powers Directives to the Japanese Government, "SCAPIN-132: DISPOSITION OF METEOROLOGICAL INSTALLATION 1945/10/13," 13 October 1945. Supreme Commander for the Allied Powers Directives to the Japanese Government, "SCAPIN-140: TRANSFER OF THE NAVY METEOROLOGICAL POSTS UNDER THE CONTROL OF THE IMPERIAL JAPANESE NAVY TO THE CENTRAL METEOROLOGICAL OBSERVATORY 1945/10/15," 15 October 1945.

表 3-1　戦後の中央気象台・気象庁の定員の推移（1946 年度から 1999 年度まで）

	定員		定員
1946 年	6,344	1973 年	6,493
1947 年	6,344	1974 年	6,529
1948 年	6,470	1975 年	6,530
1949 年	4,913	1976 年	6,543
1950 年	5,467	1977 年	6,589
1951 年	5,516	1978 年	6,589
1952 年	5,324	1979 年	6,588
1953 年	5,447	1980 年	6,579
1954 年	5,099	1981 年	6,555
1955 年	5,140	1982 年	6,519
1956 年	5,150	1983 年	6,486
1957 年	5,189	1984 年	6,456
1958 年	5,267	1985 年	6,418
1959 年	5,362	1986 年	6,386
1960 年	5,442	1987 年	6,364
1961 年	5,596	1988 年	6,348
1962 年	5,933	1989 年	6,331
1963 年	5,966	1990 年	6,307
1964 年	6,038	1991 年	6,286
1965 年	6,088	1992 年	6,264
1966 年	6,122	1993 年	6,276
1967 年	6,153	1994 年	6,263
1968 年	6,193	1995 年	6,241
1969 年	6,157	1996 年	6,220
1970 年	6,126	1997 年	6,206
1971 年	6,150	1998 年	6,184
1972 年	6,432	1999 年	6,159

出典）　気象庁（1975a：19-20）と運輸省 50 年史編纂室編（1999）の資料編（附属 CD）より筆者作成．なお，気象庁（1975a）は 1946 年度から 1974 年度までしかあつかっていないため，1948 年度までを利用し，1949 年度以降は，同年度以降を網羅している運輸省 50 年史編纂室編（1999）により作成した．気象庁（1975a）は，1947 年度以降，予算定員に依拠して作成しているため，運輸省 50 年史編纂室編（1999）の数字と異なる年度（1949，1950，1951，1953，1954 年）があるためである．

な教育を受けることができなかった気象技術者を再教育し，中央気象台総体の「専門性」の向上を図ることを目的としていた．むしろ初期の研究所は，「東京・高円寺に行ってみると研究部とは名ばかりで，中央気象台系の人，旧軍人と旧技術将校，敗戦と共に閉鎖された研究所や会社の人，軍隊から帰ってきた人達が，雑然として集まっているだけで，全く混沌としていた」と評されるように，再教育の側面が強かったと考えられる（気象研究所 1996：124, 136）．それゆえ気象研究所は，戦後改革における中央気象台の「専門性」の向上の復活を

図る象徴的な組織となったのである.

とはいえ「研究」の復活を図るのであれば,中央気象台を文部省に再移管することも考えられよう.藤原台長が文部大臣から激励を受けること自体,中央気象台と文部省との親密な関係が引き続き残っていたことを意味した.また1945年9月に岡田武松が,文部省に対し中央気象台の文部省への復帰を進言していた(有光著・楠山編 1989：795-796).

しかしながら,文部省は占領改革における戦時教育の処理に忙殺され,中央気象台再移管の検討の余力を有してはいなかった.さらに1945年12月の行政機構改革により逓信院の省への昇格が閣議決定されると,内閣恩給局に加えて中央気象台の新省への移管が検討され始めた.移管の理由は,「気象台の業務は,気象観測が殆ど通信施設の利用に依存して」おり,通信行政の一元化のためとされた[2].このため,1946年2月に藤原台長は,次の訓示を職員に示すことで移管の反対姿勢を明らかにした(気象庁 1975b：142).

　　昨年末本台の逓信省移管が新聞紙等に発表されたが本職としては従来通り運輸省に所属するよう努力した.(中略)
　　〔移管の〕反対の理由として挙げたものは気象事業には通信が重要であり此の意味に於て逓信の関係密接であるが,此の関係は本台が年々数百万円を支払居る逓信の顧客としての関係であり,若し移管されゝば本台が逓信省の従僕的位置となるが,本台は業務の性質上通信に対して大なる利用価値を持つものではなし役に立たぬ従僕であるから自然充分な面倒は見て貰へず忘れられ勝ちになるのが自然的趨勢である.
　　一方本台を利用する面に於ては運輸省本省を始とし農林省,商工省,内務省,大蔵省等々殆ど各省に関係を持つ此の点から言へば内閣直属が理想的であるが内閣が現業官庁を持つことに困難性があるならば結局本台を最も利用する省としての運輸省に所属するのが最善である.

前身である戦前の逓信省とは,関東大震災後の無線通信施設の工事をめぐって紛糾した経緯もあり,必ずしも良好な関係ではなかった(座談会 1957：7).

---

2) 『朝日新聞』1945年12月30日.

文部省への再移管の展望も望めぬ以上，逓信省への移管の反対を支える論理は，交通と気象を一体的に捉える戦時体制以来の論理であった．かくて中央気象台は，受動的に受け入れざるを得なかったこの論理を組織防衛の論理として積極的に活用するに至ったのである．戦前の逓信省の所管であった海運関係と航空関係も運輸省が引き続き所管したこともあり，1946年7月の逓信省の再設置において，中央気象台は移管されることはなかったのである．

　逓信省への再移管問題が落ち着いた後，藤原咲平台長は同年9月に「新日本の気象業務の在り方――特にその民主化について」を発表した．この論文は，占領改革の目的である民主化に対する中央気象台の考え方を示したものといってよい．藤原は現状を次のように述べる（藤原 1947：124）．

　　今や戦は熄み，航空は封鎖され気象業務は進駐軍への協力以外は，専ら民主と生産増加に向かつて重点を置くべき時期に立ち至つた．防災も，生産増加も，広い意味では，共に民生への寄与であるから，要するに，気象業務は米国から誘はれる迄もなく，自分自体の欲求から民主主義的ならざるを得なくなつた．併し民主主義的といっても，表面だけの民主的もあり，真底からの民主的もある．見かけ上といふのは新聞やラヂオ等により，またはその他の直接に民衆と接触する方法によつて，天候や，特に台風や，低気圧等の状況等を公衆に周知させる事であり，その真底からの民主的とふのは，更に進んで，台風や地震の真相を究め，技術を向上せしめて，右等直接民衆に伝へるべき警報等の適中率を，百発百中的ならしめることである．

　藤原にとって中央気象台の気象業務は，民生と結びついており，占領改革が要請する民主化の方針と矛盾するものではなかった．むしろ，彼は戦前の中央気象台を民主主義的な組織として捉えなおすのである（藤原 1947：127-128）．

　　我気象業務は以前は誠に平民的に運営されてをつた．（中略）自分はその頃は勅任官の一掛長として予報に従事し，自ら新聞記者とも応接して，お天気博士等のニックネームさへ頂戴したものであつた．（中略）然るに戦争が始まると，総てが軍人流に改めさせられ，台内に部を作り課を作り，部長課長が

出来，台長の熱望にも拘らず，台長室へは判任官及び以下は勝手に出入してはいけないなどと主張せられるにいたつた．（中略）かくして折角昔持つてをつた，今から考へれば，正に民主主義的機構——小使さんや定婦さんでも台長と自由に挨拶もし，立ち話しもしたあの機構——がすつかり官僚機構に改造されてしまつた．

　もっとも，藤原は過去を称揚するだけではなく，「精神に於ては，昔の気象台を取り返すことであるが，形に於ては昔に返すよりも更により良き形態があつたら，それを取るべきで，目下発生しつゝある職員組合の機構等を全面的に活用し，最新理論の示す共同体的機構を取る事が，適正の運営を為し得る方途かと考へる」と，組織変革の必要性にも言及している（藤原 1947：130）．以上のように，民主化という枠内で気象業務と民生を結びつけることは，占領改革下での中央気象台が組織拡大を図ることを可能にする論理であった．
　中央気象台の観測能力は，植民地を失い，さらに 1945 年 9 月に航空気象観測所が閉鎖されたことで航空気象業務も中断となり，気象情報収集の範囲において課題を抱えていた．加えて戦後復興を進めるにあたり，貿易貨物の輸送路としての海洋の重要性が次第に高まりつつあった．このことを背景として海洋・海上気象の観測，海上気象通報の活用等の充実・強化が中央気象台の検討課題となっていた．それゆえ，中央気象台は海洋気象台の増設を企図し，1947 年 1 月に第一次吉田茂内閣は「海洋気象観測について」を閣議決定した．これは，「連合軍側の要望もあり，わが国としても今後の水産業，農業，航海保安等に積極的に気象事業の協力を得る為」としており，観測海域は「連合軍からの命令又は許可された日本周辺海域」とされた[3]．GHQ 側の要望とあるのは，特にアメリカも自国の航路保安上の観点から日本周辺海域の観測を必要としていたためである．
　この閣議決定をもとに中央気象台は，1947 年 4 月に舞鶴と長崎に海洋気象台を新設した．さらに中央気象台は定点観測臨時事務室（日高孝次室長）を設置し，凌風丸による北方定点（三陸東方洋上はるか約 1000 キロメートル）の観測

3）「海洋気象観測について」（「公文類聚・第 71 編・昭和 22 年 1 月〜5 月」国立公文書館所蔵）．

が10月20日から開始された．1948年からは，台風期間のみ南方定点（四国の南方洋上約450キロメートル）観測が実施された．中央気象台は，アメリカが利用する太平洋側の海上気象観測を優先するというGHQの要望を受け入れつつ，海洋気象業務の整備を進め「専門性」の蓄積を再開したのである．

　以上のように中央気象台は，軍部の気象技術者の受入れを行うことで気象業務の一元化を図り，海洋気象業務の強化や気象研究所の設置による安定的な「専門性」の蓄積・更新の再開，また早期に天気予報を再開することにより，戦時体制から平時への復帰を進めていった．だが，このことは戦時体制以前の状態に完全に復することを意味しない．文部省への復帰を望めぬ状況において，逓信省への再移管問題に対する中央気象台の反対は，交通と気象を一体的に捉える戦時体制以来の論理を積極的に承認する契機となった．換言すれば，中央気象台は，「現業官庁」路線を継続させることにより，プロフェッションの組織的性格より現業機関の組織的性格を重視していくことを組織内外に示したのである．

　それでも藤原咲平が台長である限り，「エキスパート・ジャッジメント」を制度化させてきた中央気象台の組織的伝統，すなわち「測候精神」や予報官の心得に体現されるプロフェッションの組織的性格の重視は積極的に保持されるべきものであったと考えられる．前章で述べたように，「現業官庁」としての役割が強まっていた1942年に藤原が「測候精神」を改めて強調したことは，「エキスパート・ジャッジメント」の価値を維持しようする表れである．それゆえ，藤原台長の時期における占領改革に応じた気象業務の拡大志向も，プロフェッションの組織的性格との関係で意味付けられていたといえる．

　しかしながら，藤原咲平が台長を退任することにより，中央気象台は組織的変容を迎えるのである．一連の改革が軌道に乗るなかで藤原は，科学技術の発展普及と防災立国を掲げて，1947年の第一回参議院議員選挙への立候補を決意した．それゆえ，台長職を譲ることとなり，藤原の発案のもと後任をめぐって，東京管区気象台を含む中央気象台の掛長以上による選挙が行われた（根本1985：246-249）．結果，同年3月に当選した和達清夫が第六代中央気象台長となったのである．

　ところが藤原は4月に公職追放となり，選挙に立候補することはできなかっ

た．藤原寛人（新田次郎）は，公職追放中の藤原を次にように評している（和達・高橋・根本編 1982：168）．

　　追放されたあとの伯父は，ひたすら学問にすがろうとしたようだった．戦争ちゅう，学問から遠ざかっていたが，もともと学者である伯父は，ひまになったから勉強をしようといって，肩に雑のうをかけ，首に万年筆をかけて，中央気象台の台内で催される研究会や講演会には必ず顔を出していた．

　ここに藤原の気象技術者としての精神を看取することは可能である．藤原の弟子である和達清夫が台長となることで，確かに中央気象台の組織的伝統は継承されたようにみえる．しかしながら，第二次吉田茂内閣での行政整理は，藤原と和達とのあいだにある微妙な認識の差を浮き彫りにしたといえる．
　なぜならこの行政整理において中央気象台が最大の人員削減対象としたのは，藤原咲平が戦後に尽力した産業気象部門だったからである．藤原は終戦後の中央気象台の組織的拡大と増大した人員の処遇の観点から産業気象に期待を寄せた．だが，藤原が台長のときでさえ，組織内部において中央気象台の課業が応用的側面の強い産業気象（特に農業気象）にまで拡大し続けることに躊躇する声が大きかった（和達清夫は，藤原が積極的に進めた産業気象研究所の設立に反対であったとされる）．組織内部の気象技術者は，むしろ中央気象台が中核とする課業の再建と強化を志向したのであった．それゆえ，行政整理の際，盛岡や関山といった各産業気象研究所は相次いで廃止の対象となり，合わせて50名余りいた産業気象課は半数近くまで削減されたのであった（気象庁 1975a：497-499）．
　また1951年の気象技術官養成所を中央気象台研修所に縮小改組した際にも，岡田武松と和達ら中央気象台幹部との認識の違いが示されている．「〔文部省は〕気象（初め測候）技術官養成所をつぶせというのである．（中略）和達らは，"昔のように気象台に優秀な人が来たがらないという時代ではなくなったし，新制大学が続々とできているから，優秀な人材を余るほど採用できるようになるだろう．もはや養成所の使命は終わった"と言う論法で，養成所廃止賛成の意向を示した．彼らの論拠は，その時点ではもっともと言える面もあったが，問題は将来の見通しであり，この点について〔杉山一之や須田龍雄などの卒業生

代表と〕烈しいやりとりの後物別れとなった．（中略）〔杉山が岡田に相談しに行った際に〕彼は，「そんなことをしたら，いまに困ることになるよ」と言っただけであった」（須田 1968：553-555）．だが養成所の設立に尽力した岡田にとって，中堅の気象技術者を養成してきた養成所が単なる研修所に縮小することは憂慮すべきことであった（気象大学校校友会創立75周年記念誌編集委員会編 1997：444）．

　これらの二つの事例は，かつて中央気象台に価値を注入してきた岡田や藤原の時代とは異なる組織文化が組織内部に受胎されつつあったことが見て取れる．和達は，関係機関との接触機会を拡大させかねない気象業務の展開に精力的であった藤原の政治性と比較すると，安定的な課業の遂行を重視する気象技術者であった．またプロフェッションを志向した岡田に比べた場合，和達は，戦時体制下での関係機関との連絡調整の経験を経た分「事務官」化した気象技術者であった．換言すれば，この時期の中央気象台は，「専門性」と組織的自律性のバランスを考慮しながら，むしろ「専門性」に基づく気象業務の拡大が組織的自律性を侵食することに慎重であったといえる．

　和達台長の初期における中央気象台の気象業務拡大への抑制的な志向は，人員整理とともに行政整理のもう一つの目的であった機構改革からも窺える．1949年10月の中央気象台組織令の改正は，海上気象業務を強化するため調査部を廃止し，定点観測部を新設するものであった[4]．だが一番の変化は，総務部であった．総務部は企画課が廃止され，新たに技術課と管財課が新設された．技術課は，「技術に関する事務の総合管理に関すること」とされ，調整部局であった[5]．技術課の新設は，技術に関する調整業務に純化したことにより，政策立案や構想に関した企画機能が後退したことを意味した．加えて，予報部業務課と観測部管理課が各部ごとの調整を主軸とした「企画」を担う状況は，中央気象台全体のマクロな企画機能より各現業内のミクロな企画機能に委ねるという点において，「現業官庁」としての組織的性格を一層強めるものであった．

　以上のように和達の台長就任直後の中央気象台は，「現業官庁」の方向性を強めることとなった．占領改革を機に藤原のように気象業務を拡大させていくことよりも，「事務官」化した気象技術者である和達を中心とした中央気象台

---

4) 『官報（号外）』126号，1949年，15頁．
5) 同上，14頁．

は，改革に対応しつつも中核の課業を維持することで組織的自律性を保持していくことへと転換したのである．

(2) 天気予報の復活

中央気象台にとって平時への復帰を象徴するものは，天気予報の復活である．新聞やラジオによる三年八ヵ月ぶりの天気予報の復活は，人々の日常生活において戦時からの解放を実感させるものであった[6]．日本放送協会にいた丸山鉄雄も，後年に「長かった戦争が漸く終ったという実感がはじめて湧いたのは」ラジオによる天気予報の復活であったと述べている（丸山 2012：150）．換言すれば，天気予報が復活した事実は，中央気象台にとって戦時に直面した相次ぐ「危機」が消失したことをまさに象徴するものだったのである．

平時への復帰に向けて中央気象台は，天気予報の制度や内容に対する「評判」を獲得すべく社会との接点を回復させる試みを積極的に行った．この試みの一つが世論調査であった．中央気象台はラジオを通じて世論調査を呼びかけた．1946 年 5 月末までに約 270 通の回答があり，農家における季節予報の利便性，漁業気象の充実化，国民一般の気象への関心の高まりなど多様な意見が寄せられた．「気象通報世論調査報告」は，「毎日の放送番組中気象通報は，自然現象と我々の生活に直接結び付いているもので最も興味ある」という回答を引用し，熱心な人々は「自らもアマチュアとして或いは天気図を書き，或いは近隣に解説したりして自然に気象知識の普及に資している」として，気象報道管制解除後の気象への関心の高まりを整理している（気象庁 1975b：143-144）．

社会の気象への関心の高まりは，新聞の社説からも確認することができる．『読売新聞』は，「科学の水準と技術官吏」の題名で政府内部での気象業務はこれまで評価が低かったことや将来的な整備強化の必要性を主張している．この社説の契機は，GHQ の科学技術課長であった J. オブライエンが日本の気象観測の実態や天気予報の精度を高く評価したことにある．このことは，人々に中央気象台が高度な「専門性」を蓄積していることを再確認させたのである．社説の主たる内容は，「科学」への期待から技術官の待遇改善と科学技術機関の

---

[6] 『読売新聞』1945 年 8 月 23 日．

再編成に向けられているが,「日本の農業,水産業に不可分の関係に立つ気象技術官吏をこのまゝにしておいて,なんの食糧問題の解決ぞや,といふのは断じて飛躍したもののいひ方にならぬはずである」と,中央気象台への関心を喚起するように主張していることは着目すべき点である[7]。

また気象報道管制解除後の社会との接点は,新聞やラジオ以外に天気相談所という直接的な接点を持つ試みが始められたことに特徴がある.1946年2月に和達清夫予報部長から「これからの時代は,気象台でも一般市民に直接サービスをする窓口を作ったらと考えますが,君の意見はどうですか」と,相談を受けた予報課の伊坂達孝は,予報課庶務係の人員で本台の玄関近くに天気相談所を開設した(伊坂 1995：82).開設当時の主な業務は,一般天気相談,学校その他への講師派遣,報道関係応接,見学案内などであった(気象庁 1975a：230).天気の相談に応じるということは,気象業務のサービス化を目指すものであり,民主化の直接的な手段であった.

さらに中央気象台は1946年6月に鉄道博物館で気象展覧会を開催し,和達清夫や高橋浩一郎らが講演を行い,気象知識と防災思想の啓蒙に努めた.翌年6月には日本橋の三越本店で「生活と気象展」,1948年には福井地震を受けて同店で「福井烈震展」を開催するなど,中央気象台は三越の各支店で定期的に気象展を行っていくのである(気象庁 1975a：528).これらの事業は,中央気象台と社会との接点を緊密にするものであった.それゆえ,気象組織との接点が増えるほど,国民が気象業務はサービスであり,「防災」における中央気象台の直接的な役割を強く意識させる要素も抱えていたといえる.

以上のような社会的な接点を強化する試みもあって,占領初期の天気予報の制度や内容に対する「評判」は高かった.1947年には天気予報は,以前より適中するようになったと評されるようになったのである[8].ところが1949年頃になると,天気予報が適中しないことを逆に強調するようになっていくのである[9].これは,天気予報の関心が梅雨や台風の時期に集中することに関係する.梅雨や台風は観測データの制約から適中することが困難であるため,外れ

---

7) 社説「科学の水準と技術官吏」『読売新聞』1946年7月11日.
8) 『朝日新聞』1947年2月19,25日.
9) 『朝日新聞』1949年3月21日,6月24日.

る可能性が高くなる．この結果，外れた場合の方が新聞に取り上げられるため，適中しない方が強調されることとなる．その意味では，天気予報の「評判」の構造は戦前から連続していたのである．

中央気象台の社会との接点は，天気相談所の他にも外郭団体を通じて行われた．中央気象台にとって行政整理は，整理された人員をいかに処遇するのかという側面を持った．軍関係の気象技術者を受け入れ，増大する人員への対応として気象研究所と産業気象研究所を新設したのは先述したとおりである．気象研究所は基礎研究を奨励する場として存続したのに対し，産業気象研究所は応用気象の側面を持ち組織内部においても存続の合意が得られず，行政整理により順次縮小していった．これにより，退職した人員の処遇先を確保する必要性が生じた．加えて，戦時体制下で増大の一途を辿った人員の退職後の処遇も将来的な課題であった．それゆえ，中央気象台内では外郭団体の設立構想が浮上したのである．

外郭団体の設立背景は，「気象事業は，その公共性と永続性の故に，また，ぼう大な観測通信施設と解析機能とに要する巨額の経費の故に，国営であることが必要であり，また，今後共この基本体制は継承されるべきであるが，戦後に至って，その利用の面，サービスの分野において，民営形態を必要とするようになった」と，戦後改革の初期に掲げた民生協力を実現するためとする．それゆえ，「国土開発，災害防止や国民各層の需要に役立とうとするためには，どうしても中央気象台の役割を補なう代行機関が必要である」と，民生協力を担う組織が要請されたのである．とはいえ，「職員の高齢対策の必要性も，新しく痛感され，退職後の道を開く方途としても，外郭団体を設けることが適切である」と，外郭団体に要請される役割が退職後の職員の処遇にあることは明らかであった（25年史編さん委員会 1976：41）．

以上の背景をもとに，1948年に財団法人気象協会設立準備委員会が発足した．委員長は岡田武松が就任し，委員は毛利茂男（観測部測器課長補佐），渡辺浩（総務部総務課長補佐），戸畑敏忠（予報部業務課経理係長），大山平敏（総務部人事課長），桜庭信一（総務部図書課長），中田良雄（東京管区気象台技術部長），平尾益雄（総務部会計課長補佐）の7名であった．さらに翌年になると，設立準備委員会は設立発起人会に切り替えられ，新たに和達清夫，小平吉男（東京管区気象台長），

第一節　平時への復帰と「現業官庁」路線の定着　　159

久留義恭（総務部長），土佐林忠夫（予報部長），岩城順二郎（図書課編纂係長）が加わった（25年史編さん委員会 1976：41-42）．元台長を委員長に据え，台長をはじめとする現職の幹部が委員として参加していることからも，外郭団体の設立への期待の高さが窺えよう．委員であった毛利と岩城は事務局として専従するため中央気象台を退職して協会事業の準備を進め，1950年4月5日に設立申請が行われ5月10日に登記を完了した．会長理事には小平吉男が就任した．

　気象協会の事業計画は，気象に関する研究及び調査，気象知識や防災思想の普及，気象の観測及び予報に関する技術指導に言及しているように，啓蒙活動や技術指導の性格が強いものとなっていた（25年史編さん委員会 1976：43）．しかしながら，1952年に報道関係から天気予報解説の要望が出され，1953年にNHKテレビによる天気予報が開始され，天気図や解説予報の提供を始めた．さらに1954年にテレビ予報解説業務が試験的に実施された（25年史編さん委員会 1976：51-53）．それゆえ，天気予報の解説業務の比重が高まっていった．気象協会は，中央気象台の退職後の処遇先としてだけではなく，民間気象事業の育成も使命として担っていたのである．

　以上のように中央気象台は，天気相談所や気象協会の設置，気象展の開催など社会との接点を拡大していった．また1951年から「さくらの開花予想」を関東地方で開始し，1952年から全国的に発表を行い始めた．こうした試みは，人々の「評判」を獲得する試みに他ならない．戦中に断絶していた人々に様々な形式で天気予報を伝える試みは，接する場所や機会を拡大する形で相次いで実施されたのである．これは，中央気象台の組織的自律性の強さが人々の天気予報に対する「評判」と緊密な関係にあることを示すものといえる．

　またラジオや新聞による天気予報の復活は，人々の生活が戦時から平時への移行を示す象徴でもあった．ラジオ放送は，1947年頃の段階でも地方局の番組の大半はニュースと天気予報によって占められていた（村上 2017：39-40）．この間，ラジオ放送を聞く人々は戦前以上に天気予報に接する機会が高かったと推察される．さらに新聞も『読売新聞』が1949年8月10日から，『朝日新聞』は1953年11月1日から天気図を恒常的に掲載するようになった．すなわち戦前に行われていた天気予報と天気図を合わせて掲載する方法は，占領の終結直後までには主要紙で復活していたことを意味する．

さらに占領終結後，天気予報を人々が知る新たな手段として，自動式電話による天気予報サービスが開始された．これは，天気相談所の開設以来，職員による天気予報の電話対応が多忙となっており，業務改善の観点から機械的に案内する方法が模索されたことによる．1954 年 9 月から東京でサービスが試行的に開始され，徐々に対象地域が拡大し，1955 年 1 月から正式な開始となった（東京での当初の番号は「222」であり，「177」に統一されるのは 1964 年 3 月である）[10]．このサービスの社会的需要が高かったことは，1954 年 9 月の洞爺丸台風の際，1 日で 11 万から 13 万回利用されたことからも窺える（気象庁 1975a：379）．

かくて戦時から平時への復帰において，一方で新聞やラジオを通じて天気予報は復活し，他方で天気相談所や電話サービス，テレビなどの新たな天気予報を知る手段も整備されていったのである．もっとも戦後の天気予報の制度や内容への「評判」に対する構造は，戦前からの連続線上にあったといえる．ただし戦前と戦後の大きな違いは，社会の「科学」に対する期待であった．『読売新聞』の社説のように天気予報が「科学」を象徴する技術となったことで，天気予報の精度は戦前以上に改善するものと見做されていくのである．この社会的期待と中央気象台の組織内部で検討されていた気象学の動向が絡み合うことで，「客観的」な予報への期待が組織内外で醸成されていったのである．

(3) 気象業務法の制定

占領終結に伴い制定された気象業務法は，気象業務の基本制度の確立を目的としており，まさに平時への復帰の完了を象徴するものであった．この制定背景の一つとして，災害の続発に伴う個別の気象業務の法制化への対応があった．確かに終戦後，日本は相次ぐ災害に直面した．終戦間もない 1945 年 9 月の枕崎台風は，気象情報が少なく，防災体制も不十分であったこともあり，広島を中心に大きな被害となった．1947 年 9 月のカスリーン台風は，大雨により関東南部で利根川・荒川の堤防が決壊し，多くの家屋が浸水した．この被害状況は同年 10 月に制定された災害救助法に大きな影響をあたえており，特に水害

---

[10] 「天気予報サービスの歴史とエピソード」（http://www.ntt-west.co.jp/news/0412/041224b_3.html）.

の原因究明と防止策が議会の議題となった．台風や浸水の被害が大きくなったのは，戦時中の山林の過伐採・濫伐，食糧増産のための河川流域の開拓による国土の荒廃と疲弊とされた．この対策として，上流域の砂防工事，植林の励行，科学的調査，国土保全と利用開発行為の監督に関する行政責任の統一が掲げられたのである（中央防災会議 2010：169-171）．

さらに 1948 年 9 月のアイオン台風は，岩手県の北上川やその支流が氾濫することで 700 名あまりの死者・行方不明者を出し，カスリーン台風を上回る被害となった．1949 年にはデラ台風（6 月），ジュディス台風（8 月），キティ台風（8 月）と大型台風が全国各地で猛威を振るった．デラ台風被害への復旧措置として公共事業費が追加されたように（大蔵省財政史室編 1982：55），台風被害が生じるたびに復旧措置として公共事業費が計上され，政府財政は逼迫した．防潮堤の建設や都市不燃化運動による鉄筋コンクリート造の奨励など具体的な災害対策は多くの費用がかかるため，政府の直接事業や補助金を活用しなければ容易に実現しなかったからである．この意味では技術に対しての信頼は高く，むしろ災害対策の問題点は資金面をどのように解決するのかということにあったといえる（辰巳ほか 1950：40-46）．この災害対策の課題認識は，社会における科学技術への期待と表裏をなしていたのである[11]．

占領終結後も，台風第 13 号（1953 年 9 月）や洞爺丸台風（1954 年 9 月），台風第 12 号（1954 年 9 月）と大型台風が相次いだ．連続する台風被害の前に，復旧作業は容易に進まなかった[12]．以上のような災害が続発するにつれ，「防災」の社会的要請は高まりつつあった．例えば，全国知事会は災害基本法案の提出，災害対策基金の新設，災害対策関係法令の整備強化の実現を政府に申し入れを行った[13]．また社会的要請が高まるほど，数値予報という新たな予報手段の研究は，予報技術の向上として期待されたのである（大谷 1986：12-14）．このことは，社会における科学技術への期待と同様，気象技術者の科学技術への期待に裏付けされていたといえよう．換言すれば，終戦後から 1950 年代にかけて，科学技術に対する社会全体の期待の高さが，災害対策や気象業務への行政需要

---

11) 社説「台風対策に真剣になれ」『朝日新聞』1949 年 9 月 4 日．
12) 『読売新聞』1954 年 9 月 18 日．
13) 『朝日新聞』1953 年 6 月 3 日夕刊．

を飛躍的に増大させたのである．

　科学技術に対する社会的な期待の高さは，戦時体制下の科学技術政策が十分に機能せず，精神主義に振り回された経緯に起因していた．第二次近衛文麿内閣で企画院主導のもと策定された「科学技術新体制確立要綱」は，「科学技術水準ノ躍進速度ヲ急速ニ増嵩セシムル為一般産業及教育行政機関ト別個ニ基礎研究，応用研究，工業化研究ヲ専門別ニ一貫シテ統轄指導スルト共ニ各専門相互間ヲ有機的ニ連結総合スル科学技術ノ研究及行政中枢機関ヲ早急ニ創設ス」ることを目的として，やがて技術院の設立に結実した．また，「科学精神ノ涵養方策」として，国民の教育教科の刷新，技術的訓練に関する施設など，国民全体の科学精神の養成が明記された（石川 1976：1111-1112）．技術院設立に結実した「科学技術新体制」運動は，各官庁の科学技術への取り組みの重要性を高め，国民の科学技術への関心を喚起するという点において一定の効果があったといえる（鈴木 2010：67-96）．

　かくて「科学」は戦後を象徴する言葉となった．終戦後間もなく東京商工経済会理事長船田中は，「科学的思考性を我々の日常生活の中に深く滲透さして行くといふことによつて将来大科学勃興の基礎を築いて行かねばならぬ，我々の日常生活万端の現象を総べて科学的に切替へるといふこと」であり，「従来の如く科学は実験室や研究所でなくてはやれぬといふような観念をこの際一切沸拭」することで，「日常生活に取入れて行くといふことが大切である」と，科学技術精神の涵養を語った[14]．また前田多門文部大臣も，「青年学徒に告ぐ」という題目でラジオ放送を行い，「科学は重んぜられねばならぬ．（中略）悠遠の真理探究に根ざす純正な科学的思考力や科学常識の涵養を基盤とするものでなければならぬ，換言すれば，高い人間教養の一部として科学の重要性を認めたい」と，教養としての科学技術精神の重要性を述べたのであった[15]．それゆえ，科学技術自体だけではなく，科学技術が体現している合理主義や能率が戦後の一つの価値として標榜されたのである．この科学技術への期待と高揚感は，災害の続発と「防災」の社会的要請と絡み合うことで，中央気象台の課業や組織の強化へと波及していくのである．

---

14)　『朝日新聞』1945 年 8 月 19 日．
15)　『朝日新聞』1945 年 9 月 10 日．

気象官署の課業の法的根拠は，戦前において気象台測候所条例（1887年），暴風雨標条例（1908年），気象官署官制（1939年）であった．気象台測候所条例は，運輸通信省移管の際に気象事業令（1943年）に改称された．終戦時の法的根拠は，気象事業令と気象官署官制であった．気象事業令は気象台測候所条例を踏襲しており，測候所の設置許可，観測の具体的方法など規制・指導を主なものとしていた（若月 1986：46）．しかしながら，日本国憲法の施行に伴い勅令は効力を失ったため，1947年に気象事業令は失効する．それゆえ気象官署官制のみが気象業務に関する唯一の法的根拠となったのであった．

　加えて，終戦後の災害の続発は法的対応を惹起させ，災害対策の枠組みのなかで中央気象台の課業は周辺から徐々に画定されつつあった．例えば，1948年の消防法において，大火延焼の素因である風速，湿度等の気象状況を消防機関や一般の人々に周知することにより，予防態勢に寄与するべく火災警報が開始された．また台風による洪水対策では，資源委員会による利根川洪水予報の体制強化に関する勧告が行われ，1949年の水防法に基づき洪水予報が実現するに至った（若月 1986：46-47）．中央気象台の課業に関連する法律の制定によって，具体的な気象業務の画定が進行していたのである．だが，これらは災害対策という特定目的の個別の課業を法制化したものに過ぎなかった．

　個別の課業の法的制度化が進みながら，基盤となる課業全般の法的空白を続けることは，中央気象台の組織目的の希釈化につながる可能性があった．それゆえ，中央気象台は組織内外に対して気象業務全般の基本的なあり方を示す必要に迫られたのである．

　他方で，中央気象台が気象業務全般の基本的なあり方を示す必要があったのは，国内の要因だけにとどまらない．1951年にサンフランシスコ平和条約締結の際，発効後六ヵ月以内に世界気象機関条約に申請することを政府は宣言したため，国内法整備の観点からも基本法の制定が要請された．世界気象機関（WMO）は，同年4月に国際連合の専門機関となったばかりであり，世界的な気象観測網の確立，気象及び関連情報の迅速な交換，気象及び関連する観測の標準化，観測の結果及び統計の統一的な公表の確保等を目的とする国際機関である．占領初期の中央気象台の方針が示したように，世界の気象情報を入手する観点から，中央気象台が国際社会へ復帰する上で世界気象機関の構成員とな

ることは重要であった．

　以上の背景をもとに中央気象台は法案化作業を進め，1952年3月に気象業務法案は閣議決定された．3月19日付の気象業務法案は，制定理由を次のように記している[16]．

　　　我が国には，台風，地震，津波等自然現象による災害が多く，また凶冷，早魃，豪雨，突風等のため農業，漁業，交通等の産業に重大な影響を受けることが多い．よってこれらの現象をできるだけ正確に予想して発表することにより災害の防止及軽減を図り，あるいは産業の興隆に寄与することが必要である．これがため予報については一部の予報の業務を許可制とするが，一般的には中央気象台の責任とし，又公安上重大な影響のある警報については中央気象台が一元的に行うと共に，これら予報及び警報のため必要な観測網をできる限り拡充，整備する必要がある．
　　　気象観測は予報及び警報の基礎となるばかりでなく，その統計結果は資源の開発，増産等の計画の基礎的資料として重要な地位を占めるものである．よってこれら観測の結果が各方面に効果的に利用されるため，観測技術の水準を高め，観測方法等の統一を図るべきであり，これがため一般の行う気象観測のうち，重要なものについては一定の技術的基準に従わせる必要がある．

　法案の制定理由は，予報業務を中央気象台の責任として明確化すること，警報を中央気象台が一元的に担うこと，観測の技術的基準の統一と水準の向上を目的として明確にしている．それゆえに観測，予報，警報がいかなる内実をもった業務なのかを定義することが問われよう．続けて法案の制定理由は，基本制度の確立の理由を次のように記している[17]．

　　　しかるに最近においては，測候所に類似の気象観測が極めて多くなり，その数は中央気象台所属のものの外，約四千に達している状況であるが，これらは何ら有機的に連繋がとれていない．故にこれらの観測期間の連繋をとり，それ等を国家的に広く利用することが必要であるのでこの際，気象の観測，

---

16)　「気象業務法案（運輸省）」（「次官会議資料綴・昭和27年3月19日」国立公文書館所蔵）．
17)　同上．

第一節　平時への復帰と「現業官庁」路線の定着　165

予報，警報に関する業務あるいは地震及び火山現象等の観測発表等気象業務の基本制度を確立して，斯業の健全な発達を図ることが必要である．

　ここでは中央気象台による観測の統制を表明し，気象業務の発達に寄与することが述べられている．したがって，観測の統制を行う以上，気象業務としての観測とそれ以外の観測を峻別するための制度原理が問われることになる．換言すれば，基本制度の確立に伴い組織目的にいかなる価値が注入されたのかということである．この点を検討する前に，まずは国会の審議過程での法案への影響を明らかにしておく必要がある．

　気象業務法案は 1952 年 4 月 14 日に衆議院運輸委員会と参議院運輸委員会に提出された．村上義一運輸相は，閣議に提出した法案制定の理由に基づいて提案理由を説明した[18]．気象業務の基本制度を確立するという同法は，主な点として観測関係と予報関係が説明されたように，中央気象台が行う「観測」と「予報」を明確化することが目的であった．また北村純一総務部長が説明するように，消防法や水防法などの災害防止に関する法案が次々と制定されるなかで，観測結果の有機的な利用のために観測の技術的水準の確保をする必要も強調された[19]．

　しかしながら，国会の場において主な議論の対象となったのは，観測施設の拡充やこれに伴う人員の増加を必要とするかどうかであり，予算措置の問題が大半を占めた．国会議員としては災害防止の観点から中央気象台の気象業務の拡充に関心を示したものの，高度な「専門性」ゆえに細部の技術的な問題に立ち入ることができなかったためと考えられる．また，災害防止を強調する以上，正面から法案に反対することも難しかった．ただ，附属機関が基本法を持つことに対して，組織を強化して外局にすべきではないかという提案がなされた．この点について，北村総務部長は中央気象台の外局化が望ましいとしている点は着目すべき点であろう[20]．すなわち，気象業務の強化の観点からすれば，中央気象台にとって外局への昇格が望ましいことが明らかにされたのである．総

---

18)　村上義一発言（1952 年 4 月 14 日）「第 13 回国会衆議院運輸委員会議録第 17 号」11 頁．
19)　北村純一発言（1952 年 4 月 16 日）「第 13 回国会衆議院運輸委員会議録第 19 号」4 頁．
20)　北村純一発言（1952 年 4 月 24 日）「第 13 回国会参議院運輸委員会議録第 17 号」1 頁．

じて国会の場で紛糾する事態が生じることはなく，気象業務法は 1952 年 6 月 2 日に制定されるに至った．

　気象業務法は，政治的には施設の拡充や人員の増加といった予算上の問題が主な争点であった．しかしながら，中央気象台にとって同法は気象業務の基本制度の確立という重要な意味を持っていた．換言するならば，気象業務の定義と範囲を定めることは，一方で関係省庁に対して中央気象台の固有の所管事項を明らかにすることであり，他方で社会に対して中央気象台の組織目的を明確にすることであった．気象業務法第二条において定義が明記されたことは，関係他省庁との調整の結果であり，所管事項の棲み分けを明示するためのものであったといってよい．また中央気象台の組織目的を明確にする点において，気象業務法が特に重要であったのは，組織目的に対して改めて価値を注入する素地を提供したことである．以上の点を明らかにするために，本項は，法案化作業時から総務部企画課長であった古谷源吾が 1956 年に公表した「気象業務法の解説」をもとに気象業務法の検討を行いたい．

　古谷源吾は，1938 年逓信官吏練習所を卒業後，1942 年高等文官試験に合格，1951 年 12 月から中央気象台の企画課長（1951 年 3 月に企画課は再び設置された）となり，気象庁昇格後の 1963 年まで企画課長を務め，1968 年に四国海運局長を歴任した逓信省系の運輸官僚である．つまり 1950 年代の気象業務の法制化と外局昇格の中心的な役割を担ったのは古谷であり，注入される価値を法律として明示化したのは彼によるところが大きい．古谷によって書かれた解説を検討するのは，以上の理由からである．

　古谷源吾は気象業務法制定の背景を次のように説明する（古谷 1956a：23）．

　　　終戦後気象災害が顕著となって国家社会の重要問題になってくるに従い，気象官署側の任意的な一方的なサービスのみで社会は満足しなくなり，それと共に科学の進歩に伴い，気象官署の業務が半研究，半業務段階から業務段階に進むに従い，一定のサービスを要求するようになるのであるが，気象業務に対し一定の目的から法律的に規制するような形で現れてきた．

　古谷の解説は，国会答弁時の法案提出理由に加えて，中央気象台の組織的性

格についてより踏み込んでいる．中央気象台の組織的性格は「現業官庁」であると明確に意識されているのである．したがって，気象業務法自体が「現業官庁」としての中央気象台を象徴する作用を有していたのであった[21]．

気象業務法は，第二条で最初に自然現象の定義を行っている．具体的には，「気象」「地象」「水象」の三つが定義されている．特に「気象」は，「この法律において「気象」とは，大気（電離層を除く.）の諸現象をいう」とされた．電離層を除くとされたのは，郵政省電波管理局が観測対象としていたためであった（古谷 1956a：55）．「気象」の観測要素は気象業務法施行規則において，気圧，気温，降水量，積雪，雲，日照時間などが含まれる．

以上のような定義付けを行った後，第二条第四項において気象業務は，次のように定義されている．

　一　気象，地象，地動及び水象の観測並びにその成果の収集及び発表
　二　気象，地象（地震及び火山現象を除く）及び水象の予報及び警報
　三　気象，地象及び水象に関する情報の収集及び発表
　四　地球磁気及び地球電気の常時観測並びにその成果の収集及び発表
　五　前各号の事項に関する統計の作成及び調査の成果の発表
　六　前各号の業務を行うに必要な研究
　七　前各号の業務を行うに必要な附帯業務

この列挙の順番をみる限り，観測と予報を第一義的な使命とする点において，中央気象台の伝統的な課業のあり方は継承されているようにみえる．だが，「研究」のあつかいは明らかに後退していた．何より，古谷が同項の解説において観測と予報について仔細に言及しながら，研究の重要性にほとんど触れていない点からも明らかである（古谷 1956a：55-56）．

---

[21] 気象業務法以外の「業務法」という名称は，制定されたものに関する限り，例えば1939年の「著作権ニ関スル仲介業務ニ関スル法律」（仲介業務法）と1950年の「水路業務法」などの少数にとどまる．また業務法という名称に限らず，個別の業務名を有する法律であれば，1943年の「普通銀行等ノ貯蓄銀行業務又ハ信託業務ノ兼営等ニ関スル法律」や1951年の「有線放送業務の運用の規正に関する法律」（有線ラジオ放送法）など多数あるものの，その多くは業界を規制する法律である．

対象とする自然現象が定義され，具体的な気象業務の範囲が定義されたのであれば，次は気象業務の方法となる．気象業務法第二条第五項から第七項において，「観測」と「予報」，「警報」が定義されている．この第五項の「観測」において加えられた文言こそ，気象現象を一般的に観測するのとは異なる，中央気象台に固有の「観測」が明示された瞬間であった．すなわち，第五項において「この法律において「観測」とは，自然科学的方法による現象の観察及び測定をいう」とし，「観測」は自然科学的方法によることが強調されることとなった．古谷は「社会科学的方法例えば易学的方法等ではなくて，物理学的方法又は化学的方法等により例えば温度計，雨量計等を用いて観察し測定すること」であると，観測の違いを明らかにしている（古谷 1956a：56）．

次いで第六項では，「予報」は「この法律において「予報」とは，観測の成果に基く現象の予想の発表をいう」とされた．古谷は，「予報」について「観測の定義を勘案すれば分るように自然科学的方法により現象を観察し，測定してその成果に基いてある現象を予想し，それを発表することをいうのである．従って易学的，おみくじ的な方法による現象の発表は含まない」としている（古谷 1956a：56）．換言すれば，「予報」も自然科学的方法によることが強調されたのである．

また「警報」は，第七項において「重大な災害の起るおそれのある旨を警告して行う予報をいう」と定義された．「警報」の種類は，気象業務法施行令第八条の中で注意報とともに列挙された．具体的には，注意報は気象注意報，地面現象注意報，津波注意報，高潮注意報，波浪注意報，浸水注意報，こう水注意報であり，「警報」は気象警報，地面現象警報，津波警報，高潮警報，波浪警報，浸水警報，こう水警報である．注意報は，「警報を発表する程度に至らない軽度の災害を起すおそれのある場合に注意を喚起する意味で発表する」ものであり，警報と区別された予報の一種として位置付けられた（古谷 1956a：57）．

以上のように「観測」「予報」「警報」が定義されたことで，中央気象台以外の者による観測や予報，警報に対する監督や規制を行う必要が生じる．これは，従来の中央気象台の測候所の観測方法に対する統制以上に，関係機関に対して広範囲な影響を及ぼすものであった．気象業務法第五条では，運輸大臣が必要

第一節　平時への復帰と「現業官庁」路線の定着　169

があると認めるときは政府機関や地方公共団体，会社その他や個人に対して，気象等の観測及び情報の提供を委託することができると定められた．この条文は，中央気象台の観測網を補完する目的で定められたものであったが，他方で委託関係を結んでいない者が「観測」を行うことを制限するものでもあった．さらに観測に関する気象測器（第九条）や観測の実施方法の指導（第十条）は，中央気象台の「観測」水準を梃子にした関係機関への監督権限といってもよい．それゆえ，「自然科学的方法」を強調した「観測」は，中央気象台の組織的自律性を支える制度原理であったことが窺える．

　「観測」の規制背景は，関係機関による観測数の増大と重複であった．古谷は，「農林省は農業災害防止のために，また森林の育成，保護のために，建設省は河川改修，ダム築造工事等河川管理のために，地方公共団体は，農業災害防止，河川管理等のために，日本国有鉄道は鉄道運輸の安全保持ないし災害防止のために，電力会社は水源地の雨量，流量を把握する等のために，それぞれ独自で気象観測を続けている」ものの，中央気象台の資料と併用している場合が多いと指摘する（古谷 1956a：120）．このため法律制定を契機に，観測の成果が公共の福祉に関係する業務の基礎資料として利用される観測は，技術上の基準を適用し，観測方法を統一したのであった．1955 年 12 月の段階で気象観測の届出数は，建設省は 775，国鉄は 735，農林省の営林局（署）は 532 となっている．

　「観測」の規制と同様，「予報」も規制対象となった．気象業務法第十七条は，「中央気象台以外の者が気象，地象，津波，高潮又は波浪の予報の業務（以下「予報業務」という．）を行おうとする場合は，運輸大臣の許可を受けなければならない」とし，予報業務は許可制とされた．許可制の理由は，予報業務が公共の利害と社会の安寧に深い関連性を有しているためであった．また「予報業務」とは反復，継続して予報を業務として行うことを指し，継続して行う意思がなく，たまたま 1 回だけの予報では業務とはいい得ないとした（古谷 1956a：403）．この許可制について，古谷は国の行う予報業務と許可すべき予報業務についてのあり方を今後の検討課題としてあげていた．古谷は，「解説予報に関する業務は将来気象士とも称すべき資格試験によって資格を得た者に対しては自由に営業として認むべきものと思われるが（中略）法律上国が義務と

して行うものについては一貫して行う必要があるから気象士の任務としては，応用的なサービスか，特殊団体，会社に対するサービスとして考えるべきと思う」と，民間の気象業務の可能性について言及している．この点は，気象予報士制度の創設の際の大きな論点であり，早い段階で中央気象台が認識していたことは注目しておいてよい．

とはいえ予報業務の許可は，1953 年に茨城県水産試験場，日立市天気相談所，トウジョウ・ウェザー・サービス・センター，1955 年に気象協会が受けて以降 1960 年代になるまで，許可数が増えることはなかった（村上 2004：276）．したがって，中央気象台では民間の気象業務との役割分担は，将来的な課題提起にとどまった．

「観測」と「予報」に比べて，「警報」は一層厳しい規制対象となった．気象業務法第二十三条は，「中央気象台以外の者は，気象，津波，高潮及び波浪の警報をしてはならない．但し，政令で定める場合は，この限りでない」とされ，原則として中央気象台以外の「警報」の実施が禁止された（古谷 1956a：403）．換言すれば，中央気象台は「警報」について当初より徹底した一元化を想定したといえよう．

かくて，中央気象台が行う「観測」「予報」「警報」を明確化した気象業務法が制定された．気象業務法の特徴は，中央気象台が行う気象業務に対して法的規制を行うという点において，「サービス法」の性格を有していた（畔柳 1965：30）．これは，「この法律が，一般の法律のように，国民の権利，義務を規定したものと異なり，（中略）〔中央気象台が〕自ら行うべきサービス業務の限界を法律によって定め，その責任の範囲を明確にするための規定が多い」ためであった（畔柳 1965：35）．換言するならば，気象業務法の制定自体が，中央気象台の組織的自律性が及ぶ範囲を明確にすることを意味した．加えて，「観測」「予報」「警報」を定義することは，気象業務の対外的な明確化のために必要であった．それゆえ「自然科学的方法」を強調する「観測」と「予報」の定義こそが，組織に改めて価値を注入する素地を提供したといえる．この改めて注入する価値とは，後述するように，「客観的」な予報の実現を目指すものに他ならない．つまり「エキスパート・ジャッジメント」から「機械的客観性」へという，価値の再選択が行われ，新たな価値の制度化が進行していくのであ

る．

　確かに中央気象台は創設以来，観測業務を自然科学的方法で行ってきたのではないのかという指摘はあるかもしれない．だが，気象業務法施行令第一条における観測方法をみれば，温度計による気温の測定や雨量計による降水量の測定があるものの，降水現象や凝結，音象は目視であり，震度や振動の性質は体感であった．加えて，火山の噴出の状態等は「中央気象台の定める手段」とされ，目視，聴音，体感によるものとされた（古谷 1956a：118）．これらの観測方法は，測器に比べて気象技術者の裁量に委ねざるを得ない部分が大きい．かつての「測候精神」の根幹の一つは，観測を継続することにあった．しかしながら，中央気象台以外も含めた観測数が増大するにつれ，いまや観測は量だけではなく質も保証する必要性が生じた．それゆえ，「自然科学的方法」を強調する「観測」とは，技術開発による気象測器の開発，気象測器による観測基準の統一，「客観的」な観測を確立することを組織内外に表明するものだったのである．

　また「予報」も「気象業務の根幹業務とみるべきものであるから，絶えず社会の要望の線に沿うて改善されなければならない．従って，その意味では気象業務法第3章予報及び警報に関する規定〔第十三条から第二十四条を指す〕は絶えず改正されるべき性質をもっているといってもよい」とされるが，これは「自然科学的方法」を強調する「予報」を踏まえた予報業務の発展に対する考え方であった（古谷 1956a：282）．古谷によれば，予報業務の基本制度の方向性は，定性的なものから定量的なものへの発展，一般向けの予報と特殊事業向けの予報に関する定量的な内容の充実，予報業務の能率化と集中化，周知方式の高度化であった（古谷 1956a：282-283）．換言すれば，「観測」の場合と同様，「自然科学的方法」を強調する「予報」とは，技術開発による定量的な予報の実現，数値化を通じた「客観的」な予報の確立を組織内外に表明することだったのである．

(4)　中央気象台から気象庁へ

　気象業務法の制定が平時への復帰の完了を象徴する出来事であるならば，中央気象台から気象庁への外局昇格は，平時への復帰に伴いさらに進行しつつあ

った「現業官庁」路線を組織内外に定着させるものであった．確かに中央気象台が附属機関にとどまる限り，文部省にいた時代からの存立根拠である，「研究」を重視する「研究機関」の側面は依然として組織内外に承認されていたといえる．しかしながら，先述したように和達清夫台長以来の中央気象台の体制は，中核の課業を維持する志向にあり，中央気象台の伝統的な研究機能や教育機能を維持することに必ずしも積極的ではなかった．また気象業務法において研究の位置付けが低下していたように，「現業官庁」としての組織的性格は顕著なものとなっている．この文脈からすれば，外局への昇格とは，自分たちの組織が改めて「現業官庁」であることへの承認に他ならなかった．

　実際，中央気象台を外局に昇格させる案は，国会での気象業務法の審議過程において提起されていた．しかしながら，より注目すべきなのは，中央気象台内部では運輸省設置法案の検討作業の段階で既に外局案が検討されていたことである．古谷源吾は，次のように経緯を述べている（古谷 1956b：214）．

　　　中央気象台を外局にするということは，相当前から議論されていたことである．それが具体的に表れたのは筆者が運輸大臣官房で運輸省設置法案の立案に忙殺されていた昭和 23 年から 24 年にかけてと思う．当時の中央気象台の町田〔直〕総務課長から申し入れがあり，運輸省設置法案の中にとり入れた．その後大臣官房において法案を審議するに従い，中央気象台の外局案は現業と管理業務と研究を気象庁の内部部局として三位一体的に 1 人の長官が直接管理する案であるから，これは外局にふさわしくないという理由でこの点を解決するよう中央気象台に返事したところ，この解決は早急には行われ難い中央気象台の内部事情と当時運輸省が公共企業体として国有鉄道を分離する点に集中されていた事情と相俟って気象庁問題は運輸省から外に出ることなく挫折してしまった．

　この経緯から窺えるのは，中央気象台の有する二つの機能である現業と研究をどのように整理するのかという課題である．加えて，運輸省側にとって外局として昇格させた場合，いかにして統制手段を確保するのかという課題もあった．結局，中央気象台と運輸省の双方の事情により，外局案は一旦挫折する．

　だが，1953 年から 1954 年にかけて台風被害の続発，とりわけ洞爺丸台風の

由来となった洞爺丸の海難事故は，気象業務強化の必要性を惹起させることとなった．折しも科学技術庁の設置が検討されており，行政機構改革の対象として中央気象台も俎上に載せられたのである．1955年6月14日，参議院内閣委員会は国家行政組織に関する調査を議題として，中央気象台を取り上げた．左派社会党の木下源吾は，「毎年日本に襲ってくる台風による風水害は，かつてのキティ，キャザリンを初めとして，また昨年の十五号台風は，例の北海道，青函連絡船の洞爺丸事件というような世界的な大惨事を引き起こした．また梅雨前線による北九州，南紀州の大洪水，北海道，東北の凶作，冷害，関東甲信越の凍害，霜害など，相次ぐ気象災害」を指摘し，「国民から定点観測を初めとする気象事業を拡充整備してくれ，予報の精度の向上と気象情報を迅速に伝えてもらいたいという熱望」があると，災害対策上の気象業務の要請が高まっていることを述べた[22]．これを踏まえて木下は，中央気象台の予算の少なさ，組織機構や運営を問題視したのであった．

　和達清夫台長は，木下の質問に対して「私どもの考えの範囲では，気象台の業務と内容，実力におきまして，十分なる責任をもって仕事をする上には，外局にしていただいて，さらに強力なる基盤において仕事をしたいというような熱望を持っております」と，外局昇格への期待を率直に語っている[23]．さらに運輸省の山内公猷官房長は，外局案について次のような考えを示した[24]．

　　外局に昇格するということにつきましては，運輸省も現在研究いたしているわけでございまして，と申しますのは，気象台というものの現在の運営もそうですが，一応主体的に，気象台というものが気象行政の主体として現実には業務が行われているわけでございます．ところが形式的には運輸本省の付属機関であるということと，もう一つ，気象の仕事が従前のように研究機関的な性格を離れまして，現在におきましては，先ほど申し上げましたように現業的色彩が非常に強い，私の見るところでは八割以上そういった傾向があるのではなかろうか．そういたしますと，その業務の実態に合わせた機構を考えるということが現在の行政組織法のもとにおきまして適当ではなかろ

---

22) 木下源吾発言（1955年6月14日）「第22回国会参議院内閣委員会会議録第12号」7頁．
23) 和達清夫発言（1955年6月14日）「第22回国会参議院内閣委員会会議録第12号」7頁．
24) 山内公猷発言（1955年6月14日）「第22回国会参議院内閣委員会会議録第12号」9頁．

うか．(中略) 機構の上からも慎重に検討いたしたいと目下検討しつつあるという点を申し添えさせていただきたいと思います．

　山内の発言は，中央気象台の外局昇格を検討することを容認するものであった．だが，より重要なのは，山内が「現業的色彩が非常に強い」と言及しているように，中央気象台の「現業官庁」の性格を強調している点である．
　加えて1955年7月の内閣委員会では木下が，「今の気象台組織が必要な気象全般の観測，通信，そういうものをしょい切れないような，つまり入れものが小さい組織である．(中略) 組織それ自体をもってもっと仕事を無限に包容して行けるような組織に変えたらどうですか」と，再度「器」の改革としての外局案を提示した[25]．これに対し，行政管理庁の森清政務次官は外局案が有力であること，運輸省の河野金吾政務次官が次の国会に向けて案を取りまとめる見通しを述べており，外局昇格は現実味を帯びつつあった[26]．
　中央気象台内部でも7月に制度打合会が発足し，8月末に向けた成案の具体化が進められた．8月末が期限となったのは，機構改革を1956年度予算に裏付ける必要があったためである．作成された成案は，2人の次長を置き，7部制 (総務，企画，観測管理，統計調査，予報管理，予報現業，海洋気象) の採用，関東地方及び東京地方の予報業務を東京管区気象台に移管することなどを主な内容としていた．9月より行政管理庁との折衝が開始されたが，主な論点となったのは中央気象台のような現業機関が国家行政組織法上の外局となり得るのかどうかであった (古谷 1956b：214-215)．
　附属機関の位置付けは，国家行政組織法第八条の「特に必要がある場合においては，法律の定めるところにより，審議会又は協議会 (諮問的又は調査的なもの等第三条に規定する委員会以外のものを云う．) 及び試験所，研究所，文教施設，医療施設その他の機関を置くことができる」ことを根拠としていた．確かに中央気象台の「専門性」を考慮すれば，附属機関であることは一定の合理性を有していた．だが，中央気象台を附属機関のままとしておくには，あまりにも現

---

25) 木下源吾発言 (1955年7月29日)「第22回国会参議院内閣委員会会議録第37号」4頁．
26) 森清発言 (1955年7月29日)「第22回国会参議院内閣委員会会議録第37号」4頁．河野金吾発言 (1955年7月29日)「第22回国会参議院内閣委員会会議録第37号」4頁．

第一節　平時への復帰と「現業官庁」路線の定着　175

業機関の役割が強かった．また同法第三条では外局の明確な定義はなく，解釈によって運用されてきた．行政組織法の通説的見解では，内部部局の他に外局を置くのは，本省の主任大臣とは別の責任者を設け，ある程度の独立性を持った事務処理を行う単位組織を設けた方が合理的であると考えられる場合であった．事務の独立性に加えて庁の場合，事務量が膨大であって内部部局とした際に他部局との組織上の釣合いがとれないことも理由の一つとされてきた（藤田 2005：139-140）．

　では，中央気象台は自らを外局とするべく，いかなる論理構成を行ったのか．第一に，「中央気象台の行っている業務は，日夜継続して，気象，地震，水象等の自然の諸現象を観測してその成果を発表したり予報，警報を行うことがその内容の主なものであり，この気象業務は高度の自然科学的知識に立脚して運営されるものであるので，運輸省の内局の行う行政事務に対して，特殊な，且つ独立性の強い業務であると共に気象業務法，水防法等によって法律上の義務として日夜を問わず気象サービスを行わなければならない業務であるから，随時研究成果を発表するような研究所の業務と異なる業務である」と，気象業務の独立性が謳われた（古谷 1956b：215）．気象業務法がこの独立性を支える根拠となっていることが窺える．また気象業務の観点から「研究機関」の性格を否定していることは，「現業官庁」の性格を強調するものといえる．

　第二に，気象業務は全国的に多数の気象機関により実施されており，「一体的に災害の防除，交通の安全の確保，産業の振興等社会活動に利用されるよう直接国民に，或いは行政機関，公共団体等に対し，サービスを行う大きな公共事業であるからその事業管理を内局の一部として処理するには業務量も多過ぎるので独立して行われることが適当である」と，内部他部局とのバランスが謳われた（古谷 1956b：215）．第一と第二の理由は，庁の法的解釈に対する回答といえる．

　第三に，中央気象台の人的構成に触れ，「その大半は地球物理学職に属し，運輸省の内局の職員と特異の職種に属するので人事管理の面では独立的な地位を認めるべき性格をもっている」と，人事管理の独立性を謳った（古谷 1956b：215）．換言すれば，中央気象台の大半を占める技術官の存在が，気象業務の独立性とともに組織の独立性を強く主張する論拠となっているのである．

さらに外局とする積極的な理由として気象業務の強化が掲げられ,「中央気象台以外に, 気象の観測, 予報業務等を行う機関が増加しているので, 国内的及び国際的理由から, 気象技術を統一する必要があり, このため, 監督行政部門を整備強化することが要請されているので, 気象業務法に規定されている運輸大臣の権限を外局が直接行使できるようにする必要がある」ため, 長官への権限委譲が主張されたのであった（古谷 1956b：215）.

以上の論理構成をもとに, 制度打合会による内部調整と行政管理庁との折衝は続けられ, 1956年3月に行政管理庁から外局とすることが通知された. これを受けて法案作業に着手し, 四部制（総務, 予報, 観測, 海洋気象）とすること, 新たに気象審議会を置くことなどが決定した（古谷 1956b：216）. かくて, 1956年3月16日に運輸省設置法と気象業務法を改正する法律案が閣議決定した.

国会では衆参の内閣委員会で法案が主に審議された. 主な論点は外局となることで気象業務の強化につながるのかどうか, 外局にするのであれば総理府に移管するべきではないか, 科学技術庁との関係など多岐にわたった. だが, 多くの場合, 観測施設の強化や予算の増加などの具体的な手段の違いはあるにせよ, 気象業務の強化自体を否定する声はなかった. 衆議院内閣委員会では,「気象庁におきましては, 従来人事行政の上から技術者をもって充てることが適当と思いますので, 行政面から長官を補佐する」ため次長を置くことと, 法律案の施行期日（6月1日）を準備の関係から7月1日へと変更することなどの修正が行われた[27]. この修正案をもとに衆参の本会議を可決し, 運輸省設置法と気象業務法の改正は成立するに至った.

総じて審議過程は, 中央気象台の組織強化を進める方向で進められた. とはいえこの過程において, 中央気象台の気象業務の方向性に関わる重要な論点が示されていた. 第一の論点は, 中央気象台にとっての科学技術の発展である. この発展は「観測」と「予報」のために行われるのであるが, 特に「予報」に関して,「科学技術の向上でございますが, 結局は予報技術の向上になるわけでございます. 御承知の通りに, 今までの経験でこういうような気象の判断を

---

27) 大平正芳発言（1956年5月8日）「第24回国会衆議院内閣委員会議録第42号」8頁.

して警報を出しておりましたが，最近は理論気象学とでも申しますか，その方面が非常に進みまして，物理的なある法則によって数値的に気圧の変化が大体予知できるような，いわゆる数値予報の研究が進んでおります．そういうようなわけで，行く行くはこの数値予報を取り入れて，もっと迅速に正確に気象の判断ができるようにいたしたい」と，将来的な「予報」の方向性が述べられたのであった[28]．第二の論点は，気象業務に関する「長期計画」の策定である．吉野信次運輸大臣が繰り返し「長期計画」の必要性に言及したように，予算増加の手段として「長期計画」が要請されたのであった[29]．新たに審議会を設置したことは，技術の検討だけではなく，業務改善の長期的な方針を検討する場としての期待の表れであった．

　以上の経緯を経て，気象庁は設置された．外局昇格は，組織の独立性を高めたようにみえる．しかしながら，運輸省の統制が完全に排除されたわけではなく，むしろ予算編成と折衝，法案作成などの事務官が知悉しやすい執務知識は，運輸省に大きく依存していることが明らかになった．このことを裏付けるように気象庁の人事慣行において，次長と総務部長，同部主計課長と企画課長は本省ポストとして次第に定着していったのである．彼らは執務知識に基づく助言のみならず，本省との結節点を担った．換言すれば，総務部の中枢ポストを掌握することで，運輸省による管理上の統制は残されたのである．

　長官は台長から引き続いて和達清夫が就任したこともあり，気象庁への昇格も基本的な課業に大きな変化がないと報じられた[30]．人々からすれば，天気予報や各種の警報が大きく変わるわけではないため，社会の反応は慣れ親しんだ「中央気象台」の名称が消えることにとどまった．

　だが外局への昇格が本省から出向してきた企画課長を中心に主導されたことは，「現業官庁」としての組織的性格を決定付けることとなった．気象研究所が研究機能を担うとはいえ，気象庁自体の組織設計の議論は，「現業官庁」であることが一貫して強調されたからである．気象業務法が平時への復帰の完了を象徴する出来事と捉えた場合，外局への昇格はこのあいだに生じた中央気象

---

28) 吉村順之発言（1956 年 5 月 8 日）「第 24 回国会衆議院運輸委員会議録第 33 号」3 頁.
29) 吉野信次発言（1956 年 5 月 22 日）「第 24 回国会参議院内閣委員会議録第 49 号」11，14 頁.
30) 『読売新聞』1956 年 7 月 2 日夕刊.

台の組織的変容の一つの帰結といえる．

　「現業官庁」路線が定着する外部要因となったのは，防災機能の強化を求める社会的要請であった．前述の木下源吾が述べているように，戦後復興期以来，台風や豪雨などの気象災害が相次いだ．ここで着目すべきは，地震や噴火と比較した際にみられる気象災害への切実した対応であろう．これは主に大規模な災害の頻度によるものといえる．確かに地震は断続的に発生していたが，死者・行方不明者 100 人以上の大規模な地震災害は，1948 年の福井地震以来，1960 年のチリ地震津波まで発生していなかった[31]．逆に大規模な気象災害は，ほぼ毎年のように起きていたのである．

　さらにもう一つの要因は，気象災害における予測可能性の高さである．1946 年の南海地震を契機に地震における「予知」の重要性が認識され，中央気象台を中心に地震予知研究連絡委員会が発足していた．しかしながら，「予知」の実現化をする上で観測網の整備が優先され，1965 年の第一次地震予知計画まで気象庁では本格的な「予知」制度の構築に着手することはなかった（気象庁 1975a：450-451）．また火山観測も，気象庁が常時観測体制のための全国的な火山観測網を整備するのは 1960 年代に入ってからであった（山里 2005）．換言すれば，気象災害を予測する基本となる天気予報の体制は，地震や噴火といった他の自然現象と比較して「観測」と「予報」，「警報」全てについて遥かに整備されていたのである．したがって「防災官庁」の中核は，気象災害に対する主導的な観測・予報・警報体制の整備を意味していた．この観点から本書における気象庁にとっての「防災官庁」とは，気象災害に対する主導的な観測・予報・警報体制の整備を中核とし，同様の体制整備を地震や噴火といった他の自然災害にまで拡げることを志向する組織（像）を指す概念と定義したい．

　また気象庁が「現業官庁」路線を定着させていく代わりに，組織設計上において研究機能の維持を担ったのが気象研究所であった．気象庁と気象研究所とのあいだで人事の交流が行われることで，気象技術者は実務から距離を置いて専門知識を練磨することが可能であった．気象研究所の研究課題は一般研究（経常，所内共同，所内緊急，地方共同）と特定研究（特別研究及び他省庁からの移管

31）「過去の地震津波災害」(http://www.data.jma.go.jp/svd/eqev/data/higai/higai-1995.html)．

経費による研究）に区分され，1960年代には北陸豪雪の研究や梅雨末期集中豪雨の研究，台風進路予想の研究など，気象庁の課業と結び付いた研究課題も多かった（気象研究所 1996：211-225）．気象研究所による研究機能の組織的定着を実現したことは，1960年度予算要求の項目から「気象研究所」の項目が独立し，気象庁の予算要求額に占める「気象研究所の運営に必要な経費」の割合が一時期を除き長らく安定的に推移してきたことからも窺える［表3-2］．逆にこのことは，気象庁が気象研究所に対して重点的な予算配分を行う機会が少ないことも暗示していた[32]．1970年代に気象庁予報部電子計算室に在籍した住明正が「気象庁の方も気象研究所の仕事を利用して気象庁を発展させようという視点は毛頭持っていないし，逆に気象研究所の方も気象庁全体に寄与しようとは思っていないという感じを受けることがあります」（気象研究所 1996：92）と指摘したように，気象研究所の研究機能が純化していくほど，気象庁と気象研究所とのあいだにあった一体的な関係は次第に薄らいでいくのである[33]．

他方で安定した人材供給経路の組織化も外局昇格後に実現した．外局昇格に伴い改称した気象庁研修所は，気象技術者の再教育のみとなっており，高度な専門教育を受けた気象技術者の人的不足が顕在化した．このため1959年に高等部（二年制）が設置された．1962年には気象研修所は気象大学校へと改称され，大学部（二年制）が置かれた．さらに上級職合格者の大学卒業者において気象庁を希望する者が少ないこと，二年制の短大ではその人数不足を充足するには不十分であるとして，1964年に大学部は四年生となった（気象庁 1975a：608）．校長であった大谷東平が「この中から管区台長や長官になる可能性がで

---

[32] 無論気象庁が研究機能を軽視していたということを意味しない．1960年度から2000年度までの気象研究所関係の予算要求における項目では，年度に応じて1970年代には「気象衛星の研究開発に必要な経費」ないし「静止気象衛星の研究に必要な経費」，「海底地震観測の研究に必要な経費」が，1990年代後半以降では「気候変動予測技術の研究開発に必要な経費」が独立した項目で記載されている．これらの項目は気象業務と緊密に関係した研究であり，独立した項目がある年度は気象研究所の予算要求額も増加している．気象庁の喫緊の現業改善に資する研究開発では，予算の重点配分は行われているのである．しかしながら，前述したように「気象研究所の運営に必要な経費」という気象研究所の中核的な予算要求額の比率が一時期を除き安定的に推移してきたことに鑑みれば，予算配分の観点から気象庁が現業部門と比較して気象研究所の研究機能の向上を恒常的に最重要視していたとはいえないと考える．「予算書・決算書データベース」（https://www.bb.mof.go.jp/hdocs/bxsselect.html）．
[33] この他に現業部門と気象研究所との早くからの疎遠な関係を指摘したものとして，大谷東平伝編集委員会（1985：242）を参照．

表 3-2 気象研究所と気象庁の予算要求額（1960 年度から 2000 年度まで）

年度	予算要求額（千円） 気象研究所	予算要求額（千円） 気象庁	比率
1960 年	140,104	4,196,685	3.3%
1961 年	172,178	4,904,102	3.5%
1962 年	196,822	5,582,269	3.5%
1963 年	224,584	6,455,427	3.5%
1964 年	251,955	6,946,587	3.6%
1965 年	283,624	7,819,023	3.6%
1966 年	315,602	8,795,624	3.6%
1967 年	350,122	9,987,454	3.5%
1968 年	381,302	10,661,732	3.6%
1969 年	422,067	12,368,444	3.4%
1970 年	474,914	13,230,539	3.6%
1971 年	526,751	15,048,453	3.5%
1972 年	555,994	18,062,653	3.1%
1973 年	624,080	21,755,324	2.9%
1974 年	716,831	26,259,306	2.7%
1975 年	892,705	35,023,082	2.5%
1976 年	1,093,019	37,372,248	2.9%
1977 年	1,154,606	39,205,426	2.9%
1978 年	1,430,722	38,421,996	3.7%
1979 年	2,650,041	39,745,338	6.7%
1980 年	2,697,617	41,986,553	6.4%
1981 年	2,171,952	44,059,642	4.9%
1982 年	2,153,332	46,553,199	4.6%
1983 年	2,127,356	48,078,744	4.4%
1984 年	2,163,315	48,742,841	4.4%
1985 年	2,142,089	45,518,980	4.7%
1986 年	2,228,506	46,375,920	4.8%
1987 年	2,219,727	46,761,737	4.7%
1988 年	2,176,724	46,889,598	4.6%
1989 年	2,252,031	48,107,855	4.7%
1990 年	2,301,063	49,183,500	4.7%
1991 年	2,442,810	51,726,789	4.7%
1992 年	2,557,236	56,354,679	4.5%
1993 年	2,633,347	58,275,526	4.5%
1994 年	2,581,495	59,077,757	4.4%
1995 年	2,617,429	59,427,607	4.4%
1996 年	2,672,288	59,350,556	4.5%
1997 年	2,727,434	59,959,241	4.5%
1998 年	2,765,702	61,131,670	4.5%
1999 年	2,316,865	62,186,860	3.7%
2000 年	1,879,368	52,439,169	3.6%

出典）「予算書・決算書データベース」（https://www.bb.mof.go.jp/hdocs/bxsselect.html）より筆者作成．各年度の予算要求額は一般会計における当初予算の予算書に基づく．気象研究所の予算要求額は、「気象研究所の運営に必要な経費」を用いた．比率は、気象研究所の予算要求額が気象庁の予算要求額に占める割合を示したものである．

きた」(大谷東平伝編集委員会 1985：240-241) と述べたように，気象大学校は現場の気象技術者を充足するだけではなく，管区気象台長をはじめとする将来的な幹部候補生の教育機関となったのである．毎年約 15 名の卒業生が出ることは，全員が必ずしも気象庁に入るわけではないにせよ，気象庁内部において一定数の同質な集団が形成されることを意味する．とはいえ気象大学校の設置経緯が大学卒の気象技術者の人的不足を充足するという安定的な課業遂行の要請から出発したことに鑑みれば，外局昇格後の気象大学校の速やかな設置は，気象庁の組織的性格がまさに「現業官庁」にあることを象徴するものであったといえる．

　気象庁が「現業官庁」である論理は，「日夜を問わず気象サービスを行わなければならない業務」という気象業務の性格に求められた．人々の行政需要からすれば，この論理は精度の高い天気予報が安定的に提供されることを意味する．予報官の職人芸によって天気予報の内容が異なるという「創造性」は，行政サービスの質の安定性を欠くことであり，気象庁にとっても，人々にとっても望ましいものではないのである．したがって，中央気象台から気象庁になることは，国民に向けた天気予報の「サービス」の質を明確に自覚することにより，「客観的」な予報の必要性を切実なものとしたのである．

　先述したように気象庁は，「客観的」な予報の具体化として数値予報に期待した．この期待は「主観的」な予報の否定の上に成り立っている．かつて岡田武松や藤原咲平が指導した中央気象台におけるプロフェッションの象徴的な担い手とは，自らも研究を行うことで「専門性」を更新し，また経験に基づく「主観的」な判断に自負を持つ気象技術者たちである．彼らを支えた「測候精神」や予報官の心得は，組織内部の価値とはなり得ても組織外部にまで根付くことはなかった．このことに鑑みれば，気象庁による「客観的」な予報への積極性は，戦前にはなし得なかった「エキスパート・ジャッジメント」の組織外部への価値の浸透に代わる，新たな価値の浸透を目指したものに他ならない．

　新たな価値を組織外部にまで浸透させていくのであれば，何より組織内部において価値を制度化しておく必要がある．気象庁内部では「客観的」な予報の具体化は，どのように検討され導入されるに至ったのか．次節は，数値予報に焦点を絞り，数値予報に対する期待の中に「エキスパート・ジャッジメント」

に代わって「機械的客観性」という新しい価値が胚胎していることを確認したい．

第二節 「客観的」な「予報」へのパラダイム転換

(1) 数値予報への期待

　本節は，数値予報の実用化がどのように検討され導入されるに至ったのかを考察することで，気象庁内部で「機械的客観性」の価値が制度化し始める契機を明らかにする．具体的には，数値予報が「客観的」な予報の具体化であり，気象庁は経験に基づく「主観的」な予報に代わる技術手段として期待していたことを確認する．まずは，中央気象台時代から数値予報がいかなる技術的手段として捉えられていたのかを概観する．

　予報の数値化の必要条件は，気象全般を物理学的に把握することであった．戦中から戦後にかけての各国の気象観測網，特に高層気象観測網の充実化の方向性は立体的な観測データの蓄積を可能とし，力学的解明の貢献につながった．戦後における気象学の興隆は，経験に基づく技法（art）から科学（science）として確立すべく，主に予報に関する研究が中心となっていたのであった（Harper 2012：2-3）．

　数値予報の研究において決定的となったのは，J. ノイマンによる電子計算機（コンピューター）の発明であった．戦後間もなく，ノイマンは新しい電子計算機を用いた科学研究を行うため，プリンストン高等研究所で気象学者や大学院生らとともに新たな大気モデルの検討と予報の数値化を研究した（Macrae 1992）．彼らはプリンストン・グループと称され，数値予報モデルの開発を主導した．1950 年 3 月に ENIAC を用いて行った最初の数値予報は成功したとはいえ，24 時間先の予報において計算時間が 36 時間かかった．だが，1952 年に IBM701 が実用化されると，計算能力は飛躍的に向上した．また傾圧モデルを用いた過去の大嵐の予測に成功したことを受けて，米国気象局と軍は合同数値予報組織（JNWPU）を結成し，1955 年 5 月から数値予報の業務化が開始されたのであった（新田・二宮・山岸 2009：27-30）．

　日本でも同時代的に数値予報の研究は開始されていた．アメリカにおけるプ

リンストン・グループと同様，日本でも数値予報の研究グループとしてNPグループが1953年に結成された．このグループの中心的人物は，正野重方であった．

戦後の正野の気象学研究室は，研究者や中央気象台関係者，中央気象台へ志望する学生が集まり，大学と中央気象台との一つの結節点となっていた[34]．当時の研究室での生活について，松本誠一は次のようにいう（廣田 2001：6）．

> 先生から与えられたテーマは長期予報であった．私達はグループを作り大気循環の研究に取りかかり入手可能となった高層観測値を使って偏西風波動の解析を進めた．（中略）この頃からアメリカから続々と文献が入り，何より目を奪ったのは数値予報成功の論文であった．我々は一様に興奮したものだが，先生は自分の考えの先手を取られたと悔しがられ，新たなファイトを燃やされた．計算機の使えない我々はフーリエで追いかけようと勉強が始まった．やがて数値予報（NP）グループが結成された．正野先生を中心とするNPグループの活動は目を奪うものがあり，やがて新潟，関西…へと広がっていった．

加えて，真鍋淑郎は「大部屋の一番奥には大先輩の小倉〔義光〕さんがおられ，我々新入りは入り口の方に机をもらい，毎日朝から晩まで議論に花を咲かせており」，彼らは雨の数値予報に取り組んでいたという（廣田 2001：19）．さらに関口理郎は，「中央気象台の測候課に在籍したが，当時の課長は吉武〔素二〕先生，課内には村上多喜雄さんも在籍され，学究的雰囲気の濃い雰囲気であった．その頃から正野先生が主導されていた数値予報グループの活動もようやく活発になってきており，村上さんや栗原〔宜夫〕さんとともにその活動に参加することが出来た」と，中央気象台と緊密な関係にあったことが窺える（廣田 2001：16）．彼らの回顧からは，当時の数値予報研究の活況を看取することができよう．

中央気象台内部でも，高橋浩一郎を中心に数値予報委員会が非公式ながら設置された．委員は主に予報課，気象研究所，大学から構成され，窪田正八が連

---

34) 正野の研究室の出身者には，気象庁長官となる新田尚，気象学者の小倉義光や岸保勘三郎，雲物理学者の駒林誠などがいた．

絡を担った．また，正野の弟子である岸保勘三郎は，米国の数値予報研究の情勢を各委員に伝えた（気象庁 1975a：394）．岸保は，米国で電子計算機に触れることで日本でも導入する必要性を確信したという（岸保 1984：7-11）．電子計算機を持たないなか，結成した NP グループは，数値予報のモデルについて予報課，気象研究所，東大がそれぞれモデルを検討することとなり，モデルの精緻化が進められたのであった（栗原 1954：23-24）．

日本における数値予報研究の場合，台風の数値予報に注力したことが一つの特徴であった．1954 年に「台風の数値予報」を発表した気象学研究室の佐々木嘉和と都田菊郎は，当時の研究状況を次のように述べている（佐々木・都田 1956：3）．

> 当時を思い出しますと，何かよく判りませんが，ともかく，Jacobian だの Relaxation だの数値計算をやりますと，天気図のパターンの変化が出てきます．しかも，それが実際のものとよく似ているわけですから，面白くもあるし，不思議でもあったわけです．そして，これはよくあることでしょうが，やがて私共は盲信するまでになっていました．間もなく岸保博士は帰国されました．そして，何かの話のついでに，台風の移動が数値予報で出来ないかということになったと記憶します．そこで，たまたま，これに興味をもったのが私共だったのです．

彼らの回顧は，当時の数値予報のインパクトを物語っている．このことは，「この頃は，それ以前の先輩の方々の研究には目をつぶり，ちょうど，革命直後の熱病的な人々のように，ひたすら数値予報を信じてやっていたのです．ですから，ある時分には，台風は一般流と逆向きに流れるという結果がでると，それを信じたこともありました」と数値予報への積極的な期待からも明らかである（佐々木・都田 1956：4）．彼らの台風の数値予報に関する研究は，実際の予報に活用することができる「客観的」な手法に向けられていたといえる（有賀 2016：316）．

佐々木嘉和と都田菊郎による実用志向の研究成果は，中央気象台にとっても歓迎すべきものであったのであろう．この後も検討は続けられ，台風の数値予

報は「佐々木・都田の方法によってより量的に，より客観的になってきた．この佐々木・都田の方法はアメリカに滞在中の笠原〔彰〕氏によって電子計算機による計算法に発展させられ，ルーチン化の所まで進んでいる」と評されたように，1950年代後半には電子計算機による台風進路の予測の現実化が進んだのであった（増田 1958：7）．それゆえ，日本の数値予報は計算手法やモデルの開発・改良を通じて発達してきたのである．

数値予報を通じた大学と中央気象台との緊密な関係は，台風進路を「予報」するという点で研究と実務の双方の目的を満たしていた．それゆえ，佐々木嘉和と都田菊郎は，数値予報の研究における大学と中央気象台との関係を次のように評した（佐々木・都田 1956：4）．

> この研究において，現業と大学が相互の機能を発揮して共同研究の成果をあげたことは大きな特徴であります．一般的にいって，大学はややもすると観念的になり勝ちですし，現業は余りにも現実的になります．別の言い方をすれば，大学は現業を卑下しますし，現業は日本人の研究に対して冷淡であります．（中略）しかし，この研究ではこの点に関してかなり円滑に行ったように思います．例えば天気図から台風を取り去って一般場を求めますと，どうしても残りの一般場がガタガタの曲線になります．その結果，予報がうまくいかなかったのですが，大学の岸保博士の助言でスムーズ・アップすることにより，この難点を除去しました．逆に大学における研究も，現業との密接な接触により，取り上げる問題が真剣にもなり，必然性をもってきたように思います．

正野の研究室出身の多くが，研究者と中央気象台・気象研究所に就職する弟子たちで構成されたことは，双方の組織間コミュニケーションを活発化させたといえる．

では，なぜ数値予報は中央気象台と気象学者にとってこれほど魅力的であったのか．この答えは，数値予報の性質に求められる．佐々木嘉和と都田菊郎は，数値予報の特徴を次のように述べている（佐々木・都田 1956：4）．

> 数値予報の目指しているのは大気の運動の正確な把握と天気予報のオート

メーション化です．最初に初期条件が与えられますと，それが機械に拋り込まれ，極度に一般化された方程式の演算を通して，やがて自動的に結果が出てくるわけです．したがって，ここには人間の頭脳が発揮します不可思議な判断力は入ってはならないのです．換言しますと，方式はどのような初期条件に対しても順応できる扱い方でなければなりません．台風であろうと，一般場であろうと，その間には何等の差別もない筈です．

　数値予報の特徴は，人間の「主観的」な判断を排した「客観的」な予報を可能にすることにあった．数値予報の原理が自然科学的知識によって裏付けられ，高度な「専門性」を有する技術であるのみならず，この研究が世界的な気象学全体の動向と軌を一にするものであればこそ，数値予報は中央気象台の「客観的」な「予報」の象徴たる地位を占めることが可能だったのである．したがって，数値予報の特徴を承認することは，「エキスパート・ジャッジメント」の価値を否定することであり，ここに「機械的客観性」の価値が肯定されることとなる．

　以上の中央気象台の姿勢は，社会に対する発信からも窺えよう．窪田正八は，社会に対して数値予報の意義を次のように説明している[35]．

　　　天気というものを変化させている原因にはいくつかの種類があるが，新しい「数値予報」は，天気変化とその原因との関係を一般的な科学法則から求めようとするものである．もちろん，今までの天気予報にも大いに科学性があるにはあったが，一貫した法則性に欠け，一つ一つの科学的事実がバラバラで，そのどれに重点を置くかは予報者の主観にまかせられてきたのである．これに反して新しい「数値予報」は系統的法則の中に一つ一つを矛盾なく組みいれようとするものだから，個人差が少なく（客観的），誤差の検討が容易なので着実に改善してゆけるという利点がある．

　窪田の説明のように，社会も数値予報の可能性を期待し記事に取り上げた[36]．

[35) 『読売新聞』1954年2月27日．

社会も数値予報の導入により天気予報がよりあたるようになることを期待したといえる．逆にいえば，社会は中央気象台の天気予報の適中の水準に満足していなかったことも意味していた．それだけに中央気象台の「客観的」な予報を強調する数値予報の可能性の提示が，予報官個人の非難回避の潜在性を有していたのではないかと考えられるのである．

だが，数値予報の実用化をするためには，電子計算機が不可欠であった．数値予報の計算式とモデルの精緻化が進めば進むほど，複雑な計算処理を高速化する電子計算機の必要性を認識するに至った．この電子計算機の導入に向けた動きは，気象庁への昇格後に本格化していくのである．

(2) 電子計算機の導入と「予報」のパラダイム形成

NP グループは，諸外国の数値予報研究の動向と米国の実用化を把握することで，電子計算機の必要性を認識した．もちろん日本でも富士写真フイルムの岡崎文次が 1956 年に自製の電子計算機（FUJIC）を開発するなど，国産の電子計算機の開発も進められていた（高橋 1972：33-34）．数値予報研究者は，国内の開発途上のリレー式計算機や電子計算機を利用させてもらうことで研究を進めたのである（古川 2012：169-172）．しかしながら，米国の電子計算機の進展は目覚ましく，また自前の電子計算機の確保が望ましいことから，気象庁は IBM 社の電子計算機の借入契約を目指した．

最初に予算要求をすべく動き出したのは，気象研究所であった．この要求は研究目的の性格が強いものであった．しかしながら，「大蔵省は，気象庁が電子計算機を予報業務に使うなら認めようという内々の意向を伝えて来た．そこで気象庁では急いで長官和達清夫，研究所長畠山久尚，予報部長鯉沼寛一が集まり，予報部内への設置方針を決定し，研究所と予報部が協力して，予算作業にあたるべき旨を指示され」，この指示をもとに「庁議では数値予報を業務化するということで要求することに決定したが，容量には余裕があるので研究に

---

36) 『読売新聞』1954 年 10 月 31 日，『朝日新聞』1954 年 11 月 13 日夕刊など．加えて『読売新聞』の「編集手帳」では，「問題は天気予報をなるべく当るようにする施設をわたくしたちの税金でできるだけすることである．（中略）高度の電子計算機による数値予報の確率は高いという．それならばこの計算機を二億円で買って気象庁に備えつけようではないか」と，電子計算機の導入も肯定的であった．『読売新聞』1956 年 11 月 11 日．

も併用するという形をとることにした．その結果，庁内の要求原局として予報部が指定された」のであった（気象庁 1975a：396）．

　1957 年に電子計算機の借入契約が国会で承認され，同年 5 月に IBM 社と契約を行った．これにより，1959 年 1 月に電子計算機が輸入されることになった．借入契約に先立ち，予算要求において主導したのは予報部予報課の藤原滋水（藤原咲平の次男）であった．大蔵省主計官に連日の如く説明を続けるなかで，藤原は鹿野義夫主計官が電子計算機の導入に前向きであることに気付いていったという．鹿野は工学部出身の技官であり，電子計算機にも関心があったとされる．加えて鹿野の前向きな姿勢の背景には，窪田正八が主計官であった相沢英之に相談していたことも看過することはできない（古川 2012：188-192）．それゆえ，大蔵省から電子計算機の内部の公開や部外の利用の便宜を図ることなどの条件が付されたものの，電子計算機を納入する建物の新営予算を含めて，準備は着実に進んでいったのである．

　以上の過程は，鯉沼寛一の述懐からも把握することができる（鯉沼 1984：180-181）．

　　計算機を入れる部屋についても問題はあった．どうせ予報部が中心となるとすると，予報現業室の隣りにある書庫を使えばよい，という話も出たけれど，その建物は要するに倉庫の作りである．しかし，計算機の部屋は恒温・恒湿にするのだというから，書庫では工合いが悪いようだ．
　　一方，気象庁は関東震災以来，昭和三十三年に到るまで，バラック住いでやって来ている．勿論，その間に仕事の膨張で次第に拡張はして来たけれど，バラックであることに変りはない．それで，もうそろそろ本建築に変える順番になる時だ．そういう時に計算機だけの建物を建てるのは，如何にも無駄なようだ．
　　計算機は三十三会計年度に決ることになっているけれども，まだ決らないことが余りにも多すぎる．幸いなことに，電子計算機の予算を通してやろう，と言って呉れた大蔵省の主計官は東大の工学部出身という変り種だが，その師は工学部教授で，電子計算機の専門家である．解らないことを議論するよりも，これらの人に集まって貰って，話合いをすれば一番よいのではないか，ということになった．

それで，担当の主計官とその師の東大教授及び計算機に関係を持つ人に気象庁へ集まって頂いて，いろいろ話合いをした．そして，計算機はIBMの「七〇四」型とし，これは購入するよりも借りること，サイクル調整器を加えて建物を建てること，などが解決したので，あとは実行を如何に手落ちなくやるか，ということだけである．

　鯉沼の述懐は，気象庁にとって電子計算機の導入がいかに大きなプロジェクトであったのかを物語っているといえよう．年間の借料が1億5000万円と気象庁の予算の中でも決して小さくはない金額であった（1959年度予算は約38億円）．また新しく電子計算機室を設置することのみならず，プログラミングなどの各種講習を催し，受け入れ体制を整える必要があった．具体的な数値予報業務は，「一般予報グループ」，台風の進路予想のプログラムを作成する「台風グループ」，天気図の精度に関する調査を行う「解析グループ」によって準備された（気象庁 1975a：397）．さらにIBM社から派遣された講師による管理者講習も開始された[37]．

　1959年1月に入り，IBM社からIBM704が搬入された．この搬入は，「気象界あげて待ちあぐんだ電子計算が，1月13日横浜港に到着した．気象庁，IBMの関係者の歓迎はもとより，内外報道関係者のカメラの放列は，さすが極東地域にはじめてお目見えするものだけに盛大なものであった」とされ，気象庁の高い期待が窺えよう[38]．また，『読売新聞』の広告に日本IBM社が「みなさんの天気予報・台風予報をより正確にする」（傍点原文ママ）とキャッチコピーをしたように，電子計算機の効用が高らかに謳われたのであった[39]．

　1月14日，気象庁は庁議で電子計算機の運用方針を決定した．予報現業に関して，業務の正式開始日は4月1日を目途とすること，実施予定人員は27名とした．組織は課とするよう折衝中であるとされた．また，現業以外の利用について，「できるだけ多くの利用に供する方針とするが，人員経費等の関係もあるので，別途関係部局と協議し，庁議を経て有効適切な方途を講ずるも

---

37) 『気象庁ニュース』16号，1958年，63頁．
38) 『気象庁ニュース』34号，1959年，6頁．
39) 『読売新聞』1959年1月14日．

の」とし，現業優先の方向性が確認された[40]．3月12日には電子計算機の火入れ式が行われ，所管部局については課ではなく予報部に電子計算室として新設されるに至った．電子計算室長は予報課長であった伊藤博が就いた．予報課長から電子計算室長に異動すること自体，電子計算室への期待の高さが窺える．

　しかしながら，この人事は電子計算室の置かれた状況を暗示していた．なぜなら，「業務面と研究開発面の要求が争うこともあった．業務面から見ると，質量共に不完全であり開発面からは質の向上が第一であるとの考えが述べられた．電子計算機使用時間の割り当ては，電子計算室が全て行い，部外の理解を求めることなく進められているとみなされ，電子計算室は激しい非難のうずに巻き込まれることとなった」からである（気象庁 1975a：396）．発足した電子計算室は，岸保勘三郎，鍋島泰夫，藤原滋水，新田尚などNPグループ関係者が集まった部局であった．加えて電子計算室の課業は予報の現業に影響をあたえるだけに，彼らの先行は予報部内（特に予報課）の軋轢を生じさせる要因となっていった．電子計算室内外の調整を行う上で，電子計算機の導入の中心にいた伊藤が就くことは，軋轢への対応を考えての配置といってよい．

　また数値予報の登場は，現場の予報官にとって必ずしも歓迎されるものではなかった．初期の数値予報は必ずしも精度の点において予報官より優れていたわけではなかったからである．それゆえ，現場レベルでは数値予報への積極派から懐疑派に至るまで予報官のスタンスは多様に存在し，数値予報の実践的適用は容易に浸透しなかった[41]．

　倉嶋厚の回顧によれば，かつての予報は「何と言っても人の知恵であり，経験が物を言い，優越した時代である．これまで天気図を何枚書いたか，どれだけ消しゴムを使ったかが勝負であり，長い間の予報の成功や失敗は，経験という器のなかで主観的に選別され濾過されて，予報官に智恵として沈潜されてきた．あちこちに予報の天皇や名人が割拠し，実際に虎の巻まがいのノートを懐に日々の勝負に臨んだ人もいた」とされる．続けて倉嶋は，「守旧派と革新派との衝突や軋轢が起きるものだ．数値予報についてみれば，守旧派はベテラン予報官で，革新派は数値予報グループの構図となる．現場は圧倒的に守旧派で

40）『気象庁ニュース』35号，1959年，7頁．
41）新田尚へのインタビュー（2015年9月26日，東京）．

あった．理屈は頭で分かっていても，当たらない資料は使えない．逆にあたる代物であれば，理屈は何であれ使う．（中略）現場では，いくら数値予報の結果を使えと言われても，頭の切り替えはそう簡単には行かなかった」と受容する側である予報官の心理を明らかにしている（古川 2012：216-217）．

　数値予報と現場の予報官による予報技術との軋轢は，T. S. クーンのいう「パラダイム」の転換局面に生じたものである（Kuhn 1962）．「客観的」な予報を目指すという数値予報の理念と理論体系は，それまでの予報官の予報技術を支える理念と理論体系とは質的に異なるものであった．だが，気象庁が自然科学的方法を強調する「予報」を組織として掲げた以上，「科学」を掲げる戦後の気象学を背景とした数値予報は組織の価値に適合的であった．換言すれば，気象庁の「専門性」を向上させていくにあたり，自然科学の専門知識に支えられた数値予報は有効な技術的手段であったといえる．このことは，大蔵省から進行中であった気象庁の庁舎改築と電子計算機導入の二者択一を迫られ，和達清夫長官は庁舎改築の代わりに電子計算機を選択したとされることからも，気象庁の数値予報に対する積極的な姿勢が窺える（増田 1995：41-42）．

　とはいえパラダイムの転換を可能にするには，新たなパラダイムを受け入れる素地が必要である．現場の予報官が数値予報の結果を受容していくには，戦後の気象学の知見を摂取した予報官に世代交代が進んでいく 20 年余りの歳月とこのあいだの数値予報の精度の向上を必要としたのである．この意味で数値予報の導入は，「機械的客観性」の価値が制度化し始めていく契機だったのである．

　数値予報の精度の向上には，モデルの精緻化のみならず，観測データの質及び量の増大が不可欠である．このためには観測対象と範囲を網羅的に，さらにリアルタイムに近づけて収集していく必要がある．加えて観測のデータは，数値化もされなければならない．それゆえに気象庁は，「観測」にも「機械的客観性」の価値を体現する技術的手段を必要とした．この技術的手段の開発も大きなプロジェクトであるゆえに，各事業を統括する総合的な構想と見通しを踏まえた「長期計画」が必要とされたのである．

　したがって気象庁への昇格と数値予報の導入がほぼ同時期に行われたことは，「エキスパート・ジャッジメント」から「機械的客観性」という，新たな価値

の選択を象徴的に意味するものとなったのである．

小括

　本章は，戦後の中央気象台による平時への復帰を検討した．藤原咲平から和達清夫に台長が代わった中央気象台は，中核的な課業を維持する志向にあり，戦時体制下以来の「現業官庁」路線を強化するに至った．気象業務法の制定は，気象業務の範囲を画定させることにより対外的な自律性の確保を実現したものの，「研究機関」の側面の後退は顕著なものとなった．

　しかしながら，気象業務法の意義は，自然科学的方法を強調する「観測」や「予報」を改めて価値として組織に注入したことにある．この価値は，「客観的」な予報の実現を目指すことであった．戦前において「エキスパート・ジャッジメント」の制度化を選択した中央気象台にとって，新たな価値は従来の気象技術者による「主観的」な判断に基づく「専門性」の行使を否定する可能性を有していた．なぜなら人による目視や体感による観測を測器に代えていく「観測」は，人による裁量の余地を介在させないことを意味していた．また「予報」は，定量的な方向性を前提としていた以上，経験による「主観的」な予報を将来的に否定するものであったからである．したがって，中央気象台が数値予報の実用化に積極的であったのは，予報に機械的な「客観性」を求めたからに他ならない．かくて数値予報の導入とは，「機械的客観性」の価値が制度化し始める契機だったのである．

　さらに中央気象台が天気相談所の設置や展覧会の開催，世論調査を行ったのは，社会的な接点を強化することで天気予報への「評判」を獲得するためであった．「科学」への期待を背景に中央気象台の天気予報が適中するようになったと評価される場合もあったが，占領が終わる頃には早くも適中しないことが人々の不満として顕在化しつつあった．気象庁は，戦前と同様に気象学の現状や観測施設の整備状況を適中しない理由にあげていた．だが，決定的に異なるのは，気象庁は経験による予報を「主観的」な予報としてあつかい，数値予報が「客観的」な予報を可能にすることを主張したことであった．換言すれば，気象庁にとって数値予報は，人々の天気予報の内容に対する「評判」を獲得す

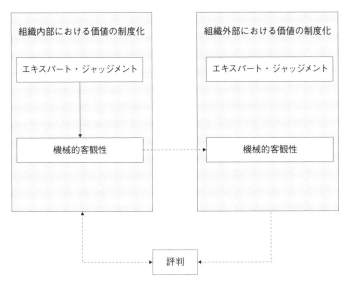

図 3-2 組織内部及び外部における価値の「制度化」と「評判」の関係（第三章）
出典）筆者作成.

るための新たな技術的手段でもあったのである.

　加えて中央気象台から気象庁への昇格は，組織内部で「研究」を消極的に捉えることで，「現業官庁」としての役割が定着するに至る．これは，戦前の岡田武松や藤原咲平によるプロフェッションの方向性とは明らかに異なっていた．もはや気象庁は，「エキスパート・ジャッジメント」を組織内外に向けて制度化しようとはしなかったのである．

　かくして気象庁は，人々の天気予報の制度や内容に対する「評判」を獲得・維持していくために「客観的」な予報の実現を積極的に求めていく．ここに気象庁は，「エキスパート・ジャッジメント」に代わる「機械的客観性」を新たな価値として選択したのである．

　以上の歴史分析を第一章で提示した図式にあてはめると，占領期から外局昇格以降の1950年代後半までを対象とした，気象庁における価値の制度化と「評判」との関係は，次のように説明することが可能である［図3-2］．第一に組織内部における価値の制度化において，「エキスパート・ジャッジメント」から「機械的客観性」へと向けられた図の矢印は，気象庁内部で価値の再選択

が行われたことを示している．第二に組織内部における価値の制度化から組織外部における価値の制度化に向けられた図の点線の矢印は，気象庁が数値予報の導入に向けて社会側に「客観的」な予報への理解を要請することで，「機械的客観性」の価値の浸透を図り始めたことを示している．第三に組織外部における価値の制度化から「評判」に向けられた図の点線の矢印は，人々が「客観的」な予報を科学的な天気予報として期待したものの数値予報が導入されたばかりであり，社会側が新たな天気予報に対する「評判」を形成する段階に至っていないことを示している．第四に組織内部における価値の制度化と「評判」とのあいだの図の点線の矢印は，気象庁が「評判」獲得のために数値予報を実用化したばかりであり，十分な「評判」を獲得する段階に至っていないことを示している．それゆえ，「機械的客観性」という価値を選択した気象庁がその制度化を確たるものとするためには，新たな価値を支える技術的手段の整備と各技術的手段を連関させ，組織全体に価値を浸透させるマクロな構想が求められたのである．

第四章　戦後日本の気象行政の確立
――「機械的客観性」の制度化

　本章は，「エキスパート・ジャッジメント」から「機械的客観性」を選択しつつあった気象庁が「機械的客観性」の制度化を実現するために，いかなる手段を活用し，また長期的な構想を練り上げていったのかを明らかにする．この対象の時期は，主に1950年代後半から1980年代までとなる．

　第一節は，まず気象審議会による最初の「長期計画」である「気象業務の改善方針大綱」の策定過程を明らかにする．また世界気象監視計画が各国に対する気象業務の整備を要請していたことを確認することで，「観測」の向上の具体化（特に気象衛星事業）に向けて国際要因が影響をあたえていたことを示す．さらに気象衛星事業の具体化は，技術的課題のみならず，諸経費や多くの関係機関との調整が要請される巨大事業であり，気象技術者が「企画」を担う機会を拡大することとなった．かくて気象庁は，気象技術者による「企画」の活性化を促していくのである．

　第二節は，1950年代後半から1960年代の社会側の変化をあつかう．まずは，テレビの登場により人々の天気予報を入手する手段が多様化したことを確認する．次に1950年代後半から1960年代前半にかけて相次いだ自然災害の発生と「防災」への社会的関心の高まりから，気象庁と社会との距離は縮小したことを明らかにする．この変化が，気象庁への「防災官庁」としての役割に対する社会的期待にあったことを示す．それゆえ「長期計画」で示された「観測」の向上の具体化が，組織外部への対応からも重要課題となっていったことを確認する．

　第三節では，国内気象監視計画が企画課主導の下にいかなる構想を持って策定されたのかを明らかにする．早くから事業構想や事業間の調整といった「企画」の経験を積んだ気象技術者たちは，現場の業務経験が少ない場合が多かったため，伝統的な気象庁の行動様式とは異なる発想を持つことが可能であった．彼らが中心的な役割を果たすことで企画課は，将来的な気象庁のあり方を見据

え，気象業務の「機械化」及び「自動化」により「機械的客観性」という新たな価値の注入をもたらしていくのである．これにより本節は，天気予報がどのように変化し，「社会」が天気予報をどのように受け止めたのかを最後に確認する．

以上の検討を通じて，気象庁が組織内外の「評判」を獲得するため，「機械的客観性」の制度化を進めていく過程を明らかにすることが目的である．

第一節　気象庁における「企画」の役割の増大

(1)　「気象業務の改善方針大綱」の策定

本節は，気象庁内部において「企画」の役割が次第に増大していったことを明らかにする．改めて「企画」とは，施策を状況の変動に適応させること，長期展望を持つため調査分析し予測すること，「施策間の総合性」を確保するといった政策立案や構想を提示するための機能を指す（西尾 1990：205-209, 打越 2004：50-51）．それゆえ，長期な気象業務の展望を見据えた「長期計画」の策定や国際環境への対応，関係機関との調整を必要とする巨大事業の具体化は，「企画」の活性化をもたらす要因となる．この意味で本項のあつかう「気象業務の改善方針大綱」は，本格的な「長期計画」の策定というまさに「企画」の役割が増大していく出発点といえる．

気象庁への昇格過程において，数値予報の将来性と「長期計画」の必要性が国会で議論されたことは前章で確認した．気象庁に限らず政府の「長期計画」策定の必要性は，計画に否定的であった吉田茂内閣から反吉田を軸に結集した鳩山一郎内閣へと政権交代が行われたことによる一つの時代的要請であった（牧原 2003）．

また気象庁の場合，一方で「予報」の向上には電子計算機が必要であり，他方で「観測」の向上には観測施設の整備が必要とされ，両方とも気象庁の予算上の大きな比重を占めるがゆえに，気象庁は事業構想を含めた長期的な見通しを必要とした．この「長期計画」の検討の場は，1956年に新たに設置された気象審議会に委ねられたのである．

最初の気象審議会の委員は以下のとおりである．安芸皎一（科学技術庁科学審

第一節　気象庁における「企画」の役割の増大　　197

議官），安西正道（海上保安庁次長），稲田清助（文部省大学学術局長），内田秀五郎（全国農業会議所会長），茅誠司（日本学術会議会長），金森誠之（日本河川協会副会長），正野重方（東京大学教授），竹内外茂（日本国有鉄道運転局長），豊島嘉造（電源開発株式会社理事），永野正二（農水省官房長），林一夫（防衛庁防衛局長），林坦（運輸省航空局長），藤田巌（大日本水産会副会長），松尾静磨（日本航空株式会社常務取締役），松村真一郎（全国農業共済協会会長），武藤勝彦（地理調査所長），山本三郎（建設省河川局長），米田富士雄（日本船主協会理事長），吉沢武雄（日本電信電話公社理事），蠟山政道（お茶の水女子大学学長）らで委員は構成された．委員は運輸，農業，防衛など気象条件が活動への影響をあたえる業界から選出されていることが窺える．1956年10月の第一回総会において，蠟山が会長に選出された．

　事務局は，事務局長が太田九州男（次長）であり，事務局員が吉村順之（総務部長），寺嶋昌善（総務課長），古谷源吾（企画課長）らで構成された[1]．前章で述べたように次長，総務部長，企画課長は運輸官僚で占められていることから，最初の「長期計画」策定は本省出身の事務官の執務知識に依存していたと考えられる．

　第一回総会では気象庁側からの要望を受けて，今後の方針に関する委員の意向が提示された．松尾静磨から「長期計画」策定の必要性が提案され，蠟山政道も「審議会として一番大切なことは基本計画全体計画であろう」と呼応したように，「長期計画」の策定の必要性が確認されたのであった[2]．これを受けて，1956年11月19日に気象庁長官から「気象業務の改善方針」について諮問が行われた．第二回総会から諮問に関する審議が行われ，仔細に検討するための部会を設置することが決定した．とはいえ，この総会では気象業務の考え方をめぐっていくつかの注目すべき意見が披瀝されている．第一には，予報の解説を気象庁が担うべきかどうかという点である．和達清夫長官は次のように説明する[3]．

---

1) 事務局員として総務課長や企画課長が総会の議事録の出席者一覧に記載されるのは第三回総会以降のことであるが，第一回総会から総務課長や企画課長は資料説明のために出席している．「気象審議会議事録（第3回総会）」（気象庁情報公開，気総第84号），1-2頁．
2) 「気象審議会議事録（第1回総会）」（気象庁情報公開，気総第84号），8-9頁．
3) 「気象審議会議事録（第2回総会）」（気象庁情報公開，気総第84号），6-7頁．

気象サービスというものは，かゆいところへ手が届くようにすべきであり，仕事をしている私どもからいえば，最大限に気象を利用し活用されることを望んでいる．ところが，国の方針次第であるが，大蔵省では「解説というものは各受益者がそれだけの知識を持ち，国で行うサービスを基にして，あとは利用者が負担すべきであって，国家の費用を使うものではない」といつており，われわれと見解が違って天気予報サービスがいたしにくい実情である．現在気象庁にある天気相談所も，実は予算上認めていないが，これがなければ，仕事ができないため人をさいてやりくりしているような次第である．

　この発言は大蔵省への批判的見解にとどまらず，予報の解説を気象庁が担うべきという立場が示されている．解説業務は気象協会が担いつつあったが，気象庁は理念的には解説まで自らの気象業務のなかに位置付けていたのである．だが，大蔵省の主張にあるように解説を個別具体的な要求に沿ったサービスとするのであれば，気象庁がどこまで担うべきであるのか，あるいはどこまで無料で提供するべきなのかという点は重要な論点であるといってよい．これはサービスの公平性に加えて，気象庁と社会との接点に関わるためである．かつて天気相談所の設置に関わった和達は，解説業務を通じて社会との結びつきを強化していくことに敏感であったのであろう．加えて，テレビが十分に普及しておらず，予報の伝達が新聞やラジオが中心であったことからその速報性に限界があり，人々に直接解説する重要性は大きかったのである．季節の変わり目や天候異変の解説を新聞に提供したのも，天気相談所であった．和達の総会での発言は気象解説所の構想のなかで語られたものであり，この構想は答申に盛り込まれることとなった．

　第二には利用者の要望調査の必要性が提起された点である．正野重方は，「気象業務のサービスについても，このマーケティングに相当する事項が必要だと思う」と，利用者調査や統計の充実を提言した[4]．蠟山も「気象というものがどういう価値を持っているかという根本問題で，資源調査会あたりの話を聞いても，「気象も又資源である．」と考えられる．従つて，災害があるから気

---

4)　同上，17-18頁．

象を研究するというのではなく，もっと積極的にやることが正しい」と，調査機能の充実を説いた[5]．換言すれば，社会の要望を積極的に汲み取ることが気象庁の計画や予算獲得において有効であると指摘されたのである．これらの意見は，企画課の強化や情報課の新設といった提言とも関連していた．結局，機構改革は見送られたが，利用者調査は1957年6月に内閣総理大臣官房審議室に委託する形で実現することとなる．

第二回総会で部会の設置が決定したことを受けて，1956年12月に第一回業務部会が開かれた．部会は「気象業務の改善方針大綱」の答申原案をもとに議論した．だが議論の多くは業務改善の合理的な構想を練り上げるものではなく，専門委員は各業界に関連した業務の改善要望とその優先を主張することに集中した[6]．これは答申原案の構成に起因していた．なぜなら，原案と付された年次計画は「一応理想とするところを全部持出して書き上げた程度であり，（中略）なにしろ急いだので中味を検討する時間がなく，各部局の考えられたことを一応取りまとめ，その中で比較的実現性のある項目を集計したという程度のもの」という，いわば具体的な項目を積み上げた「理想案」だったからである[7]．具体的であるがゆえに，個別の関連業務の改善要望と計画に記された経費の妥当性といった「運用面」に焦点があたるのは必然であった．1957年5月の第三回総会は，業務部会での議論の説明が行われ，質疑がなされた．この総会では，蠟山は今後の審議会のあり方として業務に関する事項だけではなく，PRも含めた機構改革の検討の必要性を付言した[8]．かくして同年5月30日に「長期計画」たる「気象業務の改善方針大綱」は長官に提出されたのであった．

大綱は最初に策定理由を次のように記している[9]．

> わが国は，地勢上しばしば台風の襲来があり，激しい気象の変化を受け，また地震に見舞われたりして社会活動のすべてが自然現象に支配されているということができる．従って日本の気象業務は，災害の予防軽減，交通の安

---

5) 同上，18-19頁．
6) 「気象審議会議事録（第1回業務部会）」（気象庁情報公開，気総第84号），9-22頁．
7) 「気象審議会議事録（第2回業務部会）」（気象庁情報公開，気総第84号），17頁．
8) 「気象審議会議事録（第3回総会）」（気象庁情報公開，気総第84号），13-17頁．
9) 「気象審議会答申集（諮問第1号～第7号）」（気象庁情報公開，気総第84号），2頁．

全の確保，産業活動上必要不可欠のものとなっている．（中略）然るに気象庁の現在の業務体制は各方面の要望するサービスに十分応え得ない状態にあると思われる．

　これがため，一般社会特に気象業務に密接な関係のある事業に対し，更に有効且つ適切なサービスを提供できるようにするため気象技術を高度化して気象業務の内容を充実し，その利用の向上を図り，もって災害の予防の軽減をはじめ公共の福祉に寄与することは現下の急務といわなければならない．

　この説明は気象庁の使命と社会的要請を簡潔に整理したものといえよう．第1号答申の最初に気象庁にとって自明ともいえる説明をしたことは，気象庁内外に対する組織の使命の再宣誓と業務改善の正当性を主張することを意味する．

　確かに大綱に書かれた方針と計画は各部局の寄せ集めに過ぎなかった．これは事務局の中核を担う企画課長が運輸省出身であり，必ずしも「気象技術」に精通しているわけではないことを象徴するものであった．古谷源吾は，気象業務法の制定や気象庁への昇格といった法制度の執務知識に優れていたとしても，気象技術者のように個別の気象業務の技術的側面を熟知しているわけではない．このことは，前述した気象業務法の解説の際における「研究」の軽視からも窺える．さらに各種の技術開発を「長期計画」の中で体系的に位置付けを行うためには，技術の相互連関の把握と技術開発の順位付けに必要な専門知識が要請される．以上を踏まえれば，大綱における各部局の寄せ集めという実態は，事務官による「企画」の限界を示すものといえる．

　だが「理想案」であるがゆえに，個々の業務の方針に関して簡潔かつ率直な要望が示されていたことも事実である．例えば，改善方針のうち「一般サービス業務」の項目において，「予報，警報の精度の向上を図ること．これがため解析中枢を強化し，数値予報等を採用する外，必要な諸施設の整備を行うこと」であり，このための改善要領の一つは，「現在の予報業務は，主として天気図等の解析から予報者が判断するもので，必ずしも客観的であるとはいわないから，アメリカその他の国で実施して好成績をあげている数値予報方式を採用し予報精度の向上を図ること」とされた[10]．数値予報の採用が早い段階で気象庁の明確な路線であったことを改めて確認することができる．

次いで「特殊サービス業務」の項目は,「航空気象業務」「洪水対策,利水対策のための気象業務」「農業気象業務」「海上気象業務」「海岸水象業務」と個々の業務に関する改善方針が明記された．これらの改善要領は,航空気象官署の整備や量的洪水予報のための観測・通信施設の整備,長期予報の精度の向上,船舶向け気象無線通報の整備など具体的な改善策が列挙された．さらに「基礎業務」の項目は,観測業務の改善方針において「気象災害の多いわが国の特性に鑑み,災害予防の基礎となる高層気象観測,海上気象観測,レーダー観測等に重点をおき改善すること」が記された[11]．観測能力の強化のために気象レーダーを整備することが謳われたのであった．これらの項目の他にも研修の強化や庁舎の建て替えが網羅的に明記されている．以上のように改善方針は,5年間で総額約90億円という膨大な計画となったのである．

「長期計画」は「理想案」であるがゆえに,予算上の制約のなかで各事業は具体化せざるを得なかった．この意味で「長期計画」は予算獲得のための手段であったといえる．なぜなら「長期計画」の進捗状況は,予算との関連で検討されたからである[12]．しかしながら,「長期計画」が予算獲得の手段的性格が強かったとしても,これ自体が一つの引照基準となることでマクロな長期構想を形成していく基盤を提供したことも事実である．個別の気象業務や技術開発を気象庁全体の中で体系化しようとする試みは,「企画」の機会に他ならないからである．それゆえ,気象審議会が設置された効用とは,関係機関との調整もさることながら,マクロな長期構想を含めた「企画」の機会の安定的な場の提供にあったのである．

かくて「長期計画」を策定した気象庁は,事業具体化の推進力として外部からの正当性の調達を必要としていく．大規模な自然災害は気象庁が批判対象となるものの,業務改革の契機でもあった．また世界気象機関をはじめとする国際的な気象業務の動向は,気象庁が業務改革を行う上で大きな機会であった．換言すれば,1960年代における自然災害への対応と気象業務の国際的対応を

---

10) 同上,2-3頁.
11) 同上,9頁.
12) 「気象審議会議事録(第8回総会)」(気象庁情報公開,気総第84号),8-10頁.「気象審議会議事録(第10回総会)」(気象庁情報公開,気総第84号),6-7頁.

通して，気象庁は「長期計画」で示した構想を推し進めていくこととなる．特に国際的対応は，「気象業務の改善方針大綱」以上のさらなる「長期計画」の必要性を惹起させ，「観測」の精緻化を進める技術開発を要請したのである．

(2) 世界気象監視計画への対応

占領終結後の1953年9月，日本は世界気象機関（WMO）に加盟した．世界気象機関は，前身の国際気象機関（IMO）の性格や組織を踏襲した国際組織であった．世界気象機関の主な業務は，世界の気象業務の調整，標準化及び改善を図ることであった．気象庁は，正式な加盟国として1955年の第2回世界気象会議から参加した．この会議では国際気象協力上の技術的規範となる技術規則を採択し，国際資料交換のための摂氏及びメートル系単位の採用が決議されるとともに，事業計画として北半球資料交換中枢の設置が決定した．これは，北半球の天気図の迅速な作成を目的として，フランクフルト，モスクワ，ニューデリー，東京，ニューヨークをテレタイプ回線で結ぶというものであった（気象庁 1975a：256）．以上のように世界気象機関の構想は，気象庁が気象業務の実施や事業の構想を行う上で大きな影響をあたえたのである．

特に1957年10月の人工衛星スプートニク1号の打上げ成功と，1959年10月の気象衛星エクスプローラ7号の打上げ成功は，人工衛星が大気科学を新たに発展させる可能性を示した．1959年4月の第3回世界気象会議では，早くも大気圏外及び人工衛星に関連した気象的問題の検討が行われた（気象庁 1975a：256）．衛星に対する世界的な関心を受けて，1961年12月の第16回国連総会は「宇宙空間の平和利用に関する国際的な協力」と題する決議（国際連合総会決議1472号）を行った．これは，国連の関係専門機関に宇宙空間の平和利用に関する問題を研究し，報告を要請するものであった．この要請に対し，世界気象機関は1962年に「宇宙空間開発に照した大気科学の進展とその応用」と題する第一報を作成し，WWW（World Weather Watch）という言葉が初めて用いられたのであった（吉武 1974：31）．

世界気象監視（WWW）は，世界各国の気象業務が統一された組織体として運営されることを基本理念としていた．この理念は，「この組織は全世界の気象観測および予報の協力態勢を整えるために設けられるもので，各国気象機関

第一節　気象庁における「企画」の役割の増大　203

がこの目的に必要な業務の全部を各自で行なわないでも，世界の気象機関がその責任を果すことができるよう，世界の各気象機関を援助するために計画されたものである．そしてこの組織を作りあげ統合調整を行なうにあたっては，WMO がこれまで気象観測の標準化，気象通信計画の規制などについて行なっている役割をそのまま拡張すればよい．この新しい活動は世界中枢および地区中枢を設立して，従来の観測および衛星の両方を利用して処理ずみの気象資料を秩序正しく作り出して配布し，また各気象機関がその責務を果すために必要とする観測データその他の基礎的な情報を利用し得るようにすると共に，他面，解析および予想を作るにあたっておこる重複をさけるよう考慮して遂行されることになる」というものであった（山本 1966 : 1）．

かくして世界気象機関は，1963 年 4 月の第 4 回世界気象会議において世界気象監視計画を承認した．合わせて 12 名の気象学者による諮問委員会を設置し，世界気象機関内に計画班を置き，計画の具体化が進められた[13]．この計画作業の第一段階は 1964 年 7 月から開始し，世界気象監視についての一般的な計画研究を行うため，世界及び地区中枢の場所と機能，全世界的通信網の一般的な性格，観測組織の一般的な性格を検討し，現在の世界的組織の詳細な運営上の特質を記載しその欠陥の解明を進めた（山本 1966 : 2）．第二段階では，計画を世界的観測組織，世界的通信組織，世界的データ処理組織の観点から設計を行うことが進められた．世界的観測組織とは，地球大気全体の行動を把握することを目的としており，「既存の観測所における観測プログラムを増加するとともに，新しい観測所の設立，特に，海洋その他人の住んでいない地域，あるいは熱帯，南半球などの観測資料の増加を計る」ため，観測網の充実と新たな手段として気象衛星の整備が謳われた（山本 1966 : 2-4）．

次いで世界的通信組織及び世界的データ処理組織は，世界的観測組織により形成された観測網による資料を迅速に配布するために通信網の整備を目的とするものである．中，高速のデータ伝送及びファクシミリ伝送に関して，技術的ならびに経済的理由から，標準電話回線を使用することが確認された（山本 1966 : 7）．このために，世界気象中枢（World Meteorological Centre），地区気象

---

13)　12 名の委員の一人には，正野重方が含まれていた．

中枢（Regional Meteorological Centre），国内気象中枢（National Meteorological Centre）を設定し，各気象中枢間の相互連絡の強化を図ることとなった．

　以上の構想をもとに第三段階で世界気象監視計画の原案を作成した．1967年4月の第5回世界気象会議で原案は採択され，世界気象機関の活動において世界気象監視計画の達成が最優先順位とされたのであった．この計画で日本は地区気象中枢と地区通信中枢（Regional Telecommunications Hub）の役割を担うこととなった．地区通信中枢は，世界気象中枢間を結ぶ通信主幹線に入って，世界気象中枢と他の気象中枢との中継を担う役割を持ち，これによりワシントンとメルボルンのあいだを東京が結ぶこととなった（気象庁 1975a：279）．さらに1971年4月の第6回世界気象会議では世界気象監視計画に関連して，フランスから静止気象衛星計画が発表され，計画を持つ国はその実現に努力するよう要請された．かくて日本は，気象衛星の打上げの具体化を迫られたのである．

　世界気象監視計画は気象衛星による観測網の充実を目指すことにとどまらず，気象中枢を通じた各国の連携や観測の標準化・改善を進める大規模な計画であった．日本は地区中枢である以上，世界気象監視計画を実施する上での国際的責任は大きかったといえる．この国際要因に対して，気象庁はいかにして具体的な実現を目指したのだろうか．

　気象庁は1970年6月に「「世界気象監視（WWW：World Weather Watch）計画」の一環としてのわが国気象業務の整備強化について」の諮問を行い，7月18日に答申が提出された．この答申は，世界気象監視計画を次のように位置付けている（気象庁 1975b：158）．

　　世界気象監視（以下WWWという）計画は，最新の科学技術を駆使し全世界的な規模で気象観測網の拡充，予報解析能力の増大，気象通信網の整備等をはかり，気象業務の向上を目的とするものである．したがって，WWW計画の達成は，とりもなおさずわが国の気象業務の向上を通じてわが国社会生活の向上に寄与するものであるから，わが国としても積極的にこの計画に参加し，その達成に推進すべきである．

　　また，世界の各国は，このWWW計画により，それぞれに課せられた任務の遂行に努力を重ねており，計画はいちじるしい進捗を見せている．わが国も，

もとよりこの計画の遂行に努力してきた．わが国の気象業務の整備はなお不十分ではあるが，技術的には高水準にあり，とくに世界的にも比較的高い水準にある産業各種技術発達の程度から，各国のわが国に対する期待も大きい．以上にかんがみ，他の先進諸国におくれをとらないよう，なお一層積極的にこの計画の推進を図るべきである．

　以上の認識をもとに，答申は世界気象監視計画の構想に沿って気象観測網の充実（中型ブイロボットの整備や大型ブイロボットの開発など），予報解析センターの整備（高性能電子計算機の整備や無線模写放送の増強），通信組織の整備（気象資料自動編集中継装置の増強，国際固定通信系の整備など）が列挙されている．また，気象衛星の打上げ目標を1975年に設定したことは，答申の特徴であった．世界気象監視計画の中核が気象衛星の打上げにあったように，日本の気象衛星も計画と連動して進められていったのである．

　世界気象監視計画は，各国に気象業務の整備を要請するものであった．だが，計画の内容は，各国気象機関の連携や気象衛星の具体的な配置等を除けば，日本でこれまで進めてきた国内の気象業務の整備を図る路線と軌を一にするものといってよい．それゆえ，日本にとって世界気象監視計画は，自らの事業を遂行するための国際的な推進力となり得た．この推進力を利用するためには，世界気象監視計画の実施に対応する技術的な蓄積とこれを具体的な技術的手段へと還元していく専門知識に基づいた調整力と構想力が求められる．換言すれば，気象技術者による「企画」の能力が不可欠となることを意味する．かくて世界気象監視計画に盛り込まれた気象衛星事業の具体化は，気象技術者による「企画」を活性化させる機会をもたらしたのである．

(3)　気象衛星事業における「企画」の活性化

　世界気象監視計画と初期の段階から連動していた気象衛星の計画は，新たな技術であることに加えて，既存技術との連携，膨大な資金，世界気象機関や関係省庁（主に本省である運輸省，科学技術庁）との調整を要する気象庁にとっての巨大事業であった．それゆえ，こうした性格を有する気象衛星の計画は次第に企画課と1973年に新設された気象衛星課（1977年に企画課気象衛星室に改組）が

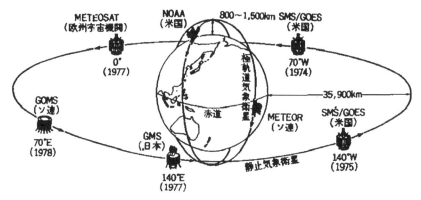

図 4-1　世界気象衛星網
出典）　総務部企画課気象衛星室（1981）．

中心となって進められていく．特に気象衛星事業を具体化していく過程において，企画課長に気象技術者が就任したことは，気象技術者による「企画」の重要性を象徴するものであったといえる．かくして気象庁内部における「企画」の機能が活性化していくことになる．

　日本の静止気象衛星（GMS）「ひまわり」は，1977年7月に打ち上げに成功した．静止気象衛星は静止軌道上から気象現象を画像により表示し，海面温度の変化や雲を追跡することで高層風などの各種のデジタルデータが取得可能となり，気象業務の能力向上が期待された．また「ひまわり」は東経140℃の赤道上空に打ち上げられており，世界気象衛星監視網における太平洋の空白地帯を埋める役割も担っていた．だが，気象業務と社会との接点を考えた場合，「ひまわり」があたえた影響は天気予報の表示方法の変化であった．テレビでは，「ひまわり」の連続写真による画像と天気図とを対応させた天気予報を行うスタイルが形成され，新聞でも天気予報欄に「ひまわり」の画像が掲載されるようになる．換言すれば，雲の様子や台風の進路といった気象現象の動きが画像を通じて可視化され，人々の目に接することが可能となった．「ひまわり」は，人々が気象情報を入手する際の視覚イメージに大きな影響をあたえる技術だったといえる．

　気象庁における気象衛星の計画は，1965年に本格的に着手された．これは

気象研究所で「気象衛星資料の利用に関する研究」が特別研究促進調整費として認められたことによる．当初は衛星搭載用の観測機器の研究開発が目的であった．なぜなら，東京大学生産技術研究所がロケット開発を進める「M 計画」を，科学技術庁が宇宙開発推進本部を設けロケット及び衛星の開発を既に進めていたためであった．この開発の二元体制は 1965 年の宇宙開発審議会で一元化と実用衛星計画が検討された．この審議会において実用衛星計画は関係各省庁の計画の整理が行われることとなり，気象庁は 1967 年から 1970 年にかけて気象衛星搭載用観測機器の開発計画を提出した．審議の結果，1966 年に宇宙開発審議会が建議した「人工衛星の打上げおよびその利用に関する長期計画について」では気象庁の観測機器の開発計画が盛り込まれ，気象庁は気象衛星に搭載する観測機器から計画を進めたのであった（総務部企画課気象衛星室 1981：209-210）．

　気象庁は当初の実用衛星計画に対して，観測機器は日本に限らずどこの国の衛星に搭載して利用してもよく，日本の実用衛星の開発が進み気象衛星として利用できる段階になったらこれを搭載して気象衛星にすればよいという姿勢であった．だが科学技術庁が実用衛星計画を進めている以上，気象庁も独自の気象衛星構想を同庁に提示しておく必要があった．このため 1967 年に有住直介高層課長らが中心となって，気象衛星計画が取りまとめられた．同年の宇宙開発審議会では関係省庁の実用衛星計画が披瀝され，気象庁も気象衛星計画を提示したものの，その実現の見込みについては消極的であった（総務部企画課気象衛星室 1981：210-211）．

　しかしながら，1968 年に宇宙開発委員会が総理府に設置されたことにより，気象衛星の計画は急速に実現化に向かうこととなる．同委員会は宇宙開発の政策を審議し，その決定を総理大臣に意見として述べる権限を持つ，宇宙開発審議会に代わって新設された組織であった．宇宙開発委員会は宇宙開発計画を策定するため，各衛星計画へのヒアリングを開始した．気象庁は有住高層課長と川瀬二郎気象研究所長らが対応した．このヒアリングでは，気象庁は衛星の開発から運用まで責任を持ち，気象衛星の打ち上げは 1974 年に N ロケットで行うこと，静止衛星も将来的に考えているという対処方針を説明した．宇宙開発委員会が気象衛星計画を好意的に評価したことで，気象衛星の打ち上げはより

具体化させる必要性に迫られたのであった（総務部企画課気象衛星室 1981：211-213）．

　気象庁内の方針を統一させるべく，斎藤錬一観測部長は1969年に関係者を集めた「気象衛星計画に関する自由討論会」を開催した．この討論会では極軌道衛星と静止衛星の両方が日本では必要であること，衛星本体の予算要求は気象庁が行うこと，指令・収集局は気象庁の施設で行うことが確認された．1969年5月に吉武素二長官は，坂元勁介次長，紅村武総務部長，斎藤観測部長，北岡龍海気象研究所長（1969年3月就任）を集め，気象衛星を気象庁全体の重要プロジェクトとして進めることが決定した．これを受けて気象衛星開発準備委員会を設置し，気象庁は計画実現に向けた予算要求作業を進めた（総務部企画課気象衛星室 1981：213）．

　さらに1969年9月から10月にかけて，世界気象機関が各国の気象衛星計画をレビューするためWWW衛星副組織非公式会議が開催された．会議では理想的な衛星観測網として静止気象衛星4個，極軌道衛星3個から4個が必要であるとされ，1972年から1975年にはイギリス，フランス，ドイツの計画により静止気象衛星は1個から2個，極軌道気象衛星2個から3個が実現可能であるという展望が紹介された．各国の気象衛星計画が提示されるなかで，西太平洋の空白地帯を埋める日本の気象衛星に対する期待が高まっていった．気象庁は気象衛星計画を下敷きに気象衛星の種類（極軌道か静止か）や機能，打ち上げの方法（国産ロケットの利用あるいは外国への依頼）について具体的な検討を続けたものの，意見の統一は難航した（総務部企画課気象衛星室 1981：218-219）．

　日本への静止気象衛星打ち上げの国際的な期待は，世界気象機関と国際学術連合会議（ICSU）の共同による研究・開発プログラムである地球大気開発計画（GARP）でも表明されていった．地球大気開発計画は，世界気象監視計画に基づき地球上の大気に関する知識を増大させるべく，長期予報の可能性や大気研究の発展のための国際的な研究協力であった．この計画を実現するためには気象衛星観測網が不可欠であり，GARP計画会議は1970年3月に静止気象衛星4個をアメリカ2個（西経150°及び西経70°），フランス1個（西経20°），日本1個（東経120°）がそれぞれ分担するという国名を示した勧告を行った[14]．この会議に参加するにあたり，気象庁は庁議で打ち上げる衛星を静止気象衛星とし，

1975年打ち上げを目標とする気象衛星計画を決定した．吉武長官は，静止気象衛星の決定について「極軌道衛星の方が技術的に楽なので実現性は高いが，何年にどうしても打ち上げなければならないという目標がない．ところが静止衛星の方は世界的なWWW計画に基づくものであるから，昭和50～51年に打ち上げるという目標があり，これに乗れば実現すると考えこの計画を選んだ．つまりこの計画の方が予算がとりやすい面があったことが重要な要素であった」と語ったという（総務部企画課気象衛星室 1981：219）．気象庁の年間予算123億円（1969年度）に対して100億円を超すプロジェクトであり，予算要求を実現するために国際的要因を必要としたことが窺える．かくて気象庁の気象衛星の計画は統一されるに至った．

気象庁は宇宙開発委員会に静止気象衛星への変更を伝え，1969年10月に発足したばかりの宇宙開発事業団との技術的な検討を進めた．また1970年4月から宇宙開発計画の見直しが始まり，気象庁は変更した気象衛星計画の承認を進めた．この過程で気象庁による日本で不可能な場合の外国打ち上げの表明や国産ロケット開発の変更があり策定作業は錯綜したものの，同年10月に1970年度の宇宙開発計画は決定した（総務部企画課気象衛星室 1981：351-353）．

宇宙開発計画の決定後，気象庁は静止気象衛星システムの予備調査を進めた．また推進体制の整備として，気象庁は1971年2月に気象衛星開発準備委員会の代わりに気象衛星研究開発推進委員会（1972年4月に気象衛星推進委員会）を設置し，気象研究所も気象衛星研究部を新設した．1972年3月には気象衛星業務の整備のため，気象衛星準備室の新設準備が進められた．この室は総務部や予報部，観測部のいずれに置くかで議論がまとまらなかったものの，1970年から企画課長となっていた有住直介の主導により企画課に置くことが決定した．また同月には気象庁，運輸省，科学技術庁，宇宙開発事業団による四者連絡会が開催され，気象衛星の開発に向けた技術的な交渉が重ねられた．この会に出席した有住企画課長は，かねてより科学技術庁との交渉や宇宙開発委員会に出席し説明を続けていた（総務部企画課気象衛星室 1981：358-359，364-365）．高層課長時代から気象衛星事業に関与していた有住企画課長は，関係機関との

---

14) 1972年9月の第1次GARP全球実験会議でソ連がインド洋上に静止気象衛星を打ち上げる計画を表明したため，日本の位置は東経140°に変更された（中村 1986）．

交渉においてその重要性を増していったのである．したがって，有住の企画課長就任は，気象技術者による「企画」への期待を象徴した人事といえる．

　気象庁，科学技術庁，宇宙開発事業団による技術的な溝を埋める作業は，1972年5月の気象衛星開発計画検討会でも続けられた．この検討会での資料が大蔵省との予算折衝の際の資料として利用されたのであった．さらに1973年度の宇宙開発計画が1973年3月に決定したことで，静止気象衛星の開発が急速に進むこととなる．気象庁は関係国際会議に出席した際の各国からの静止気象衛星への期待を背景に，衛星開発と地上施設の整備に着手した（総務部企画課気象衛星室 1981：365-368）．

　衛星開発と地上施設の整備の準備を進めるべく，気象庁は1973年4月に気象衛星準備室を気象衛星課に昇格させることに成功した．気象衛星課への昇格の際，新たな研修要員の人員要求が認められた．研修要員の要求の理由は気象衛星業務が新しい業務であり，宇宙通信とデータ処理の基礎技術が必要となるものの，短期的に養成することが困難であることから，研修を行いその技術の蓄積を図ることが目的であった．これに対して行政管理庁は難色を示したものの，有住企画課長らが積極的に説明し実現させたという（総務部企画課気象衛星室 1981：366）．気象衛星課の所掌事務は，気象衛星業務に関する基本的な計画及び施設の整備であり，「プロジェクトチームによって業務を進めるのがベターである」との考え方から係制をとらずプロジェクトごとに班を構成した点に特徴があった（中村 1986：20-21）．有住の構想力を梃子に総務部は，「企画」の機能にとどまらず現場の業務をも包摂したのである．

　気象衛星課は宇宙開発事業団への衛星の開発依頼文書を作成し，1973年7月に文書を手交した．これ以降，関係機関における開発メーカーの決定や開発スケジュール等の連絡調整は，気象衛星開発計画検討会を改組した気象衛星連絡会を通じて行われた．気象衛星課は地上施設や地上機器の整備に重点を移しつつあった．また外国打ち上げについては，宇宙開発事業団とNASAとのあいだで交渉が進められたが，打ち上げ委託費の手続処理の不手際により当初の予定どおりの1976年に打ち上げができないことが露呈した．NASAは打ち上げ委託費を打ち上げの24ヵ月前から分割前納する規定としていたが，宇宙開発委員会の最終的な方針が決まらなかったため，宇宙開発事業団が1974年度

予算での計上を見送り，1975年度予算から計上したことにより生じた状況であった．宇宙開発事業団とNASAとの正式な契約が1975年7月に遅れたことで，打ち上げ予定は1977年への変更を余儀なくされた（中村 1986：56-59）．

かくて「ひまわり」は1977年7月に打ち上げられた．「ひまわり」の運用に対応すべく，地上施設である気象衛星センターが同年4月に新設された．このセンターの新設作業に伴い，気象衛星課も組織改革を行った．まず同課に気象衛星センター準備室が設置され，ここに配置された人員が気象衛星センターの人員として異動していく．準備室の設置により気象衛星課は，科学技術庁や宇宙開発事業団との折衝，気象衛星業務の基本計画が主たる所掌事務となった．さらに気象衛星センターの新設を機に現業の機能が移管されると，気象衛星課は気象衛星室へと縮小し企画課の管轄となるに至った．換言すれば，気象衛星課は「企画」の機能に純化したことにより，企画課に再び包摂されたといえる．

とはいえ初期の段階で気象衛星事業が観測部を中心に進められてきたことを考えれば，気象衛星課が観測部に移管されたとしても不思議ではなかった．それにもかかわらず再び企画課に置かれたことは，気象衛星事業が気象庁の予算全体にとって大きな比重を占める巨大事業であること，多方面の関係機関との折衝を要する事業であること，そしてこれらを踏まえて長期的な視野のもとに事業を進めるというマクロな構想が要請されたことに他ならない．換言すれば，気象衛星事業の遂行には「施策間の総合性」の確保や関係機関との調整といった「企画」の能力が求められたのである．このため，企画課や気象衛星室での経験を経た気象技術者は，気象業務の全体像を知悉するのみならず，技術官であると同時に「事務官」としての役割が内面化されていくのである．

一つの象徴的な事例として，山本孝二の場合があげられよう．山本は1970年に科学技術庁への出向後，気象衛星業務に関連して気象衛星準備室調査官，1986年に気象衛星室長を歴任しており，「ひまわり」から「ひまわり3号」までの初期の気象衛星事業に関係している．山本によれば，科学技術庁への出向は有住直介企画課長の「衛星に関する，特に政策面でのプロセスを勉強してきてくれないか」という意向によるものだったという（国土交通省国土交通政策研究所 2012：52）．さらに出向後，神戸海洋気象台を経て気象衛星準備室調査官に就く過程について，山本は次のように回想している（国土交通省国土交通政策

研究所 2012：59）．

　　当時，私が出向から戻ろうというときに，増澤〔譲太郎〕元長官から，これから神戸海洋気象台に行ってもらうけども，行政部門で出向した経験が気象庁についてはこれから非常に重要だと言うんです．だから，君は，論文を書くとか，そういうことを考えずに神戸へ行って，黒潮のお守りは一回してもらうけども，その間でも気象業務法をちゃんと一から勉強してくれと．私は，気象業務法って何も知らなかったんです．それで，気象業務法を何回も繰り返して読んで，戻るときには，行政人として戻ってほしい．だから，気象衛星準備室に調査官で戻ったんですね．

　山本が気象衛星事業における自らの立ち位置を「政策調整等事務方の仕事でした．本省，外務省，大蔵省の予算要求関連のことをずっとやって」きたと振り返る回想は，「事務官」としての役割が内面化していったことを示す一つの証左である（国土交通省国土交通政策研究所　2012：59）．

　以上のように早い段階から「企画」の経験を積み重ねていく気象技術者が現出したことは，気象庁にとって二つの大きな意味を有していた．第一には，組織内部における気象技術者による「企画」の地位が向上したことである．気象業務法の制定や外局昇格といった企画課が中心となる大きな組織改革は，法制度における執務知識を要するため事務官に依存していた．また「長期計画」の策定も，マクロな構想と「施策間の総合性」を確保するために「企画」の役割を増大させたものの，各部局の寄せ集めにとどまった．それゆえ，予算の制約の下で各部局がそれぞれ個別事業の発展を遂行していくこととなった．しかしながら，気象衛星事業のような巨大事業に伴う新たな予報・観測体制の可能性は，予算・人事・計画を含めて組織全体を横断するマクロな構想の必要性を惹起させた．この構想を技術的に具体化していくためには，気象技術者の専門知識が不可欠であった．ここに事業構想や施策間の調整といった「企画」の機能が要請される状況が生じたのである．

　第二には，「企画」を早くから経験することにより，現場での業務の経験が少ない気象技術者が現れ始めたことである．これは気象業務の捉え方をめぐり，

組織内部において現場での業務の経験が長い気象技術者との溝が生じることを意味する．例えばアメダスに伴い測候所の無人化が課題となるとき，データの中枢管理による効率化や観測の誤差が少なくなることに意義を見出す「企画」の経験豊富な気象技術者に対して，かつての「測候精神」や人による観測の重要性を説く現場の気象技術者とのあいだで対立が生じる[15]．その際に「企画」を早くから経験した気象技術者は，現場の感覚を同情的に理解することが難しかった．気象業務の捉え方をめぐる気象技術者間の感覚の差異こそ，気象庁が組織統合を図るべく「機械的客観性」の制度化の必要性を認識するに至る一つの契機だったのである．

第二節　「防災官庁」への社会的期待の表出

(1)　天気予報に対する社会的な接点の多様化

　気象庁が組織内部で技術開発を進めた1950年代から1970年代は，人々が天気予報を入手する媒体が増えるだけではなく，人々の天気予報への期待がさらに高まっていった．まず新たな媒体としてはテレビの普及が大きかった．テレビ局は，天気予報を取り上げる時間帯を増やし，様々なアイディアや企画を用いて天気予報の充実化を試みたのである．次に天気予報への期待は，「警報」に向けられていった．1960年代に入ると，気象庁の「警報」のタイミングや内容の是非が社会的に問われるようになるのである．これらを確認するために本項は，テレビの登場により天気予報に対する社会的接点が多様化していったことを明らかにする．

　1957年に実施した先述の利用者調査は，気象庁にとって気象情報に対する人々の認識を考える上で重要な資料であった．調査項目は，天気予報を知る手段や天気予報の利用状況，天気予報への意見・希望やその他の長期予報，警報等のように人々の気象業務への評価を問うものであった．換言すれば，これらの項目は気象庁と社会との接点のあり方をめぐる項目であったといえる．第一に天気予報を知る手段は，ラジオが71パーセント，新聞が6パーセントであ

---

[15]　この構図は，現場での経験による予報に熟知した予報官と新技術とともにキャリアを積みつつあった予報官との対立と同様であったといえる．『朝日新聞』1977年12月4日．

り，ラジオが圧倒的に多かった．テレビでの天気予報の視聴については，「テレビで見たことがある」が 17 パーセントにとどまり，テレビで気象情報を得る機会が少ないことが窺える．第二に天気予報の利用状況は，長期予報を知っている人（76 パーセント）のなかで利用する人は 34 パーセントであった．さらに長期予報を知っている人のなかで長期予報と毎日予報のどちらがあてになるのかという質問に対し，長期予報は 4 パーセントに過ぎなかった．毎日予報の方があてになるという回答は 62 パーセントであり，毎日予報の方が人々の信頼があることが窺える．また利用状況に関して，ラジオで天気予報を聞く人は，午前 6 時と 7 時で合計 31 パーセント（決まった時間に聞く人では 64 パーセント）と早朝に聞くことが多い．第三に警報については，台風警報が出た際に準備や予定の変更をする人は 44 パーセントであり，警報への感度は必ずしも高いとはいえない[16]．総じてこれらの調査から気象情報の入手経路はラジオが主流であり，早朝に情報を必要としていることが分かる．天気予報によく注意するという回答は 60 パーセントであることから，気象庁の天気予報は着実に社会との接点を深めつつあったのである．

　天気予報に接する手段や聞く機会の増加は，社会にとって天気予報を一層身近なものにした．確かに戦前から測候所の名を唱えることはあたらないことを意味するとされており，戦後も風刺の対象とされてきた[17]．しかしながら，気象情報の質は着実に改善していったことも看過することはできない．これは気象庁における科学技術の発達のみならず，民間気象会社によるサービスの開始やテレビがあたえた影響も大きかった．最初の民間気象会社である株式会社トウジョウ・ウェザー・サービス・センターは，中央気象台出身の東条貞義らによって 1953 年に創業された．同年に早くもテレビ放送での解説業務を開始し，特定業者向けの気象サービスが提供されたのであった．創業当初，トウジョ

---

16) 内閣総理大臣官房審議室「天気予報に関する世論調査」『測候時報』24 巻 11 号，1957 年，556-565 頁．
17) 例えば，読売新聞の「USO 放送局」の欄は，天気予報に関する風刺がいくつか掲載されている．『読売新聞』1953 年 6 月 4 日の USO 放送局の「天気予報」は「お値段の高いものほど確実でございます」や，同 1954 年 9 月 17 日の都民 USO 放送局の「台風以後」では「よくぞ外れたとおほめの言葉が殺到しています」とあり，天気予報があたらないことを念頭に置いた風刺が掲載されている．

第二節　「防災官庁」への社会的期待の表出　215

ウ・ウェザー・サービス・センターは，自らの予報の適中率を示すことで中央気象台に比肩する民間気象会社の魅力を打ち出すことに腐心した（寺前 2006：50）．かくて同社の予報は中央気象台よりあたるとされ，日本テレビや船会社，衣服問屋が予報を「買う」様子が新聞を通じて伝えられた[18]．1955 年に日本気象協会が解説予報業務の許可を受けたのを除けば，1960 年代まで新たに許可を受けた業者がなかったため，トウジョウ・ウェザー・サービス・センターは主要な民間気象会社として社会との接点を形成したのであった．

またトウジョウ・ウェザー・サービス・センターと契約していた日本テレビも，社会における天気予報を身近にする工夫を試みた．日本テレビは 1956 年 8 月に始めて午前 6 時 15 分から開始する早朝放送を行った．この早朝放送における天気予報の準備作業は，次のように示されている[19]．

　　朝の天気予報は，昼夜のものとスタイルを変え，晴れた日には晴れた風景を，曇の日には曇空のもようをフィルムにおさめて放送しているが，先月〔八月〕中旬のしばらく晴天の続いた日のこと，たまたま二十一日になってあすはどうやら雨が降りそうだというので担当者は大あわて，智恵をしぼった結果，アオガエルを写して雨の日の感じを出そうということになり，カメラマンはアオガエルを探して一日中歩きまわったが，残念ながら連日の日照り続きでアオガエルも姿をひそめ，とうとうこの名案もお流れとなった．
　　（中略）〔翌日は朝から雨となり〕フィルムライブラリーから古い雨の日の風景を選び出して編集，放送に間に合わせた．わずか一分の「天気予報」にもプロデューサーは全くやせる思いである．

　この作業風景からは，天気予報を人々に伝える上で視覚イメージの重要性が意識されていることが窺える．かつて『時事新報』が天気予報と一緒にイラストを添えたように，天気予報を伝える際に視覚イメージに訴えることは気象情報を理解することを容易にした．このことは，新聞紙に掲載されるのが天気図であり，ラジオが視覚に訴えることができないことを考えれば，テレビの優れ

---

18) 『読売新聞』1954 年 10 月 10 日夕刊．『朝日新聞』1955 年 3 月 17 日．
19) 『読売新聞』1956 年 9 月 5 日．

た点であった．やがてラジオはトランジスタラジオの普及のように小型化が進むにつれ，持ち運びの利便性ゆえに農業や漁業，旅先や登山といった屋外活動に従事する上で不可欠であり続けていくが，日常的に屋内活動に従事する人々にとっては，テレビによる天気予報の方が訴求力を持つことは予期されていたのである．

1950年代後半以降，白黒テレビは急速に普及していくが，とりわけテレビにおける天気予報を一層身近にしたのは，トウジョウ・ウェザー・サービス・センターが担当した「ヤン坊マー坊天気予報」であろう．「ヤン坊マー坊天気予報」は1959年6月にヤンマーディーゼル株式会社の提供により開始された．提供の理由は，「テレビ時代の到来と映像の訴求力に着目した当社は，ラジオと並行してテレビ番組の提供を開始した．〔昭和〕34年6月にスタートした『ヤン坊マー坊天気予報』は商品分野と顧客層の拡大につれ，商品広告だけでなく，企業イメージの醸成と定着を図る必要が生じたため，嗜好性にムラがなく，万人共通の生活情報として毎日，繰り返し視聴される「天気予報」を選んだものであった」という（ヤンマー70年史編纂委員会 1983：191）．企業が自社の広告に天気予報を選択したこと自体，天気予報が社会に身近であったことが窺える．さらに1960年代に入るとラジオとテレビにおける天気予報番組の数は増加し，テレビの場合，晴や雨の照明装置を用いた演出やテロップ予報など様々な工夫が模索されていった[20]．したがって，天気予報番組の増加は人々の天気予報への需要が高いことの表れであったといえる．

しかしながら，期待の高さゆえに天気予報があたらないことへの批判が常に潜在していることも事実であった．予報の精度の向上がこの問題を直接的に解決することにつながらず，予報の精度の向上が逆に人々の期待値を上げてしまうがゆえに却って批判が強まる点にこそ，予報の精度と非難の潜在性との緊張関係が存在しているといえよう．また天気予報に対する社会的需要の変化が，人々の期待値を上げてしまっていることも看過できない．戦後復興期に比べると1960年代頃の人々は，高度成長のさなか住宅や財産といった生活基盤の蓄積が進んでおり，日常生活を維持するための「安全安心」への関心が高まって

---

[20] 『朝日新聞』1964年8月3日．

第二節 「防災官庁」への社会的期待の表出　217

図 4-2　1960 年代の天気予報の撮影風景と演出の例
出典）『毎日新聞』1964 年 5 月 9 日夕刊．下図は曇り時々雨を表している．

いったと考えられるからである．

　人々の災害に対する関心が生活基盤に向けられていた例について，後述する 1959 年の伊勢湾台風を記した喜劇人である古川ロッパの日記が参考となる．ロッパは，「激しい雨風の音，おいでなすったな．ジェーン台風以来といふから，相当ひどいのだらう．九時に起され，起きたのは九時半．女房，わが家の被害も甚大なりと，くさっている．屋根瓦がずったり，堀がこはれたり――あゝ又金が出るか，悲し」と記している（古川 1989：772）．さらに台風後もロッパは，再び「屋根屋が入って瓦の修繕をしてゐる．台風のおかげ，又金かゝる，恨めし」と二度にわたり住宅の被害を述べているのである（古川 1989：773）．台風後の修繕費用が負担になっていることを示している．確かに気象庁は台風や津波を消失させることはできない．だが，事前に災害が来ることが分

かれば，生命の安全のみならず，家屋の補強や避難の際に財産を持ち出すことが可能となる．換言すれば人々は，気象庁に対してこれまで以上に「防災」への役割を期待するようになったのである．

(2) 台風と災害対策

　気象庁への昇格は，続発する自然災害に対する防災体制の強化を目的としていた．しかしながら，1957年の日降水量1000mmを超える局地豪雨となった諫早豪雨や1958年の狩野川の氾濫を引き起こした狩野川台風，1959年の宮古島台風と大規模な自然災害が相次いだ．とりわけ大きな被害となったのは1959年9月の伊勢湾台風であった．この台風は，1934年の室戸台風と1945年の枕崎台風とともに昭和の三大台風の一つに数えられ，非常に強い勢力を有していた．台風による犠牲者の数は5098名に達し，湾奥部の愛知県・三重県での被害が顕著であった．このことは，台風による高潮が被害の主たる要因であったことを意味した．被害地帯は干拓地により低平地であったことから，堤防の想定を超える高潮により被害が拡大したためである（中央防災会議 2008：3-6）．伊勢湾台風は，「もはや戦後ではない」として復興期を抜け出した戦後日本が直面した最初の大規模災害であった．

　伊勢湾台風による被害の全貌が明らかにされつつあった10月に朝日新聞記者の疋田桂一郎は，次のように記している[21]．

> いちばんやりきれない思いをしたのは，名古屋市だった．ほかの各地各県のは，へんないい方で誤解されることを恐れるのだが，まあ，ありきたりの，話の分かる災害だったように思う．ところが名古屋市ときたら，だいいち，どうして千六百人もの市民が，かたまって死ななくてはならなかったのか．私には，どうしてもわからなかった．名古屋市にこんな大型台風が襲ったのは，はじめてであること．警報が出ていたのに，避難しなかったこと．また，警報では二メートルの高潮を予想していたのに，実際にきたのは二倍の高潮であった，という事情もある．しかし，被災地をみた感じでは，もっと他にワケがありそうな気がしてならないのである．

---

21) 『朝日新聞』1959年10月9日．

続けて疋田は原因として第一に名古屋市の都市計画を，第二に埋立地の構造的問題を指摘している．さらに朝日新聞の社説も，「伊勢湾台風が風だけで終っていたら，大した被害でもなかった．市の南方低地の地盤が盛上げられ，住宅街が山手に移されており，堤防が切れていなければ，数千人が死ぬという大惨事は発生しなかった．風速五十メートルも，予想を越えたものではない．台風発生のときに，既に予測されていた」として，災害に対して脆弱であった都市計画を批判したのであった[22]．換言すれば，伊勢湾台風において主な批判の対象となったのは都市計画と建設技術であった[23]．

他方で，気象庁に対する主な批判は警報のあり方に関するものであった．気象庁として警報を出していたものの，課題は警報をいかに人々に適切に周知させるのかという点であった．この点はメディアの報道に負うところも大きく（中央防災会議 2008：155），それゆえ気象庁への批判は相対的にみれば少なかったといってよい[24]．むしろ気象庁に注がれる眼差しは同情的なものであった．例えば，1959年10月11日の全気象の大会で発表された「伊勢湾台風から何を学ぶのか」という声明に対する気象庁予報官の根本順吉の論評を朝日新聞は掲載している．根本によれば，声明は「今度の台風被害に直接関係した技術の現場の充実こそ目下の急務」であり，現状の予報や警報を効果的に活用するためにも現場の職場環境の待遇改善を要請するものであった[25]．声明は，伊勢湾台風と結びつけているとはいえ，全気象のこれまでの主張と通底するものであった．しかし，声明が伊勢湾台風の文脈で取り上げられたことで，社会に向けて現場の気象技術者の置かれた状況を強調する意味も有していた．また伊勢湾台風に加えて，1960年のチリ地震による津波被害が起きたことを受けて和達長官が辞意を表明した際，「これからの防災科学は経験主義を，さらに将来の可能性にきりこんで，そこに科学の新分野を開拓する必要に迫られているのではないか（中略）責任を痛感して辞職すべき人は，和達さん，あなたではない」と気象庁を擁護する新聞もあった[26]．したがって，社会の気象庁に対する

---

22) 『朝日新聞』1959年10月11日．
23) この傾向は読売新聞の社説も同様である．『読売新聞』1959年10月7日．
24) 例えば新聞の読者欄をみると，今回の台風予報が適切だったと評するものがある．『読売新聞』1959年10月2日．
25) 『朝日新聞』1959年10月17日．

同情的姿勢は，むしろ気象庁への「防災官庁」としての期待の反映であったともいえよう．まさに社会が期待する「防災官庁」とは，気象災害に対する主導的な観測・予報・警報体制の整備を中核とし，同様の体制整備を地震や噴火といった他の自然災害にまで拡げることを志向する組織（像）だったのである．

　伊勢湾台風における被害は，都市計画や警報，避難活動を含めて，政府の各省庁横断的な防災体制の確立を迫るものであった．先述したとおり，気象庁の警報の出し方は概ね適切だったと評価された．だが，問題視されたのは被害が大きかった名古屋市や桑名市などの自治体で避難命令が出されなかったことに加え，避難計画が策定されていなかったことにあった．このため警報の伝達組織の統制，警察や消防機関との調整が今後の課題として指摘された[27]．それゆえ政府も災害救助法や水防法，消防法や警察法といった災害応急関係法制を総合的に調整し運用する体制の強化を検討し始めた．関係省庁が様々な構想を模索するなか，1960年1月に内閣審議室が「災害対策の整備に関する法律案」を作成し，この原案をもとに「災害基本法案」が作成された．この法案は，政府に防災官を設置することや常時防災会議の開催，災害が発生した場合に災害対策本部を設け，災害対策本部長が各省に対する強力な命令・指揮権をあたえることを骨子としていた（風間 2002：26-27）．内閣審議室案を中心に立法作業を進めたものの，各省との調整は難航した．

　また気象庁も伊勢湾台風を受けて災害対策への強化に着手した．1959年12月に開催された気象審議会第6回総会は，和達清夫長官から今後の防災に向けた取り組みが説明された．和達長官から正確な予報・警報を出すこと，このための資料の充実が提起されたことは気象庁の従来の業務改善方針と軌を一にするものであった．だが，社会との関係からして警報の重要性や台風の研究強化を指摘したことは，気象庁と社会との接点を考える上で着目すべき点である．和達は，審議会で次のように述べている[28]．

　　警報等がどう利用されたかということで，これは警報は気象庁が出せばそ

26）『読売新聞』1960年5月27日．
27）『朝日新聞』1959年11月25日夕刊．
28）「気象審議会議事録（第6回総会）」（気象庁情報公開，気総第84号），7頁．

れでよいということにとどまらず，できるだけ適切に利用されるというところまで手をさしのべねばならないが一方，予報・警報の伝達がよく行われることと，受け入れ側が利用される体制についての問題がある．また防災面から考えると警報内容は単に気象庁の自然現象に対する資料だけでよいかにも問題がある．その資料がその時の社会状態である交通，電力というものとよく調和して始めて防災の意味がある．そうなると防災ということを国として考えねばならない大規模のものになるので気象庁としてはさしあたり手をさしのばして，警報がうまく利用されるように考えるだけはしなくてはならない．それにはどうすればよいかということで，これは社会の気象庁に対する要望だと思っている．次にこういう気象業務の基盤として研究というものが大切であるので，気象研究所を強化して十分に台風を研究しようということである．

　和達長官の発言は，「警報」を出すだけにとどまらない，社会にとって利用しやすい警報を気象庁が出すことの難しさを示していた．換言すれば，「警報」の伝達をどのように改善することが，社会の警報への期待に応答し，人々の安全に貢献するのかということであった．この課題に対応すべく，1960年1月に気象庁は審議会に「防災気象情報の伝達組織の強化と利用体制の向上」を諮問した．

　第7回総会は，諮問事項に対して防災協議会の制度設計に議論が集中した．防災協議会は，防災気象情報について伝達すべき関係機関の範囲や防災気象情報を発表する場合の通信網・伝達方法・受領方法等を含めた調整の場として想定された．このため議論の内容は，中央と都道府県のみならず地域単位でも設置すべきであること，災害時に現場での避退命令や自衛隊の要請が可能かどうかといった点が検討された[29]．

　しかしながら，第7回総会では防災気象情報の伝達という観点から，新たに「気象士」を置くことが検討されたことが重要であろう．諮問事項の専門的検討のために設置された小委員会では，防災協議会とともに「気象士」の制度設計が主たる議論の対象となった．事務局の田嶋節夫業務課長は，都道府県に防災担当の専任者を置くことが望ましく，このために「専門家というか資格をも

---

29) 「気象審議会議事録（第7回総会）」（気象庁情報公開，気総第84号），6-10頁．

つた気象士」を置く必要性があるとして，制度の趣旨を説明した[30]．さらに「気象士」の設置範囲は，電力会社や公共企業体まで想定されていた．電力会社や公共企業体であれば，自分たちの組織に関する限り，専門知識があれば資格自体はいらないかもしれない．だが資格制度の必要性は，災害が多くなるなか，「あらゆる人に情報を伝えるとなると気象庁の手におえなくなるので，伝達を専門とするような気象庁の外郭団体が伝達する」場合，一定程度の資格を有する必要があるため，予報の許可制と連動して要請されたものであった[31]．後述する気象予報士制度が「予報」を対象としたのに対し，気象士制度は防災業務に限定したことに特徴があったといえる．

　気象士制度や気象専門職を置く議論は自治体から反対意見が出された．自治体は，気象専門職の役割が災害時に限定されること，また新たな人員を増やすことに対する財政負担の観点から難色を示したのであった[32]．相次ぐ疑義を受けて気象庁側も構想として示したに過ぎず，「気象庁として確立した段階になつていません」と，気象庁は同制度の実現に消極的になりつつあった[33]．最終的に気象庁は，「小委員会で「気象士」については，だいぶ疑義が出ましたが，その後気象庁としては，庁議で相談した結果，気象士という制度は，望ましいことではありますが，そういう制度を設置するということは，法律の問題もあり，相手方への義務付けということも出て，現状において一気にこれに踏み切ることは，無理ではないかということ」になり，答申案から削除するに至った[34]．とはいえ，政府の「災害基本法案」が成立すれば，都道府県の情報窓口の一本化を行う必要があるため，担当者が気象知識を有する人となることが予期されたのであった．

　かくて気象審議会の答申は，1960年4月に気象庁長官に提出された．この答申は，防災気象業務の強化として，防災気象の調査研究や情報の作成，関係機関との連携を担当する職員を各気象官署に置くこととされた．また，防災気象情報を受領する側について，「防災担当機関，公共企業体等は，防災気象情

---

30)　「気象審議会議事録（第1回小委員会）」(気象庁情報公開，気総第84号)，4頁．
31)　同上，8頁．
32)　「気象審議会議事録（第2回小委員会）」(気象庁情報公開，気総第84号)，3-4頁．
33)　同上，4頁．
34)　「気象審議会議事録（第3回小委員会）」(気象庁情報公開，気総第84号)，4頁．

報の受入れ体制を強化することにより，災害防止に非常に大きな効果をあげることができるので，防災気象情報の受領責任部局とその責任者を明らかにしておくこと．また，都道府県のようなところでは気象の知識を有する者を配置するように検討すること」とし，気象士制度の代替的対応を求めたのであった[35]．伝達手段の改善については，関係機関と気象官署との専用電話回線による伝達の迅速化，有線回線の障害に備えた無線通信等による伝達方法の検討，停電時に備えた市町村のラジオ受信機の設置など具体的な改善案が明記された．最後に防災協議会の設置は，中央と都道府県のみならず，地域レベルの設置も考慮することとされた[36]．以上のように答申内容は，気象庁内部の改善だけではなく，関係機関の改善を要請するものでもあった．このことは，「警報」が適切に機能するためには，気象庁単体のみならず関係機関との協働が必要であることの証左であった．

　災害対策が多数の関係機関の調整と協働の上に成り立つ以上，いかにして調整と協働のための場を確保するのかが課題であった．気象審議会が提示した防災協議会の構想は，現場レベルでの協働を目的とした会議体であり，「災害基本法案」に合った防災会議の構想と連動していた．各省との調整が難航していた内閣審議室案は，1960年5月に「災害対策の整備及び推進に関する法律案」としてまとまった．この法案は，災害対策の対象とする災害の種類を洪水，高潮，津波，地震又は大火による一定地域における甚大な被害に限定し，中央防災会議及び防災官の設置と都道府県ごとの地方防災会議及び地方防災官の設置を主眼としていた．しかしながら，自由民主党はこの案に対して難色を示し，再検討を要請したのであった．自民党側の理由は，「この法律案は各省に気がねして各省の現行権限に一切触れておらず，現行体制の是正がなされていない．単に兼務の防災官を置いたり，防災会議を設けたりしてもその権限内容もはっきりせず無意味である」とし，災害対策本部や知事の権限強化を行うべきというものであった（防災法研究会編 1977：7）．

　内閣審議室案が通常国会提出を見送られたことで，新たな構想として浮上したのが自治省案と自民党案であった．自治省は，1959年末に独自に「災害対

---

35)　「気象審議会答申集（諮問第1号〜第7号）」（気象庁情報公開，気総第84号），44頁．
36)　同上，44-45頁．

策基本法案要綱」を取りまとめており，災害対策業務の責任区分，災害調査及び非常災害に関する基本計画，災害警報の発令と伝達などを検討していた．自治省は自らの構想を内閣審議室案に反映させることを試みたものの，成果は芳しいものではなかった．それゆえ，1960年4月に自民党地方行政部会に呼ばれた際，自治省は内閣審議室案に対して防災計画の制度化，主管官庁の明確化などの要望意見を述べたのであった．これにより自民党から法案作成の要望を受けた自治省は，同年6月に「防災基本法案」を作成した．この法案の主な特徴は，「防災事務を努めて都道府県や市町村におろすようにしていること」や，「防災庁や防災研究所の設置を考えていること」，「防災の計画性，総合性という観点から防災計画の制度を考えていること」であった（防災法研究会編 1977：7-8）．

他方，自民党も1960年9月に政務調査会内部に災害基本法制定準備小委員会（野田卯一委員長）を設置し，検討を進めた．検討の結果，1961年2月の委員会において自治省案を採用し，各省との調整を踏まえて「防災基本法案」を自民党案とすることが決定した．自民党案では，中央防災会議の庶務を消防庁に置くこと，中央防災会議の事務局職員は各省から出向すること，事務局長を消防庁長官とすることが確認された（防災法研究会編 1977：8-9）．法案の名称は，法制局審議の段階で「災害対策基本法」と改称した．この理由は，防災基本法案は「災害の未然防止の面に重点が置かれている印象を与えるきらいがあるため，応急対策，災害の事後処理及び災害復旧をも含めた総合的災害対策の基本法としては，これを「災害対策基本法」と呼ぶのが最もよくその内容を示すものであると考えられたから」であった（今井 1961：91）．

災害対策基本法案は1961年5月に国会に提出されたものの，政治的暴力行為防止法案をめぐる与野党対決に巻き込まれ，一度は審議未了に追い込まれた．同年9月の臨時国会に法案は再度提出され，衆議院で修正が行われ，両院とも附帯決議を付けた上で法案は可決された．参議院の附帯決議で「気象業務に関する施設組織の整備拡充を図ること」が示されたように（防災法研究会編 1977：12），国会審議では気象庁の気象業務の強化が焦点の一つとなった．この審議過程において，和達清夫長官は1960年に再度作成し新たな改定事項を加えたばかりの「気象整備5か年計画」をもとに論戦に応じた[37]．気象庁にとっ

て「長期計画」は，政治家の数々の要望に対し自らの業務改善の見通しを主張する体系的な手段として機能したのであった．

　かくて成立した災害対策基本法は，防災責任を明確化し，総合的かつ計画的防災行政の推進を主たる内容とするものであった．中央防災会議が防災計画を策定し，指定行政機関及び指定公共機関は防災計画に基づき防災業務計画を作成することとされた．災害発生時には，国に非常災害対策本部を，都道府県及び市町村に災害対策本部を設けることが制度化された．以上のように中央防災会議や都道府県及び市町村の防災会議は，災害対策の「司令塔」となることが期待されている．だが，施行令の策定段階において各省からの反対により中央防災会議の事務局が総務長官となった混乱に象徴されるように，中央防災会議は恒常的に防災基本計画をはじめとして，防災業務計画や地域防災計画をチェックする機能を十分に発揮することはできなかったのである（風間 2002：70）．他方，自治体レベルの防災会議は，気象審議会が提示した防災協議会の機能的代替を可能とする会議体であった．また二つ以上の都道府県及び市町村を対象とする防災計画の策定の際に協議会の任意設置を認めていた．これは，地域レベルでの防災協議会の設置の考慮を説いた審議会答申の趣旨に沿うものであった[38]．しかしながら，1970年代に入っても都道府県では協議会は活用されず，市町村でも阿蘇火山防災協議会にとどまった（防災法研究会編 1977：83）．加えて，防災活動の中心たる市町村において災害対策を専門とする部局が設置されることは少なく，現場を知悉する消防機関が地域防災計画策定事務の客体であることによって，防災政策ネットワークとしての中核の凝集性は弱かった（風間 2002：73-74）．換言すれば，気象庁が元来意図していた関係機関との調整と協働の場からは大幅に後退したものであったといえる．

　では気象庁にとって災害対策基本法はいかなる意味を有していたのだろうか．第一には，防災政策ネットワークの構成組織としての役割が明確化したことである．災害対策基本法の指定行政機関として気象庁が指定され，地方行政機関

37）　和達清夫発言（1961年10月20日）「第39回国会衆議院地方行政委員会議録第10号」15-17頁．
38）　気象庁は，内閣審議室案をもとにした各省の調整段階から防災会議等の協議機関の設置を意見提出していた．それゆえ審議会の答申との類似性を踏まえれば，自治体レベルでの防災会議や協議会は，気象庁の意向が一定程度反映されたものとみてよいだろう．『気象庁ニュース』112号，1961年，29頁．

として管区気象台が指定された．同法第五十五条において，災害に関する予報や警報の伝達は気象庁等から都道府県知事が受けた場合に対する市町村長への通知の処理義務を規定した．第五十六条は，市町村長の住民等への伝達義務を規定した．これらは，「警報伝達の手遅れやあいまいな処理が問題とされがちであったことにかんがみ，次条〔第五十六条〕の市町村長の警報の伝達及び警報の規定とあわせて，明確にその処理義務について規定したものである」とされた（防災法研究会編 1977：195）．したがって，災害対策における気象庁の一義的な役割は，災害に関する予報及び警報を関係機関（特に都道府県知事）に通知することが明確化されたのであった．既に関係機関との連携を図るため，1960年に気象庁及び地方気象官署内（主として管区気象台）に防災気象官が新設されており，気象庁外部への警報の伝達及び解説は防災気象官の役割として期待されていた．確かに通知自体は気象庁にとって改めて「警報」の業務を確認したものにとどまる．だが，警報の伝達経路を明確化したことは，関係機関における責任の所在を明らかにすることを可能にしたといえる．

　第二には，第一の点とも関連した責任の所在の両義性があげられる．自然災害が発生した場合，常に行政の責任問題となるのは警報が適切に行われたかどうかである．この場合，警報が適切なタイミングで出されたのかどうかという気象庁側の責任と，警報が適切に伝達されたかどうかという気象庁及び関係機関の責任が問われることになる．換言すれば，伝達の局面において関係機関側の不十分な対応により被害が拡大した際，気象庁にまで非難が及ぶ可能性が生じることとなる．この意味では，災害対策基本法により伝達経路が明確化されたことは，関係機関側の責任の所在を明らかにし気象庁への過重な非難を遮蔽する効果を持つといえるだろう．だが防災政策ネットワーク上の気象庁の役割が明確になることで，災害対策の基本情報となる警報のタイミングや出し方は，一層人々の厳しい視線に晒されることが予期された．なぜなら，科学技術の発達は，数値予報に代表されるように気象庁の予報や警報の正確さ，テレビやラジオの普及に伴う伝達手段の改善に着実に寄与しつつあったからである．伊勢湾台風では先述したとおり，気象庁の「警報」は概ね適切だったと評された．このことが意味していたのは，警報の正確さと比例して重要性も高まりつつあるなか，社会が現状の警報に満足せず，より良き警報を絶えず要請するという

環境に気象庁が身を置いている事実であった．

　和達清夫長官は，防災に対する人々の関心の高まりを強く意識していた．管区気象台の技術部長，予報中枢の地方気象台長らが集まる防災予報業務打合会（1960年10月24, 25日開催）において，和達長官は次のように挨拶している[39]．

　　防災の重要性は私から申すまでもなく，気象庁の業務がアカデミックなことからぬけ，特に伊勢湾台風以来，社会との結びつきが一層深くなり，皆さんもいろいろと意見があろうかと思う．どの程度の結びつき，どの範囲にするか等に問題があるし，世間の要望は満足しきれない．官庁の杓子定規でもいけないし，また，あまり責任をかぶり過ぎるのもどうか，これは直接結びつきのある皆様の問題で，皆様の熱意と努力にかかることであるので，よく話し合って進めていきたい．

　和達の発言は，「防災」を通じて気象庁と社会との距離が急速に縮小しつつある実感を吐露したものといえる．鯉沼寛一予報部長も，同会において「戦後大きな台風がしばしば日本を襲来したが，人口の増加とあいまって災害が年々増加して，異常気象がどの場所にどのくらいあるかということを速く予報してほしいという要望が強まってきた．（中略）われわれの責任はどの範囲であるか，社会の要求はどこにあるのか，これが問題になろうが，これらは場所により条件が違うし，予報する立場と社会一般の人々との違いもあるし難しい問題である」と和達長官と同様の認識を示している[40]．気象庁は「専門性」の強化を図ってきたが，このことが逆に責任の範囲と社会的需要との緊張関係を生じさせていたのであった．

　以上のような社会の防災に関する気象庁への期待は，1961年9月の第二室戸台風においても表出した．同年9月8日にエニウェック島の南海上で発生した第二室戸台風（台風第18号）は，室戸台風やジェーン台風と同様の規模と進路を示していた．それだけに，枕崎台風や伊勢湾台風に比肩する被害が生じると予想された．実際の上陸に際し，大阪湾における高潮被害は大きかったものの，関係機関による報道や警報の通知，避難行動が機能し[41]，人的被害は過去

---

39) 『気象庁ニュース』99号，1960年，265頁．
40) 同上．

の大型台風に比べて小さかった（藤井 1961）．この点では，台風の予報は成功といえた．だが，第二室戸台風において主な批判の対象となったのは，進路予想の内容や警報のタイミングであった．第一に進路予想の内容は進路の扇形幅が大きかったこともあり，情報の出し方が曖昧とされた．新聞は，「利用者の側に立つと，ではいったい自分のところはどうなるのか，という点があまりよく分からない．「暴風圏にはいります」というだけで，説明があまりない．こういうコースをとったらあなたの地方はこういう影響をうける．しかし，もしこういうコースだったら，雨よりも風が心配だ，といった具体的な説明がないのである」と，説明が学術的であることを批判した[42]．第二に警報のタイミングが，過剰とされたことであった．朝日新聞は次のように叙述している[43]．

　〔九月〕十六日夜，案の定，気象庁には都民からの苦情がはね返って来た．「気象庁の警報はオーバーだ．責任のがれの水まし予報で迷惑千万だ」ときびしい．それに応対する予報官は低姿勢だった．「どんな非難も甘んじて受けます．技術の未熟です．しかし千人の不満より十人の生命が大切です．やはり警報は出さざるを得ない」．

　二つの主な批判内容を踏まえると，伊勢湾台風のときと比べて，気象庁の「警報」に対する社会的需要はより細分化していることが窺える．もはや正確な気象情報に基づく警報を出すだけではなく，人々に分かりやすい警報を適切なタイミングで出すことが気象庁に求められたのであった．このような警報を出すためには，伝達手段の改善があるものの，一義的には詳細な気象情報のリアルタイムでの取得が必要である．気象情報のリアルタイムでの取得には，観測業務を「機械化」や「自動化」することが求められる．これには「観測」の

---

41) 例えば，情報の伝達について東日本ではラジオやテレビが台風情報の特集番組を多数組んだことが大きな特徴であった．NHK 第一は 17 本，東京ラジオは 8 本，NHK 総合テレビは 9 本，ニッポン放送は 9 本，東京テレビは 10 本の特集番組を行った．『朝日新聞』1961 年 9 月 20 日．また，関西でも滝川幸辰が「十八号（第二室戸）台風は以前と違って新聞，ラジオ，テレビを通じて十分な予告があったので，九月十六日は朝から窓のヨロイ戸をおろし，まず安心した気持ちで情報を聞くゆとりがあった」と随筆を読売新聞に寄せている．『読売新聞』1961 年 9 月 22 日夕刊．
42) 『朝日新聞』1961 年 9 月 18 日．
43) 同上．

「専門性」をひたすらに蓄積・更新させ続けることが不可欠であった．それゆえ，気象庁に対する「防災官庁」への社会的期待は，前述の定義で言及したように予測可能性の高い気象災害に対する主導的な観測・予報・警報の体制整備を中核としていたのである．

かくて気象庁組織内部での機械的な「観測」の具体化は，社会的要請への対応でもあったのである．

(3) 機械的な「観測」の具体化

気象庁組織内部での機械的な「観測」の具体化は，多くの場合に集中豪雨や台風などの自然災害への対応を背景として進んだ．この技術開発は，各分野において着手の時期が異なるものの，1950年代から1970年代にかけて具体化していった．特に中核となる技術的手段は気象庁内部で「三種の神器」と称され，具体的には気象レーダー，アメダス（AMeDAS：Automated Meteorological Data Acquisition System），気象衛星を指している．前述した気象衛星は，「ひまわり」の画像を通じて人々の気象情報における視覚イメージへの大きな影響をあたえるものであった．

実用化された「ひまわり」の最初の画像は，1977年9月9日に新聞各紙で掲載された．この画像［図4-3］は，日本に接近する台風9号の渦巻状の雲を捉えており，「雄大な勢力をみせつけるという印象的な画像第一号となった」のである[44]．

また気象衛星は，気象情報の蓄積を「機械化」させるものであった．このことは，観測業務を「機械化」する気象レーダーやアメダスも同様であった．さらに気象レーダー，アメダス，気象衛星をそれぞれ組み合わせることにより，総合的な気象情報を把握することが可能となる．換言すれば，この「三種の神器」の整備こそが，気象庁内部での新たな価値の制度化を可能とする素地を生み出したのである．

以上を踏まえて本項は，「三種の神器」の残り二つである気象レーダーとアメダスの展開過程を概観する．最初に気象レーダーをあつかうのは，実用化が

---

44)『朝日新聞』1977年9月9日．

図 4-3 「ひまわり」の画像
出典）『朝日新聞』1977 年 9 月 9 日.

アメダスよりも早かったためである．

　戦後，レーダー技術は兵器の一種と見做され，GHQ により研究は禁止されていた．1950 年に GHQ から気象レーダーの研究が許可されることにより，気象研究所を中心に気象レーダー委員会が設立され，研究開発が進められた．1951 年からは運輸省の補助金をもとに波長 3cm の気象レーダーの研究を進め，1954 年に国内初の気象レーダーが気象研究所に納入された．同じ年に同型の機器が大阪管区気象台に納入されたことにより，レーダーによる観測業務が開始された（菅原・橋本・平木ほか 2011：19）．

　大阪への気象レーダーの設置後，1955 年に東京管区気象台と福岡管区気象台，1959 年に台風対策の観点から名瀬測候所と種子島測候所，1960 年に室戸岬測候所へと気象レーダーが相次いで設置された．さらに 1960 年代では，1961 年に名古屋地方気象台，1962 年に函館海洋気象台，1963 年に札幌管区気象台と仙台管区気象台，新潟地方気象台，1965 年に福井地方気象台，1966 年に松江地方気象台，1968 年に広島地方気象台に設置されたように，主要な管区気象台・地方気象台への気象レーダーの設置が進められた．気象レーダーの効用は，人里遠く離れた水源地帯の降水を観測することができ，さらに 24 時間を通し

て広い地域を1人で監視することができることにある．このため1959年時点でもストームの監視や気候調査に加えて，予報中枢において広域天気図の解析や2―6時間内の予報に利用することが可能であった（渡辺 1959：1-3）．換言すれば，気象レーダーは広範囲の気象現象の量的把握を可能にし，「予報」のための有益な資料となることが期待されたのであった．

　初期の気象レーダーの主な利用は，観測業務と技術的な改善に費やされた．新たな技術であったため，当時のレーダー担当の気象技術者たちのあいだで自由に検討できる雰囲気が醸成していたという[45]．だが，現場の予報での利用となると，気象レーダーの観測資料は数値予報と同様に容易には浸透しなかった．当時の状況について，名古屋地方気象台の初代レーダー係長となった立平良三は，「折角のレーダーの能力が予報サービスに十分に生かされていないのはないかという危惧が強かった．本庁観測部でも，現場のレーダー観測者がレーダーの能力を実証する研究とか，予報利用の技術開発に携わることを奨励した．（中略）当時の吉武素二観測部長が「自由奔放にレーダーを使いこなせ」と激励されていた姿が思い出される」と，予報現場でのレーダーの利用に腐心したことを述懐している（立平 1993：30）．

　実際に気象レーダーの効用が気象庁内外において認知されるには，二つの契機が必要であった．第一には，第二室戸台風の際の早期の警報発表が可能だったことである．大阪管区気象台では，大阪のレーダーよりも性能の良い室戸岬測候所の気象レーダーが先に台風の位置を捉えたため，大谷東平台長は早期の警報発表を決定した．この間，名古屋地方気象台の気象レーダーも含めて各気象レーダーが台風の位置と移動を継続的に把握することで，台風の進路を予測することを可能にしたのであった（大谷東平伝編集委員会 1985：87-93）．

　第二には，富士山レーダーの設置が気象レーダーの象徴の役割を果たしたことである．富士山レーダーはこれまでの気象レーダーより高性能であり，また最も高い場所に設置するという点において，この設置計画は気象庁にとっての大事業であった．富士山レーダーの設置計画は1960年頃から観測部測器課で検討が進められ，吉武素二測器課長と藤原寛人測器課長補佐官を中心に構想が

45）　立平良三へのインタビュー（2015年11月14日，神奈川）．

進められた．この計画は，「レーダーの技術上の進歩は著しいものがあるが，地形による妨害はいかんともしがたい．したがって，1台のレーダーの有効範囲も普通の場合，自ら限度がある．富士山頂のような高所にレーダーを設置することができるならば，地形による妨害はもちろん避けることができ，地球の曲率による影響はあっても，かなり遠くまで有効半径を伸ばすことができる」ことから，三菱電機株式会社や東京芝浦電機株式会社の技術スタッフも参画して，設置場所や設備，工事手順に至る具体的な項目が早い段階で整理された（吉武・藤原・下島・西山 1960）．

富士山レーダーの設置計画をもとに大蔵省との予算折衝が数年繰り返され，1963年度予算において約1億円が事業費として認められた[46]．この大蔵省との予算折衝の経緯について小説ではあるものの，藤原寛人（小説では葛木章一）による，「雪線追従作戦」や「台風の砦」といった説明資料を要約するフレーズが主計官の関心を集めたことが描かれている（新田 2012：7-21）．1963年4月には吉武素二が観測部長に昇任するに伴い，藤原も測器課長に就任した．かくて藤原を中心に富士山レーダーの設置が進められていくのである[47]．

業者選定後の気象レーダーの設置過程は，レーダードームをヘリコプターで運び上げる難事業や郵政省電波管理局による電波検査など現場レベルでの困難はあったものの，計画期間どおり1964年に気象レーダーは完成した．1965年に運用を開始し，翌年藤原寛人は気象庁を退職した．

藤原が退職と引換えに注力した富士山レーダーの効用は，1965年の台風の観測から早くも表れた．富士山レーダーは南方洋上から関東に向かってくる台風の動きを捉え，同年8月の台風第17号では上陸地点の伊豆半島や東海地方は早くから警戒体制に入ることを可能とし，被害は少なかった．もっとも新聞記事では上陸の際に台風が衰弱したことを受けて，レーダーは台風の位置を捉

46）『気象庁ニュース』178号，1963年，5頁．
47）藤原がレーダーの設置過程において直面した難問は業者の選定であった．藤原は過去の業績から気象レーダーの製造能力がある会社を三社に絞っており，そのうち一社を実質的な受注業者と想定した．入札制度の実施を前にして，藤原は事前に業者全体に向けてふさわしい受注業者を黙示したのであった．だが，富士山に気象レーダーを設置するという象徴的な事業を前にして二社は気象庁に圧力をかけ続けた．業者内から分割発注という妥協案が提起され始めるなか，最終的に入札を経て想定していた業者に決定した．これは，仕様書の変更を認めないとする吉武観測部長と藤原測器課長の指導力によるところが大きかったといえる（新田 1976：109-113）．

図 4-4　富士山測候所と気象レーダー
出典）志崎（2002）．

えるのみで進路を直接的に伝えるものではないとして，情報を受け取る人々に注意を喚起している[48]．気象レーダーは観測範囲を拡大することで予報や警報に資することが可能ではあるが，観測資料の解釈の面において予報官の裁量の余地が依然としてあることが窺えよう．逆にいえば，レーダーの観測網より細分化された範囲の予報や警報に資することは技術的に難しく，予報官はレーダーの技術的理由を根拠に業務上の不手際を弁明しがちであった．レーダーの有用性に比して，このことが人々の気象庁に対する不満を高めつつあった[49]．

だが，富士山レーダーが人々の注目を引いたのは，新田次郎（藤原寛人）の小説『富士山頂』(1967 年) の出版や石原裕次郎主演の映画『富士山頂』(1970 年) の公開によるところが大きかったと考えられる．新田次郎の『富士山頂』は自身の体験をもとに気象庁と大蔵省との予算折衝から，業者の選定や現場の工事，主人公葛木章一の気象庁退職までを叙述しており，当時の気象庁の巨大事業にかける情熱や組織内部の雰囲気を知る恰好の資料となっている．この小説や映画は，富士山レーダーの認知を高めるとともに，人々と気象庁との社会的な接点を身近にしたのである．

次はアメダスを取り上げる．アメダスの運用が開始されたのは，1974 年 11 月である．アメダスは「地域気象観測システム」の略称であり，気象状況を時

---

48)　『読売新聞』1965 年 9 月 1 日夕刊．
49)　『読売新聞』1970 年 7 月 5 日．

間的，地域的に細かく監視することを目的として，降水量，風向・風速，気温，日照時間の観測を自動的に行うシステムのことである[50]．

アメダスの構想が具体化する契機となったのは，1969年7月から8月にかけての集中豪雨と台風第7号及び第9号による被害であった．これらの一連の被害は，集中豪雨の被害地域（新潟県と富山県）に対応した新たな気象レーダーの増設（立山山系）や，局地的な短時間予報の必要性が国会の議論の対象となった[51]．気象庁は気象レーダーが雨量を正確に観測することが難しく，局地的な短時間予報の技術的な困難さを認識していた．それゆえ，気象庁はレーダーの利用法による技術的解決を模索しながらも情報伝達を改善していくことが現状の課題であると表明している[52]．気象レーダーが実用化されてから15年あまりのあいだに観測データへの社会的要請は，局所的な気象状況の把握へと細分化しつつあった．集中豪雨と台風によって表面化した問題である，局所的な気象状況の把握と情報伝達の迅速化がアメダスを生み出す主たる要因であった．

また局所的な気象状況の把握という課題は，観測所の密度をいかに設定するのかということでもあった．特に1971年に観測部長となる木村耕三は，1961年に旭川地方気象台長から測候課長に就任して以降，部内で後にアメダスとなる構想を披瀝していたという（島田 1996：57-58）．木村が，アメダスの計画を「一見従来の気象庁が展開している観測網の性格を，急に変更するもののように思われるかもしれない．しかし，たとえば電々公社が一般公衆電話回線をデータ通信用に開放するなど，技術行政的な変革により，気象庁の予算規模でもそれが可能となったのであって，構想自体は10年以上も前から検討されていたことなのである」と説明していることからも，観測部内で検討され続けてきたアイディアだったことが窺える（木村 1973：17）．木村の構想と1969年の集中豪雨と台風による被害が契機となり，1971年に「地域気象観測網計画」が策定された．

「地域気象観測網計画」は，観測所の観測網を近代化するため，全観測点の

---

50) アメダスは気象レーダーと組み合わせることで詳細な降水分布を把握することが可能なため，1983年から「レーダー・アメダス雨量合成図」が利用されている．
51) 斉藤正男発言（1969年9月2日）「第61回国会衆議院災害対策特別委員会議録第12号」1-3頁．
52) 吉武素二発言（1969年9月3日）「第61回国会衆議院災害対策特別委員会議録第13号」6頁．

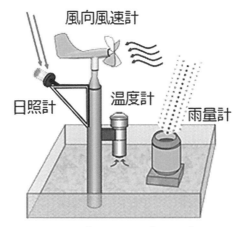

図 4-5　アメダスの構成要素
出典）気象庁ホームページ（http://www.jma.go.jp/jma/kishou/know/amedas/kaisetsu.html）．

テレメーター化，ならびに全国に 1 ヵ所のセンターのコンピューター制御により データを一括オンラインで集配信し，併せて統計処理を行う方式を採用するところに特筆すべき点があった．これは観測を自動化することにとどまらず，測定された観測値が「蓄積されることに価値はなく，有効に利用されることによって価値がある，というごくあたり前の理念を正面に押し出したこと」を意図していた（木村 1973：17）．この理念の変容は，かつての「測候精神」に代表される観測の価値が利用重視に傾斜しつつあることの証左に他ならなかった．

　アメダスは 1974 年に運用開始後，1979 年までに現在とほぼ同数の約 1300 ヵ所の設置が完了した．アメダスが目指した観測の「自動化」は，観測の密度の強化と情報伝達の迅速化による災害対策への対応であったが，また人の手による観測値の誤差を改善する「機械化」の側面もあった．これは測候所の増設が施設と人を必要とするため容易に実施できないことから，アメダスは観測網を近代化するという名目で無人の観測所を創出することをもたらしたのである．

　以上のように気象レーダーとアメダスの主な目的は，「観測」を「機械化」し「自動化」することにあったことが分かる．また二つの技術の普及は，集中豪雨や台風などの自然災害を契機に実現されており，まさに「防災官庁」とし

ての社会的要請に応えるものであったといえる．しかしながら，看過できないのは，アメダスの理念において示されたように，観測業務における技術開発がかつての「測候精神」を時代遅れのものとしつつあることである．既に予報業務においてはかつての天気予報を「主観的」な予報と見做し，気象庁は数値予報の登場を「客観的」な予報への期待とした．それゆえ 1970 年代に入り予報業務と観測業務の双方の点において，「機械的客観性」という新たな価値の制度化に向けた技術的基盤がここに整ったのである．

第三節　国内気象監視計画の策定

(1)　気象業務の「機械化」及び「自動化」

　気象衛星事業を通じて，気象庁内部における「企画」の重要性は高まりつつあった．このことは企画課の変化にも示されている．前述したように外局昇格後の企画課は長らく本省の事務官ポストであったが，1970 年に先述した有住直介が企画課長になることで，以後の企画課は気象庁の技官ポストになっていく．有住の企画課長就任は，気象庁の計画の中心を担う企画課長は技官であるべきとする吉武素二長官の強い意向によるものだったという（清水 2008：63）．

　吉武素二は 1958 年観測部測器課長，1963 年観測部長と観測部を中心にキャリアを重ね，1966 年仙台管区気象台長を経て 1969 年に長官に就任した．このあいだ，彼は富士山レーダーをはじめとする気象レーダー事業を主導するとともに，観測部による気象衛星事業の検討に着手するなど「三種の神器」の展開過程に関与した．吉武はその構想力ゆえに，「いわゆる理系とか技術系を超えるプラスアルファを持っておられた方」と評される気象技術者であった（「吉武素二先生を偲ぶ」文集刊行委員会編 2000：21）．これに対し有住直介は，1964 年観測部高層課長，1969 年予報部業務課長，1970 年総務部企画課長，1973 年福岡管区気象台長，1974 年観測部長を経て 1976 年に長官に就任した．有住が高層課長時代，気象衛星計画の取りまとめや関係機関との連絡交渉をしていたことは第一節で述べたとおりである．気象衛星事業は広範囲の関係機関との連絡交渉の必要性，多額の予算や事業間のバランスを考慮する必要があることに鑑みれば，観測部内のみの単独事業とするにはこの事業はあまりにも「企画」の

表 4-1　歴代の企画課長（1951年から1991年まで）

就任年	
1951年	金川治三郎
1951年	古谷源吾
1963年	大見和雄
1965年	畔柳今朝登
1966年	高井重寿
1968年	増岡広行
1970年	有住直介
1973年	小林寿太郎
1974年	清水逸郎
1976年	竹内清秀
1977年	関口理郎
1980年	駒林誠
1983年	新田尚
1986年	門脇俊一郎
1988年	小野俊行
1991年	山本孝二

出典）気象庁（1975b：386, 389）と『職員録』（大蔵省印刷局）の各年度版をもとに筆者作成．

能力を要するものであった．すなわち吉武長官による企画課長を技官ポストとする意向は単に技官の課長ポストを増やすことを意味するだけではなく，気象衛星事業に精通した有住を課長とすることにより，この事業の気象庁全体の事業への再編成を意味することと表裏一体であったと推察されるのである．

　有住企画課長が主導し企画課に気象衛星準備室が設置されたことを契機として，総務部が気象衛星業務を所掌し，現業部門を切り離し「企画」に純化する形で最終的に企画課に気象衛星室が置かれるに至った．この過程を通じて企画課は「企画」を活性化させ，各部局の業務改善の方針を取りまとめるにとどまらない，総合的な視野に立った独自の構想を獲得していく．この構想は国内気象監視（NWW）計画と称され，1970年代から1980年代にかけての気象庁の長期的見通しを決定付けるものとなった．

　国内気象監視という名称は，1973年に企画課が気象庁の技術的可能性と社会的要請の調査をまとめた「気象業務における諸問題——長期的観点からの展望」において，世界気象監視になぞらえて最初につけられたものである．国内気象監視システムは，地域的・時間的により詳細な予報を行うことで気象庁のサービスと社会的要請との隔たりを埋めることを目的とした．このシステムは，

総務部（企画課と航空気象管理課），予報部（業務課と予報課，通報課と電子計算室），観測部（管理課），海洋気象部（海務課と海洋課，海上気象課）及び気象大学校によるワーキンググループをもとに検討が進められ，企画課が取りまとめ作業の中心となった．特に若手の企画課調査官であった小野俊行が構想の策定作業に尽力した．1976 年に企画課が公表した「国内気象監視（NWW）システム構想について」は，この検討の中間報告と呼べるものであった．

「国内気象監視（NWW）システム構想について」は，具体的な内容について雨量予測システム，沿岸波浪，潮位予測システム，国内航空気象予測システムの展開を詳述しており，この点において気象庁各部の検討が反映された個別具体的な計画案といえる．だが，この構想の特徴は個別の事業を統合し，気象庁の長期的展望を示したことにある．なぜなら国内気象監視システムの構想の目的は，「AMeDAS, レーダー，沿岸気象海象観測網，資料伝送網等の観測システム，データ伝送システムを統合し，さらに局地予測用の処理システム及び利用機関との間の伝送システムを高度化して，観測から情報利用に至る全データ処理過程の即時化を進め，一方組織体制については予報業務系列化の線に沿って，各級予報官署の任務を効率的に再編成することによって，おおむね 1 日以内の局地的量的気象予報体制の強化を図るものである」と，観測から予報及び情報伝達を含めた気象業務全体の改善を目指したものであったからである（総務部企画課 1976：38-39）．

加えて国内気象監視システムの構想の基本的な考え方は，企画課の姿勢を直截的に示しものといってよい．第一には，「観測→伝送→加工→提供→利用の全処理の即時化のため，自動処理方式を最大限に取り入れる」べく，「原則的に機械化可能な処理は機械化し，人間でなければ処理できないような作業部分を人間が行うことによって，人間の能力をより有効に生かす」ことから窺えるように，気象業務の「自動化」が背景にあった（総務部企画課 1976：39）．これは，地方気象官署での予報官が気象情報の再処理に追われ，「本来の仕事」である局地的現象の予測用のデータ処理や地域サービスに支障が出ているという現状把握によるものであった．

それゆえ，国内気象監視システム構想は，「最終製品型」の解析予測資料の導入を目指すことを導き出す．「最終製品型」の解析予測資料は，「従来は，全

国予報中枢・地方予報中枢の作業は天気翻訳のための判断資料の作成と伝送に重点が置かれていたが，この構想では府県担当官署が個々に行っていた天気翻訳作業のうち共通の思考にもとづくもので客観化できるものは全国予報中枢または地方予報中枢で一括して行い，最終製品の形で出力する」ものである（総務部企画課 1976：40）．これは地方気象官署の固有の仕事に専念させるため，「客観化」の実現を通して予報資料作成の中央への集権化を推し進めるものであったといえよう．

　第二には，気象業務の「自動化」と関連して，「大きな人員増を必要としない方式を考える」ということが明示されている（総務部企画課 1976：39）．国家公務員の定員管理により人員増加が容易に見込めない以上，地域的・時間的により詳細な予報を行うためアメダスや気象レーダー，気象衛星の積極的な利用が位置付けられることとなる．さらに総定員法以来の定員削減計画の実施に鑑みれば，「機械化」による観測所の無人化は定員管理の面からも有効な手段として把握されることとなる．

　第三には，「予報作業の流れにおいて，原則的に重複作業をさけて効率的な系列化を進め，従来のどちらかと言えば主観にウエイトを置いた予測作業から，客観的処理にウエイトを置いた組織としての予測作業へと移行させる」ことで，「客観的」な予報の実現を図ることがあげられている（総務部企画課 1976：39）．かつて数値予報の導入期において，数値予報の推進理由に「客観的」な予報の実現が掲げられたことは，精度を科学的に向上させるという観点から経験に基づく予報に代わるパラダイム転換を支えるための論拠であった．だが，「予報」の制度化により数値予報の運用が定着するなかで「客観的」な予報は新たな役割が付与されることとなった．これは，「誰でも」一定の水準の予報を可能にするということであった．企画課は，「現行方式では予報官の文代に伴い，従来の予報経験が十分には引き継がれず，ふり出しに戻る懸念」を有しており，「長い経験を持たない予報官の場合であっても，予報精度についてある程度の水準を確保し，かつ積み上げ的改良を可能とすること」に国内気象監視システムの効果を見出したのであった（総務部企画課 1976：60）．なぜなら，気象庁は戦時体制での増員や戦後に軍部の気象技術者を吸収したことにより多くの予報官を抱えており，1980年代までに彼らは定年退職を迎えることが現実の課題

として差し迫っていたからである[53]．彼らは経験による予報を体現した現場の予報官であり，各種の資料をもとに予報官が「総合判断」という形で多角的に検討した上で予報を出していた．これを省力化することが「自動化」の意図であったため，彼らの定年退職は従来の予報のあり方を変える契機であった．「自動化」や組織構造の変容を踏まえて，予報官が経験に頼らない「客観的」な予報を可能にするという発想は，企画課の独自の着眼点であろう．

　国内気象監視システムの構想における三つの考え方は，気象庁の組織構造の長期的な変容を踏まえて策定されたものであった．「三種の神器」の展開を踏まえて気象業務の「機械化」及び「自動化」を進め，「客観的」な予報を実現することは，技術的な要請のみならず，予報官の世代交代や定員管理といった行政管理上の要請によるところが大きかった．加えて企画課は，情報通信の技術的発達を踏まえつつ，社会的要請への対応として気象庁の観測データの積極的な公開を検討し始めた．これは，気象庁が資源の制約上社会的要請の全てに対応することが難しい以上，観測データを関係機関や民間気象会社に提供することにより，彼らに細分化された社会的要請に対応した気象サービスを担ってもらうことを意図していた[54]．換言すれば，企画課は後の「天気予報の自由化」に連なる発想を胚胎しつつあったのである．

　以上のような国内気象監視システムの構想は，1976年5月に気象庁内にNWW委員会が設置され全庁的な検討が進められた．1977年3月までに総論部分と各論部分（「気象資料伝送網計画整備画」「電子計算機総合利用計画」「予報現業業務系列改善計画」「予報技術開発計画」）から成る国内気象監視計画が取りまとめられたのであった（総務部企画課 1978）．以後，1980年代の気象庁の具体的な事業は，一連の計画に沿って進められることとなる．

　国内気象監視計画は，企画課の構想と各部局の技術的要請の相互作用によるものであったといえる．これにより，気象庁の「予報」と「観測」に対する価値の制度化は組織内部においてより強固なものとなった．だが，気象業務の「機械化」及び「自動化」による「客観的」な予報の実現は，従来の科学的であること，より精度を高めることを意味する「客観的」な予報とは質的に異な

53）『朝日新聞』1977年12月8日．
54）小野俊行へのインタビュー（2015年12月17日，東京）．

る部分を有していた．経験豊富な予報官ではなくても「誰にでも」予報ができるようにすることは，予報の水準を均一化することにある．企画課が目指したこの発想は，「機械的客観性」の制度的実現に他ならなかった．かくて気象庁は「予報」と「観測」に対する価値の制度化を通じて，「機械的客観性」という価値を組織に注入し始めたのである．

では企画課はなぜ新たな価値を注入することが可能であったのか．主たる理由は，第一節で述べたように「企画」の活性化と早くから「企画」に携わることで現場での業務の経験の少ない気象技術者が現れ始めたことである．これらに加えて若い気象技術者たちは，数値予報の導入や「三種の神器」の展開のように新技術の普及と同時期に入庁しており，従来の予報と新たな予報との緊張関係のなかで彼らは気象業務に身を置いたのであった．この過程において彼らは「客観的」な予報の有用性に対する信念を獲得していった．観測業務についても「機械化」が進むことで，1980年代までには「測候精神」が時代に適合するものとは見做されなくなっていったという[55]．「客観的」な予報の有用性に対する信念と「企画」の経験は，気象庁全体を見通すマクロな構想力とともに気象業務を社会へのサービスとして捉える発想を獲得するに至る．元来国内気象監視計画の出発点は，気象業務と社会的要請との溝を埋めることにあった．この発想の形成は日々の現場の業務に追われる予報官よりも，個々の業務の連関と社会への出力を考えざるを得ない企画課に適合的であった．したがって，国内気象監視計画における策定作業の中心を若手の気象技術者が企画課調査官として担ったとき，企画課は新たな価値を注入するための制度的基盤を提供したのである．

(2) 「客観的」な予報がもたらしたもの

国内気象監視計画を企画課の構想と各部局の技術的要請の相互作用によるものとして捉えた場合，「機械的客観性」はいかなる技術的手段によって体現されたのか．これは1980年代に整備された確率予報や短時間予報であるといえる．予報を確率で表現することは，気象庁と社会とのあいだの関係を変容させ

---

[55] 同上．

るものであった．この表示方法は，予報の解釈をめぐり人々の判断する余地を大きくさせた．換言すれば，確率という「科学的」な方法を前面に出すことで気象庁の判断責任の領域を狭め，機械的な処理を行うことで判断責任を人々に転化することを意味した．このことは「機械的客観性」がもたらす一つの帰結である．

さらに気象庁の対応として考えるべき重要な点は，短時間予報が社会的要請に応えるものとして登場した点にあるといえる．気象庁が「評判」を獲得する手段として短時間予報を見出した背景には，社会的要請の増大があった．気象庁への期待ゆえに社会的要請が高まり，サービスを改善しても期待の高さゆえに気象庁に対する不満へと容易に転化する[56]．この可能性が潜在的にあるなかで短時間予報の実現は，社会的要請を満たすという「評判」の獲得と可能な限り気象庁の判断への非難を回避するという二つの効果があったのである．

以上のことを確認するため本項は，まず1970年代から1980年代にかけての天気予報に対する社会的要請や社会的評価を概観する．

1970年代に入ると，断続的に大規模な自然災害は発生するものの，犠牲者の数は格段に減少した．技術の発達により社会インフラや住宅の被害の抑制が進んだことで，人々は生命や財産の保護により敏感になっていった．また農業や漁業だけではなく，例えばプロ野球の試合に備えた弁当屋の準備など，日々の生活のなかで気象条件が影響をあたえる仕事も増えていった．この状況を反映するかのように，メディアの天気予報への厳しい姿勢が目立ち始めた．

第一には，技術開発にかかわらず，天気予報の適中の改善が人々に実感できないことであった．これは，天気予報の表現方法に起因している．気象庁は，予報文の表現の曖昧さを回避するため表現の統一化と類型化を進めてきた．この傾向はテレビへの対応のためでもあったという[57]．テレビは画面や時間の制約上，言葉の短さや語感の良さを重視するがゆえに，「晴時々曇」といった表現が適合的であった．しかしながら，「時々」や「一時」の定義は気象庁によって厳密に決められているが，縮約された表現であるため伝達されることで現実の天気との認識のズレが生じやすかった．また1971年に十年振りに再開し

---

56) 第一章におけるイギリスの四半期ごとの季節予報の中止の例があげられる（Hood 2011）．
57) 『朝日新聞』1977年12月15日．

た予報の採点制度も，独自の採点基準によりむしろ気象庁内の評価（百点満点中平均八十点）と人々の実感とのあいだの乖離は大きかったといえる[58]．さらに振り返れば予報の採点制度の再開自体も，直近の天気予報が連続して外れたことを背景とした，1971年10月の気象庁への脅迫事件が主な要因であった[59]．換言すれば，採点制度の再開は天気予報の精度を明示することで非難を回避する，組織防衛の手段としての性格を有していた．したがってこの時期，気象庁への外れた天気予報に対し説明責任を要求する声は高まっていたのである．

　第二には，「警報」の多さが気象庁の「評判」を低下させ始めたことである．気象庁の注意報や警報の出す回数は増加しつつあった．例えば，1968年に各気象台が出した警報は211回，注意報が7230回に対し1976年は警報が516回，注意報が11642回であった[60]．台風や津波などの自然災害は毎年変動するとはいえ，警報や注意報が増加したのは，技術開発により台風や豪雨の兆候や進路が以前より早く捉えることが可能になったことで，気象庁が積極的に「見逃し」（雨が降らないと予報して実際は雨が降った場合の予報の結果を指す）を回避することを選択したためであった．気象庁が「警報」において「空振り」（雨が降ると予報して実際に雨が降らなかった場合の予報の結果を指す）より「見逃し」の回避を優先するのは，災害が生じた際の批判への事前の予防的な側面が強かった[61]．人々の積極的な避難行動を促すには早い段階からの周知が必要であり，たとえ台風における進路幅が大きい不確実な状況だったとしても，積極的な警報や注意報は有効な防災の手段であるといえる．だが，警報や注意報の「空振り」が続けば，人々の感度は低下する．加えて日常生活に支障が出るため，人々の気象庁に対する不満が出てくることとなる．かくて人々は，適切な避難行動や防災対策をとる上でも地域的・時間的により詳細な気象情報を要求するようになっていたのである．

　第三には，天気予報の表示方法が多様化したことにより，人々が天気予報を視覚的・直感的により把握することが可能になったことである．1980年代に

58）『朝日新聞』1977年11月23日．
59）『読売新聞』1971年10月16日夕刊．
60）『朝日新聞』1977年12月13日．
61）同上．「空振り」と「見逃し」については股野（2008）を参照．予報官や気象予報士は，天気予報を行う上で特に「見逃し」を回避することを重視する．

入ると,「ひまわり」の画像がテレビや新聞で本格的に利用されるようになった. NHK の朝の番組「ニュースワイド」の天気予報は,1980 年 4 月から「ひまわり」の画像を連続して利用することで雲の動きや降雨の状態を動態的に表示することを開始した[62]. さらに新聞も天気予報欄に「ひまわり」の画像の掲載を開始し,『朝日新聞』は 1981 年 8 月に夕刊から(朝刊は 9 月),『読売新聞』も 1982 年 5 月に夕刊から続けて朝刊へと開始したのであった. 特にテレビにおける気象現象の動態的な把握は,視覚的な分かりやすさゆえに人々が気象庁の予報の表現を身近に判断することを可能にした. それゆえに,気象庁の天気予報は人々の厳しい評価に晒される環境に置かれたのである.

以上のように数値予報や「三種の神器」などの技術開発の成果は,天気予報の精度の向上と比例して社会の天気予報への期待値を上げることにつながり,詳細な情報を求める人々の天気予報への不満を高めたのであった. 気象庁の「評判」をめぐる環境の変容は,人々の気象庁への期待の変化を背景としていたのである. この対応として前述の国内気象監視計画は,確率予報や短時間予報の制度的定着と「最終製品型」の解析予測資料(ガイダンス)の導入を掲げたのであった.

まず 1976 年の構想の段階において,ガイダンス作成の際に数値予報に統計的手法の補足を行う MOS(Model Output Statistics)を積極的に採用していくことが決定した[63]. この中心となったのがワーキンググループに参加した予報課と電子計算室であった. 特に長らく気象レーダーに関わってきた立平良三が,1970 年代に予報課と電子計算室の予報官ポストを歴任することでその実用化の中心となった. 気象レーダーを通じて豪雨の把握や監視をしてきた立平にとって,数値予報の雨の出し方には改良の余地が多く,他の資料と組み合わせる必要があったという[64]. それゆえ立平の予報官就任は,気象レーダーの効用を数値予報に積極的に還元していく契機となった.

---

62)『読売新聞』1980 年 3 月 14 日夕刊.
63) MOS とはガイダンス作成の方式の一つであり,「過去の数値予報結果の大気状態と雨量などの観測値との統計的関係式を求めておき,これを数値予報の結果に適用して予報資料を作成すること」である. 気象庁ホームページ(http://www.jma.go.jp/jma/kishou/know/yougo_hp/shiryo.html).
64) 立平良三へのインタビュー(2015 年 12 月 19 日,神奈川).

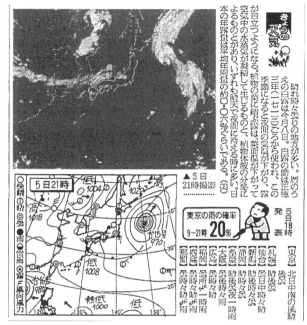

図 4-6　1980 年代の新聞における天気予報
出典）『朝日新聞』1982 年 9 月 6 日.

さらに立平良三が1978年に予報課長となることで，MOSの予報業務へのルーティン化が進められた．この試験運用として，1980年6月から短期予報における降水確率予報が東京都で開始されたのであった．さらに主要な気象台が順次開始し，1982年7月に降水確率予報は全国に拡大した．これを受けて降水確率予報におけるMOSのルーティン化作業は，1982年度中に完了した（予報部業務課 1983：323-326）．MOSの採用は統計的処理を行い，雨を降水確率という数値的な表現で捉えることで，予報の確率化を可能にする．またこの方式は，ガイダンス作成の「自動化」と「客観化」に加えて予報精度の評価を明確に把握できるという利点もあった（立平 1987：112）．立平によれば，MOSの背景には天気予報が外れる可能性がある以上，晴れや雨というのではなく降水を確率的に表現することで，天気予報が利用しやすく正確に使われるという現状認識があったという[65]．以上のことを踏まえれば，確率予報はこれまでの

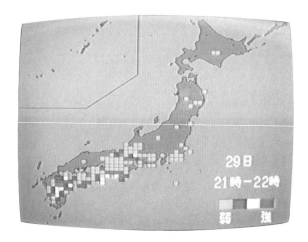

図 4-7 テレビにおけるアメダスの画面
出典）日本放送協会編（1986）．画面は 1986 年 6 月 29 日の雨量分布である．

「客観的」な予報の流れを汲んだ技術的な手段といえる．

　1980 年代には確率予報と同様に短時間予報（ナウキャスト）も実用化が進められた．短時間予報は，明日明後日を対象とする短期予報と異なり，数時間以内の変化を予報するものである．これにより，集中豪雨への対応といった地域的・時間的に詳細な予報を出すことが可能となる．短時間予報を行うには気象レーダーやアメダス，気象衛星の「三種の神器」による詳細な天気分布の継続的把握と伝達手段の高速化が必要であった（立平 1986：74-92）．1985 年に降水短時間予測システムが完成し三時間先の降水分布予測図の出力が可能となり，1988 年 2 月の気象庁内での大型コンピューターのシステムの更新に合わせて同年 4 月から降水短時間予報は予報業務として開始した．「三種の神器」のデータを総合することで可能となった短時間予報は数値予報の資料に依拠しており，この予報も「自動化」による「客観的」な予報の実現であったといえる．

　1980 年代に数値予報と連動した確率予報や短時間予報が開始されたことは，国内気象監視計画により組織全体の価値として示された「機械化」及び「自動

65）　同上．

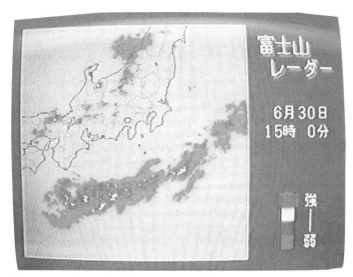

図 4-8 テレビにおける気象レーダーの画像
出典） 日本放送協会編 (1986). 画面は 1986 年 6 月 30 日のものである.

化」による「客観的」な予報が気象庁内で完全に定着したことを意味した．これは気象業務法が組織目的として埋め込んだ価値である「自然科学的方法」を強調する「観測」と「予報」が，これまでの具体的な技術的手段の制度的定着を通じて自己充足的な実現を達成した瞬間でもあった．この実現の要因には気象庁が組織内部での「客観的」な予報の制度への「評判」を獲得していく過程が必要であり，数値予報の技術が予報業務の現場で本格的に利用されるには 1970 年代まで待たなければならなかった．また「三種の神器」のデータを有機的に統合し観測資料の量的・質的な充実が図られるのは 1980 年代に入ってからであった．何より「企画」の経験を有する若手の気象技術者や現場の予報官にとって，1980 年代までに経験による予報を体現していた古参の予報官の多くが定年退職を迎えるという危機意識が組織の価値の再定位へと向かわせたのである．これらの要因への解決策が庁全体の計画として体系化する過程を経て，気象庁は組織内部の「評判」を獲得するために「機械的客観性」の価値を制度化したのであった．

では，社会は確率予報や短時間予報に対してどのような反応をしたのだろう

か．これらの予報は，人々の予報への信頼度を高める目的から開始されていた．気象庁が組織外部からの天気予報の制度や内容に対する「評判」を獲得するためにも，社会がどのように受け止めたのかが重要である．降水確率予報の新聞掲載は夕刊では既に掲載が始まっていたが，朝刊では『朝日新聞』と『読売新聞』が 1982 年 7 月 1 日（東京地方のみ）から掲載を開始した．確率予報の登場は，これまでの「時々」や「一時」といった表現より確率で表現された方が判断しやすくなるという点で好意的に受け止められた．だが，早い段階から確率をどのように解釈するかが受け手側に委ねられており，人々に利用の際への注意が必要と指摘されている[66]．さらに確率が何を意味するのかをめぐって混乱がみられた．確率が降水時間や降水量を指すのかあるいは降水地域を指すのか，予報のあたりと外れはどのような基準で判断されるのかといった点が主な疑問点として存在していたことが分かる[67]．これらの疑問点に対する気象庁の回答は人々のあいだで容易に浸透せず，確率予報の運用から数年が経過してもなお同様の疑問に基づく苦情が起こっている[68]．これらは確率予報を人々が積極的に利用しようとするがゆえに生じた状況であった．換言すれば，気象庁が詳細な天気予報を行うこと自体は一貫して否定されていないのである[69]．

かくて気象庁は「客観的」な予報の制度に対し社会からの「評判」を獲得することに成功したといえる．加えて確率予報は，確率の判断を人々に委ねることで従来の「あたり」か「外れ」かという二元的な気象庁による判断責任の希釈化を可能にした．ガイダンス作成における「機械化」及び「自動化」は，予報官の裁量を狭めるものであった．それゆえ外れる可能性を想定した確率の導入は，いわば予報を「科学」という外皮で覆うことで気象庁に対する予報への非難を抑制するための防波堤であった．この意味でも「機械的客観性」は気象庁の組織存続を支える価値だったのである．

1980 年代までに気象庁は組織内外において天気予報の制度や内容に対する「評判」を獲得していった．気象庁は 1988 年 10 月に週間天気予報の毎日発表

---

66)　『朝日新聞』1980 年 6 月 21 日．
67)　『朝日新聞』1982 年 7 月 23 日．
68)　『朝日新聞』1984 年 7 月 4 日夕刊．
69)　社説「きめ細かな天気予報に期待」『読売新聞』1987 年 7 月 31 日．

を開始することで，さらに詳細な天気予報を出すことを進めていく．1970年代から1980年代にかけての気象業務の「機械化」及び「自動化」は，気象情報の更新頻度の増加をもたらした．これは，人々の気象情報の入手先としてのテレビの比重が高まることを意味していた．なぜなら短時間予報は速報性のために新聞ではなくテレビに適合的であり，「ひまわり」の画像も動きが加わることで人々に視覚的・直観的なイメージの把握が可能になるからである．加えてテレビは，様々な工夫を凝らすことで伝達手段の多様化が可能であった．気象庁の予報が充実化するにつれ，テレビは予報に付加価値をつける動きを模索するようになる．この動きは気象庁が独占的に担ってきた予報のあり方を揺るがす改革の契機となる．かくて気象庁は「機械的客観性」の制度化ゆえに生じた社会側の変動を前にして大きな改革を迎えるのである．

小括

本章は，気象庁が「機械的客観性」の制度化を実現するために，いかなる手段を活用し，また長期的な構想を練り上げていったのかを明らかにしてきた．気象庁は，気象審議会を活用し「長期計画」の策定により将来的な事業構想を見据えた．この事業構想の試みは，各部局の方針や計画の寄せ集めとなり，予算獲得のための手段にとどまったものの，「企画」の役割が増大していく一つの契機となった．

さらに気象衛星事業は，予算規模や関係する省庁数からみて巨大プロジェクトであり，マクロな事業構想や施策間の調整といった「企画」の機能の活性化をもたらした．この気象衛星事業に携わった気象技術者たちの中から有住直介や小野俊行，山本孝二といった気象庁全体のマクロな構想を持つ者が現れ始めた．小野や山本といった早くから「企画」の経験を積んだ気象技術者たちは，現場の業務経験が少ない場合が多かったため，「測候精神」に代表される伝統的な気象庁の行動様式とは異なる発想を持つことが可能であった．彼らは，気象庁の技術開発の進展とともにキャリアを形成したため，数値予報のような「客観的」な予報の有用性に対する信念を強く有していた．それゆえ彼らは，予報官の世代交代を前にして，経験に基づく予報に代わる「客観的」な予報の

ための新たな価値を必要としたのである．

かくて企画課主導で策定された国内気象監視計画は，気象業務の「機械化」及び「自動化」という新たな価値の注入をもたらした．これは，「誰でも」一定の水準の予報を可能にするということである．さらに数値予報と連動した確率予報や短時間予報の開始は，詳細な天気予報を求める人々の需要に応えるものであった．確率予報の開始後，確率の解釈をめぐって混乱がみられたものの，それは人々が確率予報を積極的に利用しようとしたために起きたものであり，気象庁が詳細な天気予報を行うこと自体は一貫して否定されることはなかった．それゆえ「客観的」な予報は，天気予報の制度や内容に対する人々からの「評判」を獲得することに成功したのである．

だが，気象業務の「機械化」及び「自動化」は，予報官の判断の裁量を狭めるものであった．また確率予報は，確率の判断を人々に委ねることで従来の「あたり」か「外れ」かという二元的な気象庁の判断責任を希釈化させる．天気予報の「自動化」とは，「主観的」な判断を「専門性」と見做したかつての「エキスパート・ジャッジメント」の価値を後退させることに他ならなかった．したがって，組織内外の「評判」を獲得するために気象庁は，「機械的客観性」の制度化を行ったのである．

以上の歴史分析を第一章で提示した図式にあてはめると，1950年代後半から1980年代までを対象とした，気象庁における価値の制度化と「評判」との関係は，次のように説明することが可能である［図4-9］．第一に組織内部における価値の制度化から組織外部における価値の制度化に向けられた図の矢印は，「機械的客観性」の価値を制度化した気象庁が確率予報や短時間予報などの新しい気象情報を提供し，社会側がその利便性を享受することで「機械的客観性」の価値が組織外部にまで浸透されていったことを示している．第二に組織外部における価値の制度化から「評判」に向けられた図の矢印は，「機械的客観性」の価値に支えられた様々な新しい気象情報が天気予報の精度や利便性を向上させることで，人々の「評判」形成に寄与したことを示している．第三に組織内部における価値の制度化と「評判」とのあいだの図の矢印は，「機械的客観性」に基づく天気予報の多様化が気象庁による社会側との「評判」の構築に成功したことを示している．それゆえ，気象庁にとってこのまま組織内外に

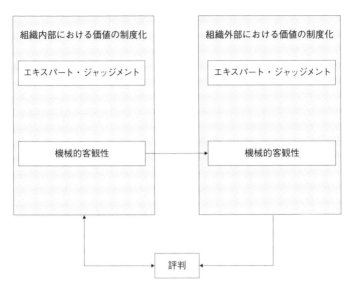

図 4-9 組織内部及び外部における価値の「制度化」と「評判」の関係（第四章）
出典）筆者作成.

向けて「機械的客観性」の制度化の強化を図る選択こそが，社会に対して自らの「評判」の最大化につながるはずであった．だが「機械的客観性」の価値の浸透に伴う社会側の急速な変動は，気象庁の将来像にまで影響をあたえずにはいられなかったのである．

第五章　現代日本の気象行政の動揺
——「エキスパート・ジャッジメント」の再生

　本章は，組織内外からの「評判」を獲得するために進めた気象庁による「機械的客観性」の制度化の定着が，逆説的に組織外部からの「危機」を誘発させ，この「危機」への克服過程を通じて気象庁が新たに「指導」の価値を定着させていったことを明らかにすることを目的としている．具体的には，気象業務法の改正が検討対象となり 1995 年の気象予報士制度の導入に至る「天気予報の自由化」と，その後の気象庁が「防災情報」をめぐり民間気象事業者との対立を通じて「指導」を活性化させていく時期を対象とした，1980 年代後半から 2000 年代までが主な対象時期である．

　第一節は，気象庁が進めてきた「客観的」な天気予報がいかなる民間気象事業者の創意工夫を生み出したのかを確認する．各種の工夫の試みが気象業務法による規制の存在を浮き彫りにし，民間気象事業者が不満を蓄積していったことが明らかになる．この「危機」への対応として，気象庁は再びマクロな将来構想を担う「企画」の機能を活用していく．したがって第一節は，「天気予報の自由化」へと結実する審議会答申が作成される過程までをあつかう．

　第二節は，気象業務法の改正過程を検討する．気象業務法の改正は，気象予報士制度の導入を含めた「天気予報の自由化」が最大の焦点であった．この改正過程を検討することで，気象庁にとって「自由化」が意味するものは，民間側が自らの価値として制度化を進めてきた天気予報への「エキスパート・ジャッジメント」の適用を抑制する「半自由化」にあったことを明らかにする．

　第三節は，「天気予報の自由化」後の気象庁がいかにして「指導」の価値を定着させていったのかを確認する．「天気予報の自由化」後の気象庁は，組織改革や「行政改革」への対応を通じて自らの役割を「防災官庁」の方向性へと傾斜させていった．「防災官庁」路線を敷くことは，気象災害に対する主導的な観測・予報・警報体制の整備を中核とし，同様の体制整備を地震や噴火といった他の自然災害にまで拡げることを志向するものであった．しかしながら，

民間気象事業者による「10日間予報」や「がけ崩れ予測メール」など独自のサービスが相次ぎ，気象予報士制度の意図から逸脱した事態が続発する．「防災官庁」としての組織利益を防衛するために，気象庁は民間側との「エキスパート・ジャッジメント」をめぐる対立を通じて「指導」を強めていったことを明らかにする．

以上の検討を通じて本章は，「機械的客観性」の制度化が気象庁にもたらしたものは何だったのかを明らかにする．

第一節 「天気予報の自由化」の背景

(1) 多様化する天気予報

本節は，まず「機械的客観性」の制度化を行った気象庁による「客観的」な天気予報が，いかなる形で社会に提供されていたのかを確認する．具体的には天気予報における伝え方の多様化を検討することで，民間気象会社が発展していったことを明らかにする．換言すれば，天気予報の伝え方の多様化は，創意工夫を生み出していく民間気象会社における「エキスパート・ジャッジメント」の制度化をもたらしたのである．次いで次項では，気象庁が台頭する民間気象会社を前にして「天気予報の自由化」を打ち出す答申をいかにして作成したのかを検討する．

1980年代までに進められた気象業務の「機械化」及び「自動化」は，気象庁による「客観的」な予報の実現を目的としていた．これは気象庁の組織内外における「評判」の獲得のためであり，予報官の世代交代の進行に伴う組織構造の変容への対応でもあった．特に数値予報の精度が向上していくことで積極的に実務に組み込まれたことや確率予報のルーティン化は，「客観的」な予報に対する象徴的な意味を帯びていた．このことは組織改革の結果からも窺える．

1984年に気象庁は運輸省の機構改革と並行して組織編成の改組を行った．運輸省の改革は，従来の海運局や鉄道監督局，自動車局をはじめとする交通部門別の縦割り組織を改め，総合的な交通政策を推進する観点から運輸政策局という横割り組織を新設したことに主な特徴があった（運輸省50年史編纂室編 1999：363）．これに対して気象庁の改革の成果は，地震火山部の新設が強調さ

れた．1970年代後半から1980年代前半にかけて大規模な地震が相次ぎ，観測部から地震火山業務を移管し監視体制を強化することが主眼であったことによる（運輸省50年史編纂室編 1999：440）．しかしながら，「機械的客観性」の制度化の観点から改革の成果をみるならば，電子計算室の数値予報課への昇格（1985年）が重要である．「電子計算」から「数値予報」への名称変更は，数値予報が気象庁内部において能力を認められ，「客観的」な予報に対する「評判」が定着したことへの制度的表現に他ならなかった．加えて企画課長であった新田尚によれば，数値予報課にするアイディアは運輸省側から提示されたものであったという[1]．これは気象庁における数値予報の定着が運輸省側にも認識されていたことを示すものといえる．

　以上のように企画課が敷いた国内気象監視計画による「客観的」な予報の路線は，1980年代に数値予報課の昇格へと結実した．この路線は，気象庁内外の「評判」の獲得に寄与するものであった．しかしながら，気象庁の「客観的」な予報による社会的要請への対応はむしろ社会の側の予報に対する期待値を高め，人々は予報の詳細な内容のみならず伝え方にもさらなる充実を要求するようになっていく．この要求は気象庁にとって「客観的」な予報の路線とは矛盾するものであった．なぜなら気象業務の「機械化」及び「自動化」の目的は，予報官の経験の余地を排し予報の水準を平準化させることにあったからである．伝え方に直結する予報の解説は予報官に一定の裁量が委ねられていたものの，予報文における表現の統一が行われている以上，裁量の行使は限定されていた．それゆえ，伝え方の工夫可能な範囲は予報官よりテレビの番組制作の方が大きかったのである．

　テレビの天気予報は主に1970年代後半から伝え方が多様化していった．前章で述べたように「ひまわり」の画像を複数用いて気象現象の動的把握を行うなど，天気予報を視覚的に伝える試みが充実した．こうした工夫は，人々の大半がテレビで天気予報を確認するようになっていたことが背景にあった[2]．さらに日本テレビやTBSが天気予報のショーアップ化を目指し，女性キャスターやタレントを起用し始めた[3]．1981年に放送開始したTBSの「ウェザーシ

---

1)　新田尚へのインタビュー（2015年10月1日，東京）．
2)　『読売新聞』1981年2月3日夕刊．

256　第五章　現代日本の気象行政の動揺

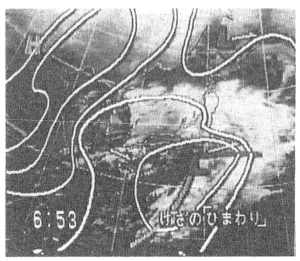

図 5-1　1980 年代の天気予報の番組の例
出典）妹川・遠藤（1983）．

ョー・空飛ぶお天気スタジオ」は担当した女性キャスターの知名度を上げるだけではなく，グラフィックディスプレイによる天候の予想図といった演出や映像技術も高く評価されたのであった（妹川・遠藤 1983）．また同年に NHK が気象情報番組として「テレビ気象台」を開始するなど人々と気象情報とを身近に

する番組が増加していったのである．換言すれば，1980年代に入りニュース番組で放送する形式以外に単独の番組が増えたことを意味していた[4]．

　天気予報の番組の増加は気象情報に対する社会的要請の反映であった．この過程で生み出された演出や映像技術上の数々の工夫は，一義的には人々の視聴を獲得するためであった．だがこれらの工夫がより重要な意味を持ったのは，気象庁の「予報」の補完的な機能と「予報」に対するテレビ局への非難を逸らす機能であった．第一に気象庁の「予報」の補完的な機能として，天気予報の番組が日本気象協会や民間気象会社の情報を利用することで気象庁が発表の対象としてない情報を提供し始めたことである．例えばテレビ朝日は1983年に民間気象会社であるオーシャンルーツ社（後の株式会社ウェザーニューズ）とテレビ局として初めて契約し，天気予報番組において洗濯指数や傘指数，ビール指数などの独自の気象情報を提供した[5]．これらの指数化は，気象庁の「予報」の用語にはない目的別の情報を可能にした．NHKも1988年から花粉情報を開始し，天気予報の番組における目的別の気象情報の内容が充実していった．

　第二に，天気予報の番組の工夫のなかで「予報」に対するテレビ局への非難を逸らす機能がみられた．1984年にテレビ朝日が開始した「ウェザーショー」は，オーシャンルーツ社の情報を用いて断言的な説明で大胆な予報を行う．その代わりに外れた場合，番組はキャスターが罰を受けるパフォーマンスを行っている．このパフォーマンスは，テレビ局への苦情を和らげる役割があったという[6]．気象業務法によりテレビ局は，天気予報の内容自体を気象庁の出す予報の内容から逸脱することができなかった．これにもかかわらず天気予報の結果への非難に直面するテレビ局にとって，人々にカタルシスを感じるための演出が不可欠だったためと考えられる．

　いわば番組のパフォーマンスの問題は予報の責任の所在がどこにあるのかということを明らかにしたといえる．日本気象協会以外の民間気象会社が本格的

---

3)　『読売新聞』1981年5月10日．
4)　『読売新聞』1989年5月19日．
5)　『朝日新聞』1985年5月5日．
6)　『読売新聞』1984年7月24日夕刊．

にテレビに参入するなかで，現状の「予報」に対して民間気象会社がどの程度責任を負うことが可能なのか．オーシャンルーツ社の石橋博良は，番組に派遣した「お天気キャスター」が罰のパフォーマンスを受ける光景をみて，気象庁が出す「予報」に対して責任を負うことへの違和感を認識するに至ったという（石橋 2011：99-100）．加えてオーシャンルーツ社が試みた様々な指数は，気象業務法により「予報」の用語が制限されていたことに起因していた．それゆえ，オーシャンルーツ社とテレビ朝日の契約は，気象業務法を通じた「予報」に対する規制の存在を改めて浮き彫りにしたのである．

　石橋博良は1969年に安宅産業株式会社（後に伊藤忠商事に吸収合併）に入社後，1973年にオーシャンルーツ日本支社へと転職，1976年には支社長となる．1986年にオーシャンルーツ社の部門の一部を買い取り株式会社ウェザーニューズとして創業し，彼は社長となる．この間に株式会社ウェザーニューズは気象情報のサービス事業を拡大し，1993年には同社がオーシャンルーツ社を逆に吸収合併するに至る．石橋は会社のコンセプトとして「万人向けの気象情報を提供する気象庁が「みんなの気象台」なら，個々のお客様に向けてカスタマイズされた必要にして十分な気象情報を提供する「あなたの気象台」に私たちはなろうと考え」ており，株式会社ウェザーニューズの発展自体が気象情報の商品的な価値が飛躍的に高まった時代を背景としていたといえる（石橋 2011：120）．石橋が述べるように「天気予報が売れる時代になった」のである[7]．

　民間気象会社の成長を機に気象情報の商品的な価値への着目は次第に多くなり始めた．例えば『読売新聞』は1985年と1989年に特集記事を掲載している．前者の特集記事は気象情報が事業に影響をあたえる事例（電力会社や遊園地など）を取り上げつつ，気象情報を「買う」という行為の動向に主な焦点が当てられている[8]．これに対し後者の特集記事は「個人用予報」や「雨保険」，「超局地予報」といったフレーズを用いながら商品としての気象情報の「内容」に主な焦点があてられている[9]．この変化は気象情報の商品的な価値の認知が進み，いわば具体的なサービスの実態へと関心が進んだことを示すものといえる．

---

[7]　『読売新聞』1983年4月13日．
[8]　『読売新聞』1985年8月27, 28, 29, 30日．
[9]　『読売新聞』1989年5月10, 11, 12, 13日．

しかしながら，気象情報の商品的な価値が高まれば高まるほど気象業務法が想定する「予報」とそれ以外の予報とのあいだの境界が融解し，グレーゾーンの領域が発生する．この状況に対して気象庁は改めて「予報」の領域を示す必要があったのである．1987 年の JR 東日本の車内天気予報案に対する気象庁の反対は，「予報」に対する規制の存在を社会的に示した例といえよう．この事件の発端は，国鉄から民営化したばかりの JR 東日本が新たなサービスとして車内で行き先別の天気予報放送を検討したことによる．気象庁の「予報」は都道府県単位や地域単位ごとの予報であるため，JR 東日本は上野や軽井沢などの狭い特定地点の予報を行うことを考案したのであった．しかしながら，気象庁の判断によれば車内の放送は不特定多数の人々が聞く場合に相当し，気象業務法が想定する「予報」となるため，気象庁が定めた範囲以外の予報を一般の人々向けに行うことはできないとされたのであった[10]．気象庁から気象業務法違反の可能性を指摘された JR 東日本は，行き先別の天気予報放送の構想を断念するに至った．この事例は気象庁が新しいサービスに対し気象業務法を用いて反対したことに意味があった．気象情報の商品的な価値の高まりを前にして，気象庁は気象業務法による「予報」の存在を組織外部に向けて積極的に示す必要に迫られた．換言すれば，様々な天気予報のサービスの登場により気象庁は自らの「予報」の自律性の揺らぎを認識し始めたのであり，組織の価値を体現する気象業務法が組織の防衛手段としての意味を再び求められたといえる．

　以上のように気象情報の価値の高まりは，天気予報の番組の増加とともにその伝え方も多様化していった．天気予報のコーナーを担当する女性キャスターの役割が注目されたことは，人々にとって天気予報の番組が身近になっていたことを示すものであった．この過程で天気予報の解説を担当する人たちは「お天気キャスター」と称されるようになる．加えて「お天気キャスター」のパフォーマンスをはじめとする演出や技術上の工夫が天気予報の番組の魅力となっていった．演出や技術上の工夫が活発化したのは，「予報」の解説しかできないという気象業務法による規制の存在である．

　だが，逆説的にいえば規制の存在が「お天気キャスター」による解説の伝え

---

10) 『朝日新聞』1987 年 5 月 16 日夕刊.

方を活性化させ,「お天気キャスター」と天気予報が一体的なものとして人々に認識されるようになっていった．気象庁退職後の 1984 年から NHK 解説委員として「ニュースセンター 9 時」を担当した倉嶋厚や，1990 年に開始した TBS の「JNN ニュースの森」で天気予報の解説を担当した森田正光はその代表的な例である．倉嶋は「新しいお天気番組を創る姿勢」で「生活情報としての天気予報をきちんと伝えたうえで，時には季節の空の美しさ，時には珍しい自然現象の映像などを，毎日のように演出を変えて放送した」ように，天気予報に様々な情報を加えて放送した（倉嶋 2013：34）．森田も「おもしろい天気解説」の姿勢のもと，歴史や社会的な題材を取り上げたのであった（森田 2009：50-57）．彼らの活動は人々にとって気象庁の天気予報というより「お天気キャスター」の天気予報という認識を醸成させたのである．

　森田正光は，1992 年に日本で最初のフリーの天気解説者として独立するまで日本気象協会に所属していた．当時の状況について，森田は気象庁の「予報」と自身の予測が異なる場合の葛藤や,「予報」をそのまま解説することへの飽き足らなさに加えて，気象情報の商品的な価値の高まりについて述懐している（森田 2009：30-67）．これらの回顧は石橋博良の認識とも符合する．また森田によれば，気象庁によるさくらの開花予想日を彼が予想した際，前日に翌日の予想日を適中させたことで，気象庁から特別に教えたと思われるから困ると注意されたという[11]．このことは，特に気象協会に対して気象庁の統制が強かったことも意味する．気象協会内部では，天気予報の内容を変えることができない以上，ニュアンスを工夫して伝えることの重要性が指導されたという[12]．それゆえ気象情報のサービスに対する社会的要請の高まりは，民間気象会社にとって規制の根拠である気象業務法を改革の対象として顕在化させるに至ったのである．

　「客観的」な予報を進めてきた気象庁にとって,「予報」の解説の多様化は意図せざる結果であったといえる．確率予報や予報文の表現の統一による「客観的」であることの確保も，気象庁の判断の余地を狭め人々に判断を委ねることにあった．この意味では「予報」の解説も気象庁の「客観的」な判断をそのま

11）　森田正光へのインタビュー（2017 年 9 月 22 日，東京）．
12）　南利幸へのインタビュー（2017 年 10 月 8 日，東京）．

ま説明すればよかった．だが，「お天気キャスター」と天気予報が一体的なものとして捉えられるにつれ，石橋博良や森田正光が指摘するように民間気象会社は単なる解説にとどまることに不満を持ち始めた．彼らは「機械的」であることに抵抗していくのである．この抵抗を支える自負こそは，日々の「予報」の解説を通じて蓄積した「専門性」に他ならなかった．それゆえ株式会社ウェザーニューズに代表される民間気象会社の発展は，天気予報に対する「エキスパート・ジャッジメント」の価値を制度化していく契機となった．かくて「機械的客観性」を制度化した気象庁は，「エキスパート・ジャッジメント」を制度化した民間気象会社と向き合うこととなる．

(2) 「天気予報の自由化」に向けた答申の作成

　民間気象会社の発展を前にして気象庁は，気象業務法を組織の防衛手段として活用した．だが，気象業務法による規制の存在を前面に出すことは，時代的に必ずしも得策ではなかった．なぜなら，1981年の第二次臨時行政調査会の発足に次いで1983年の臨時行政改革推進審議会の発足以降，1980年代から1990年代にかけて行政改革は継続的な政治的争点であり続けたからである．中曽根康弘内閣が三公社（国鉄，電電公社，専売公社）の民営化を断行したように，政府の役割の見直しが議論された．この過程で経済成長や国際競争力の観点から政府の規制が改革対象となり，規制緩和が推進されるようになったのである．したがって，「予報」の規制の存在は民間気象会社の自由な経済活動を阻害するものとして捉えられかねなかった．

　民間気象会社の発展と行政改革の底流は，気象庁にとって社会との接点の再考を促す「危機」であった．気象庁の長期的な構想である国内気象監視計画は社会的要請との「溝」を埋めるものとして着手されたが，計画の実施段階では組織内部での技術的な業務改善の側面が強かったといえる．すなわち計画を通じた「機械的客観性」の制度化は，気象庁の組織内部に価値を埋め込んでいく役割に傾注してきたのである．それゆえ気象庁は国内気象監視計画の成果を踏まえた上で，気象庁と社会との関係に関する新たな構想を組織外部に向けて提示する必要があった．この危機の過程において，国内気象監視計画の着実な実現という安定期を享受していた「企画」の機能が再び活性化する．

「企画」の機能の活性化は，人事面では長らく「企画」に携わった気象技術者が企画課長となることで実現した．1988年に小野俊行は企画課長となり，その後任として1991年に山本孝二が課長に就任する．前章で述べたように小野は国内気象監視計画の構想に関わり，山本は気象衛星事業に継続的に関わるなかで「企画」に求められるマクロな構想力を体得していった．「企画」の経験の長い二人が相次いで企画課長となったことは，気象庁内部において「企画」の比重が大きくなった証左といえる．

企画課主導による新たな構想が具体化する契機となったのは，1992年の気象審議会による第18号答申の「社会の高度情報化に適合する気象サービスのあり方について」であった．この答申は，気象庁にとって「気象サービスのあり方」を本格的に検討したものとして画期的なものであった．なぜなら，答申は気象庁と民間気象会社とのあいだの役割分担について多くの頁数を割いており，組織外部に向けて気象庁と社会との関係に関する新たな構想を披瀝しているからである．では，どのような経緯でこの構想が打ち出されるに至ったのだろうか．

まず，1991年3月の気象審議会総会で示された諮問理由は次のようであった[13]．

　　近年における情報処理技術の進展は著しい．これを受け，気象庁においても情報処理技術の導入を中心に業務整備を進め，予・警報をはじめとする各種気象情報の質の向上と拡充を図ってきたところである．
　　一方，社会の高度情報化は，各種情報メディアの拡充，情報に関する著しいニーズの高度化・多様化をもたらしており，気象情報を取り巻く環境は大きく変化しつつある．なかでも，各種情報メディアを活用した図情報を中心とする情報提供，特に対話形式の活用は，社会の多様な要請に応えた新しい気象情報サービスを推進する上で大きな可能性を持つものと考えられる．このため，関係機関との協力の推進，民間気象会社の活用等を含め，時代の要請に適合した新しい気象事業を推進して行く事が必要となっている．
　　今回の諮問は，特に，気象情報の内容・表現形式とその提供方法という観

---

13)　「社会の高度情報化に適合する気象サービスのあり方について」気象庁図書館所蔵，2頁．

点から，社会の高度情報化に適合した気象事業のあり方を問うものである．

　この諮問理由は，これまで述べてきた天気予報番組における伝え方の多様化や民間気象会社の発展を踏まえた問題関心であることが明瞭である．さらに気象庁は，諮問事項に対して基本的な姿勢をあらかじめ説明している．例えば小野俊行企画課長は，気象庁の社会的要請への対応状況について次のように述べている[14]．

　　社会のニーズは，産業構造の変化，あるいは情報化の進展を背景にいたしまして，非常に高度化，多様化が進んできております．このうちには，現在の私どもの技術の限界を超えたようなニーズといったものがございますけれども，かなりの部分につきましては，気象庁の現在のプロダクトを中心にして基本的には対応し得るものである，このように考えております．また，地域，あるいは時間等を限定した詳細な情報へのニーズも多くなってきておりまして，かなりの範囲につきましては，基本的には民間の気象事業にゆだねるべきものもあると考えております．

　小野の発言の趣旨は，気象庁の業務改善より民間気象会社との役割分担をどのように画定させるのかに主眼があるといってよい．それゆえに，小野企画課長はイギリスやアメリカを例にしながら国と民間との「切り分け」の多様な考え方を続けて説明したのであった[15]．ただ，この段階では法律の改正への言及がないように，気象業務法の改正にまで踏み込むことは慎重であったという[16]．
　審議会総会では今回の諮問事項が「社会的に関心の高い問題」（町田直会長の発言）であるがゆえに，部会の設置が決定した．具体的な議論は，気象サービス検討部会に委ねられた．
　部会長は，鈴木次郎（東北大学名誉教授）が就任した．部会委員の山本欣子（日本情報処理開発協会常務理事）に加えて，専門委員として青木輝夫（三菱商事

---

14) 「気象審議会議事録（第53回総会）」気象庁図書館所蔵，8-9頁．
15) 同上，9頁．
16) 小野俊行へのインタビュー（2016年1月19日，東京）．

食料総括部長），浅田暢彦（日本気象協会常務理事），石橋博良（ウェザーニューズ代表取締役社長），岡坂由美子（主婦，シャープ生活ソフトセンター副主任），堀越政美（NTTデータ通信第一公共システム事業部第一システム統括部長），椋尾尚司（東京放送報道局専任部長），猪股敏郎（農林水産省大臣官房技術調整室長），石坂幸夫（運輸省運輸政策局情報管理部情報処理課長，第一回のみ出席），三澤明（運輸省運輸政策局情報管理部情報企画課長，第二回のみ出席），鈴木光男（運輸省運輸政策局情報管理部情報企画課長，第三・四回のみ出席），市原四郎（建設省河川局河川計画課長），古内晋（自治省消防庁防災課長）らが就任した[17]．

1991年6月に行われた第一回の検討部会は，官民の役割分担における民間側の考え方が相次いで提示された．堀越政美は次のように述べている[18]．

> 官民の分界点というのは，今気象情報提供会社ということで，お天気会社が提供されているんですけれども，その情報の影響度というのはかなりウェートが高くなってきて，今お話がありました防災情報にした場合，気象庁から出る情報，恐らく原始データは間違いなく一緒なんですが，それを加工された場合に，気象庁から出される原始データの品質とそれをお天気会社が受けた場合の付加価値とか加工した場合に，原始データが同じであっても，場合によっては情報を受ける方が違う見方や聞き方をする可能性がありますので，データの信憑性というよりデータの品質をどういうふうに考えていくかというのが非常に大きな問題になってくるんじゃないか．そういう意味で，お天気会社に対する許認可というところの問題，その判断基準というか，お天気会社に対する信用度とか，どういうレベルだったらば許認可を与えるとか，その辺，これから利用者が一般国民まで広がった場合に大きな問題になってくるんじゃないかという気がしています．

堀越の発言は，民間気象会社が気象情報に付加価値をつけていくなかで情報の質をどのように保証するのかという問題提起である．特に防災に関わる情報の場合，特定の人々に対して行う民間気象会社の予報が一般の人々に影響をあたえる可能性が想定されている．

---

17)「社会の高度情報化に適合する気象サービスのあり方について」気象庁図書館所蔵，39頁．
18)「第1回気象情報サービス検討部会議事録」（気象庁情報公開，気総第84号），8頁．

第一節 「天気予報の自由化」の背景　265

　また気象庁の「予報」の解説については，浅田暢彦が次のように述べている[19]．

　　これから官民一体となって気象業務を盛り上げていく必要がある時代に来たんだということは，気象協会の業務を通じましても，広い分野で多種の情報を求める実態から見て，そのように言えるものであろうと思います．今までは気象庁からいただいた予報をもとにしまして，一般の皆さんに気象庁の予報を解説していたというのが主体の業務でありましたが，先ほどお話にありましたように，ユーザーが多目的の独自の要望が強まってまいりますと，解説だけではその領域内でおさまることができない．今，石橋〔博良〕さんも言われましたように，あなたの情報ということになりますと解説だけでは満足していただけないという形になっているのではないかと思います．この辺，あなたの情報というものをどのようにかみ砕いて提供できるかというのが私たち民間に委ねられた業務ではないかと思います．

　浅田の発言は，「予報」の解説をほぼ独占的に担当してきた日本気象協会でも解説を行う以上のサービスの必要性を認識している点に特徴があるといえる．加えて椋尾尚司は「情報の分配を受けるについて，どうしても色々な費用がかかるということは私どもよく理解しておりますし，そのための費用を利用者側の方で負担するということは結構なのでございますけれども，もとの情報そのものは国民の税金で集め，それを分析した情報でございますので，ぜひ無料で私どもに自由に出していただくという方向をはっきり打ち出しておいていただきたい」と，気象庁が出す気象情報の有料化について反対の姿勢を示している[20]．椋尾の発言の背景には 1980 年代頃から気象情報を有料化するという動きが出てきたため，これに反対する必要があったためと考えられる．
　7 月の第二回の検討部会での審議は，官民の役割分担に加えて受益者負担の問題や諸外国の動向が検討された．受益者負担の問題は，気象情報をどこまで無料にし，どこまで有料にするかのということであった．この点について，山本孝二企画課長は「データ提供にかかる経費について，過去の反省に立てば，

---

19) 同上, 10 頁.
20) 同上, 12-13 頁.

合理的なデータ提供体制ということで，必要とする側から見れば，相手側から設備投資があってもいいのではないか」と，データの受信設備における受益者負担を提示している[21]．換言すれば，気象情報の無料は維持し，データの受信設備の費用を相手側に負担するという論理で受益者負担の問題と気象情報の有料化への動きに対する解決を図ることが，気象庁にとっての一貫した立場であった．

　だが，官民の役割分担については民間側から引き続き様々な意見が提示された．例えば諸外国の動向との関係から石橋博良は次のように述べている[22]．

　　アメリカにおいても相当役割分担みたいなことが議論されておりまして，特に警報についてどうするかという問題は相当激しい議論があったと思います．彼らは例のシングル・オフィシャル・ボイスという言葉にすごくこだわっておりまして，警報は唯一ナショナル・ウェザー・サービスが出せると．そうすると，アメリカの伝統であるところのフリーダム・オブ・スピーチというこの世界が侵されるんじゃないかということで，これが相当の議論を呼んだと思います．（中略）
　　アメリカの場合には，一番重要だったことは，私の理解では，民間がやれることを卑しくも気象局がやるべきではないし，将来的にもそうすべきではないというところをはっきり言ったことだと思います．

　石橋の発言は二つの重要な論点を指摘していた．第一には，気象庁は民間に可能な限り気象サービスを委ねるべきであるという発想があげられる．これは，気象庁が積極的に「サービス」の供給者となることへの牽制の意味合いを含んでいた．なぜなら石橋はイギリスにおける官民の役割分担の例を語る際，「〔民間気象会社が〕一生懸命仲よくイギリスの気象局とやろうとしているもかかわらず，気象局の方が，とにかく自分で儲けていくんだみたいな，どちらかと言うと民間志向的なことをやっておりまして，そのためにデータを売らない，あるいは高価なデータを渡すときにチャージするわけです」と説明し，「イギリ

---

21)　「第2回気象情報サービス検討部会議事録」（気象庁情報公開，気総第84号），12頁．
22)　同上，27頁．

スはもう少し活性化できるはずなのに，国が自分で元気を出し過ぎて，それがゆえに活性化が進んでいないというような感じを個人的には持っております」と評することで，行政機関が積極的に「サービス」の供給者になることに否定的な見解を示しているからである[23]．

　第二には，警報の一元化の問題があげられる．警報に対する意見が気象庁と民間気象会社で異なる場合に，民間気象会社が気象庁と異なる意見を発表する余地が存在するのかという論点である．天気予報を解説する際に「予報」と「警報」を線引きすることは難しく，気象情報の重要性が災害時に高まることを考えれば，「警報」まで異なる意見を出すことが可能かどうかは民間気象会社の天気予報の裁量に直結する争点であるといえる．ただし石橋は「警報」自体については「シングル・オフィシャル・ボイス」の立場であり，むしろ彼の主たる関心は「警報」の範囲を改めて明確にする以上，「予報」の規制の緩和を行うことで「シングル・オフィシャル・ボイス」による介入の緩和を強調することにあった．

　石橋に代表される民間側の「予報」に対する規制緩和の要望は，官民の役割分担にとどまらず「天気予報の自由化」にまで論点を拡大させるものであった．それだけに気象庁は自らが行う「予報」の正当性と自由化の代わりに民間側の天気予報の質を担保する構想を創出する必要性に迫られた．この過程において気象学会が認定するというアメリカの資格制度が一つの引照基準となっていくのである．

　11月の第三回の検討部会では，今までの論点を盛り込んだ気象庁の答申案をたたき台に民間側との規制緩和をめぐる議論が続けられた．ここでの主たる関心は全体の構想として「天気予報の自由化」が行われるのかどうかに焦点化されつつあった．椛尾尚司は次のように直截的に述べている[24]．

　　　簡単に言いますと，天気予報は自由化されるのか．つまり，各テレビ会社
　　で独自の予報といいますか，勿論その元になるデータは気象庁の分析という
　　ものを尊重してやっていくので，アメリカと同じようにてんでばらばらのも

---
23)　同上，28頁．
24)　「第3回気象情報サービス検討部会議事録」（気象庁情報公開，気総第84号），39頁．

のが出るとは思いませんけれども，それでも NHK は晴れと言ったけれども，TBS は曇りというようなことも生じ得る．その辺のところは整合性という点ではまずいと言えばそうなんですが，非常に色々利点があるわけです．(中略) 資格の問題であるとか，技術水準の保証であるとかというような問題があるとしても，相当自由化が進むのであるように〔答申原案は〕読めるんですけれども，そう読んでよろしいでしょうか．

椋尾の発言は，気象庁の「天気予報の自由化」の趣旨を再確認するものであった．これに対して山本企画課長は，「予報」を正当化する論理として「ナショナル・ミニマム」を掲げつつ次のように説明している[25]．

> 本質的には自由化ではあるが，我々の持つものがお薦め品であると．そういう意味で，半自由化なんでしょうかね．今まで規制の対象となっていたものは自由化にいたします．しかしながら，ナショナル・ミニマムとしての天気をどう取り扱うか．(中略) 私ども今の事務局のレベルで申しますと，天気予報は自由化ではあるが，ナショナル・ミニマムのものは気象庁自らやりますというのが今の答えです．

部会の審議中，山本企画課長は「予報」を行う根拠として「ナショナル・ミニマム」に度々言及している．このことに鑑みれば，二人のやり取りは「自由化」に対する認識の違いを示しているといえる．民間側からすれば，「天気予報の自由化」は彼らが独自の予報を行うことを可能にするだけではなく，気象庁に対し情報を出す役割に限定させる意味合いを含んでいた．換言するならば，規制緩和は気象庁の「観測」と「警報」への限定化にあった．これに対して気象庁は自らが行う「予報」の範囲の基準を画定することに主眼を置いていた．「半自由化」という表現は，「天気予報の自由化」を進めながらもなお「評判」の源泉たる「予報」を守ろうとする気象庁側の率直な認識を示すものといえよう．

---

25) 同上，40 頁．

第一節 「天気予報の自由化」の背景　269

　だが,「ナショナル・ミニマム」の概念が加わったことにより, 1992 年 2 月の検討部会での答申案の検討作業は, この概念の意味をめぐる議論が中心となった. 気象庁が出す気象情報の「ナショナル・ミニマム」とそれ以外との線引き, 線引きに連動した民間気象会社の費用負担が主な争点であった. すなわち民間気象会社の危惧は,「ナショナル・ミニマム」が社会的状況に応じて変動する場合, 従来は無料であったアメダスや「ひまわり」の情報が有料化することにあったといえる[26]. これは民間気象会社が付加価値情報を行うとしても, 基礎的な気象情報を気象庁に依存している以上, 負担の増大につながるためである. また気象情報自体が「ナショナル・ミニマム」と付加価値情報を明確に区分することが難しい場合もあり, 結果として「ナショナル・ミニマム」とされる気象情報への民間気象会社の負担が生じる場合があった. 以上のような民間側の懸念を通じて, 情報の無料化とデータの受信設備の費用負担という論理が改めて確認されるに至った.

　「ナショナル・ミニマム」の論点が費用負担に集中したことで, 気象庁が「ナショナル・ミニマム」として「予報」を行うこと自体は争点化の拡大を免れた. このことは 1992 年 3 月の気象審議会の総会でも同様であった. この総会では部会での修正を経て完成した答申案が検討されたものの, 主な質疑は資格制度に言及した「技能検定制度」と防災情報の「シングルボイス」の確認, 気象庁の今後の「予報」の方向性である「メソ量的予報」(中規模気象現象に対する量的予報) の実現についてであった[27]. 質疑は答申内容の確認にとどまり, 答申案は総会において承認された.

　「社会の高度情報化に適合する気象サービスのあり方について」は, 先述したように今後の気象庁のあり方に関する構想を示す答申であった. 全三章の構成のうち官民の役割分担は第二章の主たるテーマとなっている. 官民の役割分担の基本的な考え方として, 答申は次のように言及している[28].

　　社会の高度情報化に適合する気象情報サービスを実現するためには, 各種

---

26)　「第 4 回気象情報サービス検討部会議事録」(気象庁情報公開, 気総第 84 号), 38-42 頁.
27)　「気象審議会議事録 (第 54 回総会)」気象庁図書館所蔵, 48-61 頁.
28)　「社会の高度情報化に適合する気象サービスのあり方について」気象庁図書館所蔵, 19 頁.

情報メディアを活用し多様化したニーズに対応する適切な情報提供体制を確立することが重要な課題となる．このような多様なサービスの実施に当たっては民間部門の役割に期待するところが大きい．一方，「防災気象情報」及び国民の公共の利便性を確保するために必要なナショナル・ミニマムとしての一般向けの天気予報（以下「一般向けの天気予報」という）は気象庁が提供すべきである．情報化社会における気象情報サービスは，気象庁と民間気象事業者との緊密な連携の下に進めることが必要であり，両者の役割分担により気象事業を推進していくことが望まれる．

　「防災気象情報」と「一般向けの天気予報」は，気象庁の気象業務の中核であることを確認している．特に着目すべきは，「一般向けの天気予報」より「防災気象情報」を先に言及する順序付けである．これは，「一般向けの天気予報」が果たす役割の構成順序が「防災気象情報の理解の促進」「基本的な気象情報の全国的な提供」「民間気象事業のサービス水準の確保」と続いているように，「防災気象情報」の比重の高まりを意味している[29]．なぜなら，山本企画課長が「気象庁のとらえ方としては，防災官庁であり，情報処理官庁という認識がございまして」と述べているように，気象庁が自ら「防災官庁」の役割を強調し始めたからである[30]．山本企画課長は，各部の若手の係長クラスとのアドホックな会合を設けるなかで，今後の気象庁の進むべき方向性を「防災官庁」に求める彼らの意見に接していたという[31]．それゆえ，「気象庁の役割」という項目において「一般向けの天気予報」より「防災気象情報」を優先する構成順序は，気象庁を「防災官庁」として再定位しようとする企画課の意図といえる．

　気象庁の役割に続いて民間側の役割では，質の保証として資格制度の導入が明記された[32]．

29）　同上，21頁．
30）　「第3回気象情報サービス検討部会議事録」（気象庁情報公開，気総第84号），32頁．
31）　山本孝二へのインタビュー（2016年7月8日，東京）．
32）　「社会の高度情報化に適合する気象サービスのあり方について」気象庁図書館所蔵，29頁．

第一節 「天気予報の自由化」の背景　271

　提供情報の質を確保するための手段の一つとして，例えば技術者の技能検定制度の導入が考えられる．従来より民間部門の役割の大きかった米国においては，技能検定制度が発達し大きな成果を納めてきている．技能検定制度は，気象情報の一定の技術水準を確保し，一般の利用者に対しても情報の利用に当たっての判り易い判断材料となるものであり，この種の制度を採用することが民間気象事業の発展にとって有効であろうと考える．（中略）今後，民間気象事業が成長する中で，事業の分化が進み，担当する技術者も専門化が進むものと想定されるが，これらの業務は，各々技術的背景，必要とされる気象学の知識の程度等に差異があるので，技能検定制度の導入にあたっては，官・民，関係者の十分な検討の基に，いくつかの専門を特定した合理的なものとすることが適当と考える．

　アメリカの気象学会が認定する資格制度を「技能検定制度」の導入の基準としていることが窺える．この段階では，具体的な制度設計は明記されることはなかった．
　また民間側の役割について，気象庁の防災情報との不整合が起きないことへの「配慮」が繰り返し言及されている．これは，気象庁が「防災官庁」として「警報」を重視する以上，「天気予報の自由化」の最大の懸念であったためと考えられる．
　以上のように答申は，「ナショナル・ミニマム」としての「予報」を通じての官民の役割分担と，「天気予報の自由化」に伴う資格制度の導入が主たる特徴であった．検討部会での議論が示しているように，気象庁にとって官民の役割分担は「予報」を正当化するために必要であった．「機械的客観性」の制度化により「客観的」な「予報」を可能にしたことに加えて，気象庁が整備した気象情報の利用に伴う民間気象会社の発達は気象庁が行う「予報」の存立基盤を揺るがした．これにより，気象庁は「評判」の源泉たる「予報」を守るため，「ナショナル・ミニマム」の概念を活用したのであった．
　さらに答申の策定過程において重要なことは，気象庁が「防災官庁」の役割を強調し始めたことである．民間気象会社が「天気予報の自由化」によって「予報」が可能となる以上，気象庁は気象業務の何を最も重要視すべきかという岐路に立たされたのであった．そして彼らが選択した方向性は，「防災官

庁」として「警報」を重視するという役割意識であった.

これまで述べてきた答申の構想の背景には，事務局として主導した企画課の存在があった．「機械的客観性」の制度化を進めてきたのが企画課である以上，気象庁が直面した「危機」においてマクロな将来構想を示せるのは企画課に他ならなかった．「企画」の経験に長けた気象技術者が課長となることで，組織全体の事業構想を担う「企画」の機能は再び活性化する．答申の内容を具体化するためには気象業務法を改正することが不可欠であり，若き日に同法を勉強した山本孝二が企画課長となったことは「企画」の機能の再活性化を象徴するものといえる．

第二節　気象業務法の改正

(1) 答申の反響

本節は，気象審議会において作成された「天気予報の自由化」の答申が気象業務法の改正へと結実する過程を明らかにする．気象審議会による第18号答申「社会の高度情報化に適合する気象サービスのあり方について」は，気象庁が目指す新たな方向性を含んだ改革構想であった．気象庁が提示したこの構想は，社会にどのように受け止められたのだろうか．特に官民の役割分担や気象情報の有料化をめぐる議論は，社会における気象情報の利用の仕方に関わるため人々の関心が高かったと考えられる．このため気象業務法改正による構想の具体化の検討に入る前に，本項は答申の社会的な反響を確認する．

答申に対する主な関心は「天気予報の自由化」であり，テレビ局が「独自の予報」を出すことが可能になる点であった．このことにより各テレビ局が天気予報の適中率を競う時代が到来すると予想された．しかしながら，天気予報の分析の基本となるデータが気象庁に依存していること，その一部のデータを有料化する動きがあることが自由化の課題として言及されていた[33]．自由化の課題はあるものの，「天気予報の自由化」に対して社会は肯定的な評価であった．この背景には，社会が天気予報の精度の向上を通じて予報があたることを前提

---

33) 『日本経済新聞』1992年4月19日.

としていることが大きい[34].「気象ビジネス」が成立するのは,社会の天気予報の制度や内容に対する「評判」が確固としたものになっていたためであるといえる.

　民間側にとって「天気予報の自由化」を実施するために気象庁のデータが無料であることは,事業を継続していく上で最大の関心事であった.それゆえ,「天気予報の自由化」を具体化する過程において民間側の要望を提示する必要があった.このため1992年11月に設立された民間気象会社,放送会社各社等からなる気象事業振興協議会（会長は鈴木次郎東北大学名誉教授）は,民間側の意見を集約し,答申の具体化に対する民間側の意見を反映させる役割が期待されたのであった.この協議会の性格は,「気象ビジネス」の業界団体というべきものといえる.

　ところが,同月に気象庁は「ひまわり」の画像データの一部を有料化する方針を明らかにした.データを公共性の高いものと民間側と利益を共有できるものの二種類に整理し,「気象衛星の画像データはそれ自体公共性は高いが,テレビ放映や民間気象情報会社が商品として提供する場合には視聴率を上げたり,商品価値を高めるための「付加的サービス」になる,とみて有料化に踏み切る」というのが,画像データの有料化の理由であった[35].答申を具体化する過程において,気象庁は気象情報の有料化を模索し始めたのである.「ひまわり」の画像データが対象となったのは,気象衛星の高度化に伴う経費負担を背景としていた.前章でも明らかにしたように,気象衛星は研究開発から打ち上げまで長期間を要するプロジェクトであり数年にわたって気象庁の予算内の大きな比重を占めることとなる.さらに「ひまわり3号」から「ひまわり5号」（1995年3月打ち上げ）までは「科学技術衛星」として科学技術庁が衛星経費の費用を分担していたが,これ以降の「ひまわり」は科学技術庁の費用分担がなくなることが予定されていた（赤石 2012：2）.このため気象衛星事業の費用増大により他の気象業務の整備が後回しとされることから,気象庁は画像使用料を整備に資することを検討したと考えられる.これを正当化する理由は,答申の基調である「受益者負担の原則」であった.

---

34)　『読売新聞』1992年6月8日.
35)　『日本経済新聞』1992年11月20日夕刊.

答申策定の段階において気象情報自体の無料を維持するとしていた気象庁が，一部とはいえ情報を有料化する方針を明らかにしたことで，「気象情報の有料化」が争点化する．この争点に対して一貫して反対の立場を示したのが日本新聞協会であった．1993 年 1 月の気象庁総務部長による気象業務法改正に伴う気象情報の利用負担の説明に対し，日本新聞協会は同年 2 月に長官宛てに有料化に反対する要望書を提出した（和田 1993：77-78）．これは，改革の目的が「天気予報の自由化」から「気象情報の有料化」へと論点が変更していることに対する危惧の表明であった．しかしながら，「有料化」に着目し「自由化」そのものに反対する日本新聞協会に対して，テレビ局の姿勢は「自由化」に次第に賛同していったという[36]．この対応の違いを生み出したのは，新聞に比べて映像や演出といったテレビにおける気象情報を工夫できる余地であった．

また気象事業振興協議会も民間側の意見を集約してきたが，気象業務法改正案に直接的に反映されることは少なかった．それゆえ協議会は，改正案の公表後に今後の綿密なる意見交換を要請する要望書を提出したのであった[37]．

相次ぐ民間側の「気象情報の有料化」への懸念は，気象庁の法律の改正作業に対する不満でもあった．気象事業振興協議会が指摘したように，これは 1993 年 1 月に日本新聞協会や日本民間放送連盟に有料化の説明をしてから 3 月に改正案が閣議決定するまでのあいだ，利害関係者のあいだで「納得できる話し合いを持つ時間はほとんどなかった」ことに起因していた[38]．これまで法律の制定・改正作業の経験が少なかった気象庁は，関係省庁との業務上の調整を積み重ねてきたとはいえ，気象レーダーや気象衛星のような研究調査や開発の業者選定等を除いて民間側との利害調整する機会を必ずしも多く持ってこなかった．それゆえ，具体的な制度設計を提示する段階で利害調整の不足が顕在化したのである．

したがって，「天気予報の自由化」は「予報」の規制緩和と「気象情報の有料化」という二つの課題を抱える改革となった．「予報」の規制緩和は，社会に好意的に受け止められた．これは天気予報の精度の向上という「客観的」な

---

36) 山本孝二へのインタビュー（2016 年 7 月 8 日，東京）．
37) 『日本経済新聞』1993 年 3 月 20 日．
38) 『朝日新聞』1993 年 5 月 12 日．

予報に対する「評判」の確立を示すものであった．だが，「気象情報の有料化」は民間側から反対意見が相次いだ．規制緩和を機に「気象ビジネス」を積極的に展開しようとする民間側にとって，「気象情報の有料化」は改革の趣旨に反するものだったのである．

　民間側の反対に対し気象庁は，気象情報あるいはデータの受信設備に対する「有料化」を通じての費用負担の構想を一貫して持っていた．特に将来的に気象衛星事業での科学技術庁の費用負担がなくなることは気象事業の整備に大きな影響をあたえるため，気象庁は「有料化」を通じて費用の一部に充てることを模索したのであった．加えて，民間側が「ひまわり」のデータを積極的に活用するようになったため，気象庁がデータの利用に応じた費用負担を要望する上で，「受益者負担の原則」は説得力の高い原則であった．かくて気象庁は「規制緩和」や「受益者負担の原則」「官民の役割分担」や「ナショナル・ミニマム」といった諸原則を改革の正当化に活用したのである．これらは気象庁外部のみならず，組織内部に向けた説得のための諸原則でもあった．なぜなら予報部を中心とした予報官たちは「天気予報の自由化」に反対しており，その説得のためには「防災官庁」の方向性というマクロな構想と改革の諸原則を打ち出すことが企画課にとって不可欠だったからである[39]．「有料化」と改革の諸原則が連動している以上，気象庁にとって「有料化」の挫折は「天気予報の自由化」の全体にまで影響が及ぶ可能性があったといえる．

(2)　改正案の提出まで

　気象庁と民間側とが対立する論点となった「気象情報の有料化」に加えて，「予報」の規制緩和を含めた具体的な制度設計は気象庁内でいかに行われていたのか．気象業務法改正案の国会提出後の検討を行う前に，気象庁の改正案の検討過程を確認しておくことは必要であろう．

　第18号答申の実現が「天気予報等の制度的体系の変更」を伴う以上，気象業務法の改正は必要な作業であった（山本 2004：4）．この作業は企画課を中心に進められ，1992年11月に検討内容がまとめられた．「気象審議会答申第18

---

[39]　山本孝二へのインタビュー（2016年7月8日，東京）．

号等の法制化の検討について」は，答申に沿って「気象情報提供の一部有料化」と「民間の業務範囲の拡大に伴うサービスレベル確保のための，気象業務に関する資格検定制度の創設」を検討中であり，「制定以来，内容の大きな見直しが行われていない」気象業務法の改正を明らかにした[40]．換言すれば，この段階では気象庁は気象情報自体の「有料化」をする方針であったといえる．

「有料化」の対象を「特定気象情報」とし，「気象庁がその責務として広く国民一般に提供すべき情報以外の情報」「当該情報の利用者が行う気象関連事業・業務の付加価値が高まり，利用者から情報提供を受ける者の利便の向上等が図られる結果，総合的な気象サービスの提供推進に資する情報」「受益者の範囲が特定されていること」があげられている[41]．そしてこれらの「特定気象情報」の該当例として，GPV（格子値）のデータと気象衛星画像情報があげられている．さらに「負担の公平，受益者負担の考え方に基づく制度であることから」利用料は特定財源化することとし，次年度より順次実施するため次の通常国会に改正案を提出するスケジュールが想定されていた[42]．

また資格制度については，「メソ量的予測による新しい天気予報の時代を迎えるに当たり，気象庁から，数値予報に係る新規高度情報（以下 GPV という．）の提供を受けることにより，予報の精度を大幅に高めることが可能である．したがって，従来行われてきた主として個別の企業相手の取引としての情報提供を超えて，一般向けに局地予報を広く提供する業務を認めることとする」としており，気象庁から民間側への「数値予報 GPV」の提供が資格制度の前提条件としていた[43]．「数値予報 GPV」とはシミュレーションに基づく予測値であり，このデータを利用することで「客観的」な予報が可能となる気象情報である．

資格制度を創設する上で「数値予報 GPV」がなぜ必要とされるのか．これは，「予報業務が適切に行われるためには，予報業務の許可を受けた者に，

---

40) 「気象審議会答申第 18 号等の法制化の検討について」（気象庁情報公開，気総第 110 号）．
41) 同上．
42) 同上．
43) 「気象士（仮称）技能検定制度（法律制度）の創設について（案）」（気象庁情報公開，気総第 110 号）．この資料は，1992 年 12 月 11 日付の「内閣法制局御説明資料（技能検定制度関連）」に添付されている．

GPV を適切に使用することが出来る要員を所要の人数確保させる必要があるが，そのような資質の判定については，GPV を使用した予報新時代においては，従来と比較して，いわば経験重視から知識重視というべき変化が起こって来る．即ち，これまでの「経験」が判断基準として適切ではなくなった（民間の主たる予報者は GPV を使用した予報の実績はないが，数値予報を主体とする現在の予報においては GPV を適切に使用することが出来る知識を有していれば予報の実施が可能である）ことから，要員の資格判定方法について客観的手法を採用（資格制度を創設）することが合理的になる」という理由であった[44]．民間側も「数値予報 GPV」を用いれば「客観的」な「予報」を行うことが可能であり，資格制度とは「数値予報 GPV」を中心とした知識の水準を保証するものとして構想されていたのである．したがって，資格制度の当初の趣旨は，民間側にも「機械的客観性」の制度化を押し進め，天気予報への「エキスパート・ジャッジメント」を適用する余地を狭めることにあったと読み取ることも可能である．

しかしながら，「数値予報 GPV」も「有料化」の対象であり，「天気予報の自由化」が「気象情報の有料化」に論点が移行しているとして民間側が難色を示したのは先述したとおりである．それゆえ，1993 年 1 月末までに気象庁は気象情報自体の「有料化」を断念せざるを得なかった．気象庁は関係者との調整結果を次のように明らかにしている[45]．

①大蔵省：本件は，徴収額との関係で，特定財源化は認められない
②報道機関：気象衛星画像提供は，国民へのサービス水準内であり，衛星画像作成に係る経費の負担は承服できない
③気象会社：特に GPV については，業務の高度化に不可欠のものであり，いずれの情報も，負担力の範囲内であれば異存はない

調整結果を受けて気象情報自体の「有料化」を断念した気象庁は，民間側への「データ提供に関する指定法人制度の創設」を通じてデータ利用者から配信所要経費を徴収する「民間気象業務支援センター」の構想に一本化したのであ

---

44) 同上．
45) 「内閣法制局御説明資料（平成 5 年 1 月 28 日）」（気象庁情報公開，気総第 110 号）．

った[46]．それゆえ気象庁は，センターの運用に必要な経費を利用者に負担させるという形式で「有料化」を図ったといえる．

　気象庁の「有料化」の実現に対する積極的な姿勢は，「有料化」と気象情報に関する「情報公開」を一体的に捉える企画課の意向に支えられていた．「数値予報 GPV」は気象庁内部で彫琢されてきた技術であり，この公開は気象庁の行う「予報」が原理上「誰にでも」可能になることを意味するため，気象庁内部でも反対意見があった（山本 2004：6）．しかしながら，「官民の役割分担」の帰結として「防災官庁」を将来の方向性に据える企画課にとって，民間側が行う「予報」の質を担保するためにも「情報公開」は不可欠であった．この代わりに民間側の技術の高度化に対する負担の「役割分担」を求めたのが「有料化」に他ならなかった．

　「有料化」が「民間気象業務支援センター」の設置へと収斂していったのに対し，資格制度は気象予報士制度として従来の気象業務の体系との整合性が図られた．この制度は，アメリの気象学会が行う資格試験である CCM（Certified Consulting Meteorologist）の技能資格を参考に，気象予報士を国家資格として創設するものであった．アメリカが一貫して参照の基準となったのは，資格制度自体がカナダなどの一部の主要国を除いて存在しないためであった（小西 2001）．日本の場合は，国家資格とした上で試験を実施する指定試験機関の新設も想定されていた[47]．

　気象予報士制度の創設と「民間気象業務支援センター」の設置を主たる目的とする気象業務法の改正案は，1993 年 2 月末に内閣法制局の最終的な審査を経て 3 月に閣議決定された．改正案において資格制度の当初の趣旨は，「有料化」と同様に変容したのであろうか．この手がかりとして国会対策として準備された「想定問答」が参考になる．例えば，気象庁と民間の予報が異なることによる混乱の可能性に対して，「本法律案では，大規模現象及び中規模現象に係る基礎的なデータの提供の支援体制を整備するとともに，許可及び気象予報士の制度を通じ，事業者の業務の質を確保することにより，民間事業者の科学的な予測を保証し，その予測内容の整合性を担保していくこととしているから，

46）　同上．
47）　「内閣法制局御説明資料（平成 5 年 2 月 1 日）」（気象庁情報公開，気総第 110 号），38 頁．

同じデータに基づき，科学的予測が行われるため，結果的に著しく異なる予報が作成されることはないと考えられる」と，その理由が述べられている[48]．気象庁の観測データや「数値予報GPV」のデータを用いる限り，予報の結果が著しく異なることはないと想定されている．換言すれば，民間側にも気象庁の価値たる「機械的客観性」の制度化を進め，天気予報における「エキスパート・ジャッジメント」の適用範囲を狭めることが明確に示されているのである．

　確かに気象庁が中規模気象現象までの「予報」を行い，民間側が対象地域を特定した局地的な予報を行う「官民の役割分担」において，官民の予報の結果の違いは対象地域の規模の違いや地域特性として想定されていた[49]．この観点からすれば，民間側の天気予報に対する「エキスパート・ジャッジメント」の適用範囲は保証されている．だが，気象庁以上のより詳細な気象情報の入手は設備の整備に費用がかかり，また基礎的な気象情報を気象庁に依存する限り，天気予報に関して広範な「エキスパート・ジャッジメント」を適用できる民間の気象事業者は多くはないといえる．加えて，気象庁の数値予報資料を用いた「週間予報」は認めるものの，こうした資料がない「季節予報」は民間側に実施を認めないといった，長期的な天気予報における気象庁の考え方も，「機械的客観性」の制度化が未熟ゆえに民間側の天気予報に対する「エキスパート・ジャッジメント」の適用範囲を狭めるものであった[50]．それゆえ，「半自由化」は気象庁以外の「予報」を認めるだけではなく，民間側の天気予報に対する「エキスパート・ジャッジメント」を適用する余地を限定するという意味でも「半」自由化だったのである．

(3) 改正案の国会審議

　閣議決定を経た気象業務法の改正案は，国会提出後も気象予報士制度と「気象情報の有料化」が主たる論点として審議されていった．これらの諸制度をめぐる議論は，気象庁が提出を急いだため民間側との利害調整の不足が国会でも顕在化した．参考人として招致された気象事業振興協議会の鈴木次郎会長は，

---

48) 「気象業務法の一部を改正する法律案　想定問答」（気象庁情報公開，気総第110号），34頁．
49) 同上．
50) 同上，33頁．

次のように述べている[51].

　　例えて申しますと，予報士というのが今回の法案の中に出ております．我々が知りたいのは，予報士というのは例えば試験をやるとしたら一体どのぐらい難しいものを考えていらっしゃるのだろうか，あるいは予報士の試験に通って登録したらどの程度自由なことをやってよろしいんであろうか，あるいはうんと縛られるのだろうかというようなこと．（中略）こういうことが大変気になるわけでございます．
　　そこで，気象庁の方々にいろいろお聞きしたのでございますけれども，それは後で決めるのである．だから現在はまだ決まっていないんであるという御返事を非常に多くの場合にいただいたわけでございます．
　　そうなってまいりますと，どうも内容が全然わからぬ．全然というのは極端かもしれませんが，かなりわからない部分が多い．そうしますと，私ども一体この法案に賛成なのか反対なのかと言われましても，賛成とも反対とも言いようがないわけでございます．

同じく参考人の石川一彦（日本テレビ放送網株式会社取締役報道局長）も，「私どもが答申に基づいてつくられる法律というものを拝見しましたときに，その精神がどこら辺にあるのか，実は理解できなかった」とし，改めて「気象情報の有料化」について反対している[52]．二人の参考人が改正案自体に賛否の態度を明確に示せないという表明は，気象庁の利害調整の不足を改めて示すものといえる．それゆえ，国会の審議では改正案の事前の「未調整」が問題視されたのであった．
　とはいえ気象予報士制度と「気象情報の有料化」に関する議論は，気象庁内外でのこれまでの論点整理が確認されるにとどまった．気象予報士制度と従来の許可制度との組み合わせが過剰な規制となるのかどうか，「民間気象業務支援センター」の運営に関する「実費」の負担について，防災情報の一元化などが議論の対象となった．加えて，「民間気象業務支援センター」の新設が気象庁の新たな天下り先となる懸念も表明された[53]．だが，これらの論点の多くは

---

51)　鈴木次郎発言（1993年4月20日）「第126回国会参議院運輸委員会会議録第4号」2頁．
52)　石川一彦発言（1993年4月20日）「第126回国会参議院運輸委員会会議録第4号」3-4頁．

気象庁の「想定問答」の枠を超えるものではなく，審議が紛糾することはなかった．かくて 1993 年 4 月 21 日に参議院，5 月 13 日に衆議院のそれぞれの本会議で改正案は可決され，制定以来，初めての大規模な改正となった「気象業務法の一部を改正する法律」は成立した．

1994 年 3 月に財団法人気象業務支援センターが設立され，5 月に同センターは「民間気象業務支援センター」及び「指定試験機関」に指定された．これを受けて，1994 年 8 月に第一回気象予報士試験が実施された．申請者は 3103 名であり，合格者は 500 名であった[54]．1995 年 5 月 17 日に改正法施行を前にした民間気象事業者への「予報」の許可が行われ，同月 18 日に「天気予報の自由化」は開始したのである．

他方で民間側も「天気予報の自由化」に向けた準備を進めていった．改正案の成立直前である 1993 年 5 月の発足会を経て，各テレビ局のキャスターで構成される日本ウェザーキャスター協議会が 6 月に設立された．この協議会は，「ウェザーキャスター」の地位の確立と質の向上を図ることを目的とした親睦団体であった．会長は倉嶋厚，事務局長は森田正光が就任した[55]．さらにテレビ局では，気象予報士試験のための社内講習会を設ける局もあった[56]．民間気象会社では，ウェザーニューズ社が 1993 年 11 月にオーシャンルーツ社を吸収合併したことで世界最大級の気象情報会社となった．

また気象予報士制度の開始後，気象予報士間の情報交換や技術の検討を目的とした気象予報士会が 1996 年 7 月に設立された．このように「天気予報の自由化」を契機に各種の親睦団体の設立が相次いだのであった．

親睦団体の設立や事業の拡大といった民間側の「天気予報の自由化」に向けた積極的な準備は，制度の形成期の特徴といえる．これは，「お天気キャスター」個人にとっても同様である．1990 年代前半までの「お天気キャスター」の多くは，予報経験の豊富な気象庁 OB や日本気象協会所属者，あるいは女性キャスターが占めてきた．それゆえ若手の男性の「お天気キャスター」にとっ

---

53) 渕上貞雄発言（1993 年 4 月 20 日）「第 126 回国会参議院運輸委員会会議録第 4 号」20 頁．
54) 一般財団法人気象業務支援センターホームページ（http://www.jmbsc.or.jp/hp/cwfe/p0060.php）．
55) 『朝日新聞』1993 年 5 月 29 日夕刊．
56) 『読売新聞』1994 年 7 月 28 日．

て、気象予報士制度は自らの能力を示す機会であった．1991年に日本気象協会に入社したばかりであった平井信行は、気象予報士制度の導入について次のように記している（平井 2001：83）．

　　私も気象予報制度の導入の波に乗って、テレビに出演するようになった者の一人である．私のような経験の浅いペイペイ天気キャスターは、タレントやアナウンサーとは何か違うバックグラウンドがないと認めてはくれなかった．それが気象予報士制度の資格であった．ここでチャンスを逃してはいけないと、気象予報士の試験に対して真剣に取り組んだ．私にとって気象予報士試験の合格は、人生のターニングポイントであった．

　平井の認識は、森田正光が代表取締役である株式会社ウェザーマップの場合においても同様であった．1995年に開局したばかりである東京メトロポリタンテレビジョン株式会社（MXテレビ）は天気予報コーナーの担当として若手の気象予報士を同社に要請し、森田は募集を行い、気象予報士試験に合格した三十代の三名の男性を選んだのであった（森田 2009：75-78）．彼らは一般企業からの転職を経てウェザーマップに入社しており、この意味で彼らは制度を通じて「お天気キャスター」となった初期の例といえる．
　気象協会自体も、「天気予報の自由化」は長らくほぼ独占的に解説業務を担ってきた立場を揺るがすことになった．象徴的だったのは各支部を含めた気象協会の移転である．気象協会の支部は地方気象官署の建物内に置かれ、気象庁と気象協会は緊密な関係を築いていた．この関係は、予報会報への参加も含めた日常的な交流によって形成されていたという[57]．だが「天気予報の自由化」を契機に移転し、従来の密な交流機会が減少することで、気象協会が有していた有利な条件が失われることとなった．気象協会も職員に気象予報士の資格取得を奨励し、気象サービスをめぐる価格競争のなかで自らの優位性を示さねばならなかったのである．
　従来よりも多様な人材が「お天気キャスター」となったことは、「天気予報

57）南利幸へのインタビュー（2017年10月8日、東京）．

の自由化」の効果であった．それだけに気象庁は民間側の天気予報の質を注視した．古川武彦予報課長は，民間側の多くが観測施設を持たないゆえに彼らの「予報」を検証する手段がないことへの違和感を持っていたという[58]．民間側の「予報」を注視する予報官たちが自由化に反対であったことを踏まえれば，古川の認識は予報課全体でも同様に抱いていたと推察される．予報官たちの懸念を支えた論理は，「観測」と「予報」とを有機的に捉える気象庁内の伝統的な価値を反映したものといえる．

だが，天気予報の質という観点からすれば，予報官の懸念に反して，気象予報士制度自体が及ぼした影響は必ずしも大きくはなかった．第一に，テレビ局は気象庁と異なるような独自の「予報」を行う機会は少なかった．先述したウェザーマップの三人のうちの一人であった森朗は，「〔テレビ局の〕独自予報と言っても，同じ数値予報資料を使って予想すれば，よほど技量に差がない限り，他局と見るからに違う予報は出てこない．また，注目度が高い台風の進路予想などは気象庁予報に一元化されているから，情報自体の差別化はあり得ない．このため，独自予報を前面に出すスタイルは下火となった」と述べており，さらに人々がテレビ局間で異なる「予報」が出ることへのニーズを持っていたのかどうか疑問視している（森 2007：19）．

第二に，気象予報士制度以降に新たに「お天気キャスター」として活躍できた人たちは限られていた．森は次のように述べている（森 2007：19）．

> ウェザーキャスターにも，結果的に大きな変化は訪れなかった．すでに解説業務に精通していたキャスターは，資格を取得したからといって，放送上は解説スタイルが突然変わるわけではない．
> 　一時的に訪れた気象予報士ブームも，すでに十分なキャスターを抱えていた在京キー局では，新人が数人採用された程度であった．しかも，従来のキャスターに比べれば，放送人としての実力差は歴然で，その存在感もそれほど大きいものにはならなかった．
> 　また，地方局での需要も一時は見込まれたが，費用対効果の面から，キャスターが採用された例は少ない．

---

58) 古川武彦へのインタビュー（2015 年 10 月 20 日，茨城）．

現在活躍しているウェザーキャスターは，気象予報士制度発足以前から活躍しているキャスターか，いわゆる『お天気お姉さん』系のタレント的キャスター，あるいは気象予報士の資格を取得したアナウンサー．そして，番組や出演者の新陳代謝に伴って，たまに採用される気象予報士で構成されている．

森の発言からは，テレビ局において気象庁の「予報」を解説するスタイルが基本的に維持されていることが窺える．様々な指数の活用や映像技術の発達により表現や演出の多様化が進んだものの，気象庁が行う「予報」を補完する基本的な役割は気象予報士制度の導入以降も大きな変化はなかったといえる．新たに気象予報士になった人々が「お天気キャスター」として活躍することが限られていたことは，資格の取得後に予報業務許可事業者に就いている人々が約一割程度（2004年度調査時）であることからも裏付けることが可能である[59]．

以上の実態を踏まえれば，「天気予報の自由化」は開始当初こそ天気予報の番組の多様化を促し新たな「予報」を試みたものの，やがて各テレビ局は気象庁の「予報」を補完し解説するスタイルに「原点回帰」していったといっても過言ではない．多くの人々は自由化を通じてテレビ局や新聞ごとに気象情報を異なる場合があることを認知していた．気象庁が2005年度に行った天気予報に対するアンケートをまとめた「天気予報に関するアンケート調査報告書」によれば，「放送局や新聞による予報の相違の認知率」は郵便調査で54パーセント（N = 1508），WEB調査で85パーセント（N = 2127）となっている[60]．だが報告書では今日・明日・明後日の天気予報の不満について，「テレビ局によって予報が違うことがある」という回答が郵便調査で30パーセント，WEB調査で24.9パーセントとなっている[61]．この不満に関する回答の最も多くを占

---

[59] 2004年度の気象予報士に対する調査では予報業務許可事業者に就いた割合は11.9パーセント（N = 997）であり，2013年度の同様の調査ではその割合は7.6パーセント（N = 3839）であった．この中には「お天気キャスター」が気象予報士を取得した場合も含まれており，実態としては気象予報士取得後に初めて予報業務許可事業者に就くケースはさらに少ないと考えられる．「平成25年度に実施した気象予報士現況調査結果」(http://www.jma.go.jp/jma/kishou/minkan/yohoushi_tyousakekka.pdf) 6頁.
[60] 「天気予報に関するアンケート調査報告書」(http://www.jma.go.jp/jma/kishou/hyouka/manzokudo/17manzokudo/17manzokudo_houkoku.pdf) 17頁.
[61] 同上，13頁.

図 5-2　気象予報士による天気予報
出典）石原（2001）.

めるのが両調査とも「予報が外れることがある」の項目であり，これらの回答結果を合わせて考えれば，人々は各テレビ局で予報が詳しくなることを望んでも予報結果が大きく異なることを望んでいないといえる．森が指摘するように，「独自予報」の余地は少ないのである．

とはいえ独自の天気予報を行いたい気象予報士がいることも事実である．気象庁による気象予報士制度の構想は，実際に二つの気象予報士のタイプを創出した．一つが自ら予報をした上で解説を行うことを望む，いわば予報重視型の気象予報士である．もう一つが解説に専念すべきであるとする，いわば解説重視型の気象予報士である．二つのタイプの差異は，気象予報士に求められている「エキスパート・ジャッジメント」の適用範囲がどこまであるのかという解釈の違いに基づく．しかしながら，予報重視型の気象予報士であることを望んでも，日々の解説業務で要請される天気予報への付加情報がますます重要になるにつれ，付加情報の積極的な収集が求められる結果，天気予報を行うための「専門性」の蓄積・更新する機会を確保することは容易ではないという[62]．このことは，解説重視型の気象予報士による数値予報への高い信頼と，その信頼に基づいて分かりやすい解説を伝えることを重視すべきだという主張の背景を際立たせるのである[63]．

加えて「数値予報 GPV」のデータをもとに「予報」を行う限り，気象庁の「予報」と異なる天気予報は出すことが技術的に難しかった．それゆえ，洗濯

---
62) 南利幸へのインタビュー（2017 年 10 月 8 日，東京）．
63) 森田正光へのインタビュー（2017 年 9 月 22 日，東京）．

指数やビール指数などの表現や演出を通じて気象庁の「予報」を補完しながら解説するスタイルが定着していったのである．すなわち民間側による天気予報に対する「エキスパート・ジャッジメント」の適用の拡大という「危機」に対して，気象庁は「機械的客観性」の価値を民間側に適用することでその行使を抑制することに成功したようにみえる．

だが，民間側の創意工夫の余地が「予報」の補完に傾注していくことで，気象庁は予期せぬ「危機」に直面する．民間側の独自性が地域の細分化にとどまることなく，気象情報の出すタイミングや予報の対象期間の拡大といった時間的な差別化，あるいは「警報」とのグレーゾーンにある「予報」を出すなど，想定していた「天気予報の自由化」の制度の理念を超えた事態が続出する．特に「警報」に抵触する民間側の独自性は，防災情報の一元化をもとに「防災官庁」への方向性を進めてきた気象庁にとって，組織目的に対する「危機」に他ならなかった．

かくて気象庁は「危機」に対抗するために「指導」を活用していく．この気象庁の性格の変容こそが，企画課が構想した「防災官庁」への方向性を強化することに作用したのである．

第三節 「天気予報の自由化」がもたらしたもの

(1) 「防災官庁」路線の定着

「天気予報の自由化」は，組織内部に「機械的客観性」を制度化した気象庁にとって転換点であった．気象業務における「機械化」及び「自動化」は，確率予報や短時間予報を可能とすることで天気予報への「評判」を高めることに成功した．この業務改善の成果を摂取し独自のサービスを展開し始めた民間気象会社の台頭を背景に，規制緩和による「ナショナル・ミニマム」の「予報」を維持しつつも，企画課は将来的な役割として「防災官庁」の方向性を見出した．改めて本書の定義を述べれば「防災官庁」とは，気象災害に対する主導的な観測・予報・警報体制の整備を中核とし，同様の体制整備を地震や噴火といった他の自然災害にまで拡げることを志向する組織（像）を指す概念である．特に気象業務の三つの根幹のうち「観測」と「警報」が最も重視すべき機能と

位置付けられることを意味した．

　以上のような転換点を象徴するのは，気象白書の刊行と組織改革であった．第一には，気象庁は初めて気象白書を刊行した．1995 年に刊行した『平成 7 年版　今日の気象業務——自然と地球をみつめて』は，気象業務の全体像を社会に向けて発信する意図を持っていた．とりわけ冒頭は気象業務のこれまでの 120 年を回顧する構成となっており，この白書は気象庁の過去の足跡と将来の展望を整理した点に特徴があった（気象庁編 1995）．つまり白書の刊行自体が，気象庁が改革の時期を迎えているという自己認識を対外的に示すものであったのである．

　第二には，1996 年に行われた組織改革は「環境」と「防災」の強化を主眼としており，この改革は「観測」と「警報」を重視していくことを組織内外に端的に示すものであった．まず海洋気象部が新たに気候・海洋気象部に改組された．これは気候変動問題やエルニーニョ現象に対する監視の対応強化を目的としていた．関連して観測部に環境気象課が新設された．同課の新設は，大気中の二酸化炭素やメタン等の温室効果ガスの観測体制の強化を目的としている．すなわち 1980 年代以降に争点化しつつあった地球環境問題への対応という観点から，「観測」を強化することが改革の背景にあった．なお，「防災」上の改革は前年の阪神淡路大震災への対応に焦点が当てられ，地震火山部管理課に地震情報企画官が新設されるなど，気象庁と関係機関との連携が強化されたのであった（今木 1996）．

　次いで総務部も大きく変化した．第一に気象衛星室が観測部管理課に移管した．これは気象衛星事業がルーティン業務として安定したことに伴う移管であった．第二に産業気象課が新設された．同課は気象予報士制度の開始による民間気象業務の支援と業務の許可を目的とした．第三に参事官が新たに置かれた．参事官は，「気象庁の所掌事務に関する重要事項の調査及び企画立案に参画する」（運輸省組織令第 189 条第 2 項）こととされ，「企画」の機能強化を図るためであった（今木 1996）．それゆえ総務部の機能強化は，「企画」と民間気象事業者への「指導」を主たる対象としていたといえる．

　加えて組織改革では，地方気象官署の再編も進められた．気象業務の「機械化」及び「自動化」は気象庁内の定員削減を一つの目的としており，これまで

地方気象官署の定員を削減してきた．今回の改革は測候所の特別地域気象観測所への移行を通じて，測候所の無人化へと着手した．5ヵ所の測候所（日光，諏訪，伊良湖，上野，四日市）が無人測候所となった（1997年3月に実施）．この緩衝対策として，測候所長に準ずるポストとなる次長が地方気象台に新設されたのであった（今木 1996）．これ以降，測候所の無人化は毎年行われていくのである．

　総じて気象庁が行った組織改革は，「機械的客観性」の制度化に伴う措置であったといえる．換言すれば，この改革は気象庁の内発的な動機に基づくものであった．これに対し，気象庁の外部からの圧力として対応を迫られたのが，橋本龍太郎内閣が着手した「行政改革」である．

　1996年11月に行政改革会議を設置した橋本内閣は，首相自らがこの会議の会長となることで「行政改革」を政権の最重要課題として位置付けた．気象庁外部からの圧力という観点からすれば，この改革の最大の焦点は，省庁再編と独立行政法人制度の創設であった．省庁再編は，「行政課題が日々，省庁の枠を超えて複雑化していること，現行の二二省庁体制では省庁が細分化されすぎているため，的確な業務の分担・連携が困難になりつつあること」から，四機能の分類（「国家の存続」「国富の確保・拡大」「国民生活の保障・向上」「教育や国民文化の継承・醸成」）による「大括り編成」を行う「省庁半減」をスローガンとして掲げていた（岡田 2006：23-30，行政改革会議事務局OB会編 1998：57-58）．すなわち編成次第では，気象庁は半世紀を経て当然視してきた運輸省に置かれた理由である「交通行政の一元化」の解体に直面する可能性があった．

　また独立行政法人制度の創設は，英国のエージェンシー制度を模範として政策の企画立案機能と実施機能を分けることにより，実施機能を担う独立行政法人の自律的・効率的な運営を通じた行政サービスの提供の実現を目的としていた（稲継 2006：43-46，行政改革会議事務局OB会編 1998：93-94）．気象庁がこの制度の対象となるかどうかは，気象庁と民間気象事業者との関係に大きな影響をあたえる可能性があった．例えば民間側との競合領域の拡大により，「観測」や「警報」の自律性が侵食される場合が予期されよう．それゆえに「行政改革」は気象庁外部からの「危機」であったといえる．

　気象庁の直面した「危機」は，実際に行政改革会議における省庁ヒアリング

項目案に明記されていた．この項目案は，運輸省に対して「港湾の建設，空港の建設・管理・海上管制，気象庁の民営化又は独立機関化についてどう考えるか」とし，気象庁を運輸省の外局から移管させるのみならず，行政組織として存続させるかどうかまで検討対象となっていたのである（行政改革会議事務局OB会編 1998：242）．第15回行政改革会議の主たる議論対象がエージェンシー制度の検討であったことを受けて，運輸省のヒアリングでは気象庁のエージェンシー化が争点となることが予期されたのである．

続く第16回行政改革会議では，運輸省へのヒアリングが行われた．この会議の議事概要によれば，「諸外国における気象庁及び航空管制の組織形態についての質問に対し，運輸省より1）気象庁は，英国がエージェンシー化し，ニュージーランドが外部化した例を除くとほとんどの国で国の機関であり，国家公務員が従事している．2）航空管制については具体的形態は多様であるが，国の組織が行っている例が多いと承知しているとの回答があった」としており，気象庁は諸外国の例をもとにエージェンシー化に反対した（行政改革会議事務局OB会編 1998：310）．

だが，「独立機関化」については，「現在気象庁が運輸省に設置されているのは理解できるが，防災関係など研究部門は一元化し，場合によっては気象庁自体も独立機関化できるのではないかとの指摘があった．（中略）地域的な気象庁予報は有償化し得るのではないかとの発言」を受けて，運輸省は気象庁の移管を含めて慎重な姿勢を示すにとどまった（行政改革会議事務局OB会編 1998：310）．運輸省自体が省庁の統合対象であったことに加えて，「治安・保安機構の一元化」から海上保安庁が警察機構との統合対象となっており，運輸省は様々な統合パターンへの対応に備えなければならなかったのである．

各種の省庁の組み合わせ案が提起されるなかで気象庁の場合は，環境庁を環境省への昇格に伴う統合先として検討された．これに対する反対意見として，「気象庁は国民生活と海空の交通の安全の両方に関連しており，これらのバランスを考えた上で所属を決めるべきではないか」と，かつての「交通行政の一元化」と同様の観点からの意見が述べられた（行政改革会議事務局OB会編 1998：461）．「交通行政の一元化」の論理の説得力は戦前に運輸省への統合を促したように，今次の改革でもこの論理は運輸省と気象庁を一体として再編を考

える根拠となったのである．それゆえ 1997 年 8 月付の座長試案である「省庁再編案」では，気象庁は「交通・通信省」の外局として整理された．しかしながら，ここで着目すべき点は運輸省と気象庁を一体として統合することが明確になった以上に，外局としての気象庁の存続は「アウトソーシングの可能性がある」として説明されていることであろう（行政改革会議事務局 OB 会編 1998：500）．つまり気象庁は，運輸省と一体として外局のまま再編されるのか，あるいは「アウトソーシング」の対象となるのかという二つの改革案の選択に晒されたといえる．

行政改革会議は増加していた外局の整理も改革対象としていた．それゆえ外局の整理という観点からも気象庁は，民営化あるいは独立行政法人の対象となる可能性があった．1997 年 9 月の『中間報告』後の省庁再編案では気象庁は「国土開発省」（運輸省，建設省，国土庁を中心とした再編案）の外局として位置付けられたものの，気象庁のエージェンシー化による組織のスリム化を目指すべきという意見が出された（行政改革会議事務局 OB 会編 1998：583）．これ以降，外局は独立行政法人への整理対象として順次検討されていく．では，気象庁の独立行政法人化はいかにして反対されたのだろうか．

第 38 回行政改革会議の議事概要では，気象庁の独立行政法人化への反対は次のように述べられている（行政改革会議事務局 OB 会編 1998：876）．

  1）気象庁を独立行政法人化すると世界気象機関の中で日本の気象庁だけが国家から離れることになる，2）気象観測は危機管理と直結している面があり国家が直接管理する必要がある，3）他国では軍事予算で大規模観測をやっているが我が国にはそれはない．しかし，国として日本に大規模観測を残す必要がある，4）地球的規模の観測が重要になる中，国の政策的重点化が反映されるべきである，という 4 点にかんがみ，気象庁は独立行政法人化すべきではなく，組織として現状を維持し，むしろ機能を強化すべきであるとの意見が述べられた．これに対し，それを独立行政法人でやることに問題があるのかとの意見が述べられたところ，基礎情報の収集組織は国家にあるべきとの反論がなされた．

第三節 「天気予報の自由化」がもたらしたもの　291

　この反対意見は，気象庁の「観測」が危機管理や地球環境問題といった国内外の要請に対応するために継続的に行われる重要性に言及している．このことは，先述した気象庁の組織改革が「環境」への対応から「観測」を重視する方向性を打ち出したことと軌を一にしていた．換言すれば，気象庁の「観測」に対する「評判」が独立行政法人化への反対意見の説得力を支えたといえる．

　以上のような反対意見を背景に，気象庁の独立行政法人化をめぐる議論はその実現が難しいと判断されていった．なぜなら，気象庁も含めた独立行政法人化をめぐる具体的業務の選定作業において，「英国のエージェンシーのように，かなり大規模な業務に網をかけることが考えられていたが，各省庁との折衝の過程で，試験研究機関など相当程度限定的に理解する方向で議論が進んだ」ことから，最終的に「実現可能なところからという視点が重視された」ためであった（稲継 2006：46）．このため，調整が難航した外局は独立行政法人化を見送られたのであった．かくて1997年12月の『最終報告』の省庁再編案では，気象庁は「国土交通省」の外局として存続が決定した．

　気象庁が外局として存続したことは，国内観測網及び国際観測網を支える「観測」が官の役割として組織外部に認知されたことを意味した．加えて，独立行政法人化への反対意見のなかで危機管理との関係を指摘していたように，「観測」は「環境」のみならず「防災」とも結びついていた．したがって，橋本内閣における「行政改革」は気象庁にとって「危機」であったが，逆に外局として存続したことで内発的な組織改革の方向性（気象業務における「観測」と「警報」の重視）は外部からその正当性を調達することを可能にしたのである．

　だが，「危機」を経て気象庁の「防災官庁」の方向性は顕著となったものの，その代償がないわけではなかった．気象庁は外局の類型として「実施庁」（主に実施事務を行うものであって，一定の事務量のまとまりのある組織）と位置付けられた結果，「研究」の機能が従来以上に曖昧になった．企画課主導による「機械的客観性」の制度化を進めてきた気象庁にとって，「研究」の位置付けは低下していった．第一に，気象学会が気象庁関係以外の会員の増大により多様化し，官による「研究」の主導性が低下した[64]．第二に，1980年代までに生じた気象技術者の世代交代により，かつての「測候精神」は時代遅れのものと見做された．何より気象業務の「機械化」及び「自動化」は，研究活動や予報の

経験を通じて天気予報に対する「エキスパート・ジャッジメント」の価値を体現した気象技術者を克服する対象として捉えている．第三に，「研究」自体の高度化や専門分化が進んだことで，従来のように「研究」を課業と並行して行うことは難しくなった．それゆえ，「研究」の位置付けの低下は「企画」の地位向上と連動していたのである．

　気象庁の代わりに「研究」の機能を担ってきたのは，気象研究所である．とはいえ，気象庁における「研究」の機能の曖昧化は，「研究」を結節点とした気象庁と気象研究所の一体的な関係を動揺させた．なぜなら，独立行政法人化は気象庁のみならず，気象研究所にまで及んでいたからである．確かに橋本内閣の「行政改革」では気象庁の独立行政法人化が見送られたことで，気象研究所は気象庁の機関として存続した．しかしながら，この改革過程で気象庁は引き続き民間委託や定員削減を進めることを求められており，組織を「スリム化」することが将来的な課題として残された．気象庁が「防災官庁」の方向性を進めれば進めるほど相対的に低下していく「研究」の機能は，「スリム化」の対象となることを意味した[65]．この帰結として2000年代に入り，小泉純一郎内閣の「総人件費改革」で気象研究所が再び独立行政法人の対象となって以降，二度にわたり気象研究所は改革の「危機」に直面していくのである[66]．

　最後に橋本内閣の「行政改革」を踏まえて気象庁の「防災官庁」の方向性を整理した資料として，気象審議会の答申である「21世紀における気象業務のあり方について」があげられる．この答申は，気象審議会としての最後の答申となった（省庁再編後，気象審議会は交通政策審議会気象分科会として再編された）．

---

64) 少し古いデータではあるが，会員の所属構成の比率は，1960年に気象庁関係（気象官署，気象大学校，気象研究所）は75パーセントだったのが，1970年に66.4パーセント，1980年に53.4パーセントと低下している．そのあいだに「会社，協会」「民間研究機関」「その他（学生含む）」が増大している（河村・奥田・丸山・谷 1982：39）．

65) 例えば2006年3月「総人件費改革」に対する気象庁の検討資料において，気象庁全体の業務の意義を整理した箇所で「研究」や「技術開発」への言及はされていない．このことからも，気象庁内部での「研究」の機能の相対的な地位の低下を推察することは可能であろう．気象庁「定員純減に向けた検討結果について」(http://www.gyoukaku.go.jp/soujinkenhi/pdf/180324_kishouchou.pdf)．

66) 行政減量・効率化有識者会議「国の行政機関の定員の純減方策について（最終取りまとめ）」(http://www.gyoukaku.go.jp/genryoukourituka/dai17/siryou2_2.pdf)．気象研究所の独立行政法人化への動きは，「独立行政法人気象研究所法案」として国会に二度にわたって提出されたもののいずれも廃案となり，民主党への政権交代を経て最終的には中止となった．

会長は火山物理学者の下鶴大輔（東京大学名誉教授）であり，委員には立平良三（気象業務支援センター理事長）や石井和子（気象予報士会副会長）の気象事業関係者の他，国土庁や環境庁，科学技術庁の関係庁，マスコミ関係者などから構成された．

1999年9月の答申の諮問理由は，「〔気象業務をとりまく環境の〕新たな変化に対応するため，気象・地震・津波・地球環境等の監視・予測技術や情報通信技術の現状や今後の見通し，行政改革，規制緩和，地方分権の推進等の動向を踏まえ，21世紀に向けて気象庁が総合的な気象業務の健全な発達を図ることが必要となってきている」ことから，「21世紀初頭の10年間程度を展望した中長期的な気象業務のあり方を問うものである」としており，これまでの改革を踏まえて気象庁の将来的な展望を構想することが端的に示されている[67]．この理由を踏まえて具体的な審議は総合計画部会を設置して行われた．気象審議会の委員であり気象学者の浅井冨雄（東京大学名誉教授）を部会長とし，審議会から6名の委員と8名の専門委員で部会は構成された（1999年9月時点）．専門委員のなかには石橋博良も加わっている．

答申策定作業において議論の主な対象となったのは，注意報の民間への許可と予報区域設定及び予報期間の自由化であった．第一に，注意報の民間への許可は，橋本内閣以来の「行政改革」と連動していた．すなわち，行政改革会議の『最終報告』に基づく諸改革の基本方針の策定と推進を目的とした中央省庁等改革基本法が1998年6月に成立しており，その第22条10項において「気象庁が行う気象情報の提供は国が行う必要があるものに限定するとともに，気象業務を行う民間事業者に対する規制は必要最小限のもの」と規定された結果，再び「官民の役割分担」が改革課題となったためであった．この「行政改革」の流れを受けて，専門委員は「官と民というのは実は相互補完であって，民は余り信頼に足らないんだ，だから，やっぱりおれたちがやらなきゃいけないんだみたいなムードがちょっとでも残っているのは，何となく21世紀的な発想ではないんじゃないか．やっぱり役割としてのオフィシャルシングルボイスの警報における気象庁の意味というようなものは，だれが考えても明確だ．ただ

---

[67] 「気象審議会議事録（第63回総会）」(http://www.jma.go.jp/jma/kishou/shingikai/63/pdf_file/giji63.pdf) 6頁．

し，そこまでいかないところの，ある程度の予測で言うところの注意報と呼ばれているようなものについては，あえてこの際明確に気象庁の専権事項というふうに考えないところまで持っていけたら，何となく 21 世紀の考え方が見えたというふうに言われるのではないか」と述べている（なお，議事録では専門委員と記載されており，発言者の氏名が明らかではないものの，冒頭に「民間気象会社の 1 つの意見」と述べていることから石橋博良と推察される）[68]．

　注意報の民間への許可は，「官民の役割分担」のもとに「防災官庁」への方向に舵を切った気象庁にとって，早くも役割の再編を迫る可能性を有していた．この「危機」を回避すべく気象庁は，部会資料（「気象庁の提供すべき気象情報と関係機関等との連携・協力」）での「気象庁の提供すべき気象情報」の一番目に「注意報・警報等の防災気象情報」を掲げ，国の役割として強調したのであった[69]．なぜならこの資料は，「注意報と警報は一体的に運営」されていることを説明するために用意されたものだったからである[70]．換言すれば，気象庁は「防災官庁」としての役割を「行政改革」における論理と結合させることで，気象庁が注意報と警報を一元的にあつかうことを正当化したのであった．かくて 2000 年 2 月にまとめられた「気象審議会中間報告」では，「気象庁が国として提供すべき気象情報」として一番目に「注意報・警報等の防災気象情報」が位置付けられたのである[71]．

　第二に，予報区域設定及び予報期間の自由化は「天気予報の自由化」以来の継続的な課題であった．「天気予報の自由化」において可能となったのは市町村単位の局地予報であり，予報区域の拡大は民間側から要望が出始めていた．また長期予報も規制対象であり，同様の自由化が望まれていた．これらの課題に対し，予報区域の自由化は府県予報の許可として紛争することなく部会内での合意を得た．むしろ問題となったのは，長期予報の許可であった．気象庁は

---

68) 「気象審議会総合計画部会議事録（第 1 回）」(http://www.jma.go.jp/jma/kishou/shingikai/1bukai/1bukai_giziroku.html).
69) 「気象庁の提供すべき気象情報と関係機関等との連携・協力」(http://www.jma.go.jp/jma/kishou/shingikai/2bukai/2_2.pdf).
70) 「気象審議会総合計画部会議事録（第 2 回）」(http://www.jma.go.jp/jma/kishou/shingikai/2bukai/2bukai_giziroku.html).
71) 「気象審議会中間報告」(http://www.jma.go.jp/jma/kishou/shingikai/m_report.html).

長期予報のうち「1か月予報」のみを許可の対象とし,「3か月予報」や「暖候期予報及び寒候期予報」などについては「必ずしも予報精度は利用者が期待する水準には達していない」ことを理由に消極的であった．逆に民間側は，これらの長期予報の全てを対象とした予報期間の自由化を要望したのであった[72]．

長期予報の許可をめぐる気象庁と民間側との利害調整は,「1か月予報」のみを許可の対象とした「気象審議会中間報告」後も続いた．民間側から提起された不満は,「精度が向上したものから積極的に予報業務の許可」を行うという長期予報の許可に対する気象庁の姿勢であった[73]．換言すれば，民間側はこの文言に気象庁の民間側への技術的な優位性を看取したのである．確かに気象庁が長期予報の許可を決断することが可能だったのは，1996年からの「1か月予報」へのアンサンブル予報の導入が大きかった．アンサンブル予報は,「わずかに異なる複数の数値予報を行ってその結果を統計的に処理することで，不確定さを考慮した確率的な予測を可能にするもの」であり，大気のカオス性ゆえに長期間になるほど生じる予報値の誤差を踏まえた確率予報の一種である[74]．この手法は長期の予報に適合的であり,「1か月予報」における「自動化」の発達という観点からすれば，GPVのデータを利用する限り長期予報の許可は民間側における裁量の余地の縮小と結びついていたのである．とはいえ，民間側は気象庁が将来的な長期予報における許可の拡大の可能性に言及したこともあり，最終的に「1か月予報」の許可を受け入れたのである．

以上の議論を経て2000年7月に提言された「21世紀における気象業務のあり方について」は,「天気予報の自由化」のさらなる進展と「防災官庁」の明確化を基調とする将来的な構想を示したものであった．この答申では，予報区域設定の自由化や「1か月予報」の許可に加えて,「1年先までの気候予報の実現」や「ノウキャスト地震情報の提供」（地震発生直後における緊急即時情報を提

---

72)「気象審議会総合計画部会議事録（第3回）」(http://www.jma.go.jp/jma/kishou/shingikai/3bukai/3bukai_giziroku.html)．
73)「気象審議会総合計画部会議事録（第10回）」(http://www.jma.go.jp/jma/kishou/shingikai/10bukai/pdf_file/giji10.pdf) 6-32頁．
74) アンサンブル予報の定義は，気象庁のホームページにおける「予測に伴う誤差とアンサンブル予報」(http://www.jma.go.jp/jma/kishou/know/kisetsu_riyou/method/ensemble.html) を参照した．

供する早期警戒システムのこと）など「環境」や「防災」の強化が謳われていた[75]．これらの提言は，気象庁における従来の改革路線の連続線上に位置付けられるものであった．

　しかしながら，答申においてより着目すべきなのは，「防災官庁」であることを踏まえた上で「指導」の重要性を打ち出している点である．気象庁は「気象，地震・津波・火山，気候・地球環境等の業務について中長期的に戦略的・計画的に改善し，わが国の気象業務の技術基盤を確立し，防災気象情報等の提供に国として責任をもって対応すべきである」とした上で，気象庁に求められているものが「わが国全体の気象業務に指導性を発揮し，国・地方公共団体等の防災機関，公共機関，大学，民間部門等との連携・協力の強化」にあることを確認しているのである[76]．気象庁は自らを「防災官庁」として規定すればするほど，「指導」の重要性を認識するに至った．それゆえ，一般的に規制緩和は関係省庁の「指導」を弱めるために行われると想定されるが，気象庁の場合はむしろ規制緩和を通じて「指導」を強めていく結果となった．この「指導」の強化こそが気象庁の「行政改革」が迎えた帰結であった．

　かくて「機械的客観性」を制度化した気象庁は，「行政改革」という「危機」に直面して「指導」の強化を選択した．この選択は，「天気予報の自由化」と同様に天気予報の「評判」の確立に伴う民間気象事業者の台頭に対する組織防衛のためでもあった．換言すれば，気象庁は「防災官庁」としての役割を維持しながら，民間気象事業者が「機械的客観性」の価値を適用していく限りにおいて自由化を認める姿勢を貫いたといえる．「行政改革」も，民間気象事業者の「エキスパート・ジャッジメント」の適用を限定する点では大きく変わらなかった．もとより「機械的客観性」の制度化は，気象庁の組織内外からの「評判」を獲得するためにあったからである．

　しかしながら，より重要なのは「機械的客観性」と「指導」が，組織内部で矛盾した価値となり得ることである．気象庁が「機械的客観性」を目指したのは，判断や裁量の要素を抑制するためであった．この目的に対して「指導」は，

---

75)　「21世紀における気象業務のあり方について（答申）」(http://www.jma.go.jp/jma/kishou/shingikai/21gou/no3.pdf) 26-37 頁．
76)　同上，19 頁．

判断や裁量を必要とする能動的な価値であった．気象庁は「機械的客観性」を深化させたことで，逆説的に「指導」を必要とすることになったのである．それゆえ「機械的客観性」の制度化が組織内部の価値にとどまらず，規制緩和を契機に組織外部への「指導」の強化をもたらしたことは意図せざる結果であったのである．

(2)　「指導」をめぐる「エキスパート・ジャッジメント」の対立

「天気予報の自由化」と「行政改革」は，気象庁にとって「防災官庁」の方向性と「指導」の強化をもたらした．しかしながら，気象庁の改革路線は民間気象事業者との対立を惹起させることとなった．なぜなら民間側はサービスの差別化を図るため天気予報への創意工夫を試みており，こうした試みが規制に抵触するかどうかが気象庁と民間気象事業者の対立の争点となったからである．特に「警報」に関係する民間側の試みは気象庁の「防災官庁」の役割意識と緊密に結びついていたことから，気象庁は民間側の動向に敏感にならざるを得なかった．それゆえ，気象庁は時に自らの「専門性」を根拠に民間側への「指導」を積極的に行使していく．いわば気象庁と民間気象事業者との「エキスパート・ジャッジメント」をめぐる対立は，この「指導」をめぐって顕在化していったのである．

「指導」をめぐる対立は 2000 年代以降に相次いで起こるが，その嚆矢となったのは 1997 年のウェザーニューズ社による「10 日間予報」の問題であった．同年 4 月 25 日にウェザーニューズ社は，ゴールデンウイーク最終日の 5 月 5 日までの天気予報をテレビで放送した．しかしながら，許可されている週間予報における予報期間は 7 日間先までであり，天気予報は 5 月 2 日までしか行うことはできなかった．このため，気象予報士会内部でウェザーニューズ社に対する批判が起こったものの，同社は「気象庁提供資料の予報資料の他，米国などから入手した資料なども使って，自信を持てる範囲で発表している」と反論したのであった[77]．ウェザーニューズ社による「10 日間予報」の問題は，民間側の天気予報に対する「エキスパート・ジャッジメント」の適用と気象庁の

---

77)　『読売新聞』1997 年 5 月 5 日．

許可が衝突した初期の例といえよう．この問題は気象庁が同社に事情をヒアリングし「指導」を通じて事態の解決が図られた[78]．

また1997年8月には台風予報をめぐって，気象庁が日本気象協会に「指導」を行った．これは，気象庁の台風の進路予想が出る前にNHKで「週末には日本に近づく恐れがある」と数日先の見通しが放送されたことによる．気象予報士の予報は適中したものの，気象庁は台風予報が防災情報ゆえにその「先走り」を問題視したのであった[79]．この問題はNHKが災害対策基本法における指定公共機関に該当していたことから，気象庁は防災情報の「評判」の観点から事態を重くみたのであった．

以上のように「指導」をめぐる対立は，予報期間と防災情報が主たる対象であった．先述した長期予報の許可は2001年から実施され，長期予報の予報期間は「8日間を超え，1か月以内」となっていた．しかしながら，気象庁は8日間先以降について1日ごとの予報を認めていないことから「10日間予報」の許可を認めず，長期予報の許可を受けた民間側の企画に介入したのであった．この際の気象庁の主張は，「1週間より先の毎日の予報は，精度が落ちて信頼できない」とするものであり，予報期間の自由化をめぐる議論と同様に「精度」を理由としている[80]．気象庁は「10日間予報」を提供していないため，民間側へのGPVのデータを通じた「機械的客観性」の適用が難しかった．それゆえ，気象庁は「精度」を理由に長期予報を許可しても「10日間予報」を許可することに慎重であったと考えられる．

だが，「10日間予報」をめぐる対立は需要の高さゆえにその後も続いた．なぜなら，「10日間予報」は長期の連休（ゴールデンウイークなど）を射程に据えた予報を行うことが可能となり，旅行・娯楽の計画を立てる人々にとって重要な情報となり得たからである．それゆえ，民間側は「10日間予報」を行うインセンティブは強かったのである．2006年4月に再び生じたウェザーニューズ社と気象庁との「10日間予報」をめぐる対立は，この予報の利便性を示す証左である[81]．この対立は，ウェザーニューズ社の対応が天気の「傾向」を強

---

78) 『朝日新聞』1997年7月6日．
79) 『朝日新聞』1997年8月4日夕刊．
80) 『朝日新聞』2001年7月5日夕刊．

第三節 「天気予報の自由化」がもたらしたもの　299

Press Releases

2006.04.28
GW天気傾向発表！序盤崩れ、その後は晴れるが、最終日は雨。
～お出かけの際は最新の天気情報をチェック！～

・詳しい週間ピンポイント予報はPCサイトウェザーニュースサイト
または、携帯サイトhttp://wni.jp/でご確認ください。

世界最大の民間気象情報会社、株式会社ウェザーニューズ（所在地：東京都港区、代表取締役会長兼社長：石橋博良）は、4月29日から5月7日までのゴールデンウィークの天気傾向を発表しました。天候は周期的に変化する可能性があるため、期間中の予定をお立ての際は、同社運営のPCサイト（無料）または携帯電話サイト（有料）で最新の天気情報をご確認ください。

【GWの全国の天気傾向】
今年のGWは、始めと終わりに天気が崩れますが、連休半ばは、天気に恵まれる日が多くなりそうです。連休初日は、上空を寒気が通過するため、変わりやすい天気で、雨が降る所もあるでしょう。雷を伴って強く降ることもあります。その後、天気は一旦回復しますが、1日になると再び寒気が南下して、北日本や東日本では、にわか雨や雷雨がありそうです。2日以降は高気圧に覆われて晴れる日が多くなるでしょう。ただ、連休最終日には気圧の谷の影響で、全国的にスッキリしない天気になりそうです。気温は高めで、晴れる日は汗ばむくらいの陽気になるでしょう。

【GWの各都道府県の天気（※4月28日時点）】（記号："/" のち、"|" 時々、一時）

日にち	29日	30日	1日	2日	3日	4日	5日	6日	7日
曜日	祝	日	月	火	祝	祝	祝	土	日
北海道	晴れ	曇り/雨	曇り/雨	曇り/雨	曇り|晴れ	曇り|晴れ	曇り	曇り/雨	曇り
青森	晴れ/曇り	曇り/雨	曇り/雨	曇り	晴れ|曇り	曇り|晴れ	曇り	曇り/雨	曇り/雨
秋田	曇り	曇り/雨	曇り/雨	曇り	晴れ|曇り	曇り|晴れ	曇り	曇り	曇り/雨
岩手	曇り	曇り/雨	曇り/雨	曇り	晴れ|曇り	曇り|晴れ	曇り	曇り	曇り/雨
宮城	晴れ/雨	曇り	曇り/雨	曇り|晴れ	晴れ|曇り	晴れ|曇り	曇り	曇り	曇り/雨
山形	晴れ/雨	曇り	曇り/雨	曇り|晴れ	晴れ|曇り	晴れ|曇り	曇り	曇り	曇り/雨
福島	晴れ/雨	曇り	曇り/雨	曇り	晴れ|曇り	晴れ|曇り	曇り	曇り	曇り/雨
茨城	晴れ/雨	曇り/晴れ	晴れ/雨	曇り	晴れ|曇り	晴れ|曇り	曇り|晴れ	曇り/晴れ	曇り/雨
栃木	晴れ/雨	曇り/晴れ	晴れ/雨	曇り	晴れ|曇り	曇り|晴れ	曇り|晴れ	曇り/晴れ	曇り/雨
群馬	晴れ/雨	曇り/晴れ	晴れ/雨	曇り	晴れ|曇り	曇り|晴れ	曇り|晴れ	曇り/晴れ	曇り/雨
埼玉	曇り/雨	曇り/晴れ	晴れ/雨	曇り	曇り|晴れ	曇り|晴れ	曇り|晴れ	曇り/晴れ	曇り/雨

図5-3 「10日間予報」の例
出典）ウェザーニューズ社のホームページ（https://weathernews.com/ja/nc/press/2006/060428.html）．

81）『朝日新聞』2006年5月2日．

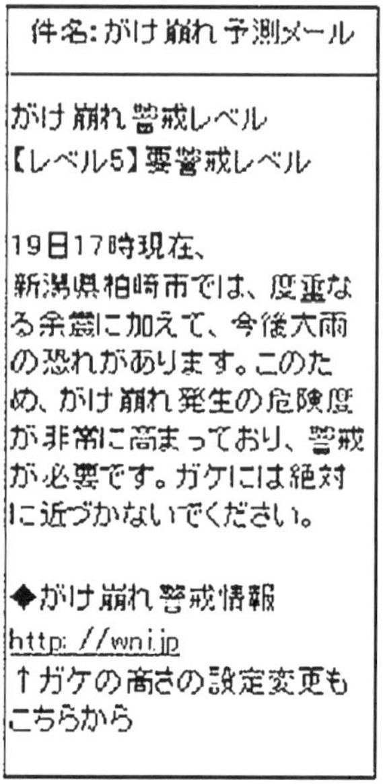

件名:がけ崩れ予測メール

がけ崩れ警戒レベル
【レベル5】要警戒レベル

19日17時現在、
新潟県柏崎市では、度重なる余震に加えて、今後大雨の恐れがあります。このため、がけ崩れ発生の危険度が非常に高まっており、警戒が必要です。ガケには絶対に近づかないでください。

◆がけ崩れ警戒情報
http://wni.jp
↑ガケの高さの設定変更もこちらから

図 5-4　「がけ崩れ予測メール」の文面

出典）ウェザーニューズ社のホームページ（https://weathernews.com/ja/nc/press/2007/070719.html）．この文面は当時の携帯電話に表示されたものである．

調し「予報」と差異化させることで決着したのであった[82)]．

他方で2000年代以降の気象庁と民間気象事業者との対立は，IT技術の発達による影響も大きかった．2002年から気象庁がインターネットに気象情報の提供を開始したように，インターネットや携帯電話の普及は気象情報の入手源の多様化につながった．民間側もwebマガジンやメール配信サービスを開始し，気象情報が一層身近なものになりつつあった．

IT技術の発達による気象情報のサービスの多様化は，人々の利便性を高めるだけに規制に抵触する機会を増大させた．2007年7月に発生した新潟県中越沖地震に対応して，ウェザーニューズ社は「がけ崩れ予測メール」の配信を開始した．これは，携帯電話のメールアドレスと地域を登録し，その地域の予想雨量やがけの高さなどの情報に基づき，がけ崩れの危険性を三段階で判定し

82)　なお，許可の基準の見直しが行われ，2012年3月から「中期予報」と「長期予報」の許可を受けた事業者は，10日間先までの日々を対象とした「10日間予報」を行うことが可能となった．

て利用者にメールで知らせる仕組みであった[83]．しかしながら，気象庁はウェザーニューズ社が予報業務の許可を得ているのが「気象」だけであり，このサービスを行うには地震や火山に関する「地象」の許可が必要であるとした．気象庁はこのサービスの停止を求めたものの，ウェザーニューズ社は「気象」の範囲内のサービスとして応じなかった．それゆえ，気象庁は「これを取り止めるよう再三指導したが，現在もこれを継続して実施している．これは，予報業務の範囲を変更しようとするときは気象庁長官の認可が必要であることを定めた気象業務法第 19 条に違反する」として，業務改善命令を出すに至った[84]．これを受けてウェザーニューズ社は翌日にサービスを停止したのであった．気象庁が初めて民間側に業務改善命令を出したこの事例は，予報業務の許可をめぐる対立であったが，実質的にはサービスが「防災情報」の役割を有していたことから，「防災官庁」として気象庁は「指導」を徹底する必要に迫られたと考えられる．

さらに 2009 年 10 月 8 日の台風第 18 号の上陸地点の発表をめぐる対立は，「防災情報」の「シングルボイス」を掲げてきた気象庁にとってまさに「防災官庁」の存在意義を問うものであった．この対立の発端は，気象庁が台風の上陸を 10 月 8 日午前 5 時頃に「愛知県知多半島付近に上陸」と発表したのに対し，ウェザーニューズ社が午前 4 時頃に「三重県志摩半島に上陸」という情報をホームページに掲載したことによる．これを受けて気象庁は，「台風の進路等に関する情報は，気象庁の情報の解説の範囲にとどめる」ことを条件に予報業務の許可が与えられていることを理由にウェザーニューズ社に再発防止の「指導」を行った[85]．桜井邦雄長官は「指導」の経緯について次のように説明している[86]．

　　私どもは上陸地点を知多半島付近と発表いたしました．御指摘のあったウ

---

83) 『読売新聞』2007 年 8 月 16 日．
84) 「予報業務許可事業者に対する業務改善命令について」(http://www.jma.go.jp/jma/press/0708/16b/0816kaizen.pdf)．
85) 『朝日新聞』2009 年 10 月 19 日夕刊．
86) 「長官記者会見要旨（平成 21 年 10 月 15 日）」(http://www.jma.go.jp/jma/kishou/tyoukan/2009/dg_20091015.html)．

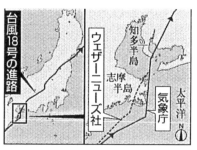

図 5-5　台風 18 号の上陸地点に関する発表の違い
出典）『朝日新聞』2009 年 10 月 19 日夕刊.

ェザーニューズの発表によると，志摩半島に上陸し，それから渥美半島に上陸したというふうに聞いております．台風の上陸位置というのは重要な防災情報で，気象技術・気象学的にみて様々な議論があるとは思いますが，どこに上陸したのかということを皆様が求めていらっしゃる段階で複数の情報が出る，つまりシングルボイスでなくなるというのは，慌ただしい状況の中，混乱を招くおそれがあります．そのようなことを避けるために，防災情報というものはシングルボイスであることが望ましく，台風の情報に関しては気象庁の発表している情報の解説に留めてほしいということを常々申し上げてきているところでございますので，私どもからはウェザーニューズに対して，再度その旨をご説明しご理解を頂きつつあると思っています．

　ウェザーニューズ社の気象庁の「指導」に対する反論は，上陸地点の発表が台風の「予報」ではなく「実況」であることに加えて，上陸地点の正確性を主張したことにあった．この反論に対して，気象庁は「シングルボイス」を「指導」の理由とする姿勢を堅持した．先述の長官会見での質疑においてウェザーニューズ社の防災情報により犠牲者が出た際の気象庁の責任について問われた後，桜井長官は次のように述べている[87]．

　　危惧を言い出すときりがないかもしれませんが，本件についてはお話すれ

---

87)　同上．

ばわかって頂けると信じています．なぜかと申しますと，かつて気象審議会などでウェザーニューズからの委員がご発言になっていた時に，防災情報のシングルボイスの重要性ということをご自身がお認めになっていることですので，その点はご理解頂けるのではないかと信じています．

　桜井長官の発言は，「天気予報の自由化」の制度設計に携わった人々に対して改めてその理念を喚起させるものであったといえよう．気象庁が自らの役割を「防災官庁」と位置付けた以上，防災情報を一元化させることは気象庁の組織目的であり，ウェザーニューズ社の行動は組織目的への介入と捉えられたのである．

　だが，台風の上陸地点をめぐる対立が2007年の「がけ崩れ予測メール」の事例と異なるのは，上陸地点の正確性という技術上の優位性をめぐる対立が含まれていた点にある．2009年10月19日にウェザーニューズ社は，志摩半島への上陸という解析結果に技術的な問題がなかった点を気象庁に提出した[88]．同社のデータの正確性を支える背景には，気象庁のデータに加えて「ウェザーリポート」（ウェザーニューズ社と会員契約を結ぶ個人から寄せられる五感で得られた様々な気象の状態及び生活に関する影響の度合いを示す情報の総称）による独自の詳細な気象情報の存在があった[89]．それゆえ，ウェザーニューズ社は「エキスパート・ジャッジメント」の価値に基づく解析結果の正しさを主張し続けたのであった．

　2009年11月に気象庁が台風第18号の経路の確定値を発表すると，速報値と確定値の違いに加えて「4時過ぎに三重県大王崎付近を通過した」という通過情報のコメントが付されたことで，ウェザーニューズ社は2010年1月に自らの解析結果が正しかったとする見解を出した[90]．この見解に対して気象庁は，ウェザーニューズ社が速報値と確定値の単位を混同して比較しており，速報値からの経路の変更が強調されている点を問題視したのであった[91]．これは気象

---

88)　「上　申　書（2009 年 10 月 19 日）」(https://weathernews.com/ja/nc/press/2009/pdf/jyoshin091019.pdf)．
89)　「サポーターからの「ウェザーリポート」提出について」(https://weathernews.com/ja/nc/press/2009/pdf/weather_report091203.pdf)．

304　第五章　現代日本の気象行政の動揺

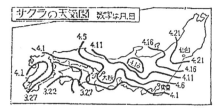

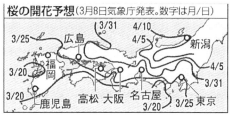

図 5-6 「さくらの開花予想」の例
出典）上図は『朝日新聞』1952 年 3 月 19 日．下図は『朝日新聞』2006 年 3 月 13 日夕刊．

庁の防災情報が民間側に対して技術的な劣位にあると認識される可能性があり，「防災官庁」としての「評判」が損なわれることを意味する．それだけに気象庁は技術上の優位性に対して敏感にならざるを得なかった．ウェザーニューズ社に「ウェザーリポート」に関する報告書を提出させたのも，気象庁と異なる気象情報の精度を確認する意味合いがあったと考えられる．

したがって，台風第 18 号の上陸地点をめぐる対立は，防災情報の一元化と

---

90) 「台風 18 号の経路確定値についての弊社の見解」(https://weathernews.com/ja/nc/press/2010/100106.html)．なお，この資料は「本日一部報道がありましたが，気象庁の台風 18 号の経路の確定値において，速報値発表時に言及されなかった「三重県大王崎付近を通過した」というコメントが付加されました」という箇所について，気象庁の「指導」により修正が反映されたものとなっている．変更前は，「本日，一部報道にありましたように，気象庁から台風 18 号の経路解析について，速報値から西寄りの経路が確定値として出されました」となっていた．この変更は，「1 月 28 日の気象庁から弊社に出された「平成 21 年台風第 18 号に係る広報等の改善について」に関する弊社の見解」(https://weathernews.com/ja/nc/press/2010/pdf/kenkai100205.pdf) を参照．
91) 気象庁によれば，台風位置の発表について速報値は，緯度及び経度を国際標準である 0.1 度単位での表現と，国内で定着している度分単位（5 分刻み）に変換した表現を併用しているのに対し，確定値は 0.1 度単位で表現したもののみを発表している．それゆえ，気象庁は，「速報値と確定値は 0.1 度単位の表現では同一ですから，W 社〔ウェザーニューズ社のこと〕の主張は，速報値と確定値の違いではなく，0.1 度単位の表現と度分単位（5 分刻み）の表現の違いを問題にしていることになり」（傍線原文ママ），ウェザーニューズ社の経路の変更に関する主張に反論した．「（参考）これまでの経緯」(http://www.jma.go.jp/jma/press/1001/28a/0128sankou.pdf)．

技術上の優位性という二重の意味で気象庁の存在意義を問うものであった．経路の確定値に関する対立は，気象庁が広報を中心とした社内管理体制の見直しの「指導」を行い，ウェザーニューズ社が「指導」を受け入れることで決着した[92]．

2007年の「がけ崩れ予測メール」と2009年の台風第18号の事例は，民間側のサービスが多様化するなかで，気象庁が想定する「官民の役割分担」の枠内に「指導」する特徴を有していた．これは民間気象事業者からすれば，独自性が抑制される局面が多いことを意味する．その一方で，気象庁と民間気象事業者が競合し，最終的に気象庁がサービスを廃止するに至った例も存在する．この例は「さくらの開花予想」である．

「さくらの開花予想」は，1951年に関東地方を対象に開始されて以来，長らく人々に親しまれてきた応用気象情報であった．気象庁は1996年に地方気象官署ごとに異なっていた計算式を統一し，計算機システムに基づく「新しい開花予想」が開始された（気象庁 1996：1）．民間側でも2004年にウェザーニューズ社が独自の開花予想サービスとして「さくらプロジェクト」を開始し，2007年に日本気象協会も開花予想を開始した[93]．しかしながら，気象庁は測候所の無人化に伴い，開花予想を発表する地点を2007年に79地点，2008年に68地点へと順次縮小していった[94]．気象庁は「新しい開花予想」を導入することで「自動化」を進めてきたものの，秋から冬にかけての気温経過の影響など開花までの天候や気温の長期的な推移によって，開花予想日と開花日の差が大きくなりやすかった．むしろ地域ごとの詳細な観測情報を幅広く収集する民間側の方が開花日の誤差が少ない場合も多かった[95]．それゆえ，気象庁は「当庁と同等の情報提供が民間気象事業者から行われて」いるとして，2009年に「さくらの開化予想」を廃止したのであった[96]．

---

92) 「予報業務許可事業者に対する指導について」（http://www.jma.go.jp/jma/press/1001/28a/0128minkan.pdf）．
93) 「さくらプロジェクト」は，「ウェザーリポート」のように会員からの情報を収集し分析する点に特徴がある（石橋 2006：113-118）．
94) 『朝日新聞』2008年3月8日夕刊．
95) 『朝日新聞』2010年2月1日．開花予想と実際の開花日のずれの延べ日数は，2008年の場合，気象庁は59日，ウェザーニューズ社は38日，日本気象協会は45日であった．また2009年の場合，気象庁は48日，ウェザーニューズ社は32日，日本気象協会は19日となっている．

とはいえ気象庁のサービスの廃止後，ウェザーマップが2010年から「さくらの開花予想」に参入したように，このサービスの需要自体は大きかった．それにもかかわらず気象庁が「さくらの開花予想」を廃止したのは，民間側との「評判」をめぐる競争を回避するためと考えられる．なぜなら，「さくらの開花予想」は統一された計算式で算出するとしても，天気や気温の長期的な影響による誤差が大きいことに加えて，人々の需要は細分化された各地域での開花予想にあり，地域ごとの詳細さが要請されるために「自動化」の効用が乏しかった．加えて測候所の無人化は，地域ごとの微調整を難しくさせた．換言すれば，規制緩和以降に「自動化」が進められた「さくらの開花予想」は，本来的に「機械的客観性」を適用しにくい性質を有していたのである．このため，気象庁は民間側と天気予報に対する「エキスパート・ジャッジメント」の適用範囲で競合することとなる．

だが，気象庁のこれまでの改革路線に鑑みれば，天気予報への「エキスパート・ジャッジメント」の適用範囲内で「評判」をめぐる競争を続けていくことは避けるべき事態であった．それゆえ，民間側が「さくらの開花予想」に参入し，その平均的な精度が気象庁に比べて高いことが顕在化するにつれ，気象庁がサービスを続けていくインセンティブは乏しかった．この観点からすれば，「応用」気象情報としての「さくらの開花予想」をやめるという論理は，「ナショナル・ミニマム」から除外するという正当性の確保と結びついていたと考えられる[97]．したがって，「官民の役割分担」の論理を強調しなければ，気象庁は「評判」をめぐる競合を回避できなかったのである．

以上のような応用気象情報に関するサービスの縮小は，気象庁の獲得すべき「評判」として「防災官庁」の役割を重視する方向性を反映したものであった．2000年代以降，気象庁は「警報」の機能強化を順次進めていった．だが，2010年の市町村単位による注意報・警報の発表と2013年の特別警報の開始は，「警報」の機能強化よりむしろ「機械的客観性」の組織外部への適用の難しさを示す例となった．

---

96) 「気象庁におけるさくらの開花予想の発表終了について」(http://www.jma.go.jp/jma/press/0912/25a/091225sakura.pdf)．
97) 同上．

第一に，市町村単位による注意報・警報の発表は，複数の市町村をまとめていた従来の発表域（一次細分区域や二次細分区域）を狭めることで詳細な「警報」を行うことを目的としていた（気象庁編 2011：88）．この際の注意報・警報は，従来どおり雨量・風速・潮位などの数値基準に達すると自動的に発表することになっており，発表域が細分化（2010 年 5 月 27 日時点で 375 地域から 1777 地域へと拡大）したことは，市町村の防災担当者にとって防災対応がとりやすくなったと受け止められた[98]．ところが発表域の細分化は，注意報・警報が広範囲になるほどテレビやラジオで放送する場合に情報量があまりにも多くなるという課題があった．このため従来の発表域で伝える放送局もあり，各放送局で対応が分かれる結果となった[99]．発表域の細分化以降，従来の発表域で放送した際に通学時間帯における警報の範囲に関して学校関係者から苦情が起こるなど放送局での混乱が起きていた[100]．この混乱への対応のため，気象庁は原則として市町村単位としたものの，二次細分区域単位での注意報・警報の発表及び運用を余儀なくされたのであった．

　第二に，特別警報は大津波や火山噴火，数十年に一度の豪雨などの「重大な災害の起こるおそれが著しく大きい」場合に発表するものであり，注意報・警報における最上位の段階として創設された（気象庁編 2014：6）．特別警報の導入は，2012 年 5 月 31 日の「気象業務法及び国土交通省設置法の一部を改正する法律」の公布によるものである．直接的な契機は，前年の東日本大震災や台風第 12 号の土砂災害による大きな被害をもたらした防災対応や避難行動の遅れを原因としていた．この改正では「警報」の通知先に消防庁が追加された他，特別警報の「基準を定めようとするときは，あらかじめ関係都道府県知事の意見を聴かなければならない．この場合において，関係都道府県知事が意見を述

---

[98] 気象庁による注意報・警報の変更の評価に関する市町村調査（東京 23 区を含む）によれば，自市町村の防災対応がとりやすくなったとする回答は 78.3 パーセント（N ＝ 1374）となっている．「「防災気象情報の利活用状況等に関する調査」の調査結果について（調査概要・調査結果のまとめ）」（http://www.jma.go.jp/jma/press/1105/31a/22manzokudo_kekka.pdf）9 頁．
[99] 『読売新聞』2010 年 5 月 27 日．
[100] 例えば朝日放送は，苦情が寄せられたため 2010 年 9 月 1 日から市町村単位での警報・注意報に変更した（地域内の全ての市町村に警報が出ている場合は，地域単位の表示としている）．「気象警報は市町村単位で放送」（http://corp.asahi.co.jp/ja/info/info-1562147080483313218/main/0/link/20100901.pdf）．

べようとするときは，あらかじめ関係市町村長の意見を聴かなければならない」（気象業務法第一三条の二第二項）とされ，注意報・警報にはない基準設定における関係機関からの聞き取りが義務付けられた．また特別警報に関する関係機関への通知義務は，従来の警報に比べて「通知を受けた都道府県の機関は，直ちにその通知された事項を関係市町村長に通知しなければならない」（気象業務法第一五条の二第二項）と都道府県から市町村への単線的な連絡経路が明確化されている．

　以上の特徴を持つ特別警報の導入による気象業務法の改正は，「防災官庁」として気象庁が都道府県や市町村への「指導」を行う可能性を拡大させるものであった．特別警報の最初の適用となった 2013 年 9 月の台風第 18 号において，気象庁は早くも自治体に対して気象業務法違反の疑いとして事情の聞き取りを行った．この事例は，京都府京田辺市，滋賀県日野町及び竜王町が「〔特別警報の〕発表は未明の時間帯で，混乱を招くと判断した」ことを理由に住民に周知しなかったことが問題となったものである[101]．これに対して気象庁は特別警報の対象となった京都府，滋賀県，福井県の全市町村を対象にヒアリング調査を行い，このヒアリングを通じて気象庁は「周知の措置」を説明し理解を得たという（気象庁編 2014：15）．確かに気象業務法における通知義務は罰則規定がないことに加えて，許可を通じた規制の対象でもないためその強制力は必ずしも十分なものとはいえなかった．加えて，特別警報に対する関係機関の行動は，災害に対する臨機応変な対応が要請されることから「機械的客観性」の純粋な適用が難しい．しかしながら，台風直後に羽鳥光彦長官が「必ず直ちに周知の措置をとっていただくというようにしていきたい」と積極的な姿勢を述べていたことを踏まえれば，台風第 18 号における特別警報のケースは，「機械的客観性」の組織外部への適用に代わる，気象庁のソフトな「指導」の現出と捉えることも可能である[102]．

　2000 年代以降，「防災官庁」を自らの役割として積極的に掲げた気象庁は，「機械的」な課業の遂行ではなく能動的に「指導」を行う行政組織へと変容し

101）『読売新聞』2013 年 9 月 18 日夕刊．
102）「長官記者会見要旨（平成 25 年 9 月 19 日）」（http://www.jma.go.jp/jma/kishou/tyoukan/2013/dg_20130919.html）．

た．気象業務の「機械化」及び「自動化」は「観測」・「予報」・「警報」を支える一つの価値として組織内部に定着したが，これはかつて組織内部に存在した「エキスパート・ジャッジメント」への対抗的な価値として生成したものであった．ところが「防災官庁」の選択は，その対象である「防災」自体が災害状況に応じた臨機応変さを要請されるために「自動化」を適用し続けることが容易ではなかった．「防災」は台風の進路予想のように天気予報の現場で「予報」と「警報」の狭間の領域となりやすく，民間気象事業者はサービスの競争上この領域で「予報」であることを主張しなければならない．この事態の続発は，気象庁が想定した「官民の役割分担」を融解させるものであり「防災官庁」としての「危機」に他ならない．それゆえ，気象庁は「専門性」（技術上の優位性）と「シングルボイス」を理由に「指導」を行っていった．

しかしながら「指導」の現出は，行政裁量の観点からすれば，別の異なる形での組織外部への「エキスパート・ジャッジメント」の価値を帯びることに他ならなかった．民間気象事業者の行動が「予報」なのか「警報」なのか，あるいは彼らの「予報」が「気象」や「地象」のいずれに該当するのかという判断は，裁量を行使する上で気象業務法に精通していなければならない．この状況が「防災官庁」の組織利益の防衛と結びつき民間側への「指導」の活性化をもたらしたのである．したがって「指導」の活性化という能動的な対応は，「評判」を構築するべく，天気予報に対する「エキスパート・ジャッジメント」の抑制を目指してきた「機械的客観性」の制度化にとって，予期せぬ事態であったといえる．

他方で民間気象事業者にとって「天気予報の自由化」とは，気象業務法の規制により制約されてきた「エキスパート・ジャッジメント」の適用範囲を拡大させるものであった．今までより自由な大気予報が可能になると捉えられたのである[103]．当初の気象予報士たちが精力的に「独自予報」を試みようとしたのも，独自の天気予報を行うことができなかったことからくる反動ともいえよう．だが数値予報の高い精度を前にして自らの手で改めて予報を行うことは，気象予報士が自身の解説に根拠をあたえるためものではあっても，数値予報の

---

103) 森田正光へのインタビュー（2017年9月22日，東京）．

内容を大きく変えることは少ないのである．そうであるならば，解説の伝え方や付加情報の豊かさが気象予報士の強みであり，「エキスパート・ジャッジメント」を適用する範囲となっていくといえる．この意味で解説重視型の気象予報士の立場は，気象庁が想定した気象予報士制度の設計趣旨と親和的であった．

　しかしながら，民間気象事業者による制度の枠を超えた積極的な気象サービスの展開は，気象庁の「指導」を引き起こした．特に防災情報は「予報」と「警報」との境界が曖昧であり，どこからが気象業務法違反に該当するのかを判断するのは容易ではない．この境界付近が民間気象事業者の差別化を促す以上，気象サービスの展開を積極化するのは当然ともいえる．「警報」に近づくほど柔軟な情報提供が必要となり，「エキスパート・ジャッジメント」の適用範囲は拡大するからである．2009年の台風第18号の事例は，「予報」に比べて「警報」に「エキスパート・ジャッジメント」の拡大の可能性があるからこそ生じた対立といえる．むしろ民間気象事業者からすれば気象庁との対立は，制度の形成期から安定期に生じる，「予報」と「警報」とのあいだにあるグレーゾーンの領域を明確なものへと画定する試行錯誤に他ならなかったのである．とはいえ「警報」に「エキスパート・ジャッジメント」の拡大の可能性がある以上，民間気象事業者は「警報」も可能にすることを求めて，領域そのものの再編を要請することも考えられよう．

　気象庁の組織外部に対する「機械的客観性」の制度化の浸透は，気象庁と民間気象事業者の双方に「客観的」な予報という共通基盤を提供した．民間気象事業者は，この共通基盤に依拠しつつも独自のサービスを提供することで社会的な要請に応えようとした．気象庁も民間側と競合した場合に自らの「専門性」の優位を示さねばならなかった．換言すれば，気象庁と民間気象事業者にとって，「客観的」な予報に支えられた「エキスパート・ジャッジメント」の価値をめぐって対立する機会が創出されたのである．多くの場合，「エキスパート・ジャッジメント」をめぐる対立は，「指導」をめぐって行われた．以上を踏まえれば，気象庁の組織外部に対する「機械的客観性」の制度化は，実際には「エキスパート・ジャッジメント」の再生に他ならなかったのである．

　とはいえ，「機械的客観性」の制度化は気象庁内部に一つの組織文化をもたらした．「企画」の活性化と「指導」の活性化は，気象庁の将来像と緊密な関

係にあった．また「危機」の存在は，気象庁が自ら持つ組織像を再強化することにつながった．この一連の過程に身を置いた気象技術者たちは，日々の現場の課業では顧みられることが少ない，「気象行政」とは何かという問題意識に直面したのであった．「機械的客観性」の制度化と「防災官庁」の方向性は，この問題意識が組織的に蓄積されてきた結果である．それゆえ，気象庁が今後どのように変容していくのかは，気象技術者たちによる「気象行政」の絶えざる自己検証の成果にかかっている．

小括

　本章は，気象庁による「機械的客観性」の制度化の定着が逆説的に組織外からの「危機」を誘発させ，この「危機」への克服過程を通じて気象庁が新たに「指導」の価値を活性化させていったことを明らかにした．1980年代までに進められた気象業務の「機械化」及び「自動化」は，「客観的」な予報を可能とするのみならず，民間気象事業者の天気予報の伝達方法の多様化を促した．天気予報の精度の向上とサービスの多様化は天気予報の「評判」に寄与したが，逆に人々の天気予報に対する期待は一層高まっていった．だが，民間気象事業者の様々な工夫は，気象業務法による天気予報への規制に直面する．この民間側の不満が蓄積されていく「危機」を前にして気象庁が採用した手段は，組織内部の価値として埋め込んできた「機械的客観性」を民間側に適用すること，すなわち民間側が価値として制度化してきた天気予報に対する「エキスパート・ジャッジメント」の適用を抑制させる形での「規制緩和」であった．気象業務法の改正に伴う気象予報士制度の導入とは，気象庁と民間気象事業者とのあいだの官民の役割分担をめぐる制度的な産物であった．この改正過程の中で気象庁は，自らの将来的な役割を「防災官庁」の方向性へと見出していったのである．

　しかしながら，気象予報士制度の導入後，民間気象事業者が「警報」とのグレーゾーンにある「予報」を出し，あるいは許可対象となっていない「予報」を行うなど制度の理念から逸脱した事態が続発する．気象庁は，「防災情報」の「シングルボイス」を掲げる以上，民間側が異なる「防災情報」を提供する

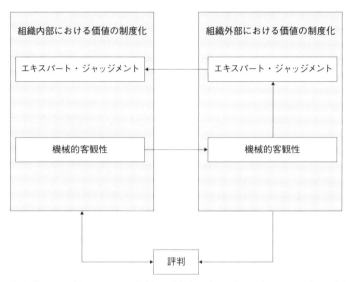

図 5-7　組織内部及び外部における価値の「制度化」と「評判」の関係（第五章）
出典）　筆者作成.

ことに敏感にならざるを得なかった．この意図せざる「危機」への対応を通じて気象庁は，「防災官庁」としての組織利益を防衛するため，「機械的客観性」とは矛盾する価値である「指導」を強めていった．換言すれば，気象庁は「機械的」な課業の遂行ではなく，能動的に「指導」を行う行政組織へと変容していったのである．

「評判」を獲得するための組織内外への「機械的客観性」の制度化が，この価値と馴染まない能動的な「指導」の活性化を促した．この点で「指導」の現出とは，組織内部での価値同士の矛盾の顕在化であり，また組織外部へと「機械的客観性」の制度化を選択したことで生じた新たな事態だったのである．

気象庁の組織外部に対する「機械的客観性」の制度化が浸透したことは，皮肉にも気象庁と民間気象事業者の双方に対して，「客観的」な予報に裏付けされた「エキスパート・ジャッジメント」の価値をめぐって対立する機会を創出した．かくてここに「機械的客観性」の制度化を通じて「エキスパート・ジャッジメント」の再生が図られたのである．

以上の歴史分析を第一章で提示した図式にあてはめると，1980年代後半以

降を対象とした，気象庁における価値の制度化と「評判」との関係は，次のように説明することが可能である［図5-7］．第四章で示した図式からの大きな変化は二つである．第一に組織外部における価値の制度化において，「機械的客観性」から「エキスパート・ジャッジメント」に向けられた図の矢印は，社会側における「機械的客観性」の定着を受けて，「エキスパート・ジャッジメント」の価値を体現する民間気象事業者が台頭したことを示している．「客観的」な天気予報が提供されることで，人々に天気予報を分かりやすく解説するだけではなく，予報以外の付加情報やサービスが求められるようになったのである．第二に組織外部における価値の制度化から組織内部における価値の制度化に向けられた図の矢印は，民間気象事業者による「エキスパート・ジャッジメント」の適用範囲の拡大に対抗するべく，気象庁も「エキスパート・ジャッジメント」の価値を再生させていったことを示している．民間気象事業者による積極的なサービスの展開がグレーゾーンな「予報」に近づくほど，気象庁は気象業務法の違反に該当するかどうかをめぐり，能動的な「指導」を行わなければならなかった．また民間気象事業者とのあいだで多元的な防災情報の提供，台風の上陸時刻や上陸地点といった見解に相違が出た場合，防災情報の一元化に加えて「専門性」の優位性を保持するためにも，気象庁は積極的な「指導」を行った．「機械的客観性」の価値を浸透させてきた「警報」を能動的に活用することで，気象庁は縮小を目指し続けてきた「エキスパート・ジャッジメント」の適用範囲を拡大していったといえる．この現象が，「エキスパート・ジャッジメント」の再生だったのである．

　自らの将来的な役割を「防災官庁」とした気象庁は，今後も「機械的客観性」と再生した「エキスパート・ジャッジメント」のあいだでの望ましい均衡状態を求めて模索し続けるだろう．この模索に一定の回答をあたえるのは，組織内部のみならず組織外部によって構築された「評判」である．それゆえ「気象行政」は，前述したような絶えざる自己検証だけではなく，社会側からの積極的な検証によってもまた変革していくのである．

結語

　本書は，行政学・政治学における「専門性」の諸研究と科学社会学の課題認識や視角の検討を通じて，行政の「専門性」行使に対する分析視角として「エキスパート・ジャッジメント」と「機械的客観性」を提示した．これら二つの価値は，「専門性」に基づく行動様式を支える価値である．「エキスパート・ジャッジメント」とは，専門家の知識や経験，自由裁量に基づく「主観的」な判断のことを指し，専門家が判断を行うことに対して社会からの「評判」を獲得している状態である．これに対して「機械的客観性」とは，定量的方法に基づく計算をそのまま判断に適用することを指し，この計算が代替的に担う非人格的な判断に対して社会からの「評判」を獲得している状態である．これらの分析視角に基づき，本書は，行政学がこれまで主たる対象としてこなかった「気象行政」の構造を歴史的に把握することを試みた．最後に結語は，各章の歴史分析を改めて整理し，その分析を通じて得られた知見をもとにしつつ，本書の意義と残された課題，今後の展望を明らかにすることで結びとしたい．
　第二章は，近代日本の「気象行政」を対象とし，中央気象台が組織内外に対して「エキスパート・ジャッジメント」の制度化を進めていく過程を明らかにした．明治期に創設された中央気象台は，天気予報を開始することで社会との接点を模索し始めた．初期の天気予報は，農業や航海安全といった観点から人々の期待が高かった．ところが，気象技術者は天気予報に過大な期待が醸成されるのを警戒しており，彼らは天気予報の効用を抑制的に捉えていたのである．
　大正期から昭和初期にかけて中央気象台は，プロフェッションの諸要素を充足していくことで「研究機関」路線を敷いた．大学卒の気象技術者が着実に増加し，東京帝国大学理学部に気象学の講座が新設されたことで，中央気象台への採用ルートが制度化した．加えて気象学の高度化が進んだことで，中央気象台の「専門性」も向上していったのである．さらに岡田武松と藤原咲平という

二人の指導的な気象技術者により，プロフェッションの組織的性格を象徴する価値が注入されていった．すなわち一方で観測業務では「測候精神」が，他方で予報業務では予報官の心得が組織内部での「主観的」な判断を支える価値として浸透していったのである．かくて岡田武松と藤原咲平の両台長の下で中央気象台は，「エキスパート・ジャッジメント」を制度化していったといえる．

　しかしながら，第一次世界大戦後の軍用気象への関心の高まりは，軍部による独自の気象組織の創設を試みるに至った．戦時体制への移行期に入ると，軍部の気象組織の構想は中央気象台の組織的自律性を脅かすようになったのである．

　ここでの中央気象台の組織的対応は，むしろ軍部の構想を利用するものであった．すなわち，長年の懸案であった地方気象官署の国営化を実現するのみならず，中央気象台による地方気象官署への統制を強化することに成功した．気象技術者を軍部に派遣し，日々の気象業務と軍用気象の領域を画定させることで，中央気象台は軍部の気象組織への包摂の「危機」を免れることに成功したのである．だが，太平洋戦争の開戦による気象報道管制の開始は，人々が新聞やラジオを通じて天気予報を入手することを不可能にさせた．交通行政の一元化の下，中央気象台の文部省から運輸通信省及び運輸省への移管は，「現業官庁」としてむしろ日々の課業の遂行に専念することを意味した．

　確かに中央気象台は観測や予報に関する組織的自律性を最後までかろうじて保持し得たけれども，組織外部からの介入は様々な政治勢力によって中央気象台の「専門性」を利用しようとしたことが要因であった．また軍部の気象組織が制度化していく「エキスパート・ジャッジメント」の価値は，高度な技術の蓄積・更新や気象技術者の人格修養を含む中央気象台の価値とは異なっており，戦時の気象情報においては軍部の依拠する「エキスパート・ジャッジメント」の方が，軍事行動の判断を行う上で有利な条件を備えていた．結局，太平洋戦争開戦の決定という局面でさえ，中央気象台の天気予報は気象将校の天気予報の参考程度にしか利用されることはなかったのである．総じて中央気象台は，組織内部への「エキスパート・ジャッジメント」の制度化には成功したが，終戦まで組織外部への制度化には成功しなかったのである．

　第三章は，戦後の中央気象台による平時への復帰を検討した．藤原咲平から

和達清夫に台長が代わった中央気象台は，中核的な課業を維持する志向にあり，戦時体制下以来の「現業官庁」としての組織的性格を強めるに至った．気象業務法の制定は，気象業務の範囲を画定させることにより対外的な自律性の確保を実現したものの，「研究機関」の側面の後退は顕著なものとなった．

　さらに相次ぐ自然災害を背景に，中央気象台は気象庁という外局に昇格した．「エキスパート・ジャッジメント」に代わる新たな価値を注入すべく気象庁は，「客観的」な予報の実現を目指した．気象技術者は，戦後の気象学の動向をもとに「客観的」な予報の手段として数値予報に期待を寄せた．この数値予報の実用化には，電子計算機が必要不可欠であった．IBM704 という電子計算機の導入が実現したことにより，数値予報は実用化の道筋がつけられたのである．したがって，1950 年代の気象庁は，もはや「エキスパート・ジャッジメント」を組織外部に制度化させることを目的とせず，組織内外に向けて「機械的客観性」という新たな価値を掲げたのである．

　第四章は，気象庁が組織内外の「評判」を獲得するために「機械的客観性」の制度化を進めていく過程を明らかにした．気象庁が策定した「長期計画」や世界気象機関による観測網整備の国際的要因は，気象レーダー，アメダス，気象衛星という技術開発の成果に結実した．この一連の技術開発は，観測能力を向上させ数値予報による天気予報の精度の向上に寄与した．人々の天気予報の入手の仕方が次第にテレビが中心となっていく中で，気象レーダーや気象衛星の画像データは映像や紙面により人々の視覚へ訴えることに適していた．さらに天気予報の表現法が多様化していったため，天気予報の制度や内容への「評判」は着実に高まっていったが，それ以上に人々は対象時間，対象地域のより詳細な天気予報を望むようになっていったのである．

　また 1959 年の伊勢湾台風や 1961 年の第二室戸台風といった大型台風による自然災害の被害は，人々の「防災」への関心を高めるとともに，「防災官庁」としての気象庁に期待が寄せられるようになっていく．これにより従来は同情的であった気象庁の自然災害への対応に関して，気象庁による「警報」の役割の重要性が強調されるようになっていった．「警報」を適切なタイミングで出すためには，気象現象のリアルタイムでの把握が不可欠であった．気象庁が気象レーダー，アメダス，気象衛星に積極的であったのはこうした警報上の必要

性も関係していたのである．

　技術開発とその実用化は，組織内部で気象業務の捉え方に対する気象技術者間の感覚の違いを生み出した．現場での経験に精通し，かつての「測候精神」や人による観測を大事にする気象技術者に対し，若手の気象技術者は，早くから数値予報や新しい技術に慣れ親しんだゆえに，効率化や誤差の減少を理由に観測を「機械化」していくことに抵抗感はなかった．さらに若手の気象技術者の中には早くから事業構想や事業間の調整といった「企画」を経験することにより，現場での気象業務を経験することが少ない者が現れ始めた．このような若手の気象技術者にとって，現場の経験に精通した気象技術者の感覚を同情的に理解することは難しかったといえる．むしろ彼らにとっての問題は，1980年代までに戦中から戦後直後に採用され，現場の経験に精通した多くの予報官たちが退職の時期を迎えることであった．かくて組織内部の気象技術者の世代交代と人々の高まり続ける天気予報への期待を背景として，企画課主導による気象業務の「機械化」及び「自動化」が実現する．

　組織内部での「機械的客観性」の制度化の意義は，経験豊富な予報官ではなくても「誰にでも」予報ができることを目指したことにある．これは観測データと数値予報のモデルがあれば天気予報を行うことが基本的に可能であり，予報官の「予報」の裁量を抑制するものであった．この画一化的な天気予報の実現が，人々の高まり続ける詳細な天気予報への期待を前にして，皮肉にも民間気象事業者の活性化を促したのである．

　第五章は，組織内部での「機械的客観性」を制度化した気象庁が，活発化した民間気象事業者の天気予報への対応のために「天気予報の自由化」を進めていった過程を明らかにした．民間気象事業者による天気予報の表現の工夫は，気象業務法による規制の存在を浮き彫りにした．だが，気象庁が気象業務法による規制の存在を組織の防衛手段として前面に出すことは，時代的に必ずしも得策ではなかった．第二次臨時行政調査会以来の1980年代から1990年代にかけて行政改革は，政府の役割の見直しが議論対象となり，各種の規制に対する緩和が推進されるようになっていったからである．このため気象庁は，民間気象事業者との役割分担を明確にするための新たな構想を打ち出す必要に迫られたのである．

気象庁が進めた「天気予報の自由化」は，「機械的客観性」の価値の適用を組織外部の民間気象事業者にまで拡大することで，彼らによる「エキスパート・ジャッジメント」の適用をむしろ抑制することにあった．気象予報士制度の導入と気象業務支援センターの新設は，気象庁が進めてきた数値予報やGPVのデータの民間気象事業者による利用を前提とした制度設計だからである．換言すれば，民間気象事業者の役割は気象庁の「予報」を補完することに主眼が置かれていたといえよう．これが気象庁による「官民の役割分担」であった．

　ところが民間気象事業者による「10日間予報」や「がけ崩れ予測メール」といった独自のサービスは，「天気予報の自由化」が想定していない事態を続発させた．民間気象事業者からすれば，天気予報に対して「機械的客観性」をそのまま適用するのではなく「エキスパート・ジャッジメント」を適用することにこそ，気象庁とは異なる独自の存在意義があったからである．とはいえ「天気予報の自由化」と並行して「防災官庁」の方向性を強めた気象庁は，防災情報の「シングルボイス」としての立場を最も重要視した．このため民間気象事業者による独自の防災情報の存在は，気象庁にとって容認できないものであった．加えて民間気象事業者と「エキスパート・ジャッジメント」の適用範囲で競争することになれば，予報結果が官民の「専門性」の優劣に直結するがゆえに，気象庁にとって競合関係の発生は望ましいものではなかった．それゆえに気象庁は民間気象事業者に対して「指導」を繰り返していったのである．

　2000年代以降，「防災官庁」を自らの役割として積極的に掲げた気象庁は，「機械的」な課業の遂行ではなく能動的に「指導」を行う行政組織へと変容した．かくて「機械化」及び「自動化」を制度化した気象庁は，「指導」をめぐる民間気象事業者との対立という予期せぬ事態を迎えたのである．このことは，気象庁の組織外部に対する「機械的客観性」の制度化が浸透したことにより，皮肉にも気象庁と民間気象事業者の双方に対して，社会の側から「客観的」な予報に裏付けされた「エキスパート・ジャッジメント」の価値が要請された結果でもあった．「機械的客観性」の制度化を通じて，ここに「エキスパート・ジャッジメント」の再生が図られたのである．

　以上が歴史分析を通じて析出した「気象行政」の構造である．この歴史分析

に基づき，本書の意義は三つの点をあげることができる．

　第一は，これまで行政学が中心的にあつかわず，また天気予報の技術史の一部分としてあつかわれることが多かった「気象行政」を分析対象とした，歴史研究としての意義である．本書は，一次資料として気象庁図書館の所蔵資料や情報公開請求による資料，関係者へのインタビューを用いて「気象行政」の全体像を叙述した．これにより気象庁は，組織の価値として，戦前については「エキスパート・ジャッジメント」（「測候精神」や予報官の心得が該当する）を，戦後については「機械的客観性」（気象業務の「機械化」及び「自動化」が該当する）の制度化を進めたことを明らかにした．さらに価値の選択過程を通じて気象庁は，「研究機関」から「現業官庁」「防災官庁」へと自らの組織的役割を変化させてきたことも確認できた．

　また組織内外に向けた「機械的客観性」の制度化は，天気予報の制度や内容への「評判」を最大化することを通じて組織存続を図るためであったことを明らかにした．このことを確認するために，社会側の天気予報に対する「評判」を通史的に検討したのは，本書の大きな特徴である．天気予報は人々の生活に不可欠でありながら，予報により自然現象の発生を抑制できるわけではなく，自然現象の不確実性はもとより，予報が適中しなかった出来事に社会的関心が向かい，予報への批判が生じやすいという点で，行政の統御が難しい行政対象である．換言すれば，自然現象を活動対象としながら，「評判」の獲得対象が社会や人間であるという点において，「気象行政」は常に作用の対象のズレに直面する．人々の天気予報に対する「評判」を獲得するためには，予報の精度の向上，予報時間や場所の細分化といったサービスの充実という「専門性」の蓄積・更新を行うか，あるいは天気予報の効用の限界を示すことで非難対象を「科学」に向けること以外にはほぼないといってよい．さらに「評判」を獲得する上で重要になるのは，長期休暇や旅行，洗濯から娯楽といったあらゆる需要に対応するような予報時間や予報地域の細分化，あるいは台風や集中豪雨に対する注意報・警報の適切なタイミングといった社会の様々な需要にどこまで対応するのかという点にある．人々の天気予報への期待は，精度の向上だけでなくその利便性を高めることにもあったからである．

　その意味では，人々の天気予報に対する評価と気象庁の人々に対する説得の

原型は，戦前にほぼ確立していたといえる．このことを踏まえれば，「気象行政」は，医薬品行政や原子力行政などに比べれば安定した構造を維持してきたのかもしれない．人々の評価のパターンが比較的安定していたのは，特定の利害関係者を顕在化させるような政治性を有していなかったことに起因する．

ただ「評判」を形成する上での戦前と戦後の大きな違いは，社会の「科学」あるいは「客観性」に対する期待である．天気予報の場合，「客観的」な予報の実現が予報の精度を向上させるものとして期待されたのである．さらに気象庁が積極的に進めた気象レーダー，アメダス，「ひまわり」による画像は，テレビに使われることで天気予報が「科学的」になっていくことを象徴する役割を有していた．この意味では，気象庁の望んだ方向性と人々の天気予報への期待は，軌を一にしていたといえる．

とはいえ天気予報がどんなに利便性を高めたとしても，天気予報が必ず適中することは将来的におよそ不可能である．この意味では科学技術が発展したとしても，行政活動の限界を抱えているといえる（Hood 2010）．そうだとすれば，人々は天気予報や警報が外れるたびに不満を表明する構図は繰り返されることとなる．したがって人々の不満の推移は，今後も総体的には大きく変化しないであろう．

むしろ今後より行政責任が問われることになるのは，気象庁の「防災官庁」としての役割に対する評価にあると考えられる．「警報」の必要性や出すタイミングといった判断は，避難行動をはじめとして人々の生活に大きな影響をあたえるだけに，その「決断」の当否と説明責任が問われるからである（西尾 1998a）．今のところ気象庁は，2013 年から新たに特別警報を設けたように，「警報」も「機械的客観性」の適用を進めている．しかしながら，自然災害のような「危機」の状況に対しても「自動化」や「機械化」を追求することが果たしてどの程度有効に機能していくのかは疑問が残る．なぜなら，西尾隆が指摘するように「行政における客観化は必ずしも行政の「サイエンス」化を志向しない．行政活動には常に主観の支配する「アート」の領域が残」る以上，「主観的」な判断が問われる事態が存在するからである（西尾 1995：304）．換言すれば，「機械的客観性」の深化を図る気象庁は，「サイエンス」と「アート」のあいだで今後も組織内部で生じる価値の矛盾に晒され続けていくのではない

だろうか．

　第二に，科学社会学の「エキスパート・ジャッジメント」と「機械的客観性」を行政研究視角に用いることで，行政組織の「専門性」に基づく行動様式が複数あることを示したことにある．従来の行政学・政治学における「専門性」の諸研究は，「専門性」の行使が組織的自律性の獲得や裁量行使につながることを前提としていた．これは，「エキスパート・ジャッジメント」に基づく行動様式に該当するものである．しかしながら本書は，「エキスパート・ジャッジメント」の制度化が組織の自律性を脅かす場合があることを明らかにしている．また天気予報のように行政組織にとって民間と共通性を持つサービスで競合関係にある場合，「エキスパート・ジャッジメント」に基づく行動は「専門性」の優劣が明確となるため，行政によるサービスの正当性が揺らぐリスクが生じることとなる．すなわちどんなに高度な「専門性」を有していても，その「専門性」の行使の仕方次第で，行政組織は存続が困難となるのである．

　「機械的客観性」に基づく行動様式は，観測データやモデル，計算式の結果を用いることで裁量を抑制するという点で特殊な「専門性」の行使である．これは，「専門性」に基づく「判断」の領域で優劣を競うことを排除することにある．あるいは確率予報のように，最終的な判断をサービスの利用者に委ねる場合もある．換言すれば，「機械的客観性」の特徴は，「専門性」をめぐる政治的な争点化を避けようとすることにある．

　とはいえ「判断」で優劣を決定できない以上，この前提となっている知識の内容で優劣が決定される可能性は考えられる．異なる知識や理論に基づいていたために，最終的な判断が異なる場合があるからである．例えば地球温暖化問題のように温暖化のシミュレーション結果の違いが政治的争点になるのは，知識の正当性が問われるからである（久保 2011）[1]．しかしながらこれは，結局のところどの結果を採用するのかを「主観的」に「判断」している時点で「エキスパート・ジャッジメント」同士の対立の構造となっている．

---

[1] この場合，知識や理論を提供する科学技術者の技術的な「判断」がときに政治的立場や非技術的要素を踏まえて行われることを考えれば，結果として「客観的」であるとされる知識や理論の妥当性が問われることも考えられる．アメリカにおける水爆開発の決定過程を分析した中村陽一は，科学者間の対立を明らかにし，技術的判断が往々にして「政治的あるいは非技術的性質の判断」になりがちであることを指摘している（中村 1972：35-39）．

「機械的客観性」を適用していく上で最も重要なのは，知識形成のためのデータや手続さえ可能な限り統一することにある．ポーターが，会計における計算規則や定量手順の統一に「機械的客観性」を見出したのもこの点にあった（Porter 1995）．「誰が」行っても同じ結果にならなければならない．「機械的客観性」の前提は，「客観的」な知識にあるからである．天気予報は気温，雨量といった観測データが関係機関で統一しやすく，また数値予報をモデルで出す限り「主観的」な手続ではない点において，「機械的客観性」の成立しやすい条件を有していたといえる．

「機械的客観性」を制度化した組織にとって「危機」となるのは，その課業が「エキスパート・ジャッジメント」の適用範囲に巻き込まれることである．これを解決するには，競合関係にある組織に「機械的客観性」を制度化させるか，役割分担を通じて競合関係を解消するしかない．ここに「客観性」志向の行政活動が抱えざるを得ない緊張関係が存在する．気象庁が「天気予報の自由化」を掲げながら，民間気象事業者がGPVデータを利用することを前提に気象予報士制度の制度設計を行い，「官民の役割分担」を主張したのも「機械的客観性」の価値を組織外部に制度化することにあった．つまり気象庁は，官民の競合関係をいかに発生させないかに関心を持っていたのである．

しかしながら，ポーターの提示した「機械的客観性」は，社会における定量化信仰の力強さと緊密な関係を有していた．科学技術の発達に伴う数量化社会の進展とは，定量化信仰に支えられてきた現象といってよい．行政学者の西尾勝は，かつて数量化社会を題材にした社会評論において，数量化が「多数派」と「少数派」を明確にすることで人々の分化と諸集団への帰属の意識をもたらし，様々な利害対立を惹起させることを指摘した．数量化がもたらす対立を前にして西尾は，「指標が開発され，数量化が進み，統計情報が豊富になり，社会科学が進歩するほど，つまり人間社会の自意識が進むほど，全体を調整し統合することは難しい」と，数量化社会における諸利益の調整の困難さを述べている（西尾 1971：60）．そうであるならば，定量化信仰と親和的な「機械的客観性」の価値とは，様々な利害対立を回避することを目指しながらも，内在的には対立の緊張関係を帯びざるを得ないものと考えられる．それゆえ第五章で明らかにした，「機械的客観性」の制度化を通じた「エキスパート・ジャッジ

メント」の再生とは，一方で社会的要請への対応であり，他方で利害対立の顕在化がもたらしたものだったのである．

第一章で検討したセルズニックの議論は一回限りの制度化に関心を寄せ，またポーターの議論は，人々からの「信頼」を背景としたプロフェッションの組織的自律性と価値の選択に関心を寄せるあまり，価値の選択後に生じる組織外部からの介入や同種の「専門性」をめぐる競合関係を想定しなかった．だが本書が明らかにしたように，価値の選択が「専門性」の行使をめぐる組織間の対立を惹起させるのである．以上のように，行政学・政治学における「専門性」の諸研究の前提条件を再検討し，「エキスパート・ジャッジメント」と「機械的客観性」の制度化過程のみならず，制度化後に生じる対抗関係を明らかにしたことは，本書の意義である．

さらに本書は，「機械的客観性」が「評判」の構築につながることを示した．裁量を抑制し「機械的」に判断する行動様式は，杓子定規や規則が本来の目的のためではなくそれを遵守することが目的へと代わってしまうマートンの「目標の転移」(Merton 1957) のように，否定的に捉えられがちである．ポーターが指摘した「機械的客観性」も，社会からの「信頼」が獲得できないために組織的自律性を守る消極的な戦略としてあつかわれていた．

だが天気予報に求められていたのは，精度を上げるための科学的な予報であった．人々は天気予報が便利になることを望んでも，テレビやネットで大きく異なる天気予報を望んでいるわけではない．「客観的」な予報の実現の希求は，気象庁も社会側も一致していたのである．すなわち「評判」を獲得するために気象庁は，積極的に「機械的客観性」の制度化を推進することが可能だったのである．この意味で気象庁にとって「機械的客観性」の制度化は，必ずしも消極的な価値の選択ではなかったことを明らかにしている．

第三に，以上の本書の知見は行政研究に対する新たな視角を提示するものであるが，行政学の従来の理論への貢献をもたらすものでもある．まず気象庁による価値の再選択の帰結は，シルバーマンの提示する官僚制の役割志向における，「専門志向型」から「組織志向型」への組織役割の漸進的な変容の結果ともいえる (Silberman 1993)[2]．中央気象台によるプロフェッションの組織的性格の伝統をシルバーマンの「専門職業主義」と考えれば，中央気象台は「専門

志向型」の官僚制として出発したといえる．しかしながら，戦後から外局昇格に至る過程で「現業官庁」の性格を強めていくことで，気象庁は昇進や裁量に関して他の行政組織と同様の「組織型」の合理性を漸進的に受容していく．さらに「天気予報の自由化」後の気象庁は，行政と社会の関係を統括するルール整備を通じて予測可能性を高めることを積極的に目指しており，「組織志向型」の役割をより内面化させつつあるといえよう．シルバーマンの類型は各国の官僚制の創設期を対象とした国家比較のためのものであるが，本書の知見は，「組織志向型」とされる日本の官僚制にも「専門志向型」は存在するのであり，さらにその役割志向も歴史的に変容する可能性があることを実証的に示すものであった．

次いで気象庁の組織的性格の変容に関する歴史的経緯は，日本の官僚像の歴史的変遷における理解に対して理論的深化をもたらす意義を有している．日本の官僚像は，行政の政治と社会に対する関係から「国士型」「調整型」「吏員型」の三つの類型が提示されてきた（真淵 2004）．「国士型官僚」は，政治や社会（主に利益団体）と距離を置き，公益の観点から自律的に政策形成を行うべきとする立場をとる．この類型は，1960 年代までのキャリア官僚像を示すものとされた．「調整型官僚」は，社会集団が表出する諸利益の調整を積極的に担うべき立場をとり，1970 年代以降の自民党長期政権の下での利益団体の活動が活発化したことを背景としていた．「吏員型官僚」は，1980 年代以降の政治や社会からの圧力を背景に自らの裁量を縮小し，決定や調整に伴う責任を回避する，公益への関与に対して消極的な立場をとる．この「国士型」から「調整型」を経て「吏員型」に至る官僚像の歴史的変遷の理解に対して，本書の知見からは次のように説明ができよう．気象庁の場合，中央気象台時代の指導的な気象技術者は社会からの「評判」を重要視していたものの，自らの「主観的」な予報への一方的な理解を求めた点で「国士型」に位置付けることができる．しかし，「機械的客観性」の制度化を目指した指導的な気象技術者は，自らの裁量や決定の余地を縮小する点で「吏員型」を目指した．ここで重要になるのは，「吏員型」を目指すことは社会への応答的な対応であり，公益への積

---

2) シルバーマンの「専門志向型」と「組織志向型」の特徴は，第 1 章注 15) を参照．

極的な関与だったという点である．むしろ「天気予報の自由化」後は，民間気象事業者からの利益表出を前にして「調整型」を求められつつある．この三類型は，キャリアの事務官を中心に，そして社会との関係以上に政治との関係から分類されたものであるが，「キャリア」技官に担われる気象庁の歴史分析からの知見は，社会との直接的な関係をより重視することで，行政組織に応じた官僚像の変遷の違いを明らかにし，またどのように形成されたのかを説明する手がかりをあたえるのである．

　さらに技官集団の研究への貢献もあげられる．従来の技官集団を対象とした研究は，土木技官や医系技官を中心とし，「専門性」の形成と組織資源の調達，政治家や省庁内の事務官に対する組織的自律性の確保を主たる分析対象としてきた．換言すれば，従来の研究は省庁内の技官集団が有する政治性に着目してきたのであり，行政活動の作用対象である社会との関係への考察が乏しかったといえる．この観点からすれば，外局である気象庁の技官集団は，組織内部の事務官とのあいだで組織的自律性をめぐって政治化することはほぼないといってよく，また公共事業や医薬品のように政治家の利害関心となり，政治的争点化する機会も多くなく，むしろ行政活動の受け手である社会との直接的な関係が特に重要であった．本書が社会に対する「評判」に着目したのも以上の理由に基づく．確かに気象庁の技官集団も，科学技術に基づく「専門性」の形成や組織外部の専門家集団との関係が重要になる点で他の技官集団との共通性を有している．だが組織的自律性の確保が政治よりも社会からの「評判」に大きく依拠する点において，気象庁の技官集団を対象とする本書の知見は，政治との関係から構築してきた技官集団像を相対化するものといえよう[3]．

　最後に行政裁量論への貢献があげられる．行政裁量論は，伝統的に裁量をめぐる「準則の定立と公開」の要請と「行政の柔軟性」の要請とのあいだにある緊張関係に焦点をあててきた（西尾 1990）．この意味で本書の「エキスパート・

---

3) 本書とは異なるアプローチではあるが，従来の技官集団の研究における問題関心や分析視角を基本的に踏襲しつつ，これまで十分にあつかわれてこなかった技官集団を対象とすることで，その技官集団像の相対化を試みようとする研究も存在する．田中（2018）は，環境省の自然保護官僚における「専門性」や外部集団とのネットワーク，キャリアパスや「機関哲学」を分析し，「現場重視」の組織の価値観から生じる政治性の低さ，鉄の三角同盟や技術者コミュニティの脆弱さなど，先行研究が描いてきた技官集団とは異なる特徴があることを指摘している．

ジャッジメント」と「機械的客観性」は「行政の柔軟性」と「準則の定立と公開」の概念に対応し，歴史分析も行政裁量をめぐる緊張関係を改めて実証するものであったともいえよう．だが，行政裁量論における「準則の定立と公開」と「行政の柔軟性」の概念は，手段や原則として個別具体的な裁量行使の実態に適用され，あるいは行政全体に通底する特徴を析出するために用いられてきたため，メゾレベルでの個々の行政組織における伝統や精神といった組織的性格との関係にまで必ずしも及んでいない．「準則の定立と公開」と「行政の柔軟性」の概念は，行政責任・統制との関係からその手段や原則の適用に関して規範性を含んでおり（西尾 1998a），それゆえ組織的性格を直接的に示すには適切ではない．さらに組織論からの裁量論の特徴は，組織全体の裁量と個々の構成員の裁量との関係に焦点をあて，組織決定をめぐる裁量に着目してきたのである（西尾 1990：324-331）．

　本書が「エキスパート・ジャッジメント」と「機械的客観性」を価値として提示したのは，組織内部での決定に伴う組織全体と個々の構成員との関係ではなく，価値をめぐる組織と政策の相互関係を強調したかったからである．「専門性」行使を支える価値である以上，「エキスパート・ジャッジメント」と「機械的客観性」は組織と政策の両方に浸透する．すなわちこの関係に焦点をあてることは，本書の歴史分析や後述の展望のように組織に注入された価値と政策に注入されている価値は同一なのか，異なった場合では組織的性格にどのような影響をあたえるのか，あるいは各政策で異なるならば組織的一体性はどのように担保され得るのかといった，外部環境と媒介する政策とのあいだで生じる組織的性格の緊張関係を明らかにする．したがって本書の知見は，従来の行政裁量論が組織内部過程の決定と社会との局面における裁量行使の動態に着目してきたのに対し，「エキスパート・ジャッジメント」と「機械的客観性」という組織的性格を形成する価値の観点から両者の視角を改めて統合することにより，政策手段や社会との裁量をめぐる関係に対して組織的性格を中心に据える重要性を提示したことにある．

　以上の意義を踏まえた上で本書の歴史分析から残された課題として，二つの点を指摘することができる．

　まずは，「エキスパート・ジャッジメント」と「機械的客観性」の概念が他

の行政組織や行政活動にどの程度有効であるのか，とりわけ「機械的客観性」の適用対象である．「機械的客観性」を志向する試みは，第一章で言及したリスク評価や「証拠に基づく政策形成」のように，科学技術による「証拠」をもって判断に代えようとする行政活動であれば適用することが可能である．例えば神奈川県における環境政策は，1964年の公害の防止に関する条例の制定まで公害認定基準が数値によって策定されていたわけではなく，それ以前の事業場公害防止条例に基づき，事業場公害防止審査委員会の判定により決定されるという，「主観的公害認定」が行われてきたとされる（野田 2012a）．このため多くの公害問題に対して数値基準を導入した，公害の防止に関する条例の制定が「客観的公害認定基準」の実現と見做された（野田 2012b）．つまり環境政策の領域では，早い段階から「エキスパート・ジャッジメント」よりも「機械的客観性」の価値を浸透させる試みが行われてきたことを示している．国の環境政策においても，「機械的客観性」の価値の浸透が進んできた．公害対策基本法において環境基準が明記されて以来，環境基準を設定する公害の対象は漸進的に増加してきたのである．特に水質汚濁防止法による国が定める排水基準は，それまでの個別水域ごとの基準設定を廃止し，全ての公共用水域に対して原則的に適用される一律排水基準となり，「機械的」な適用の整備を進めたのである．とはいえ，現場の自治体における実施レベルでは，排水基準違反に対して柔軟な行政指導による解決が志向されてきたように（北村 1997），組織的性格を「機械的客観性」で染め上げる程には価値の浸透は徹底しているわけではない．このことは，環境問題が人間の活動を原因とする作為的なものとされ，自然現象とは異なり解決に向けた弾力的な対応が可能なことに起因していると考えられる．

　また食品安全行政では，2003年に食品衛生法が改正され，2006年から残留農薬に対するポジティブリスト制度が導入された．この制度は，これまで基準値が設定されてこなかった農薬等に対して「一律基準」を設定することにより，農薬等が一定基準を超える食品の流通を網羅的に禁止するものであった．ポジティブリスト制度も数値による「機械的」な適用の例といえよう．しかしながら，食品安全行政は，2003年に設立された食品安全委員会でのリスク評価に基づきリスク管理を行う体制となっており，リスク評価の多くは数値化されて

いるものの，その解釈に幅があることから専門家の判断を必要とする点において（松尾 2016），「エキスパート・ジャッジメント」の価値がなお重要視されてもいる．ここで問題となるのは，社会側は食品に対する安心安全のための徹底した「機械的」な基準を求めていることにある．

したがって，今後も環境政策や食品安全行政のように「機械的客観性」の浸透は着実に進められていくものの，現在のところ多くの行政領域は「エキスパート・ジャッジメント」の適用範囲の方を広くとっていると考えられる．そうであるならば，本書の知見としてより重要となるのは，組織内外での「機械的客観性」の価値がますます浸透するなかで生じる，「エキスパート・ジャッジメント」との緊張関係の解明ということになるだろう．「客観性」志向に伴う対立の過程やその解消が他の行政領域でどのように行われているのかを実証的に検討する必要が残されているのである．

残された次の課題は，「気象行政」の行動様式にある「予測」するという行為が他の類似の行政活動の特徴とどの程度共通性や差異を持っているのかということである．行政組織ではないが，行動様式の性質として近いのは日本銀行による金融政策である．日本銀行（以下，日銀）は，市場の動向を「予測」し金融引き締めと金融緩和の選択を行う．金融政策の「専門性」ゆえに日銀は，1998 年の日本銀行法改正によって独立性が強められた．ところが同時期に日本経済のデフレの原因を日銀による量的緩和が不十分であったとするリフレ論者の主張や日銀のスキャンダルなどがあり，日銀の「評判」は低下した．世論やメディアの批判を背景に，これまで日銀が反対の立場を示してきた量的緩和やインフレ目標の採用が，政治家やリフレ論者の圧力によって行われていったという（上川 2014）．本書の分析視角にあてはめれば，日銀が追い詰められていったのは，選択が適中せず，「専門性」に対する「評判」を勝ち得ることができなくなったからであった．この結果，「エキスパート・ジャッジメント」を制度化してきた日銀は，インフレ目標に代表される数値目標の設定への圧力に晒されていったのである．本書で検討した「シングルボイス」をめぐる気象庁と民間気象事業者の対立は，再び対立が生じた場合，日銀のように気象庁が追い詰められる可能性がないとはいえないであろう．

また旧経済企画庁が担当してきた「政府経済見通し」や「経済計画」も，今

後の経済状況や社会を「予測」するものといえる．だがこうした「予測」は，計画策定者の意図やビジョンが反映されており，「主観的」な要素は残る（春田 1980）．加えてこれらの「予測」は，予測内容を実現するために現実に働きかけることを目的としている．気象庁の天気予報は，予報したとしても台風や梅雨がなくなるわけではない．むしろ「見通し」や「計画」といった対象に働きかけを行う「予測」と共通するのは，警報により避難活動を喚起することである．

しかしながら，社会への働きかけの効果が，「見通し」や「計画」の場合にはその期間が比較的中長期であるのに対し，警報は短期的な結果として現れる．この意味で気象庁の警報は責任が直接的で明確にしやすい「予測」といえる．以上のように科学技術に立脚した「客観的」な予測を行う「気象行政」の特徴は，他の行政領域との共通性や差異といった行動様式を比較する一つの基準となることで，「予測」の行政活動の構造解明という課題へと接近していくための基礎的な素材を提供するのである．

締め括りとして本書は，これまでの歴史分析に基づき，今後の気象庁の方向性について将来的な展望を示すこととしたい．第五章で明らかにしたように，気象庁は自らの将来的な方向性を「防災官庁」とした．「防災官庁」とは，気象災害に対する主導的な観測・予報・警報体制の整備を中核とし，同様の体制整備を地震や噴火といった他の自然災害にまで拡げることを志向する組織（像）であった．既に気象庁は，気象災害における観測・予報・警報体制と同様の水準に可能な限り近づけるべく，地震や噴火などの自然災害に対しても組織資源を積極的に投入している．

第一に組織編成における1984年の地震火山部の新設は，地震火山業務への組織資源の投入を強化することを組織内外に明示したものに他ならなかった．1990年度から2007年度まで予算要求額に「地震・火山観測業務等に必要な経費」の項目が独立して記載され，地震火山業務の予算要求額は，次第に個別業務のうち最も予算要求額が多い「一般観測予報業務に必要な経費」に次いで大きな比重を占めるに至った（2008年度から個別業務の項目は「自然災害による被害を軽減するための気象情報の充実に必要な経費」の項目へと統合された）．さらに気象庁全体の予算要求額に占める割合が徐々に高くなっていることからも，気象庁

表結-1 地震火山業務と気象庁の予算要求額（1990年度から2007年度まで）

年度	予算要求額（千円）		比率
	地震・火山観測業務等に必要な経費	気象庁全体	
1990年	1,214,141	49,183,500	2.5%
1991年	1,252,742	51,726,789	2.4%
1992年	1,365,849	56,354,679	2.4%
1993年	1,466,266	58,275,526	2.5%
1994年	2,013,967	59,077,757	3.4%
1995年	1,955,040	59,427,607	3.3%
1996年	2,203,470	59,350,556	3.7%
1997年	2,294,768	59,959,241	3.8%
1998年	2,307,343	61,131,670	3.8%
1999年	2,591,006	62,186,860	4.2%
2000年	2,248,416	52,439,169	4.3%
2001年	4,218,468	63,242,478	6.7%
2002年	2,771,593	62,739,629	4.4%
2003年	2,948,537	61,398,545	4.8%
2004年	2,924,167	60,353,582	4.8%
2005年	3,474,854	59,733,863	5.8%
2006年	4,084,972	57,456,730	7.1%
2007年	3,942,095	57,049,809	6.9%

出典）「予算書・決算書データベース」（https://www.bb.mof.go.jp/hdocs/bxsselect.html）より筆者作成．各年度の予算要求額は一般会計における当初予算の予算書に基づく．比率は，地震火山業務の予算要求額が気象庁の予算要求額に占める割合を示したものである．

が地震火山業務に組織資源を積極的に投入していることが窺える［表結-1］．

　第二に地震火山業務においても，「機械的客観性」の制度化が進んだ．1995年の阪神淡路大震災を契機に震度階級の見直しが行われ，観測者の体感による震度測定の代わりに1991年から導入が進みつつあった震度計による全国的な観測網が整備された．これにより震度測定の「機械化」及び「自動化」が実現した．さらに2004年から緊急地震速報の試験運用が始められ，2007年10月から緊急地震速報は一般提供されるに至った．同年12月には気象業務法を一部改正し，緊急地震速報は地震動の「予報」及び「警報」と位置付けられたのであった[4]．具体的には，地震動予報（最大震度3以上又はマグニチュード3.5以上等と予想されたときに発表するもの）は「緊急地震速報（予報）」，地震動警報（最大震度5弱以上の揺れが予想されたときに，強い揺れが予想される地域に対し地震動に

---

[4] 「気象業務法の一部を改正する法律の公布について―地震動警報，火山現象警報の名称等について―」（http://www.jma.go.jp/jma/press/0711/21a/071121_keihou.pdf）．

より重大な災害が起こるおそれのある旨を警告して発表するもの）は「緊急地震速報（警報）」又は「緊急地震速報」という名称を用いることとされた．気象庁は，地震観測網の「機械化」及び「自動化」を強化することにより，速報性の高い「警報」の提供を目指したのである．

また気象庁は，火山噴火についても「予報」と「警報」の整備を行った．従来の火山情報は，1993 年に火山活動情報を緊急火山情報へと改称し，注意喚起のための臨時火山情報，常時観測火山を対象とした定期火山情報に加えて，新たに火山観測情報を提供するようになった．2002 年には各地方気象台と各測候所の火山情報，研究機関などの観測データを集約し集中監視するため，本庁と管区気象台（東京を除く）に置かれた火山監視・情報センターの正式運用が開始された．2003 年には，火山活動の程度及び防災対応の必要性を六段階で区分した火山活動度レベルが公表された（山里 2005）．2007 年には，これまでの緊急火山情報，臨時火山情報，火山観測情報を廃止し，火山活動度レベルに代わり噴火警戒レベルが導入された．噴火警戒レベルの導入の際に最も大きな監視体制の変化となったのは，前述した 2007 年の気象業務法の一部改正の際に，火山現象警報と火山現象予報が導入された点にある[5]．火山現象警報は，「居住地域」を対象とする場合に「噴火警報（居住地域）」とされ，略称は「噴火警報」とされた．「火口から居住地域の近くまで」あるいは「火口周辺」を対象とする場合に「噴火警報（火口周辺）」とされ，略称は「火口周辺警報」とされた．火山現象予報は，「噴火予報」とされた．さらに 2008 年から降灰予報と火山ガス予報が開始されている[6]．

とはいえ火山噴火に関する「予報」や「警報」は，数値化が必ずしも十分に進んでいるとはいえない．噴火警戒レベルが適用されている火山の多くは，判定基準が作成されているものの，地震活動の回数や火山性微動の継続時間などの一部を除き定性的に記述されている[7]．降灰量の予測を含めた量的降灰予報の開始も 2015 年からであった[8]．加えて「噴火予報」は，静穏（平常）な状態

---

5) 同上．
6) 「降灰予報と火山ガス予報の業務開始について」（http://www.jma.go.jp/jma/press/0803/13c/080313ashfall_gas.pdf）．
7) 「噴火警戒レベルの判定基準」（http://www.data.jma.go.jp/svd/vois/data/tokyo/keikailevel kijunn.html）．

が予想されることを示すものであり，噴火警報の解除等を通知するために用いられることになっている．換言すれば，「噴火予報」は，本質的には噴火を「予報」するものではないといえる．

　総じて地震火山業務における「機械的客観性」の制度化は一定程度の浸透をみたものの，依然として「エキスパート・ジャッジメント」を適用する余地の方が大きいのである．このことは，定量的な予測に基づく地震予知と噴火予知の課業への実用化の可能性が未だ低いこととも関係している[9]．それにもかかわらず，気象庁が地震火山関連業務において「予報」や「警報」を導入するのはなぜなのか．確かに気象庁は，地震動予報について「地震の最初のわずかな揺れから各地の揺れ（地震動）を予想し発表することであり，地震の発生の予想は含みません」と「予報」の範囲に慎重であった[10]．だが，地震動予報や火山現象予報において「予報」という名称を採用すること自体に，気象庁が地震や噴火に関しても気象災害と同様の体制を構築しようとする意志を看取することができよう．この意味でも「防災官庁」路線を敷くことは，気象災害と同様の体制に可能な限り近づけるべく，地震や噴火に対する主導的な観測・予報・警報体制の整備を促すものだったのである．

　したがって，今後の「防災官庁」たる気象庁は，気象業務と地震火山業務について次のように自らの方向性を選択するのではなかろうか．まず気象業務は，「機械的客観性」の制度化を一層深化させつつも，防災気象情報をめぐって再生した「エキスパート・ジャッジメント」の価値の下で，従来よりも大胆な「警報」を行う体制を整備するのではないかと考える．「警報」に近い「予報」を出す民間気象事業者が現れる可能性がある以上，彼らが気象庁の「警報」に抵触した場合に「指導」を行うだけではなく，むしろ対立回避のために気象庁は「自動化」をせず，能動的に解釈の幅のある「警報」を出すことで民間気象事業者に独自の「警報」を出す余地を縮小させるのである．この萌芽的な動き

---

8) 「新しい降灰予報の提供開始について」（http://www.jma.go.jp/jma/press/1503/13a/kouhaiyoho150313-1.pdf）．
9) 　地震予知と噴火予知の現状と課題は，井田（2012）や藤井（2016）を参照．
10) 「気象業務法の一部を改正する法律の施行（平成 19 年 12 月 1 日）に伴い，緊急地震速報を地震動の予報及び警報に位置づけることについて」（http://www.data.jma.go.jp/svd/eew/data/nc/shikumi/jishindou-keihou.html）．

は，警報区分の細分化に示されている．確かに前述した 2013 年の特別警報の開始は数値的基準を細分化するものであり，その適用の具体的局面において難しさを示したものの，「機械的客観性」を制度化させようとするものであった．しかしながら，2017 年 5 月からの「警報級の可能性」の発表開始は，「翌日まで」と「2 日先から 5 日先まで」を区分した上で，「高」と「中」という二段階で「警報」になる可能性を表現するものであった．特に警報級の「中」は，「翌日まで」の場合，「これをもって直ちに避難等の対応をとる必要はありませんが，深夜などの警報発表も想定して心構えを一段高めておくようにしてください」と注意喚起の側面を持ち，気象庁は「たとえ可能性が高くない状況であっても，警報級の現象になる可能性を積極的に発表する」としているのである[11]．換言すれば，気象庁は，積極的に警報級を活用することで，防災情報の一元化の徹底を担保しようとしているといえよう．

　警報級の開始は，民間気象事業者にとっても望ましかった．防災情報の一元化の下で，気象予報士は気象庁から警報や注意報が出されるまで明確な防災情報を発信することができなかった．このため，過去の大雨や台風を事例に活用することで，「警報」に近い気象情報を出す工夫が試みられていたという[12]．気象予報士にとって警報級の登場は，柔軟に防災情報を出すことを可能にしたのである．このことは，気象庁にとって「警報」の「シングルボイス」を固守しつつも，解説を重視する気象予報士の「エキスパート・ジャッジメント」の価値を一定程度容認することを意味する．それゆえ今後も民間気象事業者による「エキスパート・ジャッジメント」の適用範囲を緩やかに拡げつつ，防災情報の提供体制をめぐる官民の領域再編は行われていくと考える．

　逆に気象庁は，「機械的客観性」の価値を体現している「専門性」について，その競合関係の発生には敏感であり続けるだろう．例えば，ウェザーニューズ社は，2016 年 9 月に「ウェザーニュースタッチ」内の会員向けサービスとして三つの台風予測モデルの提供を始めた[13]．気象庁，JTWC（米軍合同台風警戒

---

11) 高木康伸「新たなステージに対応した防災気象情報の改善～平成 29 年度の改善事項とその利活用～」(http://www.jma.go.jp/jma/kishou/minkan/koushu170527/shiryou1.pdf). これは気象等の情報に関する講習会（平成 29 年 5 月 27 日）の資料である．
12) 南利幸へのインタビュー（2017 年 10 月 8 日，東京）．

センター),自社の三つの予測モデルを比較検討するというものである.2017年9月には台風第18号に対して,ECMWF(ヨーロッパ中期予報センター),台湾の中央気象局,韓国の気象庁も加えた六つの予測モデルの比較検討サービスの提供を行っている[14].このサービスは,会員向けとはいえ,アンサンブル予報をもう一度アンサンブルしようとする試みであり,気象庁の「予報」に対する技術的優位性を揺るがすものといえる.加えて台風進路の予測は防災情報の一種であることから,発表時刻のタイミングや上陸地点の正確性をめぐる競合関係が再び争点化するならば,気象庁は「シングルボイス」を掲げて「専門性」の優劣をめぐる競合関係の発生を回避しようとするだろうと考える.

他方で地震火山業務は,「機械的客観性」の制度化をより浸透させることで,「防災官庁」路線により先行して浸透することになった「エキスパート・ジャッジメント」の適用範囲を縮小しようとするのではないかと考える.この場合に課題となるのは,「観測」を支える網羅的な観測網が気象庁のみで形成されていないこと,また「警報」を公表すること自体が関係機関との連携に委ねられていることである.第一に地震に対する観測網のうち震度観測点は,2017年の段階で気象庁が672,地方公共団体が2921,防災科学技術研究所が785である[15].特に防災科学技術研究所が有する高感度地震観測網(Hi-net)は,気象庁等による既存の観測点の近傍を避け,空白の観測点に優先的に設置することを基本方針として整備され,気象庁が緊急地震速報を行う上で重要な観測情報となっている[16].また火山の監視体制も,全ての活火山が常時観測火山の対象ではなく,その選定は火山噴火予知連絡会による専門家集団の評価に基づいて行われる.

第二に火山噴火の場合,噴火警戒レベルが運用されている火山では「警報」となるレベル2から火口周辺規制が行われるため,地元自治体や火山専門家を含めた火山防災協議会により「警報」と一体的となる避難計画の策定が行われ

---

13) 「台風12号の進路がテレビよりも詳しくわかる3つの予測モデルをアプリで公開」(https://jp.weathernews.com/news/13904/).
14) 「6者の予測モデルを徹底比較!」(https://weathernews.jp/s/topics/201709/130085/).
15) 震度観測点の数は,気象庁のホームページ(http://www.data.jma.go.jp/svd/eqev/data/intens-st/index.html)にある震度観測点(全国)を参照した.
16) 防災科学技術研究所ホームページ(http://www.hinet.bosai.go.jp/summary/?LANG=ja).

ている．さらに 2014 年の御嶽山の噴火を契機に各火山単位の火山防災対応手順の策定推進が謳われ，関係機関による「警報」前後を含めた具体的な防災対応の共有が進められることとなった[17]．したがって気象庁は，「予報」を含めた平時の火山活動の評価については火山噴火予知連絡会に依存しており，また「警報」を公表する際には対象期間の不確実性が高いことに加えて，避難や入山規制と緊密に連動しているために，周辺地域の生活への影響や関係機関との連携を考慮した上での決断を求められるのである．気象業務の「機械化」と「自動化」を進めてきた気象庁にとって地震火山業務は，今なお「エキスパート・ジャッジメント」の適用範囲が広すぎるのである．そうであるならば，地震火山業務において「予報」という言葉に拘り続ける限り，気象庁はこの業務における「機械的客観性」の深化を模索し続けるのではなかろうか．

　かくて気象業務と地震火山業務のあいだにある二つの価値の比重に対する不均衡が少しずつでも解消に向かうなら，そのとき気象庁は，名実ともに「防災官庁」としての組織的一体性を確立し，さらなる社会からの「評判」を構築するため，それらの業務を貫く新たな組織理念の創出を以て組織をより強固に社会へと根付かせていくであろう．

17）「火山情報の提供に関する報告」(http://www.jma.go.jp/jma/press/1503/26a/yochiren_joho_houkoku150326.pdf)．

参 考 文 献

邦語文献

青木栄一（2015）「教育行政の専門性と人材育成——信頼低下がもたらす制度改革」『年報行政研究』50 号．

赤井正二（2016）『旅行のモダニズム——大正昭和前期の社会文化変動』ナカニシヤ出版．

赤石一英（2012）「ひまわり運用等事業について」『測候時報』79 巻 1・2 号．

秋吉貴雄（2007）『公共政策の変容と政策科学——日米航空輸送産業における 2 つの規制改革』有斐閣．

秋吉貴雄（2014）「食品安全行政体制の再構築における教訓導出の失敗」『法学新報』121 巻 3・4 号．

秋吉貴雄・伊藤修一郎・北山俊哉（2015）『公共政策学の基礎〔新版〕』有斐閣．

足立忠夫（1970）「アメリカ行政学の展開過程」『法と政治』21 巻 3 号．

安倍能成（2012）『岩波茂雄伝 新装版』岩波書店．

天川晃（2014）『占領下の議会と官僚』現代史料出版．

荒井郁之助（1887）「本邦測候沿革史」『気象集誌』7 巻 1 号．

有賀暢迪（2016）「台風の数値予報の始まり，あるいは黎明期の計算気象学における問題意識の連鎖」『科学史研究』54 巻 276 号．

アリストテレス（2015）『新版 アリストテレス全集 6——気象論 宇宙について』（三浦要・金澤修訳）岩波書店．

有本建男・佐藤靖・松尾敬子・吉川弘之（2016）『科学的助言——21 世紀の科学技術と政策形成』東京大学出版会．

有光次郎著・楠山三香男編（1989）『有光次郎日記　昭和二〜二三年』第一法規出版．

飯尾潤（2004）「政治学におけるオーラル・ヒストリーの意義」日本政治学会編『年報政治学 2004 オーラル・ヒストリー』岩波書店．

伊坂達孝（1995）「和達さんと天気相談所」『天気』42 巻 7 号．

伊坂達孝（2005）『気象のしごとと戦争——戦後六十年とは何だったのか』夜ノ森学校．

石川準吉（1976）『国家総動員史 資料編』第 4，国家総動員史刊行会．

石橋博良（2006）『金の天気予報 銀の天気予報』講談社出版サービスセンター．

石橋博良（2011）『世界最大の気象情報会社になった日』IDP 出版．

石原良純（2001）『石原良純のこんなに楽しい気象予報士』小学館.
井田喜明（2012）『地震予知と噴火予知』筑摩書房.
出渕重雄編（1988）『旧満州国中央観象台史』私家版.
井出嘉憲（1982）『日本官僚制と行政文化──日本行政国家論序説』東京大学出版会.
伊藤大一（1980）『現代日本官僚制の分析』東京大学出版会.
伊藤隆・廣橋眞光・片島紀男編（1990）『東条内閣総理大臣機密記録──東条英機大将言行録』東京大学出版会.
伊藤正次（2003）『日本型行政委員会制度の形成──組織と制度の行政史』東京大学出版会.
伊藤正次（2006）「「新しい制度史」と日本の政治行政研究──その視座と可能性」『法学会雑誌』47巻1号.
伊藤正次（2012）「日本の金融検査行政と「開かれた専門性」」内山融・伊藤武・岡山裕編『専門性の政治学──デモクラシーとの相剋と和解』ミネルヴァ書房.
稲垣浩（2015）『戦後地方自治と組織編成──「不確実」な制度と地方の「自己制約」』吉田書店.
稲継裕昭（1996）『日本の官僚人事システム』東洋経済新報社.
稲継裕昭（2006）「独立行政法人の創設とその成果」『年報行政研究』41号.
稲吉晃（2014）『海港の政治史──明治から戦後へ』名古屋大学出版会.
今井實（1961）「災害対策基本法について（一）」『自治研究』37巻12号.
今川晃（1990）「消防庁の組織変動──市の消防機関の組織変動との対応関係を通して」総務庁長官官房企画課『行政体系の編成と管理に関する調査研究報告書（昭和63年度）』行政管理研究センター.
今木裕順（1996）「40年目の気象庁組織改革──「気候」と「環境」を前面に！「防災」と「民活」も」『気象』473号.
今里能（1989）『敗走一万粁──一気象将校の手記』旺史社.
今里滋（2000）『アメリカ行政の理論と実践』九州大学出版会.
今村都南雄（1978）『組織と行政』東京大学出版会.
今村都南雄（1987）「国土庁設立の政策過程──長期的脈絡において」総務庁長官官房総務課編『組織と政策（Ⅱ）──行政体系の編成と管理』行政管理研究センター.
今村都南雄（2006）『官庁セクショナリズム』東京大学出版会.
今村都南雄（2009）『ガバナンスの探求──蠟山政道を読む』勁草書房.
妹川健・遠藤博美（1983）「「ウェザーショウ 空とぶお天気スタジオ」の番組制作」『テレビジョン学会誌』37巻3号.
ウェーバー，マックス（1960・1962）『支配の社会学 Ⅰ・Ⅱ』（世良晃志郎訳）創文社.

ウェーバー，マックス（1970）『支配の諸類型』（世良晃志郎訳）創文社．
ウェーバー，マックス（1998）『社会科学と社会政策にかかわる認識の「客観性」』（富永祐治・立野保男訳，折原浩補訳）岩波書店．
打越綾子（2004）『自治体における企画と調整——事業部局と政策分野別基本計画』日本評論社．
内山融（1998）『現代日本の国家と市場——石油危機以降の市場の脱〈公的領域〉化』東京大学出版会．
梅渓昇（2007）『お雇い外国人——明治日本の脇役たち』講談社．
運輸省編（1980）『運輸省三十年史 資料編』運輸経済研究センター．
運輸省50年史編纂室編（1999）『運輸省五十年史』運輸省50年史編纂室．
驛賢太郎（2013）「官僚の専門性とキャリアパス——大蔵省を事例として」『神戸法学雑誌』63巻2号．
大蔵省財政史室編（1982）『昭和財政史——終戦から講和まで』第18巻，東洋経済新報社．
大河内繁男（1994）「職員の異動と能力開発」西尾勝・村松岐夫編『講座 行政学』第5巻，有斐閣．
大河内繁男（2000）『現代官僚制と人事行政』有斐閣．
大谷東平（1986）『雨もよし晴れもよし——気象放談』筑摩書房．
大谷東平伝編集委員会（1985）『大谷東平伝——天気予報史の一側面』気象旧友会．
大西裕（1993・1994）「国家建設と住民把握（1）–（2・完）——日本と韓国における住民把握制度形成過程の研究」『法学雑誌』40巻1-2号．
大森彌（1973）「行政学にたいするプロフェショナル・アプローチ——アメリカ行政学の一動向」『年報行政研究』10号．
大森彌（1985）「日本官僚制の事案決定手続き」日本政治学会編『年報政治学1985 現代日本の政治手続き』岩波書店．
大森彌（1995）「省庁の組織と定員」西尾勝・村松岐夫編『講座 行政学』第4巻，有斐閣．
大森彌（2006）『官のシステム』東京大学出版会．
大山耕輔（2010）『公共ガバナンス』ミネルヴァ書房．
大淀昇一（1989）『宮本武之輔と科学技術行政』東海大学出版会．
大淀昇一（1997）『技術官僚の政治参画——日本の科学技術行政の幕開き』中央公論社．
岡田彰（2006）「省庁再編とそのインパクト」『年報行政研究』41号．
岡田武松（1933）『測候瑣談』鉄塔書院．
岡田武松（1937）『続測候瑣談』岩波書店．

奥薗淳二（2016）「国際的外部環境の変化と海上保安庁」『海保大研究報告 法文学系』61巻1号．
小田勇樹（2012）「公務員の公募任用による業績への影響――先行研究の整理と専門性の観点からの整理」『法学政治学論究』92号．
小田勇樹（2016）「公務員の知識・技能と組織の業績――ポジションシステムにおける中途採用の運用実態」博士論文．
香川正俊（2014）「戦時行政機構改革と各省セクショナリズム――港湾行政機構改革を中心に」『熊本学園大学経済論集』20巻1-4号．
風間規男（2002）「災害対策基本法の制定――防災政策ネットワークの形成」『近畿大学法学』50巻1号．
加藤淳子（1995）「政策知識と政官関係――一九八〇年代の公的年金制度改革，医療保険制度改革，税制改革をめぐって」日本政治学会編『年報政治学1995 現代日本政官関係の形成過程』岩波書店．
加藤淳子（1997）『税制改革と官僚制』東京大学出版会．
金井利之（2002）「会計検査院と政策評価――会計検査活動と基本方針・各省庁等政策評価・有効性検査との離隔距離」『年報行政研究』37号．
上川龍之進（2005）『経済政策の政治学――90年代経済危機をもたらした「制度配置」の解明』東洋経済新報社．
上川龍之進（2014）『日本銀行と政治――金融政策決定の軌跡』中央公論新社．
上川龍之進（2015）「専門知と金融政策――公共政策形成における学問知と経験知（1）-（2）」『阪大法学』65巻3-4号．
金森修（2014）『新装版 サイエンス・ウォーズ』東京大学出版会．
神里達博（2005）『食品リスク――BSEとモダニティ』弘文堂．
神里達博（2008）「食品安全行政の課題――食品安全委員会設立5年を契機に」『ジュリスト』1359号．
河村武・奥田穣・丸山健人・谷宏成（1982）「日本気象学会100年史」『天気』29巻4号．
岸保勘三郎（1982）「温帯低気圧モデルの歴史的発展」『天気』29巻4号．
岸保勘三郎（1984）「気象研究の思い出」『天気』31巻11号．
企画院研究会（1941）『国防国家の綱領』新紀元社．
企画院研究会（1943）『行政機構改革と大東亜省』同盟通信社．
気象研究所（1996）『気象研究所五十年史』気象研究所．
気象大学校校友会創立75周年記念誌編集委員会編（1997）『気象大学校史（Ⅱ）――創立75周年記念』気象大学校校友会．

気象庁（1975a）『気象百年史』気象庁.
気象庁（1975b）『気象百年史 資料編』気象庁.
気象庁（1996）『新しいサクラの開花予想』気象庁.
気象庁編（1995）『平成7年版 今日の気象業務——自然と地球をみつめて』大蔵省印刷局.
気象庁編（2011）『気象業務はいま 2011』研精堂印刷.
気象庁編（2014）『気象業務はいま 2014』研精堂印刷.
北村喜宣（1997）『行政執行過程と自治体』日本評論社.
北山俊哉（2011）『福祉国家の制度発展と地方政府——国民健康保険の政治学』有斐閣.
木寺元（2012）『地方分権改革の政治学——制度・アイディア・官僚制』有斐閣.
木村耕三（1973）「気象観測への目下の課題（特にメソ現象について）」『天気』20巻6号.
京俊介（2011）『著作権法改正の政治学——戦略的相互作用と政策帰結』木鐸社.
行政改革会議事務局OB会編（1998）『21世紀の日本の行政——内閣機能の強化・中央省庁の再編・行政の減量・効率化』行政管理研究センター.
クニッピング，エルヴィン（1991）『クニッピングの明治日本回想記』（小関恒雄・北村智明訳編）玄同社.
久保はるか（2011）「地球温暖化対策の中期目標決定過程における専門的知識の活用」『環境研究』161号.
倉嶋厚（2013）『日本の空をみつめて——気象予報と人生』岩波書店.
栗原宜夫（1954）「数値予報の動き」『天気』1巻7号.
畔柳今朝登（1965）「気象業務法のあらまし——気象業務とはどんなものか」『時の法令』551号.
桑田耕太郎・田尾雅夫（2010）『組織論〔補訂版〕』有斐閣.
鯉沼寛一（1968）「日本の気象観測の始まり」『天気』15巻1号.
鯉沼寛一（1984）『私の選んだ道』私家版.
河野勝（2002）『制度』東京大学出版会.
河野勝（2009）「政策・政治システムと「専門知」」久米郁男編『専門知と政治』早稲田大学出版部.
国土交通省国土交通政策研究所（2012）『気象衛星分野オーラル・ヒストリー』国土交通省国土交通政策研究所.
小西雅子（2001）「世界の気象資格事情について」『天気』48巻3号.
小林傳司（2007）『トランス・サイエンスの時代——科学技術と社会をつなぐ』NTT出版.

小日山直登（1980）『まほろしの影』講談社.
櫻田貴道（2014）「セルズニックの制度理論の検討」『尾道市立大学経済情報論集』14巻2号.
佐々木嘉和・都田菊郎（1956）「台風進路の数値予報について――日本気象学会賞受賞記念講演」『天気』3巻7号.
座談会（1957）「岡田武松先生をしのんで（Ⅰ）-（Ⅱ）」『天気』4巻1-2号.
志崎大策（2002）『富士山測候所物語』成山堂書店.
島田守家（1996）「アメダス創設者木村耕三博士略伝」『天気』43巻8号.
清水逸郎（2008）「有住直介先生を偲ぶ」『天気』55巻4号.
清水唯一朗（2013）『近代日本の官僚――維新官僚から学歴エリートへ』中央公論新社.
城山英明（1998）「情報活動」森田朗編『行政学の基礎』岩波書店.
城山英明（2007）「科学技術ガバナンスの機能と組織」城山英明編『科学技術ガバナンス』東信堂.
城山英明（2018）『科学技術と政治』ミネルヴァ書房.
進士晃（1971）「水路部を築いた人々――創設100年に当って」『天文月報』64巻11号.
新藤宗幸（2002）『技術官僚――その権力と病理』岩波書店.
菅原博樹・橋本英樹・平木直哉ほか（2011）「レーダー装置の変遷」『日本無線技報』60号.
鈴木淳（2010）『科学技術政策』山川出版社.
須田龍雄（1968）『岡田武松伝』岩波書店.
砂原庸介（2017）「公共政策と統計――証拠に基づく政策をめぐって」御厨貴編『公共政策』放送大学教育振興会.
善教将大（2013）『日本における政治への信頼と不信』木鐸社.
総務部企画課（1976）「国内気象監視（NWW）システム構想について」『測候時報』43巻2号.
総務部企画課（1978）「国内気象監視（NWW）システム計画について」『測候時報』45巻1・2号.
総務部企画課気象衛星室（1981）「静止気象衛星事始め（1）-（2）」『測候時報』48巻7・8，11・12号.
曽我謙悟（2016）『現代日本の官僚制』東京大学出版会.
大霞会編（1971）『内務省史』第三巻，地方財務協会.
田尾雅夫（1994）「第一線職員の行動様式」西尾勝・村松岐夫編『講座 行政学』第5巻，有斐閣.
田尾雅夫（2012）『現代組織論』勁草書房.

高橋浩一郎・新田尚・内田英治（1987）『気象学百年史――気象学の近代史を探求する』東京堂出版.
高橋秀俊（1972）『電子計算機の誕生』中央公論社.
高橋洋（2009）『イノベーションと政治学――情報通信革命＜日本の遅れ＞の政治過程』勁草書房.
多賀谷一照（2008）「情報の取得（観測）・評価・提供――気象業務法を素材にして」『千葉大学法学論叢』23 巻 1 号.
田口富久治（1983）「蠟山行政学の一考察」『年報行政研究』17 号.
竹内啓（2013）『増補新装版 社会科学における数と量』東京大学出版会.
竹内敬二（2008）『地球温暖化の政治学』朝日新聞出版.
竹内洋（1971）「専門職の社会学――専門職の概念」『ソシオロジ』16 巻 3 号.
竹中克久（2013）『組織の理論社会学――コミュニケーション・社会・人間』文眞堂.
竹本信介（2011）「外務省のキャリアパス――誰が幹部になるのか？」『立命館法学』3 号.
竹本豊（2010）「予算編成過程における林野庁技術官僚の行動分析――水源税構想を事例として」『林業経済研究』56 巻 2 号.
辰巳清次ほか（1950）「防災の科学・防災の技術」『技術と経営』4 巻 8 号.
立石裕二（2011）『環境問題の科学社会学』世界思想社.
立平良三（1986）『新しい天気予報――確率予報とナウキャスト』東京堂出版.
立平良三（1987）『天気情報の見方』岩波書店.
立平良三（1993）「技術開発の思い出」『気象庁研究時報』45 巻 1 号.
田中俊徳（2018）「自然保護官僚の研究――技術官僚論に対する新たな視座」『年報行政研究』53 号.
田邊國昭（1993）「行政組織における人事異動――1 つのリサーチ・プログラム」『法学』57 巻 2 号.
田村徳治（1971）『理論行政学』中央書房.
田村洋二（2016）『特攻に殉ず――地方気象台の沖縄戦』中央公論新社.
中央気象台（1944）『中央気象台秘密気象報告』第 6 巻，中央気象台.
中央防災会議（2008）『1959 伊勢湾台風報告書』中央防災会議災害教訓の継承に関する専門調査会.
中央防災会議（2010）『1947 カスリーン台風報告書』中央防災会議災害教訓の継承に関する専門調査会.
築島尚（2006）「キャリアの人事制度と官僚制の自律性」『岡山大学法学会雑誌』55 巻 2 号.

辻清明（1950）「権力と技術——現代行政学の理解のために」『思想』309号.
辻清明（1966）『行政学概論』上巻，東京大学出版会.
辻清明（1969）『新版 日本官僚制の研究』東京大学出版会.
辻清明（1976）「日本における行政学の展開と課題」辻清明編『行政学講座』第1巻，東京大学出版会.
手塚洋輔（2010）『戦後行政の構造とディレンマ——予防接種行政の変遷』藤原書店.
寺田寅彦（1997）「戦争と気象学」寺田寅彦『寺田寅彦全集』第六巻，岩波書店.
寺前秀一（2006）「気象政策学序説」『地域政策研究』9巻1号.
東京大学百年史編集委員会（1987）『東京大学百年史 部局史二』東京大学出版会.
富澤一弘・江崎哲史（2005）「明治30年代における地方測候所運営についての一考察——前橋測候所の事例を中心に」『産業研究』41巻1号.
長尾周也（1995）『プロフェッショナルと組織』大阪府立大学経済学部.
中川勇編（1986）『陸軍気象史』陸軍気象史刊行会.
中島秀人（2008）『社会の中の科学』放送大学教育振興会.
永田尚三（2009）『消防の広域再編の研究——広域行政と消防行政』武蔵野大学出版会.
永田尚三（2010）「消防行政おける専門知——専門知の偏在は政府間関係まで規定するのか」『社会安全学研究』1号.
長浜政寿（1959）『行政学序説』有斐閣.
中村繁（1986）「続・気象衛星事始め（1）-（3）」『測候時報』53巻1-3号.
中村陽一（1972）「水爆開発の決定と科学者」『法学新報』79巻7号.
中山茂（2013）『パラダイムと科学革命の歴史』講談社.
成定薫（1994）『科学と社会のインターフェイス』平凡社.
西尾隆（1987）「セルズニックの「制度」理論」『社会科学ジャーナル』26巻1号.
西尾隆（1988）『日本森林行政史の研究——環境保全の源流』東京大学出版会.
西尾隆（1995）「行政統制と行政責任」西尾勝・村松岐夫編『講座 行政学』第6巻，有斐閣.
西尾隆（1998a）「行政のアカウンタビリティとその内在化——「応答的政府」への途」『年報行政研究』33号.
西尾隆（1998b）「公務員制とプロフェッショナリズム」『公務研究』1巻1号.
西尾隆（2018）『公務員制』東京大学出版会.
西尾勝（1971）「統計と政治——数量化社会における分化と帰属の意識」『自治研修』133号.
西尾勝（1990）『行政学の基礎概念』有斐閣.
西尾勝（2001）『行政学〔新版〕』有斐閣.

西川伸一（2002）『官僚技官――霞が関の隠れたパワー』五月書房.
25年史編さん委員会（1976）『日本気象協会25年史』財団法人日本気象協会.
新田次郎（1976）『小説に書けなかった自伝』新潮社.
新田次郎（2012）『富士山頂』文藝春秋.
新田尚・二宮洸三・山岸米二郎（2009）『数値予報と現代気象学』東京堂出版.
日本気象学会（1957）『日本気象学会75年史』日本気象学会.
日本放送協会編（1977）『放送五十年史』日本放送出版協会.
日本放送協会編（1986）『NHK最新気象用語ハンドブック』日本放送出版協会.
根本順吉（1985）『渦・雲・人――藤原咲平伝』筑摩書房.
野家啓一（2008）『パラダイムとは何か――クーンの科学史革命』講談社.
野田浩二（2012a）「主観的公害認定と行政指導――1950年代から60年代前半の神奈川県環境政策を事例に」『東京経大学会誌』275号.
野田浩二（2012b）「地方公共団体による水質基準の策定過程――1960年代神奈川県環境政策を事例に」『水資源・環境研究』25巻2号.
野村実編（1982）『侍従武官 城英一郎日記』山川出版社.
ハイエク, フリードリヒ・A（2011）『ハイエク全集第Ⅱ期第3巻――科学による反革命』（渡辺幹雄訳）春秋社.
橋本信之（2005）『サイモン理論と日本の行政――行政組織と意思決定』関西学院大学出版会.
畠山弘文（1989）『官僚制支配の日常構造――善意による支配とは何か』三一書房.
林奈生子（2013）『自治体職員の「専門性」――可視化による能力開発への展開』公人の友社.
原島良成・筑紫圭一（2011）『行政裁量論』放送大学教育振興会.
原田朗（1994）『荒井郁之助』吉川弘文館.
原田久（2013）「人事院の組織レピュテーション」『地方公務員月報』604号.
春田尚徳（1980）「日本の経済計画」『オペレーションズ・リサーチ』25巻5号.
坂野潤治（1971）『明治憲法体制の確立――富国強兵と民力休養』東京大学出版会.
平井信行（2001）『天気予報はこんなに面白い！――天気キャスターの晴れ雨人生』角川書店.
廣重徹（1973）『科学の社会史――近代日本の科学体制』中央公論社.
廣瀬克哉（1988）「行政組織の数量分析」総務庁長官官房企画課『行政体系の編成と管理に関する調査研究報告書（昭和62年度）』.
廣田勇（2001）『弥生の空』私家版.
藤井敏嗣（2016）「わが国における火山噴火予知の現状と課題」『火山』61巻1号.

藤井幸雄（1961）「第二室戸台風」『天気』8 巻 10 号.
藤垣裕子（2003）『専門知と公共性——科学技術社会論の構築へ向けて』東京大学出版会.
藤田省三（2012）『天皇制国家の支配原理』みすず書房.
藤田宙靖（2005）『行政組織法』有斐閣.
藤田由紀子（2008）『公務員制度と専門性——技術系行政官の日英比較』専修大学出版局.
藤原咲平（1935）『気象と人生』岩波書店.
藤原咲平（1947）『生みの悩み』蓼科書房.
藤原咲平（1948）『気象ノート』蓼科書房.
藤原てい（1981）『わが夫 新田次郎』新潮社.
古川隆久（1992）『昭和戦中期の総合国策機関』吉川弘文館.
古川武彦（2012）『人と技術で語る天気予報史——数値予報を開いた〈金色の鍵〉』東京大学出版会.
古川武彦（2015）『気象庁物語——天気予報から地震・津波・火山まで』中央公論新社.
古川ロッパ（1989）『古川ロッパ昭和日記』補巻・晩年編，晶文社.
古谷源吾（1956a）「気象業務法の解説（1）-（10）」『測候時報』23 巻 1-6，8，10-12 号.
古谷源吾（1956b）「気象庁設置について」『測候時報』23 巻 7 号.
防災法研究会編（1977）『災害対策基本法解説』全国加除法令出版.
堀内剛二（1957）「岡田武松事蹟（I）-（VI）」『天気』4 巻 1-6 号.
堀内剛二（1985）「静止気象衛星"ひまわり"創業始末」『測候時報』52 巻 6 号.
前川利正（1986）『気象戦史概論』東京ウェザースクール戦史研究室.
前田健太郎（2014）『市民を雇わない国家——日本が公務員の少ない国へと至った道』東京大学出版会.
牧原出（1999）「「省庁体系」に関する一考察」『季刊行政管理研究』87 号.
牧原出（2003）『内閣政治と「大蔵省支配」——政治主導の条件』中央公論新社.
牧原出（2009）『行政改革と調整のシステム』東京大学出版会.
牧原出（2013）「アマチュアリズムの政治と科学——日本野鳥の会の戦中・戦後史」『アステイオン』78 号.
増田善信（1958）「台風の数値予報」『天気』5 巻 2 号.
増田善信（1995）「和達先生の思い出」『測候時報』63 巻 1 号.
升味準之助（1966）『日本政党史論』第 2 巻，東京大学出版会.
升味準之助（1968）『日本政党史論』第 4 巻，東京大学出版会.

股野宏志（2008）『天気予報いまむかし』成山堂書店.
松尾敬子（2016）「食品安全──リスク評価の独立性をめぐる課題」有本建男・佐藤靖・松尾敬子・吉川弘之『科学的助言──21世紀の科学技術と政策形成』東京大学出版会.
松本三和夫（2009）『テクノサイエンス・リスクと社会学──科学社会学の新たな展開』東京大学出版会.
松本三和夫（2016）『科学社会学の理論』講談社.
松谷芙佐子（2006）「昭和20・30年代の道州制論議──地方制度調査会速記録を中心に」『レファレンス』56巻9号.
真渕勝（1989）「大蔵省主税局の機関哲学」『レヴァイアサン』4号.
真渕勝（2004）「官僚制の変容──委縮する官僚」『レヴァイアサン』34号.
丸田孝志（2013）「満州国『時憲書』と通書──伝統・民俗・象徴の再編と変容」『アジア社会文化研究』14号.
丸山鉄雄（2012）『ラジオの昭和』幻戯書房.
三浦要（2015）「『気象論』解説」アリストテレス『新版 アリストテレス全集6──気象論 宇宙について』（内山勝利・神崎繁・中畑正志編）岩波書店.
御厨貴（1996）『政策の総合と権力──日本政治の戦前と戦後』東京大学出版会.
御厨貴（2016）『戦後をつくる──追憶から希望への透視図』吉田書店.
水口憲人（1995）『「大きな政府」の時代と行政』法律文化社.
水谷三公（2013）『官僚の風貌』中央公論新社.
三越（1990）『株式会社三越85年の記録』三越.
宮本融（2006）「日本官僚論の再定義──官僚は「政策知識専門家」か「行政管理者」か？」日本政治学会編『年報政治学2006-Ⅱ 政治学の新潮流──21世紀の政治学へ向けて』木鐸社.
村井哲也（2008）『戦後政治体制の起源──吉田茂の「官邸主導」』藤原書店.
村上聖一（2017）「放送史への新たなアプローチ① 放送の「地域性」の形成過程──ラジオ時代の地域放送の分析」『放送研究と調査』67巻1号.
村上裕一（2015）「「司令塔機能強化」のデジャ・ヴュ──我が国の科学技術政策推進体制の整備を例に」『年報公共政策』9号.
村上裕一（2016a）「行政活動の「自在幅」──裁量・統制・責任」『北大法学論集』66巻5号.
村上裕一（2016b）『技術基準と官僚制──変容する規制空間の中で』岩波書店.
村上陽一郎（1994）『科学者とは何か』新潮社.
村上律雄（2004）「民間気象会社の歴史と役割」『オペレーションズ・リサーチ』49巻

5号.
村松岐夫（1981）『戦後日本の官僚制』東洋経済新報社.
村松岐夫（1994）『日本の行政——活動型官僚制の変貌』中央公論社.
村松岐夫（2001）『行政学教科書——現代行政の政治分析〔第2版〕』有斐閣.
森朗（2007）「気象ビジネスⅠ 気象とメディア」『天気』54巻1号.
森靖夫（2011）『永田鉄山——平和維持は軍人の最大責務なり』ミネルヴァ書房.
森田朗（1988）『許認可行政と官僚制』岩波書店.
森田朗（1994）「行政学的思考と行政法学的思考」『年報行政研究』29号.
森田朗（1995）「法治行政と裁量行為」西尾勝・村松岐夫編『講座 行政学』第6巻, 有斐閣.
森田朗（2000）『改訂版 現代の行政』放送大学教育振興会.
森田朗（2007）『制度設計の行政学』慈学社.
森田正光（2009）『大手町は，なぜ金曜に雨が降るのか』梧桐書院.
矢崎好夫（2004）『八月十五日の天気図——沖縄戦海軍気象士官の手記』光人社.
八耳俊文（2007）「「気象学」語源考」『青山学院女子短期大学紀要』61号.
柳田邦男（2011）『空白の天気図』文藝春秋.
山川雄巳（2000）「地震予測情報と政府の反応」『関西大学法学論集』50巻2号.
山岸俊男（1998）『信頼の構造——こころと社会の進化ゲーム』東京大学出版会.
山口二郎（1987）『大蔵官僚支配の終焉』岩波書店.
山崎幹根（2006）『国土開発の時代——戦後北海道をめぐる自治と統治』東京大学出版会.
山里平（2005）「近代火山観測の歴史——気象庁の監視観測を中心に」『火山』50巻特別号.
山田礼子（1998）『プロフェッショナルスクール——アメリカの専門職養成』玉川大学出版部
山本孜（1966）「世界気象監視（World Weather Watch — WWW）について」『天気』13巻1号.
山本孝二（2004）「わが国の気象業務の動向——2004年度藤原賞受賞記念講演」『天気』51巻10号.
山本晴彦（2014）『帝国日本の気象観測ネットワーク——満州・関東州』農林統計出版.
山本晴彦（2015）『帝国日本の気象観測ネットワークⅡ——陸軍気象部』農林統計出版.
山本晴彦（2017）『帝国日本の気象観測ネットワークⅢ——水路部・海軍気象部』農林統計出版.
山谷清志（1997）『政策評価の理論とその展開——政府のアカウンタビリティ』晃洋書

房.
山谷清志（2014）「政策評価のメタ評価システム――客観性と評価の質」『同志社政策科学研究』16 巻 1 号.
ヤンマー 70 年史編纂委員会（1983）『燃料報国――ヤンマー 70 年のあゆみ』ヤンマーディーゼル株式会社.
吉武素二（1974）「世界気象監視（WWW）計画」『レファレンス』24 巻 10 号.
吉武素二・藤原寛人・下島省吾・西山宏（1960）「富士山頂気象用レーダーの設置計画」『測候時報』27 巻 7 号.
「吉武素二先生を偲ぶ」文集刊行委員会編（2000）『吉武素二先生を偲ぶ』「吉武素二先生を偲ぶ」文集刊行委員会.
吉富重夫（1955）『行政学講義』有信堂.
吉富重夫（1974）『現代の行政管理』勁草書房.
吉見俊哉（2012）『「声」の資本主義――電話・ラジオ・蓄音機の社会史』河出書房新社.
吉村治正（1992）「プロフェッション論の変容と展開――社会変動論との関連を念頭に」『社会学研究科紀要』35 号.
予報部業務課（1983）「予報業務の現状と今後の課題――NWW 計画の実施を中心に」『測候時報』50 巻 4 号.
蠟山政道（1923）「行政の概念構成に於ける『技術』の意義に就て（一）-（二・完）」『国家学会雑誌』37 巻 2 ― 3 号.
蠟山政道（1928）『行政学総論』日本評論社.
蠟山政道（1930）『行政組織論』日本評論社.
蠟山政道（1936）『行政学原論第一分冊』日本評論社.
蠟山政道（1938）「技術と行政」『科学主義工業』1 巻 12 号.
蠟山政道（1950）『行政学講義序論』日本評論社.
蠟山政道（1957）「気象行政について」『気象』4 号.
蠟山政道（1968）「都市行政と科学技術」『都市問題』59 巻 7 号.
蠟山政道追想集刊行会編（1982）『追想の蠟山政道』蠟山政道追想集刊行会.
若月剛史（2014）『戦前日本の政党内閣と官僚制』東京大学出版会.
若月正幸（1986）「制定前夜 気象業務法」『時の法令』1276 号.
和田義之（1993）「問題はらむ気象業務法の改正――編集委員会，有料化反対の要望書提出」『新聞研究』503 号.
和達清夫（1984）「気象台回顧――大正の終わり頃を中心に（1）-（6）」『気象』325-330 号.

和達清夫・高橋浩一郎・根本順吉編（1982）『お天気博士 藤原咲平』日本放送出版協会.

渡辺和夫（1959）「レーダーを予報技術に生かすには」『天気』6巻9号.

渡辺深（2007）『組織社会学』ミネルヴァ書房.

外国語文献

Appleby, Paul H.（1949） *Policy and Administration*, University of Alabama Press.

Ashmore, Malcolm（1989） *The Reflexive Thesis: Wrighting Sociology of Scientific Knowledge*, University of Chicago Press.

Barnes, S. Barry and Robert G. A. Dolby（1970） "The Scientific Ethos: A Deviant Viewpoint," *European Journal of Sociology*, Vol. 11, No. 1.

Ben-David, Joseph（1963） "Professions in the Class System of Present-day Societies," *Current Sociology*, Vol. 12, No. 3.

Ben-David, Joseph（1971） *The Scientist's Role in Society: A Comparative Study*, Prentice Hall.

Bernal, John D.（1939） *The Social Function of Science*, Routledge.

Bijker, Wiebe E., Thomas P. Hughes and Trevor Pinch eds.（1987） *The Social Construction of Technological Systems: New Directions in the Sociology and History of Technology*, MIT Press.

Burrage, Michael and Rolf Torstendahl eds.（1990） *Professions in Theory and History: Rethinking the Study of the Professions*, Sage Publications.

Bloor, David（1976） *Knowledge and Social Imagery*, Routledge & Kegan Paul.

Callon, Michel, Arie Rip and John Law eds.（1986） *Mapping the Dynamics of Science and Technology: Sociology of Science in the Real World*, Palgrave Macmillan.

Carpenter, Daniel P.（2001） *The Forging of Bureaucratic Autonomy: Reputations, Networks, and Policy Innovation in Executive Agencies*, 1862-1928, Princeton University Press.

Carpenter, Daniel P.（2002） "Groups, the Media, Agency Waiting Costs, and FDA Drug Approval," *American Journal of Political Science*, Vol. 46, No. 3.

Carpenter, Daniel P.（2010） *Reputation and Power: Organizational Image and Pharmaceutical Regulation at the FDA*, Princeton University Press.

Carpenter, Daniel P. and George A. Krause（2012） "Reputation and Public Administration," *Public Administration Review*, Vol. 72, No. 1.

Carr-Saunders, Alexander M. and Paul A. Wilson（1933） *The Professions*, Clarendon

Press.
Collins, Harry M. and Rob Evans (2002) "The Third Wave of Science Studies: Studies of Expertise and Experience," *Social Studies of Science*, Vol. 32, No. 2.
Daston, Lorraine J. and Peter Galison (2010) *Objectivity*, Zone Books.
Dunleavy, Patrick (2016) "'Big Data' and Policy Learning" in Gerry Stoker and Mark Evans eds., *Evidence-based Policy Making in the Social Sciences: Methods that Matter*, Policy Press.
Dunleavy, Patrick, Helen Margetts, Simon Bastow and Jane Tinkler (2008) *Digital Era Governance: IT Corporations, the State, and e-Government*, Oxford University Press.
Etzioni, Amitai (1961) *Comparative Analysis of Complex Organizations*, Free Press.
Finer, Herman (1941) "Administrative Responsibility in Democratic Government," *Public Administration Review*, Vol. 1, No. 4.
Fleming, James R. (1990) *Meteorology in America, 1800-1870*, Johns Hopkins University Press.
Fleming, James R. (2005) "Telegraphing the Weather: Military Meteorology, Strategy, and 'Homeland Security' on the American Frontier in the 1870s" in Steven A. Walton ed. *Instrumental in War: Science, Research, and Instruments between Knowledge and the World*, Brill Academic.
Flexner, Abraham (1915) "Is Social Work a Profession?," *School and Society*, Vol. 1, No. 26.
Friedrich, Carl J. (1940) "Public Policy and the Nature of Administrative Responsibility" in Carl J. Friedrich and Edward S. Mason eds., *Public Policy*, Harvard University Press.
Gaukroger, Stephen (2012) *Objectivity: A Very Short Introduction*, Oxford University Press.
Geertz, Clifford (1983) *Local Knowledge: Further Essays In Interpretive Anthropology*, Basic Books.
Gillispie, Charles C. (1960) *Edge of Objectivity: An Essay in the History of Scientific Ideas*, Princeton University Press.（島尾永康訳（2011）『客観性の刃──科学思想の歴史［新版］』みすず書房）
Goodnow, Frank J. (1900) *Politics and Administration: A Study in Government*, Macmillan Company.
Gulick, Luther H. and Lyndall F. Urwick eds. (1937) *Papers on the Science of*

Administration, Institute of Public Administration.

Hacking, Ian (1990) *The Taming of Chance*, Cambridge University Press.（石原英樹・重田園江訳（1999）『偶然を飼いならす――統計学と第二次科学革命』木鐸社）

Hagstrom, Warren O. (1965) *Scientific Community*, Basic Books.

Harper, Kristine C. (2012) *Weather by the Numbers: The Genesis of Modern Meteorology*, MIT Press.

Hildebrand, David L. (2008) "Public Administration as Pragmatic, Democratic, and Objective," *Public Administration Review*, Vol. 68, No. 2.

Hood, Christopher (2010) "Can We? Administrative Limits Revisited," *Public Administration Review*, Vol. 70, No. 4.

Hood, Christopher (2011) *The Blame Game: Spin, Bureaucracy, and Self-Preservation in Government*, Princeton University Press.

Hood, Christopher (2012) "Public Management by Numbers as a Performance-Enhancing Drug: Two Hypotheses," *Public Administration Review*, Vol. 72, No. 1.

Hood, Christopher and Helen Z. Margetts (2007) *The Tools of Government in the Digital Age*, Palgrave Macmillan.

Hood, Christopher and Ruth Dixon (2015) *A Government that Worked Better and Cost Less?: Evaluating Three Decades of Reform and Change in UK Central Government*, Oxford University Press.

Huber, Gregory A. (2007) *The Craft of Bureaucratic Neutrality: Interests and Influence in Governmental Regulation of Occupational Safety*, Cambridge University Press.

Huntington, Samuel P. (1957) *The Soldier and the State: The Theory and Politics of Civil-Military Relations*, Belknap Press of Harvard University Press.（市川良一訳（2008）『軍人と国家』原書房）

Jasanoff, Sheila (1994) *The Fifth Branch: Science Advisers as Policymakers*, Harvard University Press.

Kaplan, Michael and Ellen Kaplan (2006) *Chances Are…: Adventures in Probability*, Penguin Books.（対馬妙訳（2007）『確率の科学史――「パスカルの賭け」から気象予報まで』朝日新聞社）

Kaufman, Herbert (1994) *The Limits of Organizational Change*, Transaction Publishers.

Kaufman, Herbert (2006) *The Forest Ranger: A Study in Administrative Behavior*, Special Reprint Edition, Rff Press.

Kuhn, Thomas S. (1962)　*The Structure of Scientific Revolutions*, University of Chicago Press.（中山茂訳（1971）『科学革命の構造』みすず書房）

Laffin, Martin (1986)　*Professionalism and Policy: The Role of the Professions in the Central-Local Government Relationship*, Gower Publishing.

Larson, Magali S. (1977)　*The Rise of Professionalism: A Sociological Analysis*, University of California Press.

Latour, Bruno (1987)　*Science in Action: How to Follow Scientists and Engineers through Society*, Harvard University Press.

Lipsky, Michael (1980)　*Street-level bureaucracy: Dilemmas of the Individual in Public Services*, Russell Sage Foundation.

Long, Norton E. (1954)　"Public Policy and Administration: The Goals of Rationality and Responsibility," *Public Administration Review*, Vol. 14, No. 1.

Macrae, Norman (1992)　*John Von Neumann: The Scientific Genius Who Pioneered the Modern Computer, Game Theory, Nuclear Deterrence, and Much More*, Pantheon Books.（渡辺正・芦田みどり訳（1998）『フォン・ノイマンの生涯』朝日新聞社）

MacKenzie, Donald A. (1981)　*Statistics in Britain, 1865-1930: The Social Construction of Scientific Knowledge*, Edinburgh University Press.

Merton, Robert (1957)　*Social Theory and Social Structure*, Free Press.（森東吾・森好夫・金沢実・中島竜太郎共訳（1961）『社会理論と社会構造』みすず書房）

Merton, Robert (1970)　*Science, Technology and Society in Seventeenth-Century England*, Howard Fertig.

Meyer, John W. and Brian Rowan (1977)　"Institutionalized Organizations: Formal Structure as Myth and Ceremony," *American Journal of Sociology*, Vol. 83, No. 2.

Millerson, Geoffrey (1964)　*The Qualifying Associations: A Study in Professionalization*, Routledge & Kegan Paul.

Morss, Rebecca (2005)　"Problem Definition in Atmospheric Science Public Policy: The Example of Observing-System Design for Weather Prediction," *Bulletin of the American Meteorological Society*, Vol. 86, No. 2.

Mosher, Frederick C. and Richard J. Stillman Jr. eds. (1977)　"A Symposium: The Professions in Government," *Public Administration Review*, Vol. 37, No. 6.

Mosher, Frederick C. and Richard J. Stillman Jr. eds. (1978)　"A Symposium: The Professions in Government II," *Public Administration Review*, Vol. 38, No. 2.

Nutley, Sandra M., Isabel Walter and Huw T. O. Davies (2007)　*Using Evidence:*

How Research Can Inform Public Services, Policy Press.
Parsons, Talcott（1939）"The Professions and Social Structure," *Social Forces*, Vol. 17, No. 4.
Parsons, Talcott（1951） *The Social System*, Routledge.
Pielke, Jr. Roger and Richard E. Carbone（2002）"Weather Impacts, Forecasts and Policy: An Integrated Perspective," *Bulletin of the American Meteorological Society*, Vol. 83, No. 3.
Pierson, Paul（2004） *Politics in Time: History, Institutions, and Social Analysis*, Princeton University Press.
Pollitt, Christopher（2012） *New Perspectives on Public Services: Place and Technology*, Oxford University Press.
Popper, Karl（1968） *The Logic of Scientific Discovery*, Harper & Row.
Porter, Theodore M.（1986） *The Rise of Statistical Thinking, 1820-1900*, Princeton University Press.（長屋政勝・近昭夫・木村和範・杉森滉一訳（1995）『統計学と社会認識——統計思想の発展 1820—1900 年』梓出版社）
Porter, Theodore M.（1992）"Quantification and the Accounting Ideal in Science," *Social Studies of Science*, Vol. 22, No. 4.
Porter, Theodore M.（1994）"Making Things Quantitative," *Science in Context*, Vol. 7, No. 3.
Porter, Theodore M.（1995） *Trust in Numbers: The Pursuit of Objectivity in Science and Public Life*, Princeton University Press.（藤垣裕子訳（2013）『数値と客観性——科学と社会における信頼の獲得』みすず書房）
Porter, Theodore M.（2003）"Measurement, Objectivity and Trust," *Measurement*, Vol. 1, No. 4.
Porter, Theodore M.（2004a） *Karl Pearson: The Scientific Life in a Statistical Age*, Princeton University Press.
Porter, Theodore M.（2004b）"The Culture of Quantification and the History of Public Reason," *Journal of the History of Economic Thought*, Vol. 26, No. 2.
Porter, Theodore M.（2006）"Speaking Precision to Power: The Modern Political Role of Social Science," *Social Research*, Vol. 73, No. 4.
Porter, Theodore M.（2008）"Locating the Domain of Calculation," *Journal of Cultural Economy*, Vol. 1, No. 2.
Porter, Theodore M.（2012）"Funny Numbers," *Culture Unbound*, Vol. 4.
Powell, Walter W. and Paul J. Dimaggio（1983）"The Iron Cage Revisited:

Institutional Isomorphism and Collective Rationality in Organizational Fields," *American Sociological Review*, Vol. 48, No. 2.

Powell, Walter W. and Paul J. Dimaggio eds.（1991） *The New Institutionalism in Organizational Analysis*, University of Chicago Press.

Power, Michael（2009） *Organized Uncertainty: Designing a World of Risk Management*, Oxford University Press.

Scott, Richard W. and Gerald F. Davis（2007） *Organizations and Organizing: Rational, Natural and Open Systems Perspectives*, Routledge.

Selznick, Philip（1949） *TVA and the Grass Roots: A Study in the Sociology of Formal Organization*, University of California Press.

Selznick, Philip（1957） *Leadership in Administration: A Sociological Interpretation*, Harper & Row.（北野利信訳（1975）『組織とリーダーシップ』ダイヤモンド社）

Shillabeer, Anna, Terry F. Buss and Denise M. Rousseau eds.（2011） *Evidence-Based Public Management: Practices, Issues and Prospects*, M.E. Sharpe.

Schultz, Majken, Mary J. Hatch and Mogens H. Larsen（2000） "Introduction: Why the Expressive Organization?" in Majken Schultz, Mary J. Hatch and Mogens H. Larsen eds., *The Expressive Organization: Linking Identity, Reputation, and the Corporate Brand*, Oxford University Press.

Silberman, Bernard S.（1993） *Cages of Reason: The Rise of the Rational State in France, Japan, the United States, and Great Britain*, University of Chicago Press.（武藤博己・新川達郎・小池治・西尾隆・辻隆夫訳（1999）『比較官僚制成立史──フランス，日本，アメリカ，イギリスにおける政治と官僚制』三嶺書房）

Simon, Herbert A.（1946） "The Proverbs of Administration" *Public Administration Review*, Vol. 6, No. 1.

Simon, Herbert A.（1997） *Administrative Behavior, 4th Edition*, Free Press.（二村敏子・桑田耕太郎・高尾義明・西脇暢子・高柳美香訳（2009）『新版 経営行動──経営組織における意思決定過程の研究』ダイヤモンド社）

Simon, Herbert A., Donald W. Smithburg and Victor A. Thompson（1991） *Public Administration*, Transaction Publishers.

Skowronek, Stephen（1982） *Building a New American State: The Expansion of National Administrative Capacities, 1877-1920*, Cambridge University Press.

Snow, Charles P.（1993） *The Two Cultures, Canto Edition*, Cambridge University Press.（松井巻之助訳（2011）『二つの文化と科学革命』みすず書房）

Stoker, Gerry and Mark Evans（2016） "Evidence-based Policy Making and Social

Science" in Gerry Stoker and Mark Evans eds., *Evidence-based Policy Making in the Social Sciences: Methods that Matter*, Policy Press.

Storer, Norman W. (1966) *The Social System of Science*, Holt, Rinehart & Winston.

Thompson, James D. (2003) *Organizations in Action: Social Science Bases of Administrative Theory*, Transaction Publishers.（大月博司・廣田俊郎訳（2012）『行為する組織――組織と管理の理論についての社会科学的基盤』同文館出版）

Vollmer, Howard M. and Donald L. Mills ed. (1966) *Professionalization*, Prentice-Hall.

Wæraas, Arild and Moshe Maor eds. (2014) *Organizational Reputation in the Public Sector*, Routledge.

Waldo, Dwight (1968) "Scope of the Theory of Public Administration" in James C. Charlesworth ed., *Theory and Practice of Public Administration: Scope, Objectives, and Methods*, American Academy of Political and Social Science.

Waldo, Dwight (1984) *The Administrative State: A Study of the Political Theory of American Public Administration*, 2nd edition, Holmes & Meier Publishers.（山崎克明訳（1986）『行政国家』九州大学出版会）

Walker, Malcolm (2011) *History of the Meteorological Office*, Cambridge University Press.

Weick, Karl E. (1979) *Social Psychology of Organizing, 2nd Edition*, Addison-Wesley.（遠田雄志訳（1997）『組織化の社会心理学〔第2版〕』文眞堂）

Weick, Karl E. (1995) *Making Sense of the Organization*, Sage Publications.（遠田雄志・西本直人訳（2002）『センスメーキング・イン・オーガニゼーションズ』文眞堂）

Whitehead, Mark (2009) *State, Science and the Skies: Governmentalities of the British Atmosphere*, Wiley-Blackwell.

Whitley, Richard (1977) "Changes in the Social and Intellectual Organisation of the Sciences: Professionalisation and the Arithmetic Ideal" in Everett Mendelsohn, Peter Weingart and Richard Whitley eds. *The Social Production of Scientific Knowledge*, D. Reidel Publishing Company.

Wilson, James Q. (1978) *The Investigators: Managing FBI and Narcotics Agents*, Basic Books.

Wilson, James Q. (2000) *Bureaucracy: What Government Agencies Do and Why They Do It, New Edition*, Basic Books.

Wilson, Woodrow (1887) "The Study of Administration," *Political Science Quarterly*,

Vol. 2, No. 2.

Woolgar, Steve (1988) *Knowledge and Reflexivity: New Frontiers in the Sociology of Knowledge*, Sage.

インタビューリスト

(括弧内は主要経歴．年月日はインタビューの実施日．本書で出典資料として引用しなかった実施日，対象者を含む)

小野俊行氏（元気象庁長官）(2015年12月17日，東京，2016年1月19日，東京，2016年2月10日，東京)

立平良三氏（元気象庁長官）(2015年10月17日，神奈川，2015年11月14日，神奈川，2015年12月19日，神奈川，2016年1月23日，神奈川)

寺前秀一氏（元気象庁次長）(2015年6月12日，東京)

新田尚氏（元気象庁長官）(2015年9月26日，東京，2015年10月1日，東京，2015年10月5日，東京)

二宮洸三氏（元気象庁長官）(2015年9月8日，東京)

古川武彦氏（元札幌管区気象台長）(2015年6月29日，茨城，2015年8月7日，茨城，2015年9月18日，茨城，2015年10月20日，茨城)

増田善信氏（元気象研究所予報研究部第一研究室長）(2015年11月5日，東京，2015年11月30日，東京)

南利幸氏（気象予報士，株式会社南気象予報士事務所代表取締役）(2017年10月8日，東京)

森田正光氏（気象予報士，株式会社ウェザーマップ取締役会長）(2017年9月22日，東京)

山本孝二氏（元気象庁長官）(2016年5月11日，東京，2016年7月8日，東京，2016年7月29日，東京)

あとがき

　本書は，東京大学大学院工学系研究科先端学際工学専攻に提出し，2018年3月に学位を取得した博士論文「行政組織の「専門性」と「評判」の構築――気象行政における「エキスパート・ジャッジメント」と「機械的客観性」の制度化」をもとにして，加筆と修正を施したものである．気象庁を対象とした天気予報の行政史研究という，行政学の研究対象としてはあまり馴染みのないテーマを選んだのは，偶然に近い出会いによるものであって，多くの方々との巡り合いがなければ，博士論文の完成はおろか，こうして本書が世に出ることはなかった．お世話になったすべての方々のお名前をこの場で挙げることはかなわないが，特に次の方々に心から感謝を申し上げたい．

　数多の出会いのなかで最も感謝を述べなければならないのは，博士論文の主査を務めていただいた，指導教員の牧原出先生である．先生は，気象行政で論文を書こうとする筆者の意思を最大限に尊重し，本書の原型となる博士論文の完成へと導いてくださった．振り返れば，修士論文のテーマで引き続き博士論文を書くべきかどうか迷っていたとき，気象行政と出会う契機となったのは東北大学から東京大学先端科学技術研究センターに異動されて間もない先生との何気ない会話のなかであったと記憶する．先生がふとおっしゃられた，「気象行政は面白いテーマである」というフレーズにざわめきを覚えた筆者は，気象庁をさっそく調べ始めた．膨大な資料群を前に行政学研究への糸口をなかなか見出すことができず，もどかしい日々が続いたが，「専門性」の行使を支える価値観は一つではなく，その違いによって生じる天気予報をめぐる官民の緊張関係を垣間見たとき，ざわめきは次第に確信へと変わっていった．こうして本書を社会に送り出すにあたり，先生が気象行政を通して見えていたものにどれだけ接近できたのかを考えると，甚だ心許ないものの，本書が一つの答えとしてご期待に応えるものであることを願うばかりである．

　また，行政学者としての人格形成をしていく博士課程の時代を顧みるとき，西尾勝先生の謦咳に接することができたのは，筆者の研究者人生の出発点において決定的な意味をもったといえる．西尾先生とお会いするたびに，牧原先生の傍らに座る筆者は，若き日の研究者としての研鑽の日々から後年の分権改革

との関わりまで先生の回顧をお聞きする貴重な機会を得た．あたかも直接ご指導を受けているような感覚さえ感じるそのときの語りの一つ一つが，今後の研究者としての振る舞いを考える上で大きな財産となっている．

さらに先端研での研究生活において，御厨貴先生のご指導を受ける機会を得たことは，望外の幸せであった．時に過去と現在を大胆かつ軽やかに往復し，時に微細な事象への緻密な分析を行う先生の姿に，筆者はいつも圧倒された．また先生がこれまでに手がけたオーラル・ヒストリーの講評や逸話を直に教えていただけたことは，実に贅沢な機会であって，先生から受けた数々の教えは研究への大きな糧となっている．

次いで，博士論文の審査を務めていただいた，中村尚先生，新谷元嗣先生，飯尾潤先生，金井利之先生に心より御礼申し上げたい．気象学専攻の中村先生には，貴重な資料のご提供やインタビュー調査に際して気象庁関係者をご紹介いただくなど力強いご支援を賜った．審査の場での先生方の間で繰り広げられた議論の応酬は，筆者にとって審査されていることを忘れるほどの至福の時間であった．先生方から賜った数々の有益なコメントに応えられるよう，今後もさらなる研鑽に励みたい．

東京大学行政学研究会では，行政学の持つ豊かな可能性を学ばせていただくのみならず，本書の原型となる博士論文を報告する機会も得た．特に，研究会での森田朗先生，田邊國昭先生，城山英明先生，前田健太郎先生による数々のコメントは，行政学に対する考えを整理し，研究を高めていく契機となった．筆者の研究会での報告に際して丁寧なコメントをいただいた藤田由紀子先生や伊藤正次先生をはじめ，研究会に関係する先生方のご指導に改めて御礼申し上げたい．

筆者にとって学部から修士課程，博士課程といずれも異なる大学で時を過ごしたことは，大きな財産となっている．特に次の先生方に御礼申し上げたい．慶應義塾大学の大山耕輔先生は，他学部の学生であった筆者のゼミへの参加を認めてくださり，行政学の基礎を教えていただく貴重な機会を与えてくださった．清水唯一朗先生には，学部一年生の時にゼミに参加して以来，学問に限らず多くのことをご指導いただいた．東北大学の伏見岳人先生には，修士論文の審査に加わっていただき，博士課程進学に際しても様々なご支援をいただいた．

先端研の玉井克哉先生と池内恵先生には，先生方が投げかけるコメントを通じて筆者の学問的視野を広げていただいた．加藤淳子先生，内山融先生の演習は，社会科学の方法論に関する文献の読み方を学ぶ大切な機会であった．

原田久先生と稲垣浩先生には，折に触れて暖かな励ましの言葉を頂戴し，博士課程修了後に際してもご支援をいただいた．

また学会や研究会の場では，築島尚，宗前清貞，奥住弘久，高橋洋，秋吉貴雄，竹中治堅，村井良太，小宮京，砂原庸介，川手摂，林昌宏，村上裕一の諸先生方をはじめ，多くの先生方から行政学・政治学の知見をご教授いただく機会に恵まれた．各先生にも日頃の感謝を深くお伝えしたい．

大学院に進学して以来，多くの先輩・友人に巡り合えたことは，研究生活の大きな支えとなっている．同門の先輩である手塚洋輔先生には，研究に限らず様々な相談に乗っていただいた．若手研究者中心の行政共同研究会は，行政学の動向を学ぶ大切な場であり，松井望，棚橋匡，出雲明子，木寺元，深谷健，荒見玲子，小林大祐の諸先生方をはじめ，多くの先生方の議論から受けた学問的刺激は得難い経験となっている．さらに数々の研究会の場でも議論を交わした，竹本信介，白取耕一郎，小田勇樹，関智弘，早川有紀，河合晃一，森川想，林嶺那，本田哲也，三谷宗一郎，前田貴洋の各氏にこの場を借りて御礼を申し上げたい．

専門分野は異なっても，同世代である佐々木雄一氏，佐藤信氏には，オーラル・ヒストリーや研究会などの場を通じていつも刺激を受けたことに改めて感謝している．同門の遠藤幹夫氏にも日頃の対話から研究を進める上での有益なヒントをいただいた．

本書は，多くの資料収集とインタビュー調査から成り立っている．気象庁図書館，諏訪市図書館のスタッフには，資料収集の過程で筆者の要望に応じていただいたことに御礼申し上げたい．特に古川武彦氏には，膨大な時間のインタビュー調査に応じていただいたことに加えて，多くの気象庁関係者や気象予報士をご紹介いただいた．調査に応じていただいた関係者をはじめ，貴重な機会をご提供くださった方々に改めて感謝をお伝えしたい．

本書の刊行は，東京大学出版会編集部の斉藤美潮氏の手腕抜きには語ることができない．斉藤氏は，早期の刊行を目指したいという筆者の希望を受け入れ，

時機に応じた的確なアドバイスで導いてくださった．

　なお本書は，科学研究費補助金（2015—2016年度，特別研究員奨励費，課題番号：15J02275）の研究成果であり，2018年度東京大学学術成果刊行助成を得て刊行するものである．刊行助成審査の査読者のお二方には，筆者以上に本書を世に送り出す意義を明瞭に説明し，その刊行を後押ししていただいた．本書が頂戴したコメントを少しでも適切に反映できていることを願うばかりである．

　最後に私事で恐縮だが，家族に感謝の気持ちを伝えたい．人よりも歩みの遅い筆者の背中を，「自分のやりたいことを見つけたのなら」と後押ししてくれる家族の理解と支えがなければ，筆者は研究者を志すことができなかったであろう．普段は気恥ずかしくてなかなか言葉にできないが，いつも筆者の歩む道を信じてくれた父・仁史，母・美佐子に日頃の感謝を込めて本書を捧げる．

　2018年12月

若　林　　悠

索　　引

あ 行

アメダス　10, 213, 229, 230, 233-236, 239, 246, 269, 317, 321
有住直介　207, 209-211, 236, 237, 249
伊勢湾台風　217-220, 227, 228, 317
ウェーバー　30, 31, 46, 53
エキスパート・ジャッジメント　9-11, 13, 50-53, 64-66, 81, 82, 96, 107, 113, 132-134, 140-143, 145, 146, 153, 170, 181, 186, 191-193, 195, 250, 253, 254, 261, 279, 286, 296, 297, 303, 306, 309, 310, 312, 313, 315-317, 322-324, 326-329, 333, 334, 336
大谷東平　112, 126, 128, 131, 139
岡田武松　88, 89, 93, 94, 96-100, 102, 105-107, 111, 121, 123-125, 127-130, 139, 150, 154, 155, 158, 181, 193, 315, 316
小野俊行　238, 249, 262, 263

か 行

カーペンター　36, 37
カウフマン　36-38
科学社会学　9, 13, 40, 41, 57, 315, 322
確率予報　241, 244-248, 250, 286, 295, 322
機械的客観性　9-11, 13, 50-53, 64-66, 143, 146, 170, 182, 186, 191-196, 213, 236, 247-251, 254, 255, 261, 271, 277, 279, 286, 288, 291, 296, 298, 308-313, 315, 317-325, 327, 329, 333-336
企画　10, 125, 127, 155, 195, 196, 200, 201, 205, 206, 210-213, 236, 237, 241, 247, 249, 253, 261, 262, 287, 292, 310, 318
技官集団　6, 8, 13, 14, 23-29, 35, 39-41, 45
気象官署官制　122, 163
気象行政　9, 13, 14, 57, 61, 66, 68, 71-73, 76-81, 98, 108, 127, 129, 140, 313, 315, 319-321, 329, 330
気象業務の「機械化」及び「自動化」　10, 196, 240, 249, 250, 254, 255, 286, 287, 291, 309, 311, 318, 320
気象業務法　10, 74, 79, 145, 164-171, 175-177, 200, 212, 253, 257-260, 263, 272, 275, 276, 278, 279, 307, 308, 311, 313, 317, 318, 331, 332
気象審議会　1, 79, 176, 195, 196, 201, 220, 222, 223, 225, 249, 262, 269, 292, 293
気象台官制　97
気象報道管制　131, 134, 145, 147, 316
気象予報士制度　253, 278, 280-285, 287, 310, 311, 319, 323
「客観性」志向　13, 53, 57, 323.329
行政改革　253, 288, 291-294, 296, 297, 318
行政裁量論　33, 326, 327
緊急地震速報　331
窪田正八　186, 188
倉嶋厚　190, 260, 281
警報級　334
研究機関　10, 81, 90, 96, 100, 127, 135, 172, 175, 192, 315, 317, 320
現業官庁　10, 135, 138-140, 142, 145, 153, 155, 172, 175, 177, 178, 181, 192, 193, 316, 317, 320, 325
国内気象監視計画　195, 237, 240, 241, 244, 246, 255, 261, 262

さ 行

さくらの開花予想　159, 305, 306
「指導」　253, 254, 286, 287, 296-298, 301, 302, 305, 308-313, 319, 333
「事務官」化　127, 155
社会学的制度論　57, 60
社会管理　47, 67
正戸豹之助　69, 91-93
シングルボイス　269, 301, 302, 309, 319, 329, 334, 335
数値予報　10, 73, 77, 78, 145, 161, 181, 182, 184-187, 190-192, 194, 196, 200, 226, 231, 236, 239, 244, 246, 247, 249, 250, 254, 255, 276, 277, 285, 295, 309, 317-319, 323
(価値の)「制度化」　9, 13, 57-66, 78, 315
制度化論　41-45
世界気象監視計画　195, 203-205, 208
セルズニック　58, 60-62, 65, 324
専門性　7, 9, 13, 14, 16, 18, 22-41, 44, 45, 47,

366　索　引

49-51, 53, 57, 61, 62, 64-66, 72, 78, 81, 82, 89-91, 96, 97, 99, 100, 104, 107-115, 121, 125, 127, 130, 132-134, 137, 139-143, 146, 149, 153, 155, 181, 191, 192, 227, 229, 261, 285, 297, 310, 313, 315, 316, 319, 320, 322, 324, 326, 327, 329, 334, 335
相互作用論　41, 43-45
総務　98, 125, 126
測候精神　81, 96, 105-108, 127, 138, 140, 141, 153, 171, 181, 213, 235, 236, 241, 249, 291, 316, 320

た　行

中央観象台　111, 112
中央気象台　70, 71, 82-84
中央気象台官制　70
天気予報の自由化　10, 240, 253, 254, 267, 268, 271-275, 281, 282, 284, 286, 294-297, 303, 309, 318, 319, 323, 325, 326
特別警報　306-308, 321, 334

な　行

内部構造論　41-45
中村精男　89, 91-93, 98-100
西尾隆　26, 61, 62, 321
西尾勝　75, 323

は　行

パラダイム　146, 191, 239
ひまわり（静止気象衛星）　206, 211, 229, 244, 249, 255, 269, 275, 321
評判　6, 10, 13, 14, 35-39, 45, 47, 52, 53, 57, 60-66, 69, 78, 79, 81, 82, 85, 87-89, 96, 100-102, 104, 108, 127, 140-143, 145, 157-160, 192-194, 196, 242-244, 247, 248, 250, 251, 253-255, 268, 271, 275, 286, 296, 298, 304, 306, 312, 313, 315, 317, 320, 321, 324-326, 329, 336

富士山レーダー　231-233, 236
藤田由紀子　25, 27-29
藤原咲平　93-95, 100, 102, 104-107, 111, 117, 121, 125-127, 129-132, 137, 139, 145-147, 150-155, 181, 192, 193, 315, 316
藤原寛人（新田次郎）　113, 154, 231-233
古谷源吾　166-169, 171, 172, 197, 200
プロフェッション論　13, 14, 18, 20, 22, 27
噴火警戒レベル　332
防災官庁　145, 178, 195, 220, 229, 235, 253, 254, 270, 271, 275, 278, 286, 291, 292, 294, 296, 297, 301, 303, 304, 306, 308, 309, 313, 317, 319-321, 330, 333, 335, 336
ポーター　48, 50-53, 323, 324

ま　行

マートン　41-43, 324
森朗　283, 284
森田正光　260, 261, 281, 282

や　行

山本孝二　211, 212, 249, 262, 265, 268, 270, 272
吉武素二　183, 208, 209, 231, 232, 236, 237
予報官の心得　81, 181, 320

ら　行

陸軍気象部　120, 121, 128, 132
歴史的制度論　61
蠟山政道　1-8, 75, 197-199
ロング　77, 78

わ　行

和達清夫　111, 112, 114, 115, 126, 139, 145, 153-155, 157, 172, 173, 177, 187, 191, 197, 198, 219-221, 224, 227, 317
ワルドー　21, 54

著者略歴
1986 年　千葉県生まれ
2011 年　慶應義塾大学総合政策学部卒業
2013 年　東北大学大学院法学研究科博士前期課程修了
2018 年　東京大学大学院工学系研究科先端学際工学専攻
　　　　博士課程修了
　　　　博士（学術）
現　在　東京大学先端科学技術研究センター特任助教，
　　　　國學院大學法学部兼任講師他
専　攻　行政学

日本気象行政史の研究
天気予報における官僚制と社会

2019 年 3 月 25 日　初　版

［検印廃止］

著　者　若林　悠
　　　　わかばやし　ゆう

発行所　一般財団法人　東京大学出版会
代表者　吉見俊哉
153-0041 東京都目黒区駒場 4-5-29
http://www.utp.or.jp/
電話 03-6407-1069　FAX 03-6407-1991
振替 00160-6-59964

印刷所　株式会社平文社
製本所　誠製本株式会社

Ⓒ 2019 Yu Wakabayashi
ISBN 978-4-13-036272-6　Printed in Japan

JCOPY〈出版者著作権管理機構　委託出版物〉
本書の無断複写は著作権法上での例外を除き禁じられています．複写される場合は，そのつど事前に，出版者著作権管理機構（電話 03-5244-5088，FAX 03-5244-5089, e-mail: info@jcopy.or.jp）の許諾を得てください．

辻　清　明著	新版 日本官僚制の研究	A5	5800円
辻　清　明著	公務員制の研究	A5	5800円
牧　原　出著	行政改革と調整のシステム 行政学叢書8	46	2800円
西　尾　隆著	公務員制 行政学叢書11	46	2900円
曽我謙悟著	現代日本の官僚制	A5	3800円
前田健太郎著	市民を雇わない国家	A5	5800円
川　手　摂著	戦後琉球の公務員制度史	A5	7800円
金　　　貝著	現代中国の医療行政	A5	9600円

ここに表示された価格は本体価格です．ご購入の
際には消費税が加算されますのでご了承ください．